二十一世纪普通高等院校实用规划教材　经济管理系列

国际贸易学

周学明　徐　辉　主　编
骞　红　副主编

清华大学出版社
北京

内 容 简 介

国际贸易学是主要研究国家间商品和服务交换活动规律的学科。本书共分为14章，各章内容划分为：第1章介绍国际贸易概论，第2章介绍国际分工，第3章介绍世界市场，第4章介绍古典国际贸易理论，第5章介绍现代国际贸易理论，第6章介绍国际贸易保护理论，第7章介绍国际贸易政策，第8章介绍国际贸易措施，第9章介绍出口管理措施，第10章介绍国际直接投资理论，第11章介绍跨国公司理论，第12章介绍世界贸易组织，第13章介绍区域经济一体化，第14章介绍国际服务贸易。

本书内容新颖、通俗易懂，学习目标明确，重点难点突出，具有很强的针对性、实用性、借鉴性和规范性。本书既可以作为本科高等院校经济、国际经济与贸易、贸易经济、国际商务、金融学、保险学、电子商务、市场营销、投资学、会计学和管理学等经管类专业的教材，亦可以作为全国外贸单证员、全国外贸跟单员、全国国际商务单证员、国际商务师、全国国际货运代理、报关员资格证书、报检员资格证书、全国外贸物流员、全国外贸业务员等证书考试的参考书，以及从事国际贸易和跨境电商工作人员的学习必备的参考书。

本书封面贴有清华大学出版社防伪标签，无标签者不得销售。
版权所有，侵权必究。侵权举报电话：010-62782989 13701121933

图书在版编目(CIP)数据

国际贸易学/周学明，徐辉主编. —北京：清华大学出版社，2019
(二十一世纪普通高等院校实用规划教材　经济管理系列)
ISBN 978-7-302-53555-3

Ⅰ. ①国… Ⅱ. ①周… ②徐… Ⅲ. ①国际贸易—高等学校—教材 Ⅳ. ①F74

中国版本图书馆 CIP 数据核字(2019)第 179898 号

责任编辑：陈冬梅
封面设计：刘孝琼
责任校对：王明明
责任印制：李红英

出版发行：清华大学出版社
　　网　　址：http://www.tup.com.cn, http://www.wqbook.com
　　地　　址：北京清华大学学研大厦 A 座　　**邮　　编：**100084
　　社 总 机：010-62770175　　**邮　　购：**010-62786544
　　投稿与读者服务：010-62776969, c-service@tup.tsinghua.edu.cn
　　质量反馈：010-62772015, zhiliang@tup.tsinghua.edu.cn
　　课件下载：http://www.tup.com.cn, 010-62791865

印 装 者：三河市金元印装有限公司
经　　销：全国新华书店
开　　本：185mm×260mm　　**印　张：**21　　**字　数：**520 千字
版　　次：2019 年 10 月第 1 版　　**印　次：**2019 年 10 月第 1 次印刷
定　　价：59.80 元

产品编号：084618-01

前　言

中国自加入世界贸易组织(WTO)以来，外贸总额连续大幅增长，并于 2013 年超越美国成为货物贸易第一大国，进出口总额比美国高出 2500 亿美元，中国的出口额已占到了全球出口额的 1/10，是全球第一大出口国和第二大进口国。据统计，加入 WTO 对中国经济增长的贡献率达 20%~30%，为全球经济增长作出了巨大贡献。2005 年，中国外贸进出口总值首次超过 10 万亿元人民币；2010 年超过 20 万亿元人民币；2018 年达到 30.51 万亿元人民币，比 2017 年增长 9.7%。其中，出口同比增长 7.1%，进口同比增长 12.9%，全年贸易顺差 2.33 万亿元人民币，收窄 18.3%。中国成了名副其实的"世界工厂"，"中国制造"的产品行销到了世界各地。2018 年 11 月 5 日至 11 日举办的中国国际进口博览会是迄今为止世界上第一个以进口为主题的国家级展会，是国际贸易发展史上的一大创举。这体现了中国支持多边贸易体制、推动发展自由贸易的一贯立场，是中国推动建设开放型世界经济、支持经济全球化的实际行动。国际贸易是世界各国对外经济关系的核心，在各国的经济发展中起着不可替代的作用，是各国加速其经济发展的重要手段。

为了全面贯彻落实全国教育大会精神，紧紧围绕全面提高人才培养能力这个核心点，加快建设高水平本科教育，适应国际市场竞争的需要，加快培养国际商务实用型人才，提高从业人员的水平，充分发挥教材育人的功能。因此，本次编写的《国际贸易学》教材，主要包含了国际贸易基本理论，是我国普通高等院校的经济贸易类、金融类、会计类、财政类、市场营销类与电子商务类等专业的本科必修专业基础课，也是从事对外贸易和跨境电商人员提高业务能力水平的必修课程。

本书以国际贸易学基本理论为基础，以基本理论为主线，以进出口额为依据，详细地介绍了国际贸易理论知识，力求内容新颖，通俗易懂，强调课程的可操作性，便于学生学习，达到学以致用、活学活用。本书每章开头都有学习目标、重点与难点及导入案例，每章结束时有小结、思考题，实现了学习与练习的结合，达到了事半功倍的效果。

本书由周学明教授和徐辉副教授任主编，骞红任副主编，周学明教授负责全书的总纂。具体的编写分工为：哈尔滨金融学院周学明编写第 1 章的第 1 节和第 2 节、第 7 章、第 8 章，哈尔滨金融学院徐辉编写第 12 章、第 14 章，哈尔滨金融学院郑安安编写第 2 章、第 3 章，哈尔滨金融学院骞红编写第 5 章、第 6 章，哈尔滨金融学院李鹏编写第 10 章、第 11 章，哈尔滨金融学院田丽编写第 13 章，哈尔滨金融学院高忠贵编写第 9 章，哈尔滨金融学院周心怡编写第 4 章，利翊金融信息服务(上海)有限公司李鹏宇编写第 1 章的第 3 节。

由于编者水平有限，书中难免存在疏漏之处，敬请广大读者批评指正。

编　者

目 录

第1章 国际贸易概论 1
1.1 国际贸易的概念及特点 2
1.1.1 国际贸易的概念 2
1.1.2 国际贸易的特点 5
1.2 国际贸易的分类 6
1.2.1 按商品移动的方向分类 6
1.2.2 按统计口径的不同分类 6
1.2.3 按结算方式的不同分类 6
1.2.4 按加工后贸易方向分类 7
1.2.5 按是否有第三国参与分类 7
1.2.6 按商品形式分类 8
1.2.7 按经济发展程度分类 8
1.3 国际贸易的产生、发展及作用 9
1.3.1 国际贸易的产生 9
1.3.2 国际贸易的发展 9
1.3.3 国际贸易的作用 11
本章小结 13
思考题 13

第2章 国际分工 14
2.1 国际分工的产生与发展 15
2.1.1 国际分工的概念与作用 15
2.1.2 国际分工的产生与发展 16
2.2 当代国际分工 17
2.2.1 当代国际分工发展的背景 17
2.2.2 当代国际分工的特点 18
2.3 国际分工的发展条件 21
2.3.1 自然条件 21
2.3.2 社会生产力 21
2.3.3 人口与市场 22
2.3.4 交通与通信业 23
2.3.5 资本流动 23
2.3.6 国际生产关系 23
2.3.7 经济体制与政策 24
2.4 国际分工对国际贸易的影响 24
2.4.1 国际分工促进国际贸易的发展 24
2.4.2 国际分工对国际贸易中商品结构的影响 24
2.4.3 国际分工对国际贸易中地理分布的影响 25
2.4.4 国际分工对国际贸易政策的影响 25
本章小结 25
思考题 26

第3章 世界市场 27
3.1 世界市场的概念与形式 28
3.1.1 世界市场的概念 28
3.1.2 世界市场的形式 28
3.1.3 世界市场的性质 29
3.1.4 世界市场与国内市场的区别与联系 29
3.1.5 世界市场的历史作用 29
3.2 世界市场的形成与发展 31
3.2.1 世界市场的成因 31
3.2.2 世界市场的形成过程 31
3.2.3 当代世界市场的构成 35
3.2.4 世界市场上的商品流通渠道 37
3.2.5 世界市场上的商品销售渠道 42
3.2.6 世界市场价格 44
3.3 当代世界市场的基本特征 46
3.3.1 国际贸易方式多样化 46
3.3.2 世界市场的结构更加复杂多变 46
3.3.3 世界市场中的竞争更为激烈 47
3.3.4 跨国公司迅速发展 47
3.3.5 区域集团化趋势加强 48
本章小结 48
思考题 48

第4章 古典国际贸易理论 ... 49

4.1 重商主义理论 ... 49
- 4.1.1 重商主义的产生 ... 49
- 4.1.2 重商主义发展的阶段 ... 50
- 4.1.3 重商主义的主要代表者 ... 51
- 4.1.4 重商主义的主要观点 ... 51
- 4.1.5 重商主义的贸易政策 ... 52
- 4.1.6 对重商主义的评论 ... 52

4.2 幼稚工业保护理论 ... 53
- 4.2.1 亚历山大·汉密尔顿的保护理论 ... 53
- 4.2.2 李斯特的贸易保护论 ... 53
- 4.2.3 幼稚工业选择的标准 ... 55

4.3 绝对优势论 ... 57
- 4.3.1 亚当·斯密的绝对优势论历史背景 ... 57
- 4.3.2 理论假设和主要观点 ... 57
- 4.3.3 绝对优势理论的评价 ... 60

4.4 大卫·李嘉图的比较优势论 ... 60
- 4.4.1 历史背景 ... 60
- 4.4.2 基本观点和理论逻辑 ... 61
- 4.4.3 比较优势理论的评价 ... 62

本章小结 ... 63
思考题 ... 63

第5章 现代国际贸易理论 ... 64

5.1 要素禀赋理论 ... 65
- 5.1.1 要素禀赋理论简介 ... 65
- 5.1.2 要素禀赋理论的基本概念 ... 65
- 5.1.3 要素禀赋理论的假设前提 ... 66
- 5.1.4 要素禀赋理论的内容 ... 67
- 5.1.5 要素禀赋理论的评价 ... 68

5.2 里昂惕夫之谜 ... 69
- 5.2.1 里昂惕夫简介 ... 69
- 5.2.2 里昂惕夫之谜 ... 69
- 5.2.3 对里昂惕夫之谜的不同解释 ... 70
- 5.2.4 对里昂惕夫之谜及其解释的评价 ... 74

5.3 当代国际贸易理论 ... 74
- 5.3.1 需求偏好相似理论 ... 74
- 5.3.2 技术差距理论 ... 76
- 5.3.3 产品生命周期理论 ... 78
- 5.3.4 产业内贸易理论 ... 80
- 5.3.5 要素增长理论 ... 82
- 5.3.6 国家竞争优势理论 ... 85

5.4 杨小凯贸易理论 ... 87
- 5.4.1 杨小凯贸易理论产生的背景 ... 87
- 5.4.2 杨小凯贸易理论的主要内容 ... 88
- 5.4.3 杨小凯贸易理论的简要评价 ... 90

本章小结 ... 91
思考题 ... 92

第6章 国际贸易保护理论 ... 93

6.1 幼稚产业保护理论 ... 94
- 6.1.1 幼稚产业保护理论产生的背景 ... 94
- 6.1.2 幼稚产业保护理论的内容 ... 94
- 6.1.3 幼稚产业保护理论的简要评价 ... 98

6.2 凯恩斯的超保护贸易理论 ... 99
- 6.2.1 凯恩斯的超保护贸易理论产生的背景 ... 99
- 6.2.2 凯恩斯的超保护贸易理论的特点 ... 99
- 6.2.3 凯恩斯的超保护贸易理论的主要内容 ... 100
- 6.2.4 凯恩斯的超保护贸易理论的简要评价 ... 102

6.3 "中心-外围"理论 ... 103
- 6.3.1 "中心-外围"理论产生的背景 ... 103
- 6.3.2 "中心-外围"理论的主要内容 ... 103
- 6.3.3 "中心-外围"理论的简要评价 ... 106

6.4 战略性贸易理论 ... 106
- 6.4.1 战略性贸易理论产生的背景 ... 106

目录

  6.4.2 战略性贸易理论的主要
    内容 107
  6.4.3 战略性贸易理论的简要
    评论 108
本章小结 109
思考题 110

第 7 章 国际贸易政策 111

7.1 国际贸易政策概述 112
  7.1.1 对外贸易政策的概念 112
  7.1.2 对外贸易政策的类型、制定
    和执行 113
  7.1.3 国际贸易政策的演变 117
7.2 自由贸易政策 118
  7.2.1 自由贸易的产生 118
  7.2.2 英国的自由贸易政策 118
  7.2.3 第二次世界大战后的贸易
    自由化 120
  7.2.4 自由贸易政策的理论基础 ...121
7.3 保护贸易政策 122
  7.3.1 保护贸易政策的产生 122
  7.3.2 保护贸易政策的演变 123
  7.3.3 超保护贸易政策 126
  7.3.4 新贸易保护政策 127
7.4 战略性贸易政策 128
  7.4.1 战略性贸易政策概念 129
  7.4.2 战略性贸易政策的理论
    基础 129
  7.4.3 战略性贸易政策的主张 ...130
  7.4.4 战略性贸易政策的评价 ...131
本章小结 132
思考题 132

第 8 章 国际贸易措施 134

8.1 关税措施 135
  8.1.1 关税的概述 135
  8.1.2 关税的种类 139
  8.1.3 关税征收的依据与方法 ...140
8.2 非关税措施 142

  8.2.1 非关税壁垒概念 142
  8.2.2 非关税壁垒的种类 142
  8.2.3 非关税壁垒对国际贸易的
    影响 149
本章小结 151
思考题 152

第 9 章 出口管理措施 154

9.1 鼓励出口措施 154
  9.1.1 出口信贷 155
  9.1.2 出口信贷国家担保制 156
  9.1.3 出口补贴 157
  9.1.4 商品倾销 158
  9.1.5 外汇倾销 159
  9.1.6 促进出口的行政组织措施 ...159
9.2 经济特区措施 160
  9.2.1 经济特区的含义 160
  9.2.2 经济特区的类型 160
9.3 出口管制措施 163
  9.3.1 出口管制的商品 163
  9.3.2 出口管制的形式 164
9.4 WTO 框架下的关税措施规范 ...164
  9.4.1 WTO 下的关税保护原则 ...165
  9.4.2 GATT 下的关税减让方式 ...166
  9.4.3 中国关税减让进程 168
本章小结 169
思考题 169

第 10 章 国际直接投资理论 170

10.1 国际直接投资理论 171
  10.1.1 垄断优势理论 171
  10.1.2 产品生命周期理论 173
  10.1.3 比较优势投资理论 175
  10.1.4 内部化理论 178
  10.1.5 国际生产折衷理论 179
10.2 国际直接投资的形式 182
  10.2.1 国际直接投资的方式 182
  10.2.2 国际直接投资的对外投资
     活动 185

10.3 国际直接投资对东道国的经济效应 188
   10.3.1 国际直接投资对东道国的正面效应 188
   10.3.2 国际直接投资对东道国的负面效应 189
   10.3.3 国际直接投资对东道国的正面、负面效应总结 190
本章小结 190
思考题 191

第 11 章 跨国公司理论 192

11.1 跨国公司概述 193
   11.1.1 跨国公司的概念 193
   11.1.2 跨国公司的特征及法律形式 197
   11.1.3 跨国公司的发展历史 199
11.2 跨国公司战略联盟 203
   11.2.1 跨国公司战略联盟概述 203
   11.2.2 跨国公司战略联盟的性质 204
   11.2.3 战略联盟的目标与动因 204
11.3 跨国公司的跨国并购 207
   11.3.1 跨国公司并购的含义与特征 207
   11.3.2 跨国并购的类型 209
本章小结 211
思考题 212

第 12 章 世界贸易组织 213

12.1 关税与贸易总协定 214
   12.1.1 关贸总协定产生的背景与过程 214
   12.1.2 关贸总协定的发展历程 216
   12.1.3 关贸总协定的宗旨与主要内容 218
   12.1.4 关贸总协定的作用 219
12.2 乌拉圭多边贸易谈判 220
   12.2.1 "乌拉圭回合"谈判 220
   12.2.2 "乌拉圭回合"的谈判成果 221
   12.2.3 世界贸易组织:"乌拉圭回合"的意外成果 223
   12.2.4 世贸组织与关贸总协定的区别 225
12.3 世界贸易组织概述 226
   12.3.1 世界贸易组织的宗旨和职能 227
   12.3.2 世贸组织的基本原则 228
   12.3.3 世贸组织的组织机构 231
   12.3.4 世贸组织的法律框架 232
   12.3.5 世贸组织的加入和退出机制 235
   12.3.6 世贸组织的决策和贸易政策审议机制 236
   12.3.7 世界贸易组织的争端解决机制 238
   12.3.8 世界贸易组织的作用 242
12.4 世界贸易组织多边贸易谈判 242
   12.4.1 "多哈回合"谈判 242
   12.4.2 中国与世界贸易组织 247
本章小结 251
思考题 251

第 13 章 区域经济一体化 253

13.1 区域经济一体化概述 254
   13.1.1 区域经济一体化的含义及特征 254
   13.1.2 区域经济一体化的主要形式 255
   13.1.3 区域经济一体化产生和发展的原因 257
13.2 区域经济一体化对国际贸易的影响 258
   13.2.1 区域经济一体化对国际贸易的积极影响 258
   13.2.2 区域经济一体化对世界经济贸易的消极影响 259
13.3 区域经济一体化理论 259
   13.3.1 关税同盟理论 259

  13.3.2 大市场理论 262
  13.3.3 工业偏好理论 263
  13.3.4 综合发展战略理论 264
 13.4 区域经济一体化实践 266
  13.4.1 欧洲联盟 266
  13.4.2 北美自由贸易区 268
  13.4.3 亚太经济合作组织 269
  13.4.4 上海合作组织 270
 本章小结 273
 思考题 274

第 14 章 国际服务贸易 275
 14.1 服务与服务业 276
  14.1.1 服务 276
  14.1.2 服务业 278
  14.1.3 国际无形贸易概述 281
 14.2 国际服务贸易 282
  14.2.1 国际服务贸易的概念 282
  14.2.2 国际服务贸易的分类 284

  14.2.3 国际服务贸易的特点 290
  14.2.4 国际服务贸易的统计 292
  14.2.5 国际服务贸易的发展趋势 294
  14.2.6 国际服务贸易总协定 297
 14.3 国际技术贸易 301
  14.3.1 技术的含义、种类和特点 301
  14.3.2 国际技术贸易及其特点 303
  14.3.3 国际技术贸易的基本内容 305
  14.3.4 国际技术贸易的主要方式 310
  14.3.5 国际技术贸易合同 312
 14.4 国际工程承包与劳务合作 318
  14.4.1 国际工程承包 318
  14.4.2 国际劳务合作 319
  14.4.3 国际合作生产与 BOT 投资方式 322
 本章小结 323
 思考题 324

参考文献 325

第1章　国际贸易概论

【学习目标】

通过对本章内容的学习，理解国际贸易的基本概念；掌握国际贸易的主要分类方式及类别；了解国际贸易的产生与发展，了解国际贸易发展的特点与新趋势，理解国际贸易的作用。

【重点与难点】

国际贸易的概念；国际贸易的分类；国际贸易发展的特点及新趋势。

【导入案例】

习近平对推动"一带一路"建设提出五点意见

2017年5月14日，中华人民共和国主席习近平出席"一带一路"国际合作高峰论坛并发表主旨演讲。习近平指出，"一带一路"建设已经迈出坚实步伐。我们要乘势而上、顺势而为，推动"一带一路"建设行稳致远，迈向更加美好的未来。习近平对推动"一带一路"建设提出以下五点意见。

第一，我们要将"一带一路"建成和平之路。古丝绸之路，和时兴，战时衰。"一带一路"建设离不开和平安宁的环境。我们要构建以合作共赢为核心的新型国际关系，打造对话不对抗、结伴不结盟的伙伴关系。各国应该尊重彼此的主权、尊严和领土完整，尊重彼此发展道路和社会制度，尊重彼此核心利益和重大关切。

第二，我们要将"一带一路"建成繁荣之路。发展是解决一切问题的总钥匙。推进"一带一路"建设，要聚焦发展这个根本性问题，释放各国发展潜力，实现经济大融合、发展大联动、成果大共享。

产业是经济之本。我们要深入开展产业合作，推动各国产业发展规划相互兼容、相互促进，抓好大项目建设，加强国际产能和装备制造合作，抓住新工业革命的发展新机遇，培育新业态，保持经济增长活力。

第三，我们要将"一带一路"建成开放之路。开放带来进步，封闭导致落后。对一个国家而言，开放如同破茧成蝶，虽会经历一时阵痛，但将换来新生。"一带一路"建设要以开放为导向，解决经济增长和平衡问题。

我们要打造开放型合作平台，维护和发展开放型世界经济，共同创造有利于开放发展的环境，推动构建公正、合理、透明的国际经贸投资规则体系，促进生产要素有序流动、资源高效配置、市场深度融合。我们欢迎各国结合自身国情，积极发展开放型经济，参与全球治理和公共产品供给，携手构建广泛的利益共同体。

贸易是经济增长的重要引擎。我们要有"向外看"的胸怀，维护多边贸易体制，推动自由贸易区建设，促进贸易和投资自由化便利化。当然，我们也要着力解决发展失衡、治理困境、数字鸿沟、分配差距等问题，建设开放、包容、普惠、平衡、共赢的经济全球化。

> 第四,我们要将"一带一路"建成创新之路。创新是推动发展的重要力量。"一带一路"建设本身就是一个创举,搞好"一带一路"建设也要向创新要动力。
>
> 第五,我们要将"一带一路"建成文明之路。"一带一路"建设要以文明交流超越文明隔阂、文明互鉴超越文明冲突、文明共存超越文明优越,推动各国相互理解、相互尊重、相互信任。
>
> (资料来源:新华网,www.xinhuanet.com/word/2017-05/14/c_129604239.htm)

1.1 国际贸易的概念及特点

国际贸易是指不同国家(和/或地区)之间的商品和劳务的交换活动。国际贸易是商品和劳务的国际转移。国际贸易也叫世界贸易,由进口贸易(Import Trade)和出口贸易(Export Trade)两部分组成,故有时也称为进出口贸易。

1.1.1 国际贸易的概念

1. 国际贸易(International Trade)与对外贸易(Foreign Trade)

国际贸易也称"世界贸易",泛指国际间的商品和劳务(或货物、知识和服务)的交换。它由各国(或地区)的对外贸易构成,是世界各国对外贸易的总和。国际贸易在奴隶社会和封建社会就已发生,并随着生产的发展而逐渐扩大。到资本主义社会,其规模空前扩大,具有世界性。

对外贸易也称"国外贸易"或"进出口贸易",是指一个国家(或地区)与另一个国家(或地区)之间的商品和劳务的交换。这种贸易由进口和出口两个部分组成,对输进商品或劳务的国家(或地区)来说,就是进口贸易;对输出商品或劳务的国家(或地区)来说,就是出口贸易。

2. 对外贸易值(Value of Foreign Trade)、国际贸易值(Value of International Trade)与对外贸易量(Quantum of Foreign Trade)

对外贸易值是以货币表示的贸易金额。一定时期内一国从国外进口的商品的全部价值,称为进口贸易总额或进口总额;一定时期内一国向国外出口的商品的全部价值,称为出口贸易总额或出口总额。两者相加为进出口贸易总额或进出口总额,是反映一个国家对外贸易规模的重要指标,一般用本国货币表示,也有用国际上习惯使用的货币表示。联合国编制和发表的世界各国对外贸易值的统计资料,是以美元表示的。

世界上所有国家的进口总额或出口总额用同一种货币换算后加在一起,即得到世界进口总额或世界出口总额。就国际贸易来看,一国的出口就是另一国的进口,如果把各国进出口值相加作为国际贸易总值就是重复计算。因此,一般是把各国进出口值相加,作为国际贸易值。由于各国一般都是按离岸价格(FOB 即装运港船上交货价,只计算成本,不包括运费和保险费)计算出口额,按到岸价格(CIF 即成本、保险费加运费)计算进口额。因此世界出口总额总是略小于世界进口总额。

以货币所表示的对外贸易值经常受到价格变动的影响,因而不能准确地反映一国对外贸易的实际规模,更不能使不同时期的对外贸易值直接进行比较。为了反映进出口贸易的实际规模,通常以贸易指数表示,其办法是按一定期的不变价格为标准来计算各个时期的贸易值,用进出口价格指数除进出口值(即国际贸易学),得出按不变价格计算的贸易值,便剔除了价格变动因素,就是贸易量。以一定时期为基期的贸易量指数同各个时期的贸易量指数相比较,就可以得出比较准确地反映贸易实际规模变动的贸易量指数。

3. 贸易差额

贸易差额(Balance of Trade)是一国在一定时期内(如一年、半年、一季、一月)出口总值与进口总值之间的差额。当出口总值与进口总值相等时,称为"贸易平衡";当出口总值大于进口总值时,出现贸易盈余,称"贸易顺差"或"出超";当进口总值大于出口总值时,出现贸易赤字,称"贸易逆差"或"入超"。通常情况下,贸易顺差以正数表示,贸易逆差以负数表示。

一国的进出口贸易收支是其国际收支中经常项目的重要组成部分,是影响一个国家国际收支的重要因素。

4. 贸易条件

贸易条件(Terms of Trade)又称交换比价或贸易比价,即出口价格与进口价格之间的比率,也就是说一个单位的出口商品可以换回多少进口商品。它是用出口价格指数与进口价格指数来计算的。

其计算公式为:

$$贸易条件(N)=出口价格指数(P_x)/进口价格指数(P_m)\times 100$$

以一定时期为基期,先计算出基期的进出口价格比率并作为 100,再计算出比较期的进出口价格比率,然后与基期相比,如大于 100,说明贸易条件比基期有利;如小于 100,则表明贸易条件比基期不利,交易环境较基期恶劣。

常用的贸易条件有三种不同的形式:价格贸易条件、收入贸易条件和要素贸易条件。

5. 对外贸易与国际贸易的地理方向

对外贸易地理方向又称对外贸易地区分布或国别结构,是指一定时期内各个国家或区域集团在一国对外贸易中所占的地位,通常以其在该国进出口总额或进口总额、出口总额中所占的比重来表示。

对外贸易地理方向指明一国出口商品的去向和进口商品的来源,从而反映出一国与其他国家或区域集团之间经济贸易联系的程度。一国的对外贸易地理方向通常受经济互补性、国际分工的形式与贸易政策的影响。

国际贸易地理方向也称国际贸易地区分布(International Trade by Region),用以表明世界各洲、各国或各个区域集团在国际贸易中所占的地位。计算各国在国际贸易中的比重,既可以计算各国的进出口额在世界进出口总额中的比重,也可以计算各国的进出口总额在国际贸易总额(世界进出口总额)中的比重。

由于对外贸易是一国与别国之间发生的商品交换,因此,把对外贸易按商品分类和按国家分类结合起来分析研究,即把商品结构和地理方向的研究结合起来,可以查明一国出口中不同类别商品的去向和进口中不同类别商品的来源,具有重要意义。

6. 对外贸易商品结构与国际贸易商品结构

对外贸易商品结构是指一定时期内一国进出口贸易中各种商品的构成,即某大类或某种商品进出口贸易与整个进出口贸易额之比,通常以份额表示。一国对外贸易商品结构可以反映出该国的经济发展水平、产业结构状况、科技发展水平等。

国际贸易商品结构是指一定时期内各大类商品或某种商品在整个国际贸易中的构成,即各大类商品或某种商品贸易额与整个世界出口贸易额相比,通常以比重表示。为便于分析比较,世界各国和联合国均以联合国制定的《国际贸易标准分类》(Standard International Trade Classification,SITC)公布的国际贸易和对外贸易商品结构进行分析比较。国际贸易商品结构可以反映出整个世界的经济发展水平、产业结构状况和科技发展水平。

7. 知识产权贸易

根据关贸总协定乌拉圭回合达成的《与贸易有关的知识产权协议》,知识产权包括如下内容:版权、专利、商标、地理标志、工业设计、集成电路、外观设计(分布图)等,是一种受专门法律保护的重要的无形资产。

知识产权贸易(Trade of Intellectual Property Rights),有广义与狭义之分。狭义的知识产权贸易,是指以知识产权为标的的贸易,主要包括知识产权许可、知识产权转让等内容,即企业、经济组织或个人之间,按照一般商业条件,向对方出售或从对方购买知识产权使用权的一种贸易行为。广义的知识产权贸易,是指含有知识产权的产品(知识产权产品、知识产品),特别是附有高新技术的高附加值的高科技产品,如集成电路、计算机软件、多媒体产品、视听产品、音像制品、文学作品等的贸易行为。

8. 服务贸易

根据关贸总协定乌拉圭回合达成的《服务贸易总协定》,服务贸易是指:"从一成员境内向任何其他成员境内提供服务;在一成员境内向任何其他成员的服务消费者提供服务;一成员的服务提供者在任何其他成员境内以商业存在提供服务;一成员的服务提供者在任何其他成员境内以自然人的存在提供服务。"服务部门包括如下内容:商业服务、通信服务、建筑及有关工程服务、销售服务、教育服务、环境服务、金融服务、健康与社会服务、与旅游有关的服务娱乐、文化与体育服务、运输服务。

9. 对外贸易依存度

对外贸易依存度又称为对外贸易系数,是指一国的进出口总额占该国国民生产总值(Gross National Product,GNP)或国内生产总值(Gross Domestic Product,GDP)的比重。其中,进口总额占 GNP 或 GDP 的比重称为进口依存度,出口总额占 GNP 或 GDP 的比重称为出口依存度。一国对国际贸易的依赖程度,一般可用对外贸易依存度来表示,体现该国经济增长对进出口贸易的依赖程度,也反映一国对国际市场的依赖程度,是衡量一国对外开放程度的重要指标,也是衡量一国贸易一体化的主要指标。

对外贸易依存度的计算公式如下：

对外贸易依存度=一国进出口总额/国内生产总值

出口(进口)依存度=一国出口(进口)总额/国内生产总值

对外贸易依存度可分为对外货物贸易依存度和对外服务贸易依存度。对外货物贸易依存度是指一国货物贸易额在国民生产总值或国内生产总值中的比重。其计算公式为：对外货物贸易依存度=货物贸易总额/GNP(或GDP)×100%。对外服务贸易依存度是指一国服务贸易额在国民生产总值或国内生产总值中的比重。其计算公式为：对外服务贸易依存度=对外服务贸易总额/GNP(或GDP)×100%。

对外贸易依存度的决定因素：①经济规模，即一国GDP的大小。②国民收入的构成。第三产业变动对外贸依存度有很大影响，而产业结构又与一国发展阶段有关。③经济发展战略以及由此导致的对外开放程度也是影响外贸依存度的重要因素。采取出口导向发展战略的国家(或地区)，如"亚洲四小龙"，常常通过低估本币汇率、采取出口奖励等政策手段压低出口部门的生产成本，使其内部资源更多地流向对外部门，同时这些国家(或地区)又受本身市场、资源等限制，为保证出口增长还需要进口原材料等上游产品，因此这些国家(或地区)外贸依存度会更高一些。④汇率水平的影响。汇率水平对外贸依存度的影响分为直接影响和间接影响两种。直接影响是，由于汇率水平影响到国内外价格比，所以它对外贸依存度的分子、分母都产生影响。间接影响是，汇率往往是一国外贸政策的工具，如实行出口导向的国家(或地区)选择采取汇率低估政策，那么会促使对外部门在经济中比重的提高，从而导致外贸依存度发生相应的变化。此外，GDP和GNP的差异也影响到外贸依存度。一般来说，由于大国的GDP和GNP差别不大，所以以GDP计算的外贸依存度和以GNP计算的外贸依存度相差不大。

影响对外贸易依存度的主要因素有国内和世界市场的发展程度、加工贸易的层次、汇率的变化和地区特点等。一般自然疆域大国的对外贸易依存度小于小国。

1.1.2 国际贸易的特点

国际货物贸易属商品交换范围，与国内贸易在性质上并无不同，但由于它是在不同国家或地区间进行的，所以与国内贸易相比具有以下特点。

(1) 国际货物贸易要涉及不同国家或地区在政策措施、法律体系方面可能存在的差异和冲突，以及语言文化、社会习俗等方面带来的差异，所涉及的问题远比国内贸易复杂。

(2) 国际货物贸易的交易数量和金额一般较大，运输距离较远，履行贸易合同的时间较长，因此交易双方承担的风险远比国内贸易要大。

(3) 国际货物贸易容易受到交易双方所在国家的政治、经济变动、双边关系及国际局势变化等条件的影响。

(4) 国际货物贸易除了交易双方外，还需涉及运输、保险、银行、商检、海关等部门的协作、配合，过程较国内贸易要复杂得多。

1.2 国际贸易的分类

1.2.1 按商品移动的方向分类

按商品移动方向分类,国际贸易可分为进口贸易、出口贸易与过境贸易。

1. 进口贸易(Import Trade)

进口贸易是指将外国所产或加工的商品(包括外国拥有的劳务)购买后输入本国市场的贸易活动。

2. 出口贸易(Export Trade)

出口贸易是指将本国所生产或加工的商品(包括本国拥有的劳务)输往国外市场进行销售的对外贸易活动。

3. 过境贸易(Transit Trade)

甲国的商品经过丙国境内运至乙国市场销售,对丙国而言就是过境贸易。由于过境贸易对国际贸易的阻碍作用,目前,WTO成员国之间互不从事过境贸易。

1.2.2 按统计口径的不同分类

按统计口径的不同分类,国际贸易可分为总贸易(General Trade)与专门贸易(Special Trade)。

贸易体系是贸易国家记录和编制出口货物统计的一种方法,大部分国家只根据其中一种进行记录和编制。我国当前采用的是总贸易体系。

总贸易体系是"专门贸易"的对称,是指以国境为标准划分的进出口贸易。凡进入国境的商品一律列为总进口;凡离开国境的商品一律列为总出口。在总出口中又包括本国产品的出口和未经加工的进口商品的出口,总进口额加总出口额就是一国的总贸易额。美国、日本、英国、加拿大、澳大利亚、中国、俄罗斯、东欧等国均采用这种划分标准。

专门贸易体系是"总贸易"的对称,是指以关境为标准划分的进出口贸易。只有从外国进入关境的商品以及从保税仓库提出进入关境的商品才列为专门进口。当外国商品进入国境后,暂时存放在保税仓库,未进入关境,不列为专门进口。从国内运出关境的本国产品以及进口后经加工又运出关境的商品,则列为专门出口。专门进口额加专门出口额称为专门贸易额。德国、意大利等国采用这种划分标准。

1.2.3 按结算方式的不同分类

按结算方式的不同分类,国际贸易可分为现汇贸易与易货贸易。

现汇贸易也称自由结汇方式贸易,是指买方用外汇(通常是可自由兑换货币)作为偿付工具的贸易方式,这是国际贸易的主要结算方式。在当今国际贸易中,能作为支付工具的货币主要有美元、英镑、日元、欧元等。

易货贸易是指在国际贸易中以货物经过计价作为清偿工具的贸易方式。它大多起因于某些国家外汇不足，无法以正常的自由结汇方式与他国进行交易。其特点是把进出口直接联系起来，双方都有进有出，互换货物，可以是一种对一种，也可以是一种对多种或多种对多种，力求换货的总金额相等，不用外汇支付。

1.2.4　按加工后贸易方向分类

按加工后贸易方向分类，国际贸易可分为复出口与复进口。

1. 复出口(Re-export)

复出口是指外国商品进口以后未经加工制造又出口，也称再出口。复出口在很大程度上同经营转口贸易有关。

2. 复进口(Re-import)

复进口是指本国商品输往国外，未经加工又输入国内，也称再进口。复进口多因偶然原因(如出口退货)所造成。

1.2.5　按是否有第三国参与分类

按是否有第三国参与分类，国际贸易可分为直接贸易、间接贸易与转口贸易。

1. 直接贸易(Direct Trade)

直接贸易是"间接贸易"的对称，是指商品生产国与商品消费国直接买卖商品的行为。

2. 间接贸易(Indirect Trade)

间接贸易是"直接贸易"的对称，是指商品生产国(有时简称生产国)与商品消费国(有时简称消费国)通过第三国进行买卖商品的行为。其中，生产国是间接出口，消费国是间接进口，第三国是转口。

3. 转口贸易(Intermediary Trade)

转口贸易是指生产国与消费国之间通过第三国所进行的贸易。即使商品直接从生产国运到消费国去，只要两者之间并未直接发生交易关系，而是由第三国转口商人分别同生产国与消费国发生的交易关系，仍然属于转口贸易范畴。

国际贸易中进出口货物的买卖，不是在生产国与消费国之间直接进行，而是通过第三国转手进行的贸易。这种贸易对中转国来说就是转口贸易。交易的货物可以由出口国运往第三国，在第三国不经过加工(改换包装、分类、挑选、整理等不算作加工)再销往消费国；也可以不通过第三国而直接由生产国运往消费国，但生产国与消费国之间并不发生交易关系，而是由中转国分别同生产国和消费国发生交易。

1.2.6 按商品形式分类

按商品形式分类,国际贸易可分为有形贸易与无形贸易。

1. 有形贸易(Visible Trade)

有形贸易是"无形贸易"的对称,是指商品的进出口贸易。由于商品是可以看得见的有形实物,故商品的进出口被称为有形进出口,即有形贸易。

国际贸易中的有形商品种类繁多,为便于统计,联合国秘书处于1950年起草了"联合国国际贸易标准分类",国际贸易标准分类(Standard International Trade Classification,SITC)为用于国际贸易商品的统计和对比的标准分类方法。现行"国际贸易标准分类"于1950年7月12日由联合国经济社会理事会正式通过,目前为世界各国政府普遍采纳的商品贸易分类体系。到2006年为止,该标准分类经历了四次修改,最近的一次修改为第四次修订版,于2006年3月获联合国统计委员会第三十七届会议通过。该分类法将商品分为10个大类、63章、223组、786个分组和1924个项目。具体如下:0类为食品和活畜;1类为饮料和烟草;2类为粗材料,不能食用,但可作燃料;3类为矿物燃料,润滑剂和相关材料;4类为动物和植物油,油脂和蜡;5类为化学品及有关产品;6类为主要以材料分类的制成品;7类为机械和运输设备;8类为杂项制品;9类为没有分类的其他商品。其中0~4类商品称为初级品,5~8类商品称为制成品。初级品、制成品在进出口商品中所占的比重就表示了贸易的商品结构。

2. 无形贸易(Invisible Trade)

无形贸易是"有形贸易"的对称,是指劳务或其他非实物商品的进出口而发生的收入与支出。它主要包括:①和商品进出口有关的一切从属费用的收支,如运输费、保险费、商品加工费、装卸费等;②和商品进出口无关的其他收支,如国际旅游费用、外交人员费用、侨民汇款、使用专利特许权的费用、国外投资汇回的股息和红利、公司或个人在国外服务的收支等。以上各项中的收入,称为"无形出口";以上各项中的支出,称为"无形进口"。

有形贸易因要结关,故其金额显示在一国的海关统计上;无形贸易不经过海关办理手续,其金额不反映在海关统计上,但显示在一国国际收支表上。

1.2.7 按经济发展程度分类

按经济发展程度分类,国际贸易可分为水平贸易与垂直贸易。

1. 水平贸易(Horizontal Trade)

水平贸易是指经济发展水平比较接近的国家之间开展的贸易活动。例如,发达国家之间展开的贸易或者发展中国家之间所展开的贸易活动。产业内贸易,也称为水平贸易或双向贸易,是指一国同时出口和进口属于同一产业的产品之间的贸易。

2. 垂直贸易(Vertical Trade)

垂直贸易是指经济发展水平不同的国家之间开展的贸易活动。发达国家与发展中国家之间进行的贸易大多属于这种类型。特定产品的生产过程分割为不同的生产阶段，散布于多个国家(地区)进行，并以跨国界的垂直贸易链相互连接。

1.3 国际贸易的产生、发展及作用

国际贸易是在人类社会生产力发展到一定的阶段时才产生和发展起来的，它是一个历史范畴。国际贸易的产生必须具备两个基本的条件，一是要有国家的存在，二是产生了对国际分工的需要，而国际分工只有在社会分工和私有制的基础上才可能形成。这些条件不是人类社会一产生就有的，而是随着社会生产力的不断发展和社会分工的不断扩大而逐渐形成的。

1.3.1 国际贸易的产生

国际贸易是在一定历史条件下产生和发展起来的。国际贸易的产生必须具备以下条件：一是有剩余的产品可以作为商品进行交换；二是商品交换要在各自为政的社会实体之间进行。因此，社会生产力的发展和社会分工的扩大，是国际贸易产生和发展的基础。在原始社会的大部分时期，人类处于自然分工状态，生产力水平很低，人们在共同劳动的基础上获取有限的生活资料，仅能维持本身生存的需要，因此，没有剩余产品，没有私有制，没有阶级和国家，也就没有对外贸易。

1.3.2 国际贸易的发展

国际贸易的发展是与人类历史上三次社会大分工密切相关的。

1. 原始社会的国际贸易

第一次社会大分工是畜牧部落从其他部落中分离出来，牲畜的驯养和繁殖使生产力得到了发展，产品开始有了少量剩余。于是在氏族公社之间、部落之间出现了剩余产品的交换。这是最早发生的交换，这种交换是极其原始的、偶然的物物交换。随着生产力的继续发展，手工业从农业中分离出来，出现了人类社会第二次大分工。手工业的出现，便产生了直接以交换为目的的商品生产。商品生产和商品交换的不断扩大，产生了货币，商品交换逐渐变成了以货币为媒介的商品流通。随着商品货币关系的发展，产生了专门从事贸易的商人，于是出现了第三次社会大分工。

生产力的发展，交换关系的扩大，加速了私有制的产生，从而使原始社会日趋瓦解，这就为过渡到奴隶社会打下了基础。在奴隶社会初期，由于阶级矛盾形成了国家。国家出现后，商品交换超出了国界，便产生了对外贸易。

2. 奴隶社会的国际贸易

在奴隶社会，自然经济占主导地位，奴隶社会虽然出现了手工业和商品生产，但在一国整体社会生产中显得微不足道，进入流通的商品数量很少。同时，由于社会生产力水平低下和生产技术落后，交通工具简陋，严重阻碍了人与物的交流，对外贸易局限在很小的范围内，其规模和内容都受到很大的限制。

奴隶社会的对外贸易是为了奴隶主阶级服务的。当时，奴隶主拥有财富的重要标志是其占有多少奴隶，因此奴隶社会国际贸易中的主要商品是奴隶。据记载，希腊的雅典就曾经是一个贩卖奴隶的中心。此外，粮食、酒及其他专供奴隶主阶级享用的奢侈品，如宝石、香料和各种织物等也都是当时国际贸易中的重要商品。

奴隶社会时期从事国际贸易的国家主要有腓尼基、希腊、罗马等，这些国家在地中海东部和黑海沿岸地区主要从事贩运贸易。

3. 封建社会的国际贸易

封建社会的国际贸易比奴隶社会时期有了较大的发展。随着商品生产的发展，封建地租转变为货币地租的形式，商品经济得到进一步的发展。在封建社会，封建地主阶级占统治地位，对外贸易是为封建地主阶级服务的。国际贸易的主要商品，除了奢侈品以外，还有日用品和食品，如棉织品、地毯、瓷器、谷物和酒等。商品生产和流通的主要目的是满足剥削阶级奢侈生活的需要，贸易主要局限于各洲之内和欧亚大陆之间。

在封建社会，国际贸易的范围明显地扩大。亚洲各国之间的贸易由近海逐渐扩展到远洋。早在西汉时期，中国就开辟了从长安经中亚通往西亚和欧洲的陆路商路——丝绸之路，把中国的丝绸、茶叶等商品输往西方各国，换回良马、种子、药材和饰品等。到了唐朝，除了陆路贸易外，还开辟了通往波斯湾以及朝鲜和日本等地的海上贸易，中国的丝绸、瓷器、茶叶、青铜、铁器等同所到的国家进行贸易，换回各国的香料、珠宝、象牙和药材等。

封建社会的早期欧洲，国际贸易主要集中在地中海东部，君士坦丁堡是当时最大的国际贸易中心。7—8世纪，阿拉伯人通过贩运非洲的象牙、中国的丝绸、远东的香料和宝石，成为欧、亚、非三大洲的贸易中间商。11世纪以后，随着意大利北部和波罗的海沿岸城市的兴起，国际贸易的范围逐步扩大到整个地中海以及北海、波罗的海和黑海的沿岸地区。当时，南欧的贸易中心是意大利的一些城市，如威尼斯、热那亚等，北欧的贸易中心是汉撒同盟(也称汉萨同盟或汉莎同盟)的一些城市，如汉堡、卢卑克等。

4. 资本主义时期的国际贸易

15世纪末期至16世纪初，地理大发现对西欧经济发展和全球国际贸易产生了十分深远的影响。大批欧洲冒险家前往非洲和美洲进行掠夺性贸易，运回大量的金银财富，同时还将这些地区沦为本国的殖民地，加速了资本原始积累，又大大推动了国际贸易的发展。

17世纪中期，英国资产阶级革命的胜利，标志着资本主义生产方式的正式确立。18世纪中期的产业革命又为国际贸易的空前发展提供了十分坚实而又广阔的物质基础。一方面，蒸汽机的发明使用开创了机器大工业时代，生产力迅速提高，物质产品大大丰富，从而真正的国际分工开始形成。另一方面，交通运输和通信联络的技术和工具都有了突飞猛进的发展，使得世界市场真正得以建立。

在这种情况下,国际贸易有了惊人的发展,交易活动转变为全球性的国际贸易。这个时期的国际贸易,不仅贸易数量和种类有长足增长,而且贸易方式和机构职能也有创新发展。显然,国际贸易的巨大发展是资本主义生产方式发展的必然结果。

19世纪70年代以后,资本主义进入垄断阶段,此时的国际贸易不可避免地带有"垄断"的特点。主要资本主义国家的对外贸易被为数不多的垄断组织所控制,由它们决定着一国对外贸易的地理方向和商品构成。垄断组织输出巨额资本,用来扩大商品输出的范围和规模。

两次世界大战时期,资本主义世界爆发了三次经济危机,战争的破坏和空前的经济危机使世界工业生产的发展极为缓慢。在1912—1938年的27年间,世界工业生产量增长了83%,同时,贸易保护主义显著加强,给国际贸易的发展设置了层层障碍。因此,两次世界大战期间,国际贸易的扩大过程几乎处于停滞状态。1912—1938年,国际贸易量只增长了3%,年增长率为0.7%,国际贸易额减少了32%,许多国家对对外贸易的依赖性减小。

在这一时期,国际贸易的地理格局发生了变化。第一次世界大战打破了各国间特别是欧洲国家与海外国家间的经济贸易联系,使欧洲在国际贸易中的比重下降,而美国的比重却有了较大的增长。亚洲、非洲和拉丁美洲经济不发达国家在国际贸易中的比重亦有所上升。

第二次世界大战后,世界经济又一次发生了巨大变化,国际贸易再次出现了飞速增长,其速度和规模都远远超过了19世纪工业革命以后的贸易增长。仅以国际服务贸易为例,第二次世界大战后,世界经济结构调整步伐加快,传统制造业比重相对下降,服务业地位提升,在各国GDP和就业中的比重不断提高。1999年在世界GDP中,服务业的产值占61%,制造业占34%,而农业仅占5%左右;发达国家服务业占GDP的比重由1980年的59%提高到1999年的65.3%,服务业就业人数占国内就业人数的比重在55%~75%之间。美国第三产业产值占GDP的比重1997年为72.6%,2003年达到75.9%。第三产业中信息产业的发展尤其快,1993—1997年的5年间信息产业为美国直接增加1580万个就业岗位,产值占美国GDP的28%以上,美国经济增长的25%来源于信息产业的增长。

发展中国家第三产业虽然起步较晚,但自20世纪六七十年代以来也有了长足的发展,占产值和就业中的比重都呈上升趋势,发展中国家服务业占GDP的比重也从1980年的41%提高到1999年的51%,服务业就业人数占国内就业总数的36%~65%。在国民经济日益向服务化方向发展的趋势下,国家间相互提供的服务贸易量也就大大增加了。

1.3.3 国际贸易的作用

国际贸易对参与贸易的国家乃至世界经济的发展具有重要作用,具体表现在以下几个方面。

1. 调节各国市场的供求关系

调节各国市场的供求关系,互通有无始终是国际贸易的重要功能。世界各国由于受生产水平、科学技术和生产要素分布状况等因素的影响,生产能力和市场供求状况存在着一定程度的差异。各国国内既存在产品供不应求的状况,又存在着各种形式的产品过剩状况。而通过国际贸易不仅可以增加国内短缺产品的市场供给量,满足消费者的需求,而且还为各国国内市场的过剩产品提供了新的出路,在一定程度上缓解了市场供求的矛盾,从而调节了各国的市场供求关系。

2. 促进生产要素的充分利用

在当今世界,劳动力、资本、土地、技术等生产要素在各个国家的分布往往是不平衡的,有的国家劳动力富余而资本短缺,有的国家资本丰裕而土地不足,有的国家土地广阔而耕作技术落后。如果没有国际贸易,这些国家国内生产规模和社会生产力的发展,都会受到其短缺的生产要素的制约,一部分生产要素将闲置或浪费,生产潜力得不到发挥。通过国际贸易,这些国家就可以采取国际劳务贸易、资本转移、土地租赁、技术贸易等方式,将国内富余的生产要素与其他国家交换国内短缺的生产要素,从而使短缺生产要素的制约得以缓解或消除,富余生产要素得到充分利用,扩大生产规模,加速经济发展。

3. 发挥比较优势,提高生产效率

各国参与国际贸易的重要基础是比较利益和比较优势,利用比较利益和比较优势进行国际分工和国际贸易,可以扩大优势商品生产,缩小劣势商品生产,并出口优势产品,从国外换回本国处于劣势的商品,从而可在社会生产力不变的前提下提高生产要素的效能,提高生产效率,获得更大的经济效益。

4. 提高生产技术水平,优化国内产业结构

在当今世界,各国普遍通过国际贸易引进先进的科学技术和设备,以提高国内的生产力水平,加快经济发展。同时,通过国际贸易,使国内的产业结构逐步协调和完善,促使整个国民经济协调发展。

5. 增加财政收入,提高国民福利水平

国际贸易的发展,可为一国政府开辟财政收入的来源。政府可从对过往关境的货物征收关税、对进出口货物征收国内税、为过境货物提供各种服务等方面获得大量财政收入。在美国联邦政府成立初期,关税收入曾占联邦财政收入的 90%。至今,关税和涉外税收仍然是一些国家特别是发展中国家财政收入的重要来源。国际贸易还可以提高国民的福利水平。它可以通过进口国内短缺而又是国内迫切需要的商品,或者进口比国内商品价格更低廉、质量更好、式样更新颖、特色更突出的商品,来使国内消费者获得更多的福利。此外,国际贸易的扩大,特别是劳动密集型产品出口的增长,将为国内提供更多的就业机会,间接增进国民福利。

6. 加强各国经济联系,促进经济发展

在现代,世界各国广泛开展国际贸易活动,这不仅把生产力发展水平较高的发达国家相互联系起来,而且也把生产力发展水平较低的广大发展中国家卷入国际经济生活之中。国际市场的竞争活动,也促使世界总体的生产力发展进一步加快。这不仅促进了发达国家经济的进一步发展,也促进了发展中国家和地区的经济发展。

本 章 小 结

本章对国际贸易基础内容进行了阐述,主要介绍了国际贸易的概念、分类、产生与发展,探讨了国际贸易的发展趋势与新特点。国际贸易是指世界各国或地区之间的货物或劳务与服务的交换活动。

国际贸易按不同的标准,可有不同的分类。主要分类方法有:按商品移动方向、统计口径、结算方式、贸易方向、贸易是否有第三国参加、商品形式和经济发展程度等。

国际贸易的发展在不同阶段体现出不同的特点。国际贸易发展到今天,规模不断扩大、结构趋于高级化、知识产权被置于重要地位。贸易方式随着技术手段的提高而趋于网络化,引起交易与结算方式的变换。

思 考 题

1. 国际贸易与国内贸易有何异同?
2. 简述对外贸易依存度的含义和计算公式。
3. 国际贸易对世界经济的作用是什么?

第2章 国际分工

【学习目标】

本章对国际分工的概况作了全面的介绍，包括国际分工的产生和发展，理解当代国际分工以及国际分工的条件，掌握国际分工对国际贸易的影响。

【重点与难点】

国际分工的概念、当代国际分工分类、国际分工对国际贸易的影响。

【导入案例】

国际分工陷阱

在新一轮全球并购高潮中，发达国家实际上是在强化其在原有贸易格局中的既得利益，而发展中国家则被更加牢固地锁定在国际分工链条的末端，进而掉入"国际分工陷阱"。

在美国市场，中国出口玩具"芭比娃娃"的零售价为9.99美元，它在美国海关的进口价仅为2美元，两者相差的约8美元作为"智力附加值"被美方拿走。在剩下的2美元中，1美元是运输和管理费，65美分支付原材料进口的成本，中方只得到区区35美分的加工费。由此可见，包括中国在内的发展中国家在国际分工链条中处于明显的劣势和低端地位，而发达国家则成为最大的赢家。这样的例子在发展中国家与发达国家的贸易中并不鲜见。

国际分工的收益在发达国家和发展中国家之间的分配是严重不对称的。发达国家拥有先进的技术、充足的资金和高素质的技术管理人员；而发展中国家只有大量闲置的低素质、低技能的劳动力。发展中国家能够从事的生产经营活动，发达国家都能够从事。发达国家的跨国公司在全球范围内投资是为了扩大市场以获得更多的利润，但这不意味着发达国家不能够在国内生产。发达国家完全可以不与某个发展中国家交易，但发展中国家要实现本国经济发展却不能不与发达国家交往。

对于发展中国家来说，它们与发达国家虽然都可能从全球化的产业链条中获得收益，但是它们获得的收益数量却大不相同。国际分工收益的绝大部分由发达国家获得，发展中国家只能获得其中的一小部分。为了这一小部分收益，发展中国家还会进行激烈的争夺。他们竞相开出各种优惠条件，如税收优惠，允诺最大限度地开放国内市场，承诺遵守发达国家制定的严厉的经济规则，甚至做出政治上的让步。

然而，发达国家的资金不可能流向每一个发展中国家，它们总是流向那些能够给它们带来最大收益且风险最小的国家。结果是有的国家开放了市场，却没有资金和技术流入。也就是说，虽然它们尽力参与到全球化进程中，但并不能够在全球分工链条中获得一席之地。

随着信息和通信技术的迅猛进步，不同国家或经济体之间，在获得接入信息和通信技术的机会与利用因特网进行各种业务活动方面，出现了明显的"数字鸿沟"。这类现象一旦被固定化和普遍化，那么，发展中国家的产业结构就有可能永远地被锁定在国际分工链条的末端，进而掉入"国际分工陷阱"。

第2章 国际分工

在这种情况下,发展中国家面临两难抉择。一方面,加入全球资本主义体系中,被迫或自愿地接受发达国家制定的于己不利的规则,必将不可避免地付出惨痛的代价。另一方面,如果拒绝接受现行的国际经济规则似乎没有其他出路。即使闭门造车成为可能,其结果往往也是事倍功半,因为各国的比较优势必须在国际分工中才能得以实现。

请讨论:发展中国家为什么会掉入国际分工陷阱?联系我国实际说明如何才能摆脱。

(资料来源:《中国经营报》,https://finance.sina.com.cn 2005.2.19)

2.1 国际分工的产生与发展

2.1.1 国际分工的概念与作用

1. 国际分工的概念

国际分工(International Division of Labor)是指世界各国之间的劳动分工。它是社会分工发展到一定历史阶段,国民经济内部分工超越国家界限而形成的国家之间的分工。其表现形式是各国货物、服务和生产要素的交换。

2. 国际分工的作用

1) 国际分工是国际贸易的基础

国际分工源于对外贸易的发展,在资本主义生产方式下,国际分工又变成对外贸易的基础。各国参与国际分工的形式和格局决定了该国对外贸易的结构、对外贸易地理方向和贸易利益的获得等。与此同时,各国对外贸易又是国际分工利益实现的途径,各国对外贸易的模式与措施影响着国际分工的发展。由此可见,国际分工与国际贸易相辅相成,互为因果。

2) 国际分工促进国内分工的发展

国际分工是发达国家国内社会分工发展的结果。发达国家国内各种产业分工超越国界形成国际分工,再把这种分工强加给发展中国家,形成国际分工体系。这种分工体系对发达国家而言,促进了它们国内的分工,扩大了国内市场,促进了新兴产业的产生;对发展中国家而言,冲击了原有的社会分工体系,促使新的国内分工体系的形成,以及新产业的出现。

3) 国际分工推动世界市场的扩大

国际分工是社会生产力发展的结果。国际分工使各国在其具有相对优势的部门或产品上扩大生产规模,形成规模经济,增加产品数量,取得规模效益。国际分工使各国生产要素得到有效的配置,节约了社会资本,提高了效率,大大推动了整个世界社会生产力的发展。世界社会生产力的发展加深了国际分工的深度与广度,从而扩大了世界市场。

4) 国际分工影响国际贸易格局

在国际分工的基础上,形成了不同国家国民经济参与国际分工的形式和格局的差异。发达国家一般处于国际分工体系中的优势地位和格局中的中心,发展中国家处于劣势地位和格局中的外围,这种差异决定了各类国家在国际贸易中的主次地位和贸易利益获得的多寡,形成了国际贸易中的秩序和矛盾,这种秩序和矛盾又推动着国际分工的改善,推动着国际贸易秩序的改革和重构。

2.1.2 国际分工的产生与发展

1. 萌芽阶段

这一阶段包括 16 世纪中叶至 18 世纪中叶资本原始积累时期以及资本主义以前的各个社会经济形态。由于自然经济占主导地位,该阶段只存在不发达的社会分工和不发达的地域分工。

随着社会生产力的发展,11 世纪欧洲城市兴起,手工业与农业逐步分离,商品经济有了较快的发展。特别是在 15 世纪末到 16 世纪上半叶的"地理大发现"和随后的殖民地开拓,使市场大大地扩展,并促进了手工业向工场手工业的过渡,这种过渡也体现了社会分工水平的进一步提高,从此,资本主义进入了资本原始积累时期。殖民主义国家用暴力和超经济的强制手段,在亚洲、非洲、拉丁美洲殖民地开采矿山,建立甘蔗、烟草等农作物种植园,为本国提供其不能生产的农作物原料,以扩大本国工业品的生产和出口。宗主国和殖民地之间最初的垂直型国际分工形式出现了。

2. 发展阶段

这一阶段包括 18 世纪 60 年代到 19 世纪 60 年代。这个阶段发生的第一次工业革命首先出现在英国,接着迅速扩展到其他国家。伴随着工业革命的完成,资本主义经济体系得以确立。它加快了商品经济和社会分工的发展,促进了国际分工。其特点如下。

1) 机器工业为国际分工的发展奠定了物质基础

第一,大机器生产使生产能力不断增强,生产规模迅速扩大,源源不断地生产出来的大批商品使国内市场饱和,需要寻求新的市场。同时,生产力革命带来的生产的急剧扩大,引起原料供应的紧张,要求开辟大量而稳定的新的原料来源地。第二,大机器工业改革了运输方式,提供了电报等现代化的通信工具,使国际分工成为可能,把原料生产国和工业品生产国联系在一起。第三,大机器工业成为开拓市场的"重炮",它消灭了古老的民族手工业,打破了以往地方和民族的自给自足和闭关自守的市场,把各种类型的国家卷入世界市场中。

2) 英国成为国际分工的中心

率先完成工业革命的英国,其生产力和经济迅速发展,在国际经济竞争中处于绝对优势地位。英国放弃了长期推行的重商主义政策,转向自由贸易政策。它通过殖民统治和强大的经贸实力,将亚洲、非洲、拉丁美洲国家落后的农业经济纳入国际分工和世界市场中,成为国际分工的中心。恩格斯指出:"英国是农业世界的大工业中心,是工业太阳,日益增多的生产谷物和棉花的卫星都围着它运转。"

3) 世界市场上出现大宗商品

国际贸易中交换的商品,过去主要是那些满足地主、贵族和商人需要的奢侈品,现已被国际贸易中的大宗商品,如小麦、棉花、羊毛、咖啡、铜、木材等所代替。这些产品的贸易促进了各国之间产业间的分工,为工业化的深化奠定了基础。

3. 形成阶段

这一阶段包括19世纪中叶到第二次世界大战。这个时期发生了第二次产业革命,石油、汽车、电力、电器工业建立,交通运输工具加快更新,苏伊士运河(于1869年)和巴拿马运河(于1913年)的开通,电报、海底电缆的出现,大大促进了资本主义生产的发展,推动了资本主义经济体系的确立,这一时期垄断代替了自由竞争,资本输出加强,形成了国际分工体系。其特点主要有以下几方面。

1) 进入国际分工的中心国家增多

这一期间完成产业革命的法国、德国、日本、美国等发达国家都进入国际分工中心国家的行列,这些国家制约着国际分工的机制。

2) 发达国家间出现部门分工

例如,挪威专门生产铝,比利时专门生产铁和钢,芬兰专门生产木材和木材加工产品,荷兰和丹麦专门生产农产品(主要是肉类和乳品),美国成为谷物的生产大国。

3) 亚、非、拉美国家垂直型分工加深

随着国际分工中心国家的增多,亚洲、非洲、拉丁美洲殖民地和发展中国家原有的垂直型分工加深,其产品生产进一步单一,主要生产和出口一两种中心国家生产和生活所需的农产品和矿产品,而所需的工业品和消费品则从中心国家进口。

4) 生产和消费变成世界性的

随着国际分工体系的形成,参与国际分工的每个国家都有许多生产部门首先是为世界市场生产的,而每一个国家所消费的生产资料和生活资料,都全部或部分地依靠其他国家供应。其结果是,世界各国间的相互依赖关系加强,生产和消费逐渐变成世界性的。

2.2 当代国际分工

2.2.1 当代国际分工发展的背景

第二次世界大战以来,世界经济和政治发生了重大变化。第一,发生了第三次科技革命,出现了电子、信息、服务、宇航、生物工程等新型产业,产业分工日益细化。第二,发达国家通过"工厂外迁"等方式,进行经济结构的调整和优化,促使国际资本流动加速,跨国公司兴起,形成全球性的生产和流通体系。第三,第二次世界大战前的殖民地体系瓦解,殖民地和落后国家取得政治独立,开始发展民族经济,需要国外的资本和技术。第四,20世纪90年代以后,"冷战"结束,世界各国重视经济的发展和合作。第五,市场经济成为世界经济和各国经济体制的主流,为各国市场的相互融合和分工提供了基础。第六,世界贸易体制建立与加强。1947年关贸总协定建立;1995年世界贸易组织(WTO)建立,取代关贸总协定成为世界贸易新体制的组织和法律基础,使世界贸易体制得到加强。关贸总协定主持的八轮回合多边贸易谈判和WTO的运行,促进了世界范围的贸易自由化。

2.2.2 当代国际分工的特点

1. 国际分工基础在深化

1) 世界性产业结构升级与调整

随着科学技术的进步,生产社会化和专业化大大发展,产业结构出现了高技术化、服务化、融合化和国际化的趋势,促使整个社会分工向纵深发展,一方面,各国国内分工在细化;另一方面,细化的国内分工加速向国外延伸。传统的以自然资源为基础的分工逐步发展为以现代化技术、工艺为基础的分工。

2) 经济全球化快速发展

20世纪90年代以后,经济全球化发展迅速,其主要表现是:①建立起了全球性的生产体系和贸易体系;②金融、货币和投资市场囊括全球;③出现了世界范围的人力资源流动,世界性移民、人才跨国培养、公开和隐蔽性流动都在加大;④建立起了地区和全球性的管理和协调机构与机制。各种经济贸易集团大量出现和完善。继国际货币基金组织和世界银行于1945年底成立之后,1995年初又成立了世界贸易组织,这三大经济贸易组织的功能日臻完善。大国首脑定期举行高层会议,商讨国际大事,共商对策。

3) 市场经济体制被普遍接受

20世纪90年代以后,市场经济体制为世界绝大多数国家所接受,从而对外开放政策成为各国对外经济贸易政策的主流。它们为市场经济规律充分发挥作用提供了广阔的空间,其结果将会促进全世界的社会分工向广度和深度发展。

4) 国际分工的参与度扩大

参与国际分工的国家和地区遍及世界,包括各种类型的国家,并且各国参与国际分工的程度在加深。货物贸易和服务贸易占国内生产总值的比重在低收入国家从1990年的34.5%提高到2012年的66.4%,在中等收入国家该比重同期从38.2%提高到60.4%,在高收入国家该比重同期从40.1%提高到60.6%。

2. 国际分工形式多样化

1) 按参加国际分工的国家的发展水平差异分类

按参与国家自然资源和原材料供应、生产技术水平和工业发展情况的差异来分类,国际分工可划分为三种不同形式。

(1) 垂直型国际分工。

垂直型国际分工(Vertical International Division of Labor)是指经济发展水平不同的国家之间的纵向分工,主要指发达国家与发展中国家之间制造业与农业、矿业的分工。19世纪形成的国际分工就属于垂直型国际分工。这属于第一个阶段的垂直型国际分工,其特点是两种不同类型国家的生产分别属于两种不同的产业。

第二次世界大战后,随着发展中国家的经济发展,这种类型的分工有所削弱,但仍然是发达国家与新兴工业化经济体以外的发展中国家之间的一种主要的分工类型。这一阶段垂直型国际分工的特点是发展中国家从事劳动密集型产品的生产,发达国家从事技术密集型或资本密集型产品的生产,从而在同一产业的不同部门间形成垂直型国际分工。

(2) 水平型国际分工。

水平型国际分工(Horiontal Internatinal Division of Labor)是指经济发展水平相近的发达国家之间的横向分工,主要指发达国家之间在工业部门上的分工。第二次世界大战前,表现为产业间的分工,第二次世界大战后,由于科技进步与产业的迅速发展,这种类型的分工深化到产业内部,形成国际间工业部门内部的分工。其表现形式如下。

① 不同型号、规格产品的分工。

一般来说,同样的产品往往具有不同的型号和规格,不同国家对同一类产品按不同型号或规格进行分工,从事专业化生产,以适应国内外市场的需要,例如,拖拉机,大体上美国主要生产大功率的轮式和履带式拖拉机,英国生产中型轮式拖拉机,德国生产小功率的轮式拖拉机。

② 零、配件和部件生产的分工。

由于各国科技和工艺水平的差异,一国对某一种零配件或部件的生产具有优势,另一国对另一种零配件或部件的生产具有优势,因此就产生了零配件或部件的专业化生产。"二战"后,这种形式的专业化生产在许多产品的生产中得到了广泛的发展,例如,在喷气式飞机、原子能发电站设备、电子计算机、汽车、拖拉机、收音机、电视机等大批量生产时所需的各种零配件或部件往往在不同国家中进行专业化生产。

③ 工艺过程的分工。

这种分工是指不同国家对生产过程的不同阶段进行专业化生产。例如,在化学工业方面,某国一些工厂专门生产半成品,然后出口这些半成品供给设在其他国家的化工厂去生产各种化学制成品。举世闻名的德国拜耳公司以它所生产的中间产品提供给世界各地上万家的化工厂制造各种化学成品,就属于工艺过程的专业化。

水平型国际分工成为当今主流的国际分工形式。参与这种分工的国家除了发达国家,还有一些新兴工业化国家。

(3) 混合型国际分工。

混合型国际分工(Mixed International Division of Labor)是指垂直型与水平型混合的国际分工。例如,德国曾是典型的混合型国际分工的代表,它与发展中国家进行垂直型国际分工,而与其他发达国家则进行水平型国际分工。

2) 按国际分工在产业之间或产业内部分类

(1) 产业间国际分工。

不同产业部门之间生产的国际专业化。第二次世界大战以前,国际分工基本上是产业间国际分工,表现在亚洲、非洲、拉丁美洲国家专门生产矿物原料、农业原料及某些食品,欧美发达国家专门进行工业制成品的生产。

(2) 产业内部国际分工。

相同生产部门内部各分部门之间的生产专业化。第二次世界大战的爆发与进展、第三次科学技术革命,对当代国际分工产生了深刻的影响,使国际分工的形式和趋向发生了很大的变化,突出地表现在使国际分工的形式从过去的部门间专业化向部门内专业化方向迅速发展起来。这主要是由于科技进步使各产业部门之间的级差化不断加强,不仅产品品种规格更加多样化,而且产品的生产过程也进一步复杂化。这就需要采用各种专门的设备和工艺,以达到商品的特定技术要求和质量要求,而一般来说所需要的专用设备的数量不多,但要求精度较高。同时，为了达到产品的技术和质量要求，还必须进行大规模的科学实验和研究，这就需要大量的科研费用。在这种情况下，只有进行大量生产在经济上才能有利。但这些往往又与同一国的有限市场和资金设备以及技术力量发生矛盾，这就促进各国在部门内部生产专业化方面迅速得到发展。

产业内部国际分工主要有三种形式。

第一，同类产品不同型号规格专业化分工。在某些部门内某种规格产品的国际生产专业化，是部门内国际分工的一种表现形式。

第二，零部件专业化分工。许多国家为其他国家生产最终产品而生产的配件、部件或零件的专业化。目前，这种国际生产专业化在许多种产品的生产中广泛发展。

第三，工艺过程专业化分工。这种专业化过程不是生产成品而是专门完成某种产品的工艺，即在完成某些工序方面的专业化分工。以化学产品为例，某些工厂专门生产半制成品，然后将其运输到一些国家的化学工厂去制造各种化学制成品。

3. 国际分工格局的主导与层次化

1) 发达国家处于国际分工的主导地位

在国际分工的形成和发展过程中，发达国家一直处于主导地位。第二次世界大战后国际分工出现多样化趋势，但发达国家由于一直处于世界生产力发展的最高水平，在国际分工中的主导地位并未改变，表现在如下几个方面。

(1) 发达国家处于科技发展的领先地位，发达国家产业结构的纵深发展使社会分工向广度和深度发展。

(2) 以发达国家为母国的跨国公司是当代国际分工的营造者，跨国公司通过直接投资建立全球性生产体系和销售体系，并把世界各国纳入这些体系中。

(3) 发达国家是经济全球化的引领者。这源于发达国家是世界经济的火车头，是世界科技、贸易、金融、信息中心。

(4) 以发达国家为主和为中心的地区经济贸易集团在众多地区经济贸易集团中效益最为显著，影响也最大。它们内部的分工又影响着国际分工。

2) 国际分工格局出现层次化

(1) 部分发展中国家和地区离开外围。

第二次世界大战前，殖民主义宗主国处于国际分工的中心，殖民地、附属国和落后国家处于国际分工的外围，界限比较清楚，第二次世界大战后，随着发展中国家的经济发展，出现了新兴的工业化国家和地区，它们发展成为制成品出口的主要国家和地区，其中包括巴西、中国大陆、中国香港、中国台湾、印度、韩国、马来西亚、墨西哥、菲律宾、新加坡、泰国和土耳其。在与发达国家的分工形式上，形成初步的水平型分工，国家的进出口货物贸易均以制成品为主。

(2) 区域性经贸集团内部分工加强。

经贸集团内部通过贸易和投资等的自由化，实施各种计划，协调和扩大成员内部产业之间的分工，使内部贸易占整个对外贸易的比重不断提高。欧盟内部贸易占整个对外贸易的比重从1980年的60.9%提高到2012年的62.01%，同期，东盟此比重从17.4%提高到24.17%。

(3) 地区性区域分工在加强。

如日本在汽车业的生产中,形成了与东南亚国家之间的分工。例如,在日本丰田汽车部件中,印度尼西亚和泰国集中生产柴油机、踏脚和电动设备;菲律宾生产传动系统;马来西亚生产驾驶连杆和电动设备;新加坡办事处协调和管理各种交易。

(4) 服务分工尚未形成固定形式。

20世纪80年代以后,国际分工从有形商品领域向服务业领域扩展,并出现了相互结合、相互渗透的趋势,但尚未形成固定的形式。服务业的国际分工出现了两个特点。第一,高收入国家居于世界服务业分工的主导地位。发达国家的服务业相当发达,在国内生产总值中,2012年服务业所占比重已高达74.91%,而同年发展中国家服务业占国内生产总值的比重为51.44%。第二,在服务业的国际分工中,发达国家以高新技术、金融、信息和资本密集型的服务参与服务业国际分工;而一些发展中国家以建筑工程承包、劳务输出等劳动密集型服务参与服务业国际分工。

2.3 国际分工的发展条件

2.3.1 自然条件

1. 自然条件是国际分工产生和发展的基础

自然条件包括气候、土地、水流、自然资源、地理位置和国土面积等,它是一切经济活动的基础,没有一定的自然条件,进行任何经济活动都是困难的。自然条件对各国产业结构的影响是显而易见的。如只有地处热带的国家,才能生产热带作物;只有沿海且渔业资源丰富的国家,才有可能发展海洋渔业和养殖业。国土面积小的国家,可能只拥有少数几种自然资源,也就只能以有限的自然资源发展某几种产业;相反,国土辽阔的大国,如俄罗斯、美国、中国等,国内各地区自然条件具有多样性,自然资源也很丰富,为发展多种产业和建立相对完整的工业生产体系提供了必要条件。一个内陆国家,没有出海口,对外交通不便,自然会影响到该国的经济发展;同样,一个孤悬于大洋的岛国,与其他地区和国家相距甚远,交往困难,也会影响其经济的发展。

2. 自然条件的制约作用在下降

自然条件是国际分工产生和发展的重要基础,但并不是绝对的。自然条件的优劣,能促进或限制一个国家发展某种产业,但这种促进或限制的作用不是决定性的。因为人类的生产力,即人类利用和开发自然的能力在不断提高,随着社会生产力的发展,自然因素的作用逐渐下降,建立在自然条件上的国际分工的意义也随之减弱。

2.3.2 社会生产力

社会生产力是国际分工形成和发展的决定性因素。

1. 促进国际分工的发展

生产力的发展是社会分工的前提条件。一切分工,其中包括国际分工,都是社会生产力发展的结果。它突出地表现在科学技术的重要作用上。迄今为止出现的三次科学技术革命,都深刻地改变了许多生产领域,不断地改善生产技术、工艺过程和生产过程,使社会分工和国际分工随之发生变革。

2. 决定国际分工的地位

历史上,英国最早完成产业革命,生产力得到了巨大发展,使其成为"世界工厂",那时的英国在国际分工中居于主导地位。继英国之后,欧美资本主义国家的产业革命相继完成,生产力迅速发展,它们便与英国一起成为国际分工的中心国家与支配力量。第二次世界大战以后,原来的殖民地半殖民地国家在政治上取得独立,努力发展经济,生产力得到较快发展,出现了一些新兴工业化国家,它们在国际分工中的不利地位逐步得到改善。

3. 影响国际分工的参与度

随着生产力的发展,各种经济类型的国家都加入国际分工行列,国际分工已把世界各国紧密地结合在一起,形成了世界性的分工。随着各国生产力的发展,各国参与国际分工的形式从垂直型向水平型过渡;从国际货物分工向国际服务业分工延伸;从单一类型的国际分工向多层次的国际分工形式发展。

4. 提高国际分工的层次

以高科技为核心的知识作为一种要素,在生产中的作用大大超过了自然资源,使各国的经济活动在更大程度上依靠科学技术和人的智力,促使国际分工向高层次发展。第一,科学技术具有不断创新的潜力和可能性。第二,人类掌握了科学技术,并把它应用在自然资源的勘探和开发上,自然资源才得以为人所利用。如中东地区有丰富的石油资源,但直到20世纪初,人类掌握了油田勘探开发技术和原油炼制技术后,那里的石油工业才发展起来。第三,科学技术使一部分天然原材料得以用人工合成原材料代替,如人造纤维代替棉麻等天然纤维,人造橡胶代替天然橡胶等。第四,科学技术使新产业、新产品的科技含量不断提高,而原材料含量则不断降低。如目前生产的芯片,其价值的98%来自科学技术,原材料只占2%。第五,科学技术使生产工艺日益改进,单位产品中原材料和能源的消耗日益减少。

2.3.3 人口与市场

人口分布、生产规模和市场发育度与规模影响各国参与国际分工的能力。

1. 人口分布

人口分布的不均衡,会使分工和贸易成为一种需要。人口稀少、土地广阔的国家往往偏重发展农业、牧业、矿业等产业;而人口众多、资源贫乏的国家往往大力发展劳动力密集型产业。于是,在国家间就有进行国际分工与国际贸易的必要。

2. 生产规模

现代大规模的生产使分工成为必要的条件，这种分工跨越了国界，就产生了国际分工。随着生产规模越来越大，分工就会越来越细，任何一个国家都不可能包揽所有的生产，必须参与国际分工。

3. 市场发育度与规模

在自给自足的自然经济条件下，商品经济不发达，市场狭小，各国参与国际分工的动力不足。在市场经济条件下，商品经济日益发展，市场不断扩大，分工向纵深发展，各国参与国际分工的愿望日益强烈。

2.3.4 交通与通信业

交通运输和通信成本通过以下几条途径影响一个国家对国际分工的参与度。第一，较高的运输成本减少了初级产品出口所得的收入，降低了一国经济可以用作投资的储蓄量。它们还会抬高资本货物的出口价格，抑制比较优势的发挥。第二，在其他条件相同的情况下，运输成本较高的国家可能把自己产出量较小的部分投在贸易上，而且不大可能吸引出口导向型的外国直接投资，难以进入跨国公司的生产链条和销售渠道。第三，运输影响一国与他国国际分工的形成。运输成本制约着国际分工伙伴的选择。第四，交通运输和通信业制约着世界分工的形成。

2.3.5 资本流动

资本流动是国际分工深入发展的关键，资本国际化促进了国际分工的迅速发展。自从19世纪末以来，资本输出就成为世界经济中重要的经济现象。第二次世界大战后，跨国公司迅猛发展，发展中国家和经济转型国家对外资开放，这些都大大加速了资本的国际化进程，使国际分工向深度和广度发展，出现了世界性的分工。

第一，跨国公司通过国外直接投资，把子公司所在国纳入国际分工体系，发挥这些国家和地区的比较优势；第二，跨国公司通过承包方式构筑世界性的生产体系和营销体系。如美国波音公司于1994年组装的第一架波音飞机，其最大承包商是日本，其他部件由意大利、澳大利亚、韩国和加拿大等国的公司提供，这种承包方式在汽车、家用电器、机器设备、纺织品、鞋类和服装等行业中被广泛运用。

2.3.6 国际生产关系

生产关系影响着国际分工的性质和作用。国际分工是生产力发展的结果，同时它也受到生产关系的制约。既然国际分工是社会分工超出国家界限的结果，社会的生产关系也会超越国界，形成国际生产关系。

国际分工的产生与发展是与资本主义生产方式的产生与发展密切相关的，体现了资本主义生产方式发展生产力的要求，同时，在形成过程中又受资本主义生产关系的影响和制约，由此决定着国际分工的两重性。一方面，它节约了社会劳动，使世界各国人力资源和物质资源得到合理利用，有利于发挥分工国家的比较优势，并把这种优势转化为世界范围的巨大社会生产力，促进了先进国家和后进国家生产力的提高和经济发展。另一方面，它又带有资本主义的劣根性，即国际分工的利益不能平等地、合理地被分工国家获得，并形成了经济发展上的片面性和依附性。

2.3.7 经济体制与政策

从历史发展来看，经济体制是参与国际分工内因的基础。处于自然经济形态的国家由于追求自给自足的生活，分工与市场不发达，缺乏参与国际分工的内在要求，其参与分工是被动的和外加的。处于计划经济体制的国家，由于受计划控制，分工与市场较自然经济有所发展，但与国际市场处于相对隔绝状态，却又被迫发展对外贸易，在计划经济条件下一国参与国际分工的广度和深度受到限制。在市场经济体制下，国内分工和市场获得巨大的发展空间，为一国参与国际分工提供了切实的基础。但市场经济体制的发展程度影响一国参与国际分工的广度和深度。

经济体制决定各国的对外贸易政策。通常，实行自给自足的经济体制的国家执行的是保护贸易政策；实行计划经济体制的国家采取国家高度垄断的保护贸易政策；实行市场经济体制的国家倾向于采取自由贸易政策。就发展中国家而言，随着经济体制本身的变化，出现了四种类型的对外贸易发展模式和政策，即进口替代型、出口导向型、混合型和自由贸易型。

2.4 国际分工对国际贸易的影响

2.4.1 国际分工促进国际贸易的发展

国际分工是国际贸易发展的基础。生产的国际专业化分工不仅提高劳动生产率，增加世界范围内的商品数量，而且增加了国际交换的必要性，从而促进国际贸易的迅速增长。

2.4.2 国际分工对国际贸易中商品结构的影响

国际分工的深度和广度不仅决定国际贸易发展的规模和速度，而且还决定国际贸易的结构和内容。第一次科技革命以后，形成了以英国为中心的国际分工。在这个时期，由于大机器工业的发展，国际贸易商品结构中出现了许多新产品，如纺织品、船舶、钢铁和棉纱等。

第二次科技革命以后，形成了国际分工的世界体系，使国际分工进一步深化，使国际贸易的商品结构也发生了相应的变化。首先是粮食贸易大量增加。其次，农业原料和矿业材料，如棉花、橡胶、铁矿、煤炭等产品的贸易不断扩大。此外，机器、电力设备、机车及其他工业品的贸易也有所增长。第二次世界大战后发生的第三次科技革命，使国际分工进一步向深度和广度发展，国际贸易商品结构也随之出现新的特点。这主要表现在工业制

成品在国际贸易中的比重不断上升,新产品大量涌现,技术贸易得到了迅速发展。

2.4.3 国际分工对国际贸易中地理分布的影响

世界各国的国际贸易中地理分布是与它们的经济发展及其在国际分工中所处的地位分不开的。第一次科技革命后,以英国为核心的国际分工,使英国在世界贸易中居于垄断地位。此后,法国、德国、美国在国际贸易中的地位也显著提高。第二次世界大战后,由于第三次科技革命,发达国家工业部门内部分工成为国际分工的主导形式,因而西方工业发达国家相互间的贸易得到了迅速发展,而它们同发展中国家间的贸易则处于下降趋势。

2.4.4 国际分工对国际贸易政策的影响

国际分工状况如何,是各个国家制定对外贸易政策的依据。第一次科技革命后,英国工业力量雄厚,其产品竞争能力强,同时它又需要以工业制品的出口换取原料和粮食的进口,所以,当时英国实行了自由贸易政策。而美国和西欧的一些国家工业发展水平落后于英国,它们为了保护本国的幼稚工业,便采取了保护贸易的政策。伴随着第二次科技革命,资本主义从自由竞争阶段过渡到垄断阶段,国际分工进一步深化,国际市场竞争更加剧烈,在对外贸易政策上,便采取了资本主义超保护贸易政策。19世纪70年代中期以前,以贸易自由化政策为主导倾向;19世纪70年代中期以后贸易保护主义又重新抬头。西方国家贸易政策的这种演变,是和世界国际分工深入发展分不开的,也与各国在国际分工中所处地位的变化密切相关。

本 章 小 结

国际分工是国际贸易的基础,国际贸易是国际分工的表现,二者相辅相成,互相制约,互相促进。

在资本主义生产方式下,国际分工随着市场经济和技术革命的发展,不断向纵深发展。第二次世界大战后,国内分工演变为国际分工,分工的形式多样化;参与国际分工的国家遍及全球;原有的国际分工格局被打破;国际分工的利益在扩散,但国际分工的性质未发生根本改变。

国际分工的产生与发展受自然条件、社会生产力、市场的发育程度和规模、资本流动、生产关系和经济贸易政策的综合影响,其中决定性的制约条件是社会生产力的发展程度。

如何分析国际分工的产生与发展?如何看待资本主义生产方式下的国际分工?西方经济学家和马克思看法不一。西方经济学家在确认资本主义生产方式的基础上,提出按照绝对优势、比较优势和要素禀赋的不同进行国际分工,从而掩盖了资本主义国际分工不平等的性质。而马克思从人类历史发展的高度看待国际分工。他认为资本主义国际分工具有进步意义,同时也存在不合理的性质。

思 考 题

1. 什么是国际分工?
2. 国际分工与国际贸易的关系如何?
3. 第二次世界大战以来国际分工有哪些特点?
4. 国际分工发展的条件是什么?

第3章 世界市场

【学习目标】

本章对世界市场的概况进行全面的介绍,包括世界市场的形成和作用、世界市场的类型、商品流通渠道和销售渠道、世界市场价格的确定及其影响因素、世界市场价格的种类及当代世界市场的基本特征等。通过对本章内容的学习,读者可了解世界市场的形式和作用,理解世界市场的形成和发展过程,掌握当代世界市场的构成、世界市场的商品流通渠道和商品销售渠道、世界市场价格种类。

【重点与难点】

当代世界市场的构成、世界市场的商品流通渠道和商品销售渠道、世界市场价格种类。

【导入案例】

我国价格总水平将保持平稳运行

我国价格总水平变化,受到国内外多方面因素交织叠加影响。国家发改委价格司有关负责人表示,从各方面情况看,当前和今后一段时间,我国价格总水平将保持平稳运行,出现明显上涨的可能性很小。

从宏观层面看,经济保持总体平稳、稳中向好态势,尽管面临一些新问题新挑战,国内总供求关系将保持平稳。8月份,广义货币供应量(M2)已连续17个月保持个位数增长,去年三季度以来社会融资规模存量同比增速持续呈下降态势,货币环境总体稳健中性。今后一段时间,国家将继续着力防范化解重大风险,扎实推进结构性去杠杆,继续加强金融监管,国内货币环境明显趋松的可能性小。

从商品层面看,我国农业生产稳中向优,夏粮产量虽略有减少,但仍属丰收年,且占粮食产量大头的秋粮长势正常,蔬菜生产平稳,生猪产能依然处于高位,蛋鸡养殖规模总体稳定;工业生产总体稳定,工业消费品产能充裕,市场竞争程度高,而随着去产能、强化环保监管取得显著成效,上游能源原材料行业供给日趋平稳;服务业加快发展,供给数量和质量不断提升。

从国际市场看,世界经济延续增势但各国走势出现分化;主要经济体货币政策进入实质收紧阶段,政策调整外溢效应更加明显;个别国家贸易投资保护主义加剧,进一步削弱全球经济增长动能。受此影响,6月份以来国际市场价格总体走弱,8月15日反映国际大宗商品价格变化的RJ/CRB指数达到186.8点,跌至全年低点。

"总的看,世界经济增长中的不稳定不确定因素增多,国际市场价格出现大幅上涨的可能性较小,对国内的输入性压力有限。"该负责人说,短期因素的扰动不会改变我国价格总水平平稳运行的态势。下半年,居民消费价格指数将保持稳定,工业生产者出厂价格指数涨幅会有所回落。

(资料来源:人民网,2018年10月8日)

3.1　世界市场的概念与形式

3.1.1　世界市场的概念

市场是指从事商品交换的场所和领域，也是商品生产顺利进行的必要条件。市场的容量和社会分工、社会劳动专业化的程度有着密切的联系。随着社会分工和商品生产的发展，市场将逐步发展起来。

世界市场是指通过不同国家之间的买卖而使各国国内市场得以联系起来的交换领域。世界市场的逐步形成和扩大，是世界资本主义经济发展乃至世界历史发展的重要内容。世界市场的产生和形成过程，是资本主义生产力水平不断提高的过程，也使国际贸易从区域性贸易发展成为囊括整个世界范围的贸易。资本主义创造了世界市场，世界市场的形成满足了资本主义发展的需要。世界市场是世界各国之间进行商品和劳务交换的领域。它包括由国际分工联系起来的各个国家商品和劳务交换的总和。

可见，世界市场这一概念是由其外延和内涵两方面构成的。世界市场的外延指的是它的地理范围。世界市场的内涵指的是与交换过程有关的全部条件和交换的结果，包括商品、技术转让、货币、运输、保险等业务，其中商品是主体，其他业务是为商品和劳务交换服务的。

国际分工是国际贸易和世界市场形成与发展的基础。在国际分工高度发展的基础上形成了世界市场。第二次世界大战以后，随着科技革命的发展，世界政治、经济形势发生了巨大的变化，也使世界市场呈现出许多新的特征。在世界市场上，商品的价格受到国际价值、供求关系、垄断、竞争、经济周期性波动等因素的影响。

3.1.2　世界市场的形式

世界市场是不同国家之间商品和劳务交换的领域，由各个贸易国家的国内市场所形成，它是同国际分工相联系的各国商品流通的总和。在世界市场的范围内，各个国家的国内市场成为世界市场的组成部分。世界市场的内容十分广泛，它既有各种不同类型的国家和地区，又有经营目的各异的买主与卖主，还有种类繁多的货物和服务以及形式多样的购销渠道。

根据不同的标准，可以把世界市场进行分类。按地区划分，世界市场可以分为东亚市场、东南亚市场、南亚市场、北美市场、南美市场、欧洲市场、非洲市场等。按货物和服务种类划分，世界市场可以分为世界商品(货物)市场和世界服务市场：世界商品市场可以分为纺织品市场、机电产品市场、石油产品市场、谷物市场等；世界服务市场可以分为通信服务市场、建筑服务市场、金融服务市场、商业服务市场等。按市场的组织形式划分，可以分为有固定组织形式的市场和没有固定组织形式的市场：有固定组织形式的市场，即在特定地点按照一定组织规章进行的交易活动；没有固定组织形式的市场，即不通过固定场所进行的商品交易。

3.1.3 世界市场的性质

世界市场的性质取决于包括在这个市场范围内处于支配地位的生产方式。世界市场自形成以来从来都是不纯粹的，即包括在世界市场内的国家和地区存在着不同的生产方式和经济发展的不同阶段，但世界市场的性质取决于占支配地位的生产方式。如在16世纪初世界市场初步形成时期，除资本主义生产方式外，还存在封建生产方式甚至奴隶制生产方式，但由于这时资本主义生产方式已居于支配地位，因此，当时的世界市场在性质上已属于资本主义市场。当前参加世界市场的国家和地区有资本主义国家和社会主义国家，既有发达的资本主义国家，也有发展中的国家和地区。但目前在世界市场处于支配地位的还是资本主义生产方式，所以现在的世界市场仍应认为是资本主义性质的。

3.1.4 世界市场与国内市场的区别与联系

1. 世界市场与国内市场的区别

世界市场是在各个贸易国家的国内市场的基础上形成的，但世界市场并不是各国国内市场的简单总和，两者之间既有不可分割的联系，又有明显的差异。

(1) 各国国内市场的形成是世界市场形成的前提，只有各国内部市场发展到一定程度，才有可能使商品、服务和技术交换关系突破国家界限而扩大到世界范围。但是，这时各国的商品、服务和技术交换大部分仍然局限在国内范围，并不进入国际市场。

(2) 各国的国内市场是一个国家内部交换关系的反映，而世界市场则是以国家为媒介并超越国家界限而形成的国际交换关系的反映。

(3) 国内市场受每个国家的经济制度和政治制度的制约与影响，而世界市场则受世界各国经济与政治状况的相互制约和影响。

2. 世界市场与国内市场的联系

(1) 世界市场是国内市场在范围上的延伸。
(2) 国内市场的形成是国际市场形成的前提。
(3) 国际市场是国内市场发展的客观要求。因为各国国内市场发展到一定程度必然要求突破国家界限建立世界市场，这是社会生产力水平提高和国际分工发展的必然结果。

总之，世界市场是反映流通领域国际生产关系的一个重要经济范畴。

3.1.5 世界市场的历史作用

从世界市场发展过程来看，世界市场的形成与发展，是资本主义生产方式发展的前提，又是其结果。世界市场的形成，打破了许多国家和地区自给自足的封闭状态，取而代之的是各个国家和地区之间的相互经贸往来和各方面的互相依赖。可以说，世界市场在国际经济生活中发挥着巨大的作用。目前，已经没有任何国家能够脱离世界市场而孤立存在。世界经济目前一个鲜明的特点是各国之间通过世界市场建立的相互依赖大大加深了。

世界市场对于资本主义国家的生存和发展起着必不可少的重要作用，具体分析如下。

1. 世界市场是资本主义生产不可缺少的商品销售地和原料采购地

资本主义生产以商品生产为基础，以交换价值的生产为特点，是商品生产的高度发展。资本主义生产又是立足于国内市场和世界市场之上的。商品生产和贸易，特别是对外贸易的显著发展，是资本主义生产的必要前提条件。商品经济的发展，带动了市场的扩张，进而又发展到依赖世界市场。许多资本主义生产部门，就是在世界市场的基础上产生和发展起来的。如大机器工业生产出来的商品，便是需要以世界市场作为依托的。在第二次世界大战以后，跨国公司更是把整个世界市场看作其产品的目标市场并据以组织安排生产和推销产品的。

大机器工业不但需要把大量产品销售于世界市场，而且其所需要的原料也依赖于世界市场的供应。在垄断竞争不断加剧和新技术革命突飞猛进的时代，以跨国公司为代表的垄断资本更是如此，为确保其垄断地位，一方面在世界市场上销售自己的产品，另一方面对原材料产地尽可能地加以控制。

2. 世界市场有助于缓和资本主义各个生产部门发展的不平衡性

资本主义社会生产部门之间的不平衡性是资本主义经济发展的一个普遍现象。竞争的结果便是一些生产部门发展迅速和另外一些生产部门发展相对落后。这样，互为市场的工业部门由于彼此发展的不平衡性而使发展较好的部门寻求更为广阔的国际市场。同时，生产部门间发展的不平衡又导致了生产和消费的不平衡。这样，竞争迫使资本家为不断扩大生产而寻找大量销售产品的市场。当然，世界市场并不能使国民经济不平衡的矛盾得以消除，而是把供求矛盾带到了一个更为广阔的空间，使其缓解而已。

3. 世界市场是资本扩张的结果和条件

资本主义生产的规律是生产方式的不断变革和生产规模的无限扩大。资本主义企业必然跨越国家界限，寻求国外市场。资本的本性便是其扩张性。在竞争规律的作用下，资本家采用先进的生产方式，提高劳动生产率，降低成本，以质量和价格去赢得市场。而生产达到规模化经营是降低成本和提高劳动生产率的必要前提。资本家总是在扩大生产规模，创建新的生产部门，创立更加有效的劳动形式和科学技术成果，并在将其转变为生产力的过程中不断扩张。资本的扩张性驱使资本家以全球化为依托，不断扩大市场。

综上所述，世界市场对于资本主义国家的重要性是不言自明的。其实，对于发展中国家而言，世界市场的作用也是举足轻重的。资产阶级开拓了世界市场，使一切国家的生产与消费都具备世界性，这样，广大发展中国家与世界市场的联系便在客观上得以建立。这种联系在"二战"之前是发达国家对落后国家、宗主国对殖民地的控制与剥削。"二战"之后，世界市场便成为发展中国家改变落后面貌的一个必要的外部条件。

3.2 世界市场的形成与发展

3.2.1 世界市场的成因

1. 大机器工业需要一个不断扩大的市场

大机器工业只有在经常扩大生产、不断夺取新市场的条件下才能存在。大机器工业的发展取决于市场的规模。资本家为了追求高额利润，经常要超越已有的市场范围，到国外去寻找新市场，不断夺取广泛的市场，为大工业开拓更广阔的领域。

2. 大机器工业需要日益扩大的原料供应来源

大机器工业不仅需要一个不断扩大的世界销售市场，也需要日益扩大的原料供应来源。这样，使市场交换的商品种类日益增多。

3. 形成大机器工业中心和大的食品销售市场

资本主义大机器工业的发展使工业和人口不断地向城市集中，形成许多大机器工业中心和大的食品销售市场。而这些食品不但要从本国各地区运来，往往要从世界市场上源源不断地输入。

4. 发展和扩大了世界劳动市场

资本主义大工业的发展和世界人口的移动扩大了世界劳动市场，也是扩大世界商品销售市场和原料及食品来源的重要渠道。

5. 交通运输工具发展

大工业的发展促进了铁路、轮船、通信事业的发展，为扩大各国国内市场和世界市场，加强国内和国际间的经常性的互访联系所需要的交通运输工具，提供了物质技术基础。

3.2.2 世界市场的形成过程

从市场发展的历史来看，市场是在生产力发展的基础上随着商品交换的频繁而逐渐形成和发展的。最早只有较小的农村集市，逐渐形成一个国家的全国性市场。后来与一些邻近的国家之间形成了一些区域性国际市场，如欧洲在封建时期就有伦敦、汉堡、巴黎等区域性的国际市场。世界市场则是在16世纪地理大发现后，随着国际贸易的发展把一些区域性的国际市场联合起来而形成的。

1. 世界市场的萌芽阶段(16世纪初—18世纪60年代)

这个时期包括16世纪、17世纪和18世纪的大部分年份。

15世纪末叶和16世纪初期的地理大发现促进了西欧各国的经济发展。美洲的发现，绕过非洲的航行，给新兴的资产阶级开辟了新的活动场所。东印度和中国的市场、美洲的殖民化、对殖民地的贸易、交换的手段和一般商品的增加，使商业、航海业和工业空前高涨，这是商业上的大革命，也是世界商品市场的产生。

地理大发现前的世界市场在地理范围上是有限的，它不包括美洲、大洋洲、部分的亚洲和非洲。当时只有地区性市场，还没有世界市场。在各个区域性市场之间，产品的价格是不统一的。即使在一个区域性市场内部，在一国的各个市镇之间，价格也是不统一的。在每一个国家内部有着一系列小的地方性市场，同一种产品在不同的地方性市场上彼此的价格差别很大。统一的国内市场价格的产生是统一的民族市场形成以后的事，而统一的世界市场的价格的形成，更是世界市场确立和形成以后的事。

地理大发现奠定了世界市场产生和形成的基础，这些发现把区域性市场逐渐扩大为世界市场。新的世界市场不仅包括欧洲原有的区域性市场，而且把亚洲、美洲、大洋洲和非洲的许多国家和地区吸引过来，因此，流通中的商品种类增多了，同时欧洲的贸易中心开始转移，大西洋沿岸的城市成为世界市场的中心。意大利(地中海区域市场)、汉撒同盟(或汉萨同盟，北波罗的海沿岸)城市已丧失了原有的地位，大西洋沿岸的里斯本、安特卫普、塞维尔、阿姆斯特丹、伦敦成为世界市场的中心。

从16世纪到18世纪中叶，在世界市场上处于支配地位的是商业资本。商业资本在世界市场上的活动对资本的原始积累起了巨大的作用。它促进了封建主义向资本主义的转化，只是到了下一个时期，产业资本才在世界上居于支配地位。在这一时期，买卖的商品大多数仍为奢侈品。然而，殖民地产品的贸易、贵金属的贸易，以及手工业产品的贸易都大为扩展了。英国的呢绒工业、里昂的丝织工业、索林根的冶金工业已经为世界市场而生产商品并且越过制造奢侈品的阶段了。这些产品市场的扩大，加速了资本积累，为产业资本的诞生创造了条件。

2．世界市场的迅速发展时期(18世纪60年代—19世纪70年代)

18世纪60年代开始的产业革命，带来了两个革命性的后果：机器大工业的建立和资本主义生产方式的胜利。世界市场进入迅速发展的时期，机器大工业对世界市场的形成和发展起了决定性的作用。这一时期，产业资本已经取代了商业资本，开始在世界市场上占据统治地位。其原因有以下几个方面。

(1) 大机器需要一个不断扩大的市场，包括产品销售市场、原料与食品供应市场和提供劳动力的劳动市场，而国内市场规模的有限性和大量生产的无限可能性迫使资本家超越已有的市场范围，到国外去寻找新市场。大机器工业的发展取决于市场的规模，资本家为了追求高额利润，需要不断地扩大机器大工业。这样，资本主义机器大工业便将其产品销售市场和原料、食品乃至劳动力的来源地都卷入世界市场中来。

(2) 大工业不仅需要一个不断扩大的世界销售市场，也需要日益扩大的原料供应来源。这样，迫使他们要超越本国已有的市场，到国外去寻求新市场，开辟新市场，为大工业开拓更广阔的领域，使市场交换的商品种类日益增多。

(3) 资本主义大工业发展使工业和人口不断地向城市集中，形成许多大工业中心和大的食品销售市场。

(4) 大工业的发展推动了世界人口的移动，扩大了世界劳动市场，加强了对人口稀少地区的资源开发。

(5) 机器大工业的发展促进了现代交通运输和通信联络事业的发展,把各国的国内市场真正有效地联系在一起了,从而推动了世界市场的进一步扩大和发展。大工业的发展大大促进了铁路、海运、通信事业的发展,把各国的市场真正有效地联系在一起。

(6) 随着世界市场的扩大,作为世界货币的黄金和白银的职能增加了。随着黄金和白银变成世界货币,使商品的国际价格形成成为可能。国际价格的逐步形成,使价值规律的作用扩展到了世界市场。

这一阶段的100多年间,世界市场虽然已经有了很大的发展,但各国和地区间的贸易往来在地理上和政治上仍然受到诸多限制。国际贸易基本上是在西欧与中欧、波罗的海沿岸与俄国、北大西洋沿岸国家、远东、南亚、东南亚的区域性市场上进行,一个统一的世界市场还未完全形成。

3. 世界市场的形成(19世纪70年代—20世纪初)

19世纪70年代至20世纪初,发生了第二次科技革命。这次科技革命一方面促进了社会生产力的极大提高,表现在工农业生产的迅速增长和交通运输、通信联络事业的空前发展方面;另一方面推动资本主义生产关系由自由竞争阶段过渡到垄断阶段,其结果是资本输出急剧增加。世界工农业生产的迅速增长、交通运输与通信联络工具的空前发展和资本输出的急剧扩大三者共同作用的结果,加速了世界市场和国际贸易的发展,把世界各国都纳入资本主义国际分工体系,把各国的产品都卷入世界商品流通范围,从而在世界历史上第一次形成了一个统一的无所不包的世界市场。在这一时期,垄断资本在世界市场上占据了统治地位。

1) 统一的世界市场形成的主要标志

(1) 多边贸易多边支付体系的形成。

多边贸易是指两国间贸易在进出口相抵后总有余额,用对某些国家的出超支付对另一些国家的入超,在若干国家之间进行支付与结算的贸易。

由于国际分工的发展,世界城市和农村的出现,西欧大陆和北美这些经济发达国家从经济不发达的初级产品生产国购买了越来越多的原料和食物,出现了大量的贸易逆差。与此同时,英国继续实行自由贸易政策,从西欧大陆和北美的新兴工业国输入的工业品持续增长,经常呈现大量的逆差。但英国又是经济不发达国家工业品的主要供应国,呈现大量的贸易顺差。这样,英国就用它对经济不发达国家的贸易顺差所取得的收入来支付对其他经济发达国家的贸易逆差。而经济不发达国家,又用对西欧大陆和北美的贸易顺差来弥补对英国的贸易逆差。英国此时成为多边支付体系的中心,这个体系为所有贸易参加国提供了购买货物的支付手段,同时使国家之间债权债务的清偿、利息和红利的支付能够顺利完成,有助于资本输出和国家间短期资金的流动。

(2) 国际金本位制度的建立与世界货币的形成。

世界市场的发展与世界货币的发展是紧密联系在一起的。在世界市场充分发展以后,作为世界货币的黄金的职能才能充分地展开。在这一时期,建立了国际金本位制度。它也是世界多边贸易多边支付体系发挥作用的货币制度。

这个制度的作用,主要体现在两个方面。

① 它给世界市场上各种货币的价值提供一个互相比较的尺度,并能使各国货币间的

比价(汇价)保持稳定。

② 给世界市场上各国的商品价格提供了一个互相比较的尺度，从而使各国的同一种商品的价格保持一致，把各国的价格结构联系在一起。

世界市场的发展与世界货币的发展是紧密联系在一起的。只有在世界市场充分发展和在参加世界市场进行交易的人们普遍感到，必须有一个在任何国家都能够通用的一般等价物以后，作为国家间的货币媒介和作为世界货币的黄金的职能，才能充分展开。

一般来说，作为世界货币的黄金，有以下三种职能。

① 作为国际上一般通用的支付手段。
② 作为国际上一般的购货手段。
③ 作为国际上财富的一般体现物。

其中最重要的作用是充当支付手段以平衡国际收支差额的职能。这几项职能都是与世界市场上商品的买卖、资本的转移和无形项目的交易直接或间接联系在一起的。可见，黄金被最后确立为世界货币，是世界市场形成的标志，是资本主义生产方式和交换方式国际化的表现，也是这个时期内世界市场的基本特征之一。

(3) 资本主义的各种经济规律制约着世界市场的发展。

资本主义社会中各种固有的规律诸如基本经济规律、经济发展不平衡规律、价值规律等在世界市场上居于主导地位，制约着世界市场的发展。

(4) 形成了比较健全固定的销售渠道。

大型的固定的商品交易所、国际拍卖市场、博览会形成了；航运、保险、银行和各种专业机构健全地建立了；比较固定的航线、港口、码头建立了。这一切都使世界市场有机地结合在一起。

在世界市场上，参与交换的国家一般可分为发达市场经济国家、发展中国家和经济转型国家。世界市场交换的对象随着市场的发展而不断丰富，从以货物为主，发展到货物和服务并重，并且出现了知识产权和生产要素的跨国界流动。世界商品市场的经营主体既包括专门从事贸易活动的流通企业、从事生产和贸易的工贸企业，也包括国家机关和部门，它们从事政府采购等业务。除了这些直接参与贸易的经营主体外，货物贸易的交换还离不开运输、保险、银行和咨询等部门的服务。

2) 促进世界市场形成的因素

19世纪后半期至20世纪中叶，产业革命进入新的阶段。在第二次产业革命过程中，工农业生产的增长、交通运输工具的革命和资本输出加速了世界市场和国际贸易的发展，把越来越多的国家囊括到世界市场和国际贸易中来，从而成为促进这一时期统一的世界市场最终形成的主要因素。

(1) 工农业生产的增长。

第二次产业革命以后，科学和技术创新激励机制的制度化，大大激发了高素质人才的创造热情和企业在生产中运用新技术的积极性，于是新工艺、新材料、新能源、新产品源源不断地产生并且得到了广泛的运用，使技术进步加速进行。现代信息化技术在各行业的运用，使经济的整体效率得到提高。

(2) 交通运输工具的革命。

第二次产业革命以新能源的利用、新机器和新产品的创制以及远距离传递信息手段的新发展等方面的成就,在人类文明史上具有重要的地位。其间出现的电力、钢铁、化工"三大技术"和汽车、飞机、无线电通信"三大文明",极大地改变了人类社会的面貌。交通运输工具的革命是19世纪末世界市场、世界贸易、世界经济发展的物质基础和主要推动力。

(3) 资本输出。

除了继续作为商品销售市场和原料与食品来源地以外,殖民地也日益成为帝国主义投资的场所。资本输出越来越成为扩大国外市场和夺取原料来源的重要工具和资本主义向广度发展的决定性因素。在这一时期,资本的力量也有了巨大的增长。资本日益超越国家民族的界限而以世界为舞台,把越来越多的国家纳入资本主义生产的轨道上来。

上述三个因素在世界历史上第一次实现了一个把世界各国都联系在一起的一流的世界市场。

4. 深化和多极化发展阶段(第二次世界大战以后至今)

"二战"后,发生了第三次科技革命。在这次科技革命的影响下,世界经济和国际经济关系发生了深刻的变化。在此基础上,世界市场规模不断扩大,国际贸易额迅猛增长,国际贸易商品结构和地理分布发生了重大变化。由于垄断的日益加强、跨国公司的大量出现和地区性经济贸易集团的不断组成,世界市场出现分割化或多极化局面,与此相适应,世界市场价格也出现多样化。

3.2.3 当代世界市场的构成

当代世界市场主要是由以下几部分构成的。

1. 国家和地区

1) 按联合国的分类标准划分

参照联合国的分类标准,参与世界市场活动的国家和地区可分为四类。

(1) 发达的市场经济国家:包括美国、日本、西欧各国等。它们的人口约占世界总人口的7%,领土面积占世界总面积的24%,而贸易比重则占世界的60%~70%。

(2) 东欧国家:即原经互会成员国。

(3) 亚洲社会主义国家:包括中国、朝鲜、越南等国。

(4) 发展中国家和地区:包括上述国家以外的所有国家和地区。它们大多分布在亚洲、非洲和拉丁美洲,原来都是殖民地、半殖民地,第二次世界大战后才独立发展民族经济。同时由于其地理位置、自然环境、历史传统、经济发展水平等都存在很大差别,因而它们的对外贸易发展水平很不平衡,在世界市场上的地位也不一样。

其中,中国的香港特别行政区和台湾地区,韩国、新加坡和拉丁美洲的巴西、阿根廷、墨西哥等新兴工业国家(或地区),在世界制成品出口市场上占据越来越重要的地位;中东的石油出口国家,其贸易顺差高达上千亿美元;而其余的发展中国家和地区对外贸易始终处于逆差地位。使得占世界人口一半的发展中国家和地区在世界贸易中所占的比重仅为20%~30%,而且呈下降趋势。

2) 按地区范围及地理位置划分

按地区范围及地理位置划分,世界市场主要有西欧市场、北美市场、中东市场、东南亚市场、非洲市场和拉丁美洲市场等。西欧市场和北美市场属于发达国家范畴，其余市场基本属于发展中国家范畴(日本除外)，其中，东南亚市场为新兴工业化地区，中东市场由中等收入的石油输出国组成。

一般来说，发达国家市场容量较大，市场基础环境较好。其生产经营水平较高，收入水平也高，政府对经济干预少，市场开放程度大，贸易往来比较自由。而发展中国家的市场大小悬殊，市场基础环境较差，其生产经营水平不高，收入水平也较低，政府对经济干预较多，市场开放程度较小。所以，在世界市场上，发达国家之间的贸易十分活跃，它们之间的贸易往来大大超过发达国家与发展中国家之间的贸易往来和发展中国家之间的贸易往来之和。此外，值得注意的是，欧洲共同体的统一大市场，以美国、加拿大、墨西哥三国为核心的北美自由贸易区和亚洲太平洋地区经济圈，是正在形成的三个覆盖世界大部分地区的区域性世界市场。它的形成必然从根本上影响或改变世界市场现有的贸易格局。

2. 订约人

当代世界市场的订约人，按照其活动的目的和性质可分为三类，即公司、企业主联合会和国家机关与机构。

(1) 公司是指那些以谋利为目的而进行经济活动的企业。

(2) 企业主联合会和公司的不同之处是其活动的目的不是为了获取利润，而是代表企业家集团利益，为促进私营企业扩大出口，并以协会、联盟、代表会议等形式建立起来的。

(3) 国家机关(政府各部和各主管部门)和机构只有在得到政府授权后才能进入世界市场进行外贸业务活动。

3. 商品

商品包括有形商品、无形商品和服务性商品。

1) 有形商品

有形商品，按照通常的理解，则是指具有实物形态，通过交换能够带来经济利益的劳动产品。按联合国制定的《国际贸易标准分类》(Standard International Trade Classication，SITC)，将有形商品用 0～9 表示为 10 个大类、63 章。这 10 类商品分别为：食品及主要供食用的活动物(0)；饮料及烟类(1)；燃料以外的非食用粗原料(2)；矿物燃料、润滑油及有关原料(3)；动植物油脂及油脂(4)；未列名化学品及有关产品(5)；主要按原料分类的制成品(6)；机械及运输设备(7)；杂项制品(8)；没有分类的其他商品(9)。在国际贸易中，一般把 0～4 类商品称为初级产品，把 5～8 类商品称为制成品。

2) 无形商品

无形商品，就是指对一切有形资源通过物化和非物化转化形式使其具有价值和使用价值属性的非物质的劳动产品以及有偿经济言行等。无形商品相对于有形商品来说，是一个发展中逐渐被认识的概念，它在很大程度上体现了当代经济发展、科技水平和经济管理的要求，其外延不是固定不变的，包括运输、保险、旅游等。

3) 服务性商品

按《服务贸易总协定》(General Agreement on Trade in Service，GATS)中的"服务部门参考清单"，将服务商品划分为 12 个部门及其下属 160 多个分部门或独立的服务活动。这 12 个服务贸易部门分别是：①商业服务(包括专业服务和计算机服务)；②通信服务；③建筑和相关工程服务；④分销服务；⑤教育服务；⑥环境服务；⑦金融服务(包括银行和保险服务)；⑧与健康相关的服务；⑨社会服务；⑩娱乐、文化、体育服务；⑪运输服务；⑫其他未包括的服务。

4．商品市场

1) 按世界商品市场的特征分类

世界商品市场包括以自由竞争为特征的开放性市场，买卖双方有组织上联系、受垄断组织控制的封闭性市场，以商业一次合同为基础的市场，以国际专业、协作化及长期大规模联系为基础的市场，以区域经济一体化为模式、以经济集团为基础的市场。

2) 按世界商品市场的组织形式分类

世界商品市场包括有固定组织形式的市场和无固定组织形式的市场。前者主要包括商品交易所、国际商品拍卖中心、国际博览会和展销会、国际贸易中心等，一般均在固定场所按事先规定的原则和规章进行商品交易。后者是指通过单纯的商品购销形式或与其他因素结合的商品购销形式，如补偿贸易、加工贸易、招标与投标、租赁贸易等进行交易。

5．商品销售渠道

商品销售渠道是指商品从生产者到消费者手中所经过的路线。世界市场上的销售渠道通常由三部分构成：第一部分为出口国的销售渠道，包括生产企业或贸易企业；第二部分为出口国与进口国之间的销售渠道，包括贸易双方的中间商；第三部分是进口国国内的销售渠道，包括经销商、批发商和零售商。

6．运输网络

运输网络由铁路运输网、公路运输网、水上运输网、航空运输网、管道运输网等组成。

7．信息网络

信息网络由电话、电报、电传、电视、广播、报刊、通信卫星、计算机互联网络等组成。

3.2.4 世界市场上的商品流通渠道

世界市场上的商品流通渠道，是指商品由各国生产领域进入他国消费领域所采取的购销形式。按照购销业务形式的不同，世界市场可分为有固定组织形式的世界商品市场和无固定组织形式的世界商品市场。

1．有固定组织形式的世界商品市场

有固定组织形式的世界商品市场，是指在特定地点并按照一定规则运作的市场，主要有商品交易所、国际商品拍卖行、博览会和展览会等。

1) 商品交易所

商品交易所是进行特定商品买卖的场所，是一种按照一定规则运作的商品市场。商品交易所的交易一般具有以下特点。

(1) 在固定的地点和时间内进行。

(2) 成交以商品的品级标准或样品为准。

(3) 成交后一般不进行实物交割。

世界上最早的商品交易所出现于 17 世纪的阿姆斯特丹。后来，商品交易所开始在发达国家陆续出现。交易所交易的商品多为大宗初级产品，主要有：有色金属、谷物、纺织原料、油料、天然橡胶等，交易商品往往易于品级标准化。现在世界上商品交易所的成交额占世界出口贸易额的 15%～20%。

商品交易所的交易方式分为现货交易和期货交易两种。

(1) 现货交易。现货交易又称实物交易，与一般商品买卖相同，都是实际商品的即期交割。交易所的作用仅是提供交易场所和合同格式，并帮助解决纠纷等。现货交易在交易所业务中所占比例不大。

(2) 期货交易。期货交易是指对正处于运输途中，或者需经一定时间后才能装运的货物的期货合同进行的交易。实物交易的特点是进行实际商品的买卖活动，合同的执行是以卖方交货、买方收货付款来进行的。而期货交易绝大多数只是期货合同的倒手，因此人们又把这种交易称为纸合同交易。

交易所期货合同交易从性质上看主要有两类：一是投机，即买空卖空，从两次交易的价格差额中牟利；二是在期货市场上抛出或购进期货合同，以临时替代实际货物的交易，转移价格变动的风险，这就是套期保值，又叫"海琴"交易(Hedging)。目前，商品交易所进行的交易中约 80% 是期货交易。

目前主要通过交易所进行交易的商品大约有 50 种，占世界商品流通额的 15%～20%，而且各类主要商品分别集中在不同的交易所进行交易。例如，谷物主要是在芝加哥、伦敦、利物浦、温尼伯、鹿特丹等谷物交易所进行交易；天然橡胶的交易则主要集中在新加坡、伦敦、纽约和吉隆坡；有色金属的交易则主要是在纽约、伦敦和新加坡的商品交易所进行。

随着国际生产专业化程度的日益提高，交易所中商品交易也日趋专业化。目前，各种商品的交易所(贸易中心)可参见表 3-1。

表 3-1 世界主要交易所(贸易中心)

商品名称	世界主要交易所(贸易中心)
有色金属	伦敦、纽约、新加坡、香港、上海
天然橡胶	新加坡、伦敦、纽约、吉隆坡、神户、东京
可可豆	纽约、伦敦、巴黎、阿姆斯特丹
谷物	芝加哥、温尼伯、伦敦、利物浦、鹿特丹、安特卫普、米兰、郑州、大连
食糖	伦敦、纽约、大阪、东京、郑州
咖啡	纽约、伦敦、新奥尔良、芝加哥、亚历山大、圣保罗、孟买
棉籽油	纽约、伦敦、阿姆斯特丹、温尼伯、郑州
黄麻	加尔各答、卡拉奇、伦敦
棉花	纽约、亚历山大、孟买、圣保罗、香港、郑州
净毛	纽约、伦敦、安特卫普、墨尔本
大米	米兰、阿姆斯特丹、鹿特丹
豆油和向日葵	伦敦
生丝	横滨、神户

(资料来源：news1.jrj.com.cn，2007 年 12 月 15 日)

第3章 世界市场

2) 国际商品拍卖行

拍卖是一种具有悠久历史的交易方式,在今天的国际贸易中仍广为采用。它主要适用于商品品级很难标准化的物品,如艺术品、古玩等。此外,一些难以久存的物品也多以拍卖的方式成交。

国际商品拍卖是由经营拍卖业务的拍卖行接受货主的委托,在规定的时间和场所,按照一定的章程和规则,以公开竞价的方式,把货物卖给出价最高的买主的一种贸易方式。

拍卖业务允许买方预先验看所拍之品,以便买方进一步了解货物的品质状况。拍卖会在规定的时间和地点进行,按照拍卖业务的惯例,在主持人击槌之前,买主可以撤回其出价,但一旦一锤定音,拍卖便成交了。这之后,无论是拍卖行还是卖主,对所成交商品的服务均不接受任何索赔。

进入拍卖市场交易的商品大多具有不易标准化、易腐不耐贮存、生产厂家众多或需经过较多环节才能逐渐集中到中心市场等特点,如毛皮、原毛、鬃毛、茶叶、烟草、蔬菜、水果、花卉、观赏鱼类、热带木材、牲畜(主要是马)。其中,拍卖方式是国际市场上销售毛皮、原毛、茶叶和烟草最重要的方式,比如,通过国际拍卖出售的毛皮占美国和加拿大总出售额的70%,占瑞典和挪威的95%;通过国际拍卖出售茶叶占印度茶叶总出售量的80%,占斯里兰卡的95%。

世界拍卖的商品一般都有自己的拍卖中心(见表 3-2)。在全世界,毛皮和毛皮原料的国际拍卖每年进行 150 多次。此外,一些产品的拍卖中心有向产地转移的特征。如原毛的拍卖逐渐从伦敦转移到原毛的生产地进行;茶叶拍卖的中心也从伦敦转移到茶叶的产地进行。例如,印度通过加尔各答和科钦的拍卖,出售的茶叶占全国茶叶销售总量的 70%,通过伦敦拍卖的只占 30%。

表 3-2 世界主要商品拍卖中心

商品名称	世界主要拍卖中心
水貂皮	纽约、蒙特利尔、伦敦、哥本哈根、奥斯陆、斯德哥尔摩、圣彼得堡
羊羔皮	伦敦、圣彼得堡
羊毛	伦敦、利物浦、开普敦、墨尔本、悉尼
茶叶	伦敦、加尔各答、科伦坡、科钦
烟草	纽约、阿姆斯特丹、不来梅、卢萨卡
花卉	阿姆斯特丹
蔬菜、水果	安特卫普、阿姆斯特丹
马匹	多维尔、伦敦、莫斯科

(资料来源:finance.sina.com.cn,2007 年 8 月 14 日)

3) 国际贸易博览会、展览会

国际贸易博览会又称国际集市,是开展国际贸易和经济交流的重要场所,是指在一定的地点定期举办的有众多国家、厂商参加,展、销结合的国际市场。它是由区域性的集市发展演变而成的一种定期定点的展销市场。举办博览会的目的是使参加者展示科技成就、商品样品,以便进行宣传,发展业务联系,促成贸易。展览会一般是不定期举办的,它与博览会的区别在于只展不销,通过展览会促成会后的交易。

从商品和举办范围来看，博览会和展览会大致可分为以下几种。

(1) 综合性国际博览会。它是有许多国家和厂商参加的，包括工、农、林、牧、服务业等各方面产品均可参展并洽谈交易的博览会，如历史悠久的米兰、莱比锡、巴黎等地的国际博览会。世界著名的国际博览会，一般多属综合性的博览会。这种博览会规模较大，产品齐全，且会期较长。

(2) 样品国际博览会。这是一种看样成交的集市。参展国家、厂商，以参展样品达成交易。国际上较大的莱比锡博览会、里昂博览会就是样品集市。

(3) 主要工业部门产品国际博览会。这类博览会规模较大，是各种新技术、新产品荟萃展销的市场。每年在世界各地举办的航空航天、汽车、电子、自动化设备等博览会都属于这种博览会。

(4) 一般工业部门产品展销会和集市。这类展销会规模可大可小，展品多属衣帽鞋类、玩具、照相用品等。

(5) 专业性国际博览会。这是指仅限于某类专业性产品参展和交易的博览会，其规模较小，会期也较短。世界上比较著名的专业性国际博览会，如科隆博览会，每年举行两次，一次展销纺织品，一次展销五金制品。

(6) 国别展览、展销会。这是指一个国家在另一个国家举办的综合性展览会或各行业各类产品的展销会。

(7) 独家公司展览、展销会。这是指大企业、跨国公司专门为本企业的产品举办的展览、展销会。

2. 无固定组织形式的世界商品市场

无固定组织形式的世界商品市场可大致分为两类：一类是单纯的商品购销形式，另一类则是与其他因素结合的商品购销形式。

1) 单纯的商品购销形式

单纯的商品购销形式是指交易双方不通过固定市场而进行的商品买卖活动。它是通过独立洽商而进行的。单纯的商品购销形式的一般原则为：买卖双方自由选择成交对象，对商品的品质、规格、数量、价格、支付、商检、装运、保险、索赔、仲裁等方面都要进行谈判，在相互意见一致的基础上签订成交合同。单纯的商品购销形式是世界市场上最为普通的国际商品贸易方式。

2) 与其他因素结合的商品购销形式

(1) 补偿贸易。

补偿贸易，是指在信贷基础上进口设备，然后回销产品或劳务所得价款，分期偿还进口设备的价款及利息。

按照偿付的标的不同，补偿贸易大体上分为三类。

① 直接产品补偿。即双方在协议中规定，由设备供应方向设备进口方承诺购买一定数量或金额的由该设备直接生产出来的产品。

② 其他产品补偿。当所交易的设备本身不生产产品或设备所生产的产品非对方所需时，可由交易双方协商，用回购其他产品替代。

③ 劳务补偿。按照这种做法，双方根据协议，一方购进所需技术、设备，货款由对

方垫付。一方根据对方的要求加工生产后,从应收的工缴费中分期扣还所欠款项。

补偿贸易是一种较好的利用外资的形式。对于进口方而言,可能通过补偿贸易引进先进的技术和设备,发展和提高本国的生产能力,加快企业的技术改造,增强其出口竞争力。对于出口方而言,则可以利用补偿贸易扩大出口,解决进口方支付能力不足的问题。

(2) 加工贸易。

加工贸易是一种加工再出口业务。它把加工和扩大出口、收取加工费收入结合起来。目前的主要做法有以下几种。

① 来料加工。这是指加工一方按照对方的要求,把对方提供的原辅料加工成制成品交予对方以收取加工费。其具体做法是:由外商免费提供全部或者部分原材料、辅料、零部件、元器件、配套件和包装物,必要时提供某些设备,由我方加工单位按外商的要求进行加工装配,成品交外商销售,我方收取工缴费。外商提供的作价设备价款,我方用工缴费偿还。

② 来样加工。对方只提出各方面要求并提供样品,加工方全部采用国产原、辅料加工,成品交予对方。

③ 来件装配。这是指外商按双方签订的合同提供零配件、元器件,由工厂按要求的规格进行装配,将合格的产品交外商后收取加工费用。

④ 进料加工。这是指加工方自己进口原辅料进行加工,成品销往国外,这种情况又称"以进养出"。其具体做法是:加工单位用外汇购买进口原料、材料、辅料、零部件、元器件、配套件和包装物件,经生产加工成品或半成品后再返销出口的方式。加工单位自负盈亏。

开展上述各种形式的加工装配业务,对加工方具有积极的意义:有利于发挥和挖掘国内现有技术、设备的生产潜力,特别是对那些开工不足的企业更具有现实意义;有利于学习国外先进技术,提高产品质量;有利于扩大就业,为国家创汇和积累资金等。

(3) 租赁贸易。

租赁贸易是指工商企业通过租赁市场(通常是与金融机构有联系的租赁公司)获得购置所需的生产资料,如机械设备、交通工具、办公用品等货物的一种融资贸易方式。它是一种把信贷和贸易联系起来的新贸易方式。其具体做法是:承租人选择需要的商品,确定品名、规格和日期,与制造商或租赁公司接洽;租赁公司出资购买商品,再与承租人签订合同,承租人支付租金。租金一般相当于租赁商品的销价加上租赁期的利息再加上佣金(手续费);制造商(或租赁公司)按照合同向承租人发货,承租人仅享有租赁设备的使用权,所有权归出租人所有,租赁期满后,承租人视其需要或继续租用,或按处理价格收归己有,或将商品退回租赁公司。

目前国际上经营租赁业务的租赁公司有三种:一种是专门经营租赁业务的租赁公司;一种是制造商为推销产品而组办的租赁公司;还有一种是银行、保险公司之类的金融机构附设的租赁公司,这是最为普遍的一种租赁公司。

开展国际租赁贸易对制造商、出租人和承租人都有一定的好处。对制造商来说,开展租赁贸易可以开辟新的销售渠道,并可及时从租赁公司那里得到全部货款。对出租人来说,租赁是赢得利润即租金的可靠途径。若出租人是金融租赁公司,通过租赁业务,可扩大金融业务,为资金投放找到可行的出路;若出租人是专业租赁公司或制造商租赁公司,则可将用于出租的机械设备作为货款抵押,从而得到有关金融机构资金融通的方便。对承租人来说,其优势更明显:承租人可以在资金不足的情况下引进先进技术和设备,并可避免因为设备的无形损耗加速所带来的损失,从而有利于企业及时更新设备,使用新技术。因此,它常被人们形象地喻为"借鸡生蛋"。

3.2.5 世界市场上的商品销售渠道

销售渠道是商品从其生产者到消费者之间的渠道,是企业最重要的资产之一,同时也是变数最大的资产。它是企业把产品向消费者转移的过程中所经过的路径。这个路径包括企业自己设立的销售机构、代理商、经销商、零售店等。对产品来说,它不对产品本身进行增殖,而是通过服务,增加产品的附加价值;对企业来说,销售渠道起到物流、资金流、信息流、商流的作用,完成厂家很难完成的任务。不同的行业、不同的产品、企业不同的规模和发展阶段,销售渠道的形态都不相同。

世界市场上的商品销售渠道由三个部分组成。第一部分是出口国的销售渠道,主要包括生产企业或贸易企业;第二部分是连接出口国与进口国之间的环节,主要由贸易双方的中介即中间商构成;第三部分是进口国国内的销售渠道,主要由经销商、批发商和零售商构成。

商品销售渠道的存在,可以帮助出口企业节约推销产品于他国的人力、物力,并且可为贸易双方提供方便,减轻风险。

1. 世界市场商品销售渠道

常见的世界市场商品销售渠道有七种。
(1) 出口企业—国外顾客。
(2) 出口企业—出口商—进口商—国外顾客。
(3) 出口企业—中间商—出口商—进口商—零售商—国外客户。
(4) 出口企业—中间商—出口商—批发商—零售商—国外客户。
(5) 出口企业—中间商—出口商—进口商—批发商—零售商。
(6) 出口企业—中间商—出口商—零售商—国外客户。
(7) 出口企业—零售商—国外客户。

第一种是国内企业自行出口到进口国直接卖给消费者。第二种是出口企业把货物卖给本国出口商,出口商出口到进口国,进口商又将商品直接卖给消费者,这种方式适用于大宗商品交易。第三、四、五种类型,多半适用于消费品的销售,一般为有中间商参与。第六、七种类型,一般适用于出口国与进口国的大型百货公司、超级市场、连锁店等贸易。

2. 国际市场进入方式

国际市场进入方式可分为:出口贸易、签订契约、组建国际战略联盟、收购和对外直接投资等方式,不同的进入方式之间存在很大差异。

1) 出口贸易

出口贸易又称输出贸易,是指本国生产或加工的商品输往国外市场销售。出口贸易是目前企业最主要的进入方式。除了传统的通过代理或者自营进出口外,还可以通过以下一些方式进行。

(1) 利用境外专业市场出口。

企业以较少的成本和风险，较快的速度进入国际市场。境外专业市场将会给企业出口商品带来直接便利，如果能紧密联系并促进彼此之间的感情，对于企业开拓国际市场、进行产品出口贸易将有极大的帮助。

(2) 到国内外办展或参展。

参加国内外大型出口交易会和展销会，把产品直接拿到国内的产品交易会或展销会，吸引外商采购。赴海外参加大型国际展销会，与全球范围内更多的生产厂家和贸易商一起互相交流，为产品最终打入国际市场创造条件。

(3) 在国外建立营销机构。

在国外设立营销中心、国际连锁专卖或者外国销售公司，建立国际销售网络，以提高经营自主性并通过控制促销、宣传等活动来体现其经营意图和提高产品的知名度。

(4) 通过企业联合，扩大出口。

这是企业参与国际市场竞争比较现实的一种选择。一个产业由众多企业组成，其单个企业开拓国际市场的力量单薄，通过专业化分工，与上下游企业构成企业跨国经营集群，各成员专注于整个产业竞争链中自身最有比较优势的环节，良好的分工协作体系形成具有竞争力的团队，可以提高企业国际化经营的整体抗风险能力。

2) 签订契约

签订契约进入国际市场的方式主要有许可证贸易、管理合同、特许经营、交钥匙工程、合同生产等。其中补偿贸易、加工装配贸易、OEM 或 ODM 等，可以直接参与跨国公司的全球供应链，是企业较为广泛采用的进入国际市场的方式。契约方式可能是国际扩张的成本最低的方式，但是也存在一些缺点，例如，公司对其产品在其他国家的制造和营销控制权很小，提供的潜在回报也最少。

3) 组建国际战略联盟

企业利用自身绝对低成本优势与世界知名企业合作，实现优势互补，通过贴牌生产或技术合作提升产品的技术含量和品牌知名度。实现国际营销网络的互换和共享，借助合作方的强大品牌优势和海外营销渠道进入国际市场。同时，在合作中向对方学习先进的技术和管理经验，提高企业自身的素质和国际竞争力，有利于以后逐步更深层次地走向国际市场。

4) 收购

企业收购是指一企业通过购买和证券交换等方式获取其他企业的全部所有权或部分股权，从而掌握其经营控制权的商业行为，是国际扩张最快捷、最方便的方式。随着自由贸易在全球市场的扩展，跨国收购的数量也在猛增。通过国际收购能快速进入新的市场，但要承担相当大的代价和风险，如是否面临着目标公司所在国家法规的限制和能否获得谈判所需的准确情报，企业文化和不同社会文化和习惯能否顺利融合等问题。

5) 对外直接投资

对外直接投资又叫国际直接投资，在投资人以外的国家(或经济区域)所经营的企业中拥有持续利益的一种投资，其目的在于对该企业的经营管理具有有效的发言权。企业海外直接投资设厂，可以绕过各种贸易保护壁垒，将产品和服务成功地输出到东道国，提高了全球市场占有率。

3.2.6 世界市场价格

在一体化的世界经济中,价值规律的作用范围超出了国界,使得价值转化为国际价值。这样,任何一个国家的价格已经不可能自成体系,都要与国际市场价格发生联系,尽管联系的紧密程度随着这个国家的对外贸易的依存度、进口的商品结构和外国资本的流向等因素而变化。

1. 世界市场价格的内涵

世界市场价格是国际价值或国际生产价格的货币表现,是商品价值和货币价值的国际交换比例或指数。通常所说的世界市场价格,是指某种商品在世界市场上的一定时期内客观形成的具有代表性的成交价格。例如,某些著名世界市场集散中心的商品在集散地的市场价格;重要的商品交易所的成交价格;某些商品主要出口国或地区的出口价格;某些重要商品的拍卖价格和投标价格等。这种价格通常是以自由外汇表示的、大宗商品进出口贸易的成交价格。

2. 世界市场价格的影响因素

在世界市场上,商品价格是经常发生变化的,影响世界市场价格变动的主要因素包括以下四个方面。

1) 生产成本

生产成本的变动是影响世界市场价格的重要因素,特别是对加工工业产品的价格来说,生产成本更具有决定作用。

2) 供求因素

在通常情况下,假定世界市场需求情况不变,增加商品的出口量,世界市场价格就会下降;反之,在供给不变的条件下,世界市场需求增加,则世界市场价格上升。供求对世界市场价格的影响,取决于世界市场的竞争程度。竞争越激烈,供求对世界市场价格的影响越大。市场竞争通过供求变化对世界市场价格的影响因素是多方面的,如提高产品质量,改进产品款式,改变包装、装潢,扩大广告宣传等都会影响商品供求,从而影响世界市场价格。

3) 垄断因素

垄断和垄断价格的出现是造成世界市场价格背离国际价值的重要因素。在垄断的条件下,尽管生产技术有了很大改进,劳动生产率有了很大提高,商品的国际价值有所下降,但如果没有强大的竞争压力和发生严重的经济危机等因素的存在,商品的世界市场价格也很难下降。即使下降,其下降的程度也会远远低于国际价值量下降的程度。随着垄断组织经济实力的增强,它们对世界市场价格的影响也越来越大。

4) 通货膨胀因素

世界市场和国际贸易的发展,使各国经济的相互依赖和相互影响日益加深。各国的国内通货膨胀都会在不同程度上传递给其他国家,进而导致世界市场价格总水平的上升。一国如发生通货膨胀,国内货币贬值,物价上涨,会提高该国出口商品的生产成本,从而削弱这些商品在世界市场上的竞争能力,导致出口减少,进口增加,进而影响世界市场的商品供求，影响世界市场价格。如果发生通货膨胀的国家，其出口商品在世界市场上占有很大的份额，就会直接造成世界市场价格的上升。

3. 世界市场价格的种类

按世界市场的价格形成状态可分为世界"自由市场"价格和世界"封闭市场"价格。前者是由不受垄断等因素的干扰、由独立经营的买卖双方进行交易达成的价格；后者是买卖双方在一定特殊关系下形成的价格，它包括跨国公司为逃税等原因制订的调拨价格，垄断组织采取的垄断价格，区域性经济贸易集团内部制订的价格和国际商品协定下的协定价格。

1) 世界"自由市场"价格

世界"自由市场"价格是指在国际间不受垄断或国家垄断力量干扰的条件下，由独立经营的买者和卖者之间进行交易的价格。国际供求关系是这种价格形成的客观基础。

"自由市场"是由较多的买主和卖主集中在固定的地点，按一定的规则，在规定的时间进行的交易。尽管这种市场也会受到国际垄断和国家干预的影响，但是，由于商品价格在这里是通过买卖双方公开竞争而形成的，所以，它常常较客观地反映了商品供求关系的变化。联合国贸易发展会议所发表的统计中，把美国谷物交易所的小麦价格、玉米(阿根廷)的英国到岸价格，大米(泰国)的曼谷离岸价格，咖啡的纽约港交货价格等36种初级产品的价格列为世界"自由市场"价格。

2) 世界"封闭市场"价格

"封闭市场"价格是买卖双方在一定的约束关系下形成的价格。商品在国际间的供求关系，一般对它不会产生实质性的影响。

世界"封闭市场"价格一般包括以下几种。

(1) 调拨价格。

调拨价格又称转移价格，是指跨国公司为了最大限度地减轻税负，逃避东道国的外汇管制等目的，在公司内部规定的购买商品的价格。

(2) 垄断价格。

垄断价格是指国际垄断组织利用其经济力量和市场控制力量决定的价格。在世界市场上，国际垄断价格有两种：一种是卖方垄断价格；另一种是买方垄断价格。前者是高于商品在国际市场上的价格，后者是低于商品在国际市场上的价格。

在两种垄断价格下，均可取得垄断超额利润。垄断价格的上限取决于世界市场对于国际垄断组织所销售的商品的需求量，下限取决于生产费用加上国际垄断组织所在国的平均利润。由于垄断并不排除竞争，故垄断价格也有一个客观规定的界限。

此外，在世界市场上，由于各国政府通过各种途径对价格进行干预，所以出现了国家垄断价格或管理价格。

(3) 区域性经济贸易集团内的价格。

第二次世界大战后，成立了许多区域性的经济贸易集团。在这些经济贸易集团内部，形成了区域性经济贸易集团内价格，如欧洲经济共同体的共同农业政策中的共同价格。共同农产品价格的主要内容如下。

① 共同体内部农产品实行自由贸易。

② 对许多农产品实行统一价格来支持农场主的收入。
③ 通过规定最低的进口价格来保证农产品价格稳定，并对内部生产提供一定优惠幅度。
④ 征收进口差价税以保证最低价格的实施。
⑤ 以最低价格进行农产品支持性采购。
⑥ 对过剩农产品采用补贴出口和加速国内消费。

(4) 商品协定下的协定价格。

商品协定通常采用最低价格和最高价格等办法来稳定商品价格。当有关商品价格降到最低价格以下时，就减少出口，或用缓冲基金收购商品；当市价超过最高价格时，则扩大出口或抛售缓冲存货。

3.3 当代世界市场的基本特征

"二战"后，一大批(100多个)原殖民地、半殖民地国家独立，并以独立主权国家的身份进入世界市场，使世界市场的参加主体明显增多。另外，各国卷入世界市场的程度也进一步加深，表现为各国和地区的对外贸易依存度有了较大提高；国际贸易额、国际贸易量、国际贸易商品种类迅猛增加；商品贸易、服务贸易、技术贸易、与贸易有关的投资及知识产权多位一体迅速发展。它表现为以下几个基本特点。

3.3.1 国际贸易方式多样化

由于世界市场竞争激烈，瞬息万变，许多国家尤其是发展中国家，为了减少政治、经济上的风险和损失，努力开辟新市场，使出口市场多元化。"二战"后，各国一方面采取各种国内政策和对外贸易政策来干预和影响世界市场，另一方面又通过政府间协定、一体化和国际经济组织、政府首脑定期会谈等形式对世界商品、资本、劳务市场进行协调和管理。

为了争夺市场，各国采取了各种措施参与竞争。例如：制定"奖出限入"的政策；通过关税和非关税壁垒限制外国商品的进口；采取各种措施鼓励出口；通过对外援助带动资本输出和商品输出。

由于短期合同供销关系变动常常受行情变化的影响，而长期合同的价格、供销相对稳定，因此，许多商品以长期合同为主，如期货交易。除采用逐笔售定的方式外，还有补偿贸易、包销、代理、寄售、拍卖、招标与投标、租赁、对销贸易等国际贸易方式。

3.3.2 世界市场的结构更加复杂多变

第二次世界大战前，少数帝国主义国家在世界市场占统治地位，广大殖民地国家的对外贸易几乎都由这些宗主国主宰。"二战"后，这种少数资本主义国家一统天下的局面不复存在，社会主义国家、新兴工业化国家和其他发展中国家都纷纷进入世界市场，世界市场从战前的资本主义一统天下发展成世界大多数国家互相合作、相互竞争的场所。

在国际贸易中，形成了制成品贸易扩大，初级产品贸易减少的商品结构。世界市场上，工业制成品所占比重从1953年起超过了初级产品所占比重，它们分别约占60%和40%，20

世纪 60 年代末，工业制成品的比重就已增至 2/3 左右。

技术贸易和劳务贸易发展迅速，在国际贸易中所占比重越来越大。据联合国统计，全球技术贸易总额在 20 世纪 60 年代为 30 亿美元，70 年代为 120 亿美元，80 年代中期全世界技术贸易总额约达 500 亿美元，其增长速度超过一般有形商品贸易的增长速度。

以电子为基础的计算机与通信相结合的信息技术、生物工程技术、核技术、新材料技术、宇航技术等高科技发展迅速，预计在不久的将来这些高技术经济在世界经济中将占主导地位。

3.3.3 世界市场中的竞争更为激烈

垄断并没有消灭竞争，反而使竞争更加激烈。"二战"后，世界市场由卖方市场变为买方市场。为了争夺世界市场，各国在设置关税、非关税壁垒限制外国商品进口的同时，积极采取各种奖励措施鼓励和扩大本国商品的出口。

在竞争手段上，各国在进行激烈的价格竞争的同时，更加注重非价格竞争，利用资金及技术优势，想方设法提高产品的质量和性能，增加花色品种，改进包装，改进售前售后服务，放宽支持条件，采用灵活多样的贸易方式，来提高产品的质量、信誉和知名度，以增强商品的竞争能力，讲究销售战略、策略，加强市场调研等，扩大商品的销路和市场占有率。与战前相比，"二战"后世界市场的竞争方式和手段已从关税壁垒为主转为以非关税壁垒为主，由价格竞争转向价格竞争和非价格竞争并举。

3.3.4 跨国公司迅速发展

资本主义进入垄断时期以后，资本主义大企业和跨国公司不仅垄断生产，而且垄断世界销售市场和原料产地。"二战"后，各国政府对国外市场的干预不断加强，使世界市场的垄断性加强。各国特别是西方发达国家政府通过与他国组建区域经贸集团控制市场；通过跨国公司进行大规模资本输出，绕过他国的贸易壁垒，从内部控制市场；通过制定奖出限入的对外贸易政策和对外援助等争夺市场。

跨国公司在世界范围内的扩张，是国际贸易发展中的一个突出现象。"二战"后，跨国公司发展很快，日益成为市场竞争的主体。主要资本主义国家通过跨国公司，进行大规模资本输出，绕过他国的关税和非关税壁垒，从内部控制市场。跨国公司利用其先进的技术、雄厚的资本，通过横向和纵向垄断、限制性商业惯例、内部定价等办法进行竞争，在国际贸易中的垄断地位不断加强。跨国公司是以全世界为基础的生产和销售，随着其内部专业化分工的扩大，跨国公司的内部贸易(跨国公司的母公司与子公司以及子公司与子公司之间的交易)不断扩大。

跨国公司是"世界经济的引擎"，是经济全球化的主要载体。20 世纪 90 年代以来，经济全球化、信息化、网络化的迅猛发展，促使跨国公司进行一系列的战略调整与管理变革，以新的竞争规则和创造价值的方式，适应已经改变了的经营环境，保持良好的增长势头，增强国际竞争力。

3.3.5 区域集团化趋势加强

世界经济的区域集团化的出现，是由于现代科技的发展，使世界生产力的发展水平达到绝非一国所能驾驭的程度，国际间的经济竞争和宏观上存在的分工，促使一些国家或地区在相互之间建立起一种较为稳定的经济联系，组成区域性的经济组织。在经济方面打破国界，实行不同程度的合作和调节，这种合作和调节使各国在生产、流通、分配等领域向着结成一体化的方向演变。

为了争夺市场，各种经济联合体层出不穷，如欧洲共同体、欧洲自由贸易联盟、七十七国集团、石油输出国组织、西非经济共同市场等。这些组织对内采取优惠政策，促进相互贸易的发展，对外则实行一些限制性措施。为了发展民族经济，发展中国家也积极组织经济贸易集团。

发达国家经济贸易集团内部贸易发展很快，在世界贸易中所占比重迅速增长，这些组织的贸易占全球贸易的 50%左右，它们的活动对国际市场有很大的影响。

本 章 小 结

世界市场是指通过国际间的买卖而使各国国内市场得以联系起来的交换领域。世界市场的逐步形成和扩大，是世界资本主义经济发展乃至世界历史发展的重要内容。

16 世纪初至 18 世纪 60 年代是世界市场的萌芽阶段，18 世纪 60 年代至 19 世纪 70 年代是世界市场的迅速发展时期，19 世纪 70 年代至 20 世纪初是世界市场的形成时期。"二战"后，发生了第三次科技革命。在这次科技革命的影响下，世界经济和国际经济关系发生了深刻的变化。

当代世界市场主要是由以下几部分构成的：国家和地区、订约人、商品、商品市场、商品销售渠道、运输网络、信息网络。

世界市场价格的影响因素：生产成本、供求因素、垄断因素、通货膨胀。

国际市场进入方式：出口贸易、契约、国际战略联盟、收购、对外直接投资。

世界市场价格种类：世界"自由市场"价格、世界"封闭市场"价格 。后者包括：调拨价格、垄断价格、区域性经济贸易集团内的价格、商品协定下的协定价格。

当代世界市场的基本特征：国际贸易方式多样化、世界市场的结构更加复杂多变、世界市场中的垄断与竞争更为激烈、区域集团化趋势加强、跨国公司迅速发展。

思 考 题

1. 统一的世界市场形成的主要标志是什么？其形成标志是什么？
2. 当代世界市场的基本特征有哪些？
3. 世界市场的商品交易形式主要有哪些？
4. 简述世界市场的价格形成机制。
5. 国际市场的主要进入方式有哪些？

第 4 章　古典国际贸易理论

【学习目标】

通过对本章内容的学习，了解重商主义理论、幼稚工业理论、绝对优势理论和比较优势理论产生的背景，以及各个阶段的代表性理论的主张；理解掌握主要贸易理论的基本内容以及评价。

【重点与难点】

重商主义理论、幼稚工业理论、绝对优势理论和比较优势理论的内容和对该理论的评价。

【导入案例】

发达国家之间的国际贸易合作

当2006年丰田汽车宣布将在印第安纳州投资2.3亿美元生产佳美轿车，为该州创造1000个就业机会时，印第安纳州州长米奇丹尼尔斯称丰田为"杰出的企业公民"。

自2009年起，丰田汽车在美国的大规模召回事件，使得丰田的美国投资商向法院提起上诉，上诉理由为丰田没有积极快速地公开正确的信息，并要求其支付2550万美元(约合人民币1亿5878万元)来调解此案件。

由于发现在美国销售的汽车的油门有问题，担心顾客会出现危险，于2009年开始，大规模地召回了问题车辆。受此影响，丰田的股价在2010年2月的一周内，便下滑了近20%。就此，丰田的美国投资商表示，由于丰田没有快速积极地表明产品安全以及品质存在问题，而致使投资方受到了损失，因此向法院提起集体诉讼，并要求丰田赔偿损失。

最终，该案以丰田愿意支付11亿美元(约合69亿元人民币)给投资商以求和解。丰田提出的11亿美元和解金额是美国史上汽车行业支付最高额民事和解金。

看到上述案例，很多人都会提出相同的问题：丰田汽车为什么要在美国设厂而不是在日本？这1000个就业机会为什么要提供给美国人？在美国设厂有什么特别的魅力吗？

4.1　重商主义理论

4.1.1　重商主义的产生

重商主义(Mercantilism)是资本主义早期的国际贸易理论。它产生于15世纪，全盛于16世纪和17世纪上半叶，从17世纪下半叶开始衰退。重商主义最初出现在意大利，后来流行到西班牙、葡萄牙、荷兰、英国和法国等。

重商主义的产生有着深刻的历史背景。15世纪以后，西欧各国封建自然经济逐渐瓦解，地主阶级力量不断削弱。与此形成对照的是商品货币经济关系急剧发展，商业资产阶级的力量不断增强，社会经济生活对商业资本的依赖日益加深。在这种大背景之下，社会财富的重心由土地转向了货币，货币成为全社会上至国王下至农民所追求的东西。当时充当交易媒介的货币主要是黄金、白银等铸成的金属货币。金属货币被认为是财富的代表和国家富强的象征，具有至高无上的权威。哥伦布曾说过："谁有了黄金，谁就可以在这个世界上为所欲为；有了黄金，甚至可以使灵魂升入天堂。"拜金主义成了当时社会思想的主旋律。

社会对货币的巨大需求，与金银可能的供应量形成了强烈的反差。西欧各国除了法国出产少量的白银之外，大多数国家都不出产金银。于是，西欧各国都把获取金银的希望寄托在发展国际贸易上，通过输出商品，从国外获得国内需要的大量金银货币。因此，对外贸易被认为是财富的源泉，重商主义便应运而生。

4.1.2 重商主义发展的阶段

重商主义的发展有两个历史阶段：一是早期重商主义阶段，二是晚期重商主义阶段。这种阶段划分是基于他们对创造财富的不同机制出发的。

早期重商主义认为，财富的唯一形式是贵金属，人们在商品的交换中可以获得这种货币财富，因为商业的特征就是贱买贵卖，从买卖价格的差别中获得贵金属。然而，在一国范围内，商人之间的买卖不会增加本国的货币财富，只能是从一个商人手中转到另一个商人手中，即国内的商品买卖只能带来本国财富在不同所有者之间的分配情况的变化。因此，一国要想从商业中获得贵金属财富，必须开展国际贸易。

在一国的对外贸易中，商品的出口意味着贵金属或货币财富的流入，相反，商品的输入意味着贵金属或货币的流出。比较而言，贵金属的流入会增加一国的货币流入量，进而增加一国的财富；而贵金属的流出会增加一国的货币流出量，进而减少一国的财富。因此重商主义者认为，只出口不进口，或尽可能减少进口是一国增加货币财富的手段。因此他们主张，政府要干预对外贸易，对进口采取限制措施，少进口，甚至不进口，而对出口则需采取鼓励措施，从而保持贵金属的流入量大于流出量。这种保持贵金属差额出超的理论和政策被称为"货币差额论"。早期重商主义流行于16世纪中叶到17世纪中叶。

在英国，曾规定"使用条款"，根据这一规定，入境商人必须将售货所得货款全部或一部分用于购买英国货物。在其"买卖差额法"中规定，出境商人应将其在国外所售货物的一部分款项携回英国，严格管制一切贵金属交易。

早期重商主义的观点反映了人们对贵金属和货币财富的渴望，但是这种对贵金属的追求客观上限制了一国对外贸易的行为，从长远的角度看，不利于一国获得更多的货币财富。

晚期的重商主义不同，他们认为，一国的货币财富来自本国与外国之间的贸易。这种贸易的规模越大，贸易顺差的可能性越大，从而一国可以从长期的贸易差额中获得货币财富。在这里，一国出口的增加意味着贵金属的流入，而一国进口的增加意味着贵金属的流出。在贸易发生的不同时期，一国可能出现出口大于进口的情形，也可能是进口大于出口。在晚期重商主义看来，只要该国能够在一定时期内总体上保持贸易收支的顺差，一国的货币财富就会增加。晚期重商主义强调，在国际贸易的发展中实现货币贸易的顺差，从而使贵金属或货币财富流入。晚期重商主义也被人们称为"贸易差额论"。

无论是早期重商主义，还是晚期重商主义，他们都强调货币是财富的唯一形式，一国可以从对外贸易差额中获得货币财富。

4.1.3　重商主义的主要代表者

重商主义分为早期和晚期两个阶段,不同阶段的代表人物、主要观点都有一些差异,早期的观点更加极端一些。

重商主义的早期是15—16世纪中期货币差额论盛行的时代。早期重商主义者主张国家采用行政或法律的手段禁止货币出口以防止货币外流。在对外贸易上反对进口,鼓励出口,多卖少买,最好是只卖不买,以便既保有国内原有的货币,又增加从国外输入的货币。早期的重商主义形象是"葛朗台老头":眼光盯在货币收支上。代表人物有英国的约翰·海尔斯(John Hales)、马林斯(Gerard Malynes),法国的博丹(Jean Bodin)、安徒生·孟克列钦(A. Monthretien)。他们都只着眼于货币的增加,极力强调国家利益在于增加货币,反对金银、商品进口,鼓励出口。其代表作是1581年在英国匿名发表的《对我国同胞某些控诉的评述》,后人认为这是威廉·斯塔福德(William Staffard)作品,依据是书的署名为W.S.。

重商主义的晚期是16世纪中期至17世纪,这是贸易差额论为代表的时代。晚期重商主义者是"资本家",认识到货币只有在运动中、在流通中才能增值。他们不反对对外贸易,不但主张多卖,还主张多买,以扩大对外贸易,底线是一定要保持贸易顺差,以保持金银的净流入成为可能。最著名的代表人物就是托马斯·孟(Thomas Mun),他于1664年重新修改了40年前的论著,发表了《英国得自对外贸易的财富》一书,这是他晚期最著名的一部著作。除此之外,还有意大利的安东尼奥·塞拉(Antonio Serra),法国的让·巴蒂斯特·科尔波特(Jean Beptiste Colbert),英国的威廉·配第(William Petty)。

4.1.4　重商主义的主要观点

重商主义所重的"商"是对外经商,重商主义学说实质上是重商主义对外贸易学说。它并不是一个正式的思想学派,而只是一些商人、政府官员、学者在对外贸易差额、贸易政策、价格、汇率等许多问题研究的基础上形成的观点总结。作为经济思想的重商主义,其基本主张有以下几点。

(1)　金银是最佳的财富。他们认为一国的财富等同于该国拥有的金银的数量。早期重商主义学者甚至认为贵金属是唯一、真正的财富。

(2)　世界资源是有限的。重商主义者有一个共同的静态观念,他们认为世界资源、财富有限,各国不可能共同富裕,因此各国想尽办法增加本国财富,必然使得另一国遭受损失。本国为了得到更大利润,必定会与其他国家发生冲突。

(3)　对外贸易是财富增值的源泉。增加金银有两种方法:一是开采矿山,但是,这受到各国资源状况和技术水平的限制,不是好办法;另一种就是从国外获得,通过对外贸易方式获得。因此只有贸易顺差才会使得金银流入国内,这样对国家有益。入超则是失去财富。

(4)　狭隘的民族主义。资源是有限的,因此,各国都是以扩大自己的利益为目的。对本国不能生产的进口原材料免征关税,对本国能够生产的制成品和原材料进行保护,并严格限制原材料的进口,并且宗主国对殖民地要进行贸易垄断。如1651年和1660年的英国"航海方案"规定,英国殖民地永远只能是低价原材料的供给者和英国制成品的进口者。

(5) 政府应该干预经济，实行贸易保护政策。政府应授予从事对外贸易的公司垄断特许权，控制国内商业活动的自由进入，以限制竞争。

4.1.5 重商主义的贸易政策

重商主义既然主张从国际贸易中获得利益，而且强调要多出口少进口，那么体现在其政策主张中，就是鼓励出口，限制进口。

在政策措施方面，重商主义要求政府积极干预对外贸易。这种干预体现在两个领域：一是采取鼓励出口的政策，这种政策措施是政府资助本国商人打进别国市场，甚至鼓励以比较低的价格向国外销售商品；二是在进口方面，重商主义主张采取设置高额的进口关税，甚至限制当时的货币形式——黄金和白银的自由输出，有的国家还将输出贵金属视为犯罪。

重商主义的对外贸易政策反映了在资本原始积累时期，货币资本和货币资金在经济运行中的主导作用。在资本主义的原始积累时期，货币财富是生产的起点，没有足够的货币，资本难以开始资本主义的生产，因而难以获得利润，进而难以获得更多的财富。这种对更多财富的追求，首先需要原始的货币资本的积累。在此背景下，货币资本容易被人们看成是社会财富的代表。此外，无论是从历史的角度还是从逻辑的角度看，商业资本乃至商业利润是资本主义的起点。商业能够创造财富，即从买卖价格的差额中获取利润，似乎财富来自商业。从一个国家的角度看，商业利润就是对外贸易中的买卖商品价格的差异，总体上是商品的出口额和商品的进口额的差异，这种贸易差额是一国获取货币财富的基础。

4.1.6 对重商主义的评论

无论是早期重商主义，还是晚期的重商主义，它们都强调货币是财富的唯一表现形式，一国应该从对外贸易差额中获取货币财富。

通过对上述重商主义各种观点的分析，我们不难发现，重商主义的核心思想是世界资源的静态观，即国际贸易是一种"零和游戏"(zero-sum game)，一方的获利是建立在另一方的损失之上，出口国从贸易中获得财富，而进口国通过贸易减少财富。这种思想的根源是他们只把货币当作财富而没有把通过分工和贸易获得的财富包括在财富之内，从而把国家之间的国际贸易看作是一种财富交换的"零和"。

重商主义反对自由贸易、要求国家奖入罚出的政策存在着很大的缺陷。其提倡的狭隘民族主义，鼓励拥有特权的贸易公司也存在着许多错误与局限性，这些对今天国际贸易的发展仍存在很大的负面效应。随着工业革命和资本主义的发展，重商主义的观点自然就成为批判的对象。尽管如此，重商主义冲破了宗教法典的禁区，促进了资本主义工场手工业的发展，加速了封建社会向资本主义社会的过渡。其长远影响在于强调了国际贸易的重要性，商人对国家的作用，同时为经济学理论和实践的相互结合开辟了道路，重商主义提出的许多思想对后来的国际贸易理论和政策产生了巨大的影响，尤其是关于贸易顺差的概念，对各国的对外贸易政策影响很大。重商主义关于进出口对国家财富的影响，对后来凯恩斯的国民收入决定模型亦有启发。更重要的是，重商主义已经开始把整个经济作为一个系统，而把对外贸易看成这个系统非常重要的组成部分。经济学家熊彼特对重商主义的评价是：开始为18世纪末和19世纪形成的国际贸易一般理论奠定基础。

为了改善一个国家的贸易平衡，增加一个国家的财富，各个国家都试图通过贸易限制进口、扩大出口来刺激国内的就业与国民经济的增长。事实上，除了1815年至1914年的英国，没有一个西方国家彻底摆脱过重商主义。

4.2 幼稚工业保护理论

4.2.1 亚历山大·汉密尔顿的保护理论

幼稚工业保护理论是由亚历山大·汉密尔顿在其1791年所著的《制造业报告》中提出的，他明确提出了征收保护关税制度。在汉密尔顿看来，征收关税的主要目的不是获得财政收入，而是保护本国的工业，因为本国处于成长过程中的产业或企业难以与其他国家已经成熟的产业相竞争，因此要给予保护。

汉密尔顿认为，自由贸易不适用于美国的现实。美国作为一个工业刚刚起步的国家，难以与其他国家的同类企业相竞争，因此自由贸易将使美国继续充当欧洲各工业强国的原料产地和工业产品的销售市场。美国的制造业由此可能难以发展。在汉密尔顿看来，制造业对国民经济的发展具有特别重要的地位。它不仅能够使特定的生产部门发展起来，还会产生连带效应，使相关部门也得到发展，这些发展能够给美国带来生产力或生产能力的提高和生产技术水平的提高。

汉密尔顿认为，一个国家要在消费廉价产品的"近期利益"和本国产业发展的"长远利益"之间进行选择，一国不能只顾追求近期利益，而牺牲长远利益。

在汉密尔顿那里，保护贸易不是全面性的，不是对全面产业的保护，而是为了保护全国处于成长过程中的产业。尽管这些产业在成长的初期技术落后，生产效率低，单位产品的生产成本较高，但是，对这些工业的保护能够为新工业的迅速成长创造条件，在一定时间内，其技术水平能够接近或达到与国外同类企业相竞争的水平，因此对产业的选择是保护贸易政策的关键。当然，在汉密尔顿看来，这种保护不仅是有产业选择的，还有时间的限制。他认为，当某一特定的工业成长起来以后，就需要拆掉贸易保护的壁垒。

在这一理论指导下，美国的贸易保护政策是奖励出口限制进口，在政策措施方面表现为实行较高的进口关税水平，鼓励原材料的进口，限制原材料的出口，以便为本国制造业的发展提供比较廉价的原材料，同时鼓励工业技术的发展，提高制成品的质量，增强其产品的市场竞争力。

汉密尔顿提出的保护贸易观点，反映了一个后起的国家在建国初期急需发展本国的工业，走工业化的道路，追赶工业先进水平的强烈要求。而在美国经济的初创时期，处在成长过程中的幼稚工业不仅难以在外国市场上与欧洲特别是英国的制造业企业相竞争，甚至在本国市场上也不能与外国企业相竞争，因此其工业化或制造业的发展只能依赖政府的干预，而不能实行自由贸易。从本国经济发展的实际出发，美国得出了要采取保护贸易政策的结论。

4.2.2 李斯特的贸易保护论

德国经济学家弗里德里希·李斯特在1841年发表了影响深远的《政治经济学的国民体

系》。在这部著作中，李斯特系统地阐述了幼稚工业保护论。

李斯特的贸易保护论是建立在对亚当·斯密自由贸易主张加以否定的基础上的。他认为，"流行学派把那些还没有出现的情况假定为实际已经存在的情况。他假定世界联盟和持久和平的形式已经存在，由此推定出自由贸易的巨大利益。这就把因与果混淆了"。根据自由贸易论的观点，自由贸易能够使参加贸易的各个国家都获得利益。因此自由贸易是提高各国福利水平，乃至全世界收入水平的途径。如前所述，在自由贸易论者看来，重商主义的两个理论观点都是不能成立的。相反，他们认为，各国专门生产它们有比较优势的商品可以从国际贸易中获得比较利益。此后，自由贸易成为占主导地位的学说，并成为李斯特所谓的"流行学派"。

李斯特认为，亚当·斯密所倡导的自由贸易是在假定世界成为一个大家庭的前提下，认为各国能够获得利益，但是目前各国之间的利益是有区别的，甚至是相互冲突的。相反地，保护贸易制度可以认为是促进各国实现最后联合，也就是促进真正贸易自由的最有效方法。因此在他看来，流行学派的严重错误在于，以单纯的世界主义原则为依据来衡量不同国家的情况。李斯特的观点显然是国家主义的。在他看来，各国的发展情况是不同的，自由贸易不能使所有的国家获利。

李斯特还认为，"财富的生产力比之财富本身，不晓得要重要多少倍，它不但可以使已有的和已经增加的财富获得保障，而且可以使已经消失的财富获得补偿。个人如此，拿整个国家来说更是如此"。在李斯特看来，一国得自自由贸易的财富尽管是重要的，但是它也有耗尽的时候，而财富的生产力才是更加重要的。因此，与其实行自由贸易而获得财富，还不如通过保护发展本国的工业，以获得财富的生产力。这些观点是李斯特幼稚工业保护理论与政策的基本出发点。

李斯特贸易保护论从总体上明确了保护贸易政策的重要性。他指出，历史这就向我们指出，限制政策并不只是出于凭空的理想，而是由于利益的分歧，由于各国在追求独立与优势方面的争夺，也就是说，它是国际竞争和战争的自然结果，因此在国家利益上的这种冲突还没有停止以前。换个说法，就是一切国家还没有在同一个法律体系下合成一体以前，这个政策是不能舍弃的。从这里可以看出，李斯特强调，在国家之间的利益差别尚未消除以前，保护贸易政策就是客观存在的。

李斯特并不否定国际贸易对提高一国福利水平的积极作用。李斯特指出，如果在国外可以用较低价格买得到的任何商品，我们不去买而自己动手制造，那就是愚不可及的举动。

但是，李斯特并不主张一国要采取持久的贸易保护政策。他指出，国际贸易的自由和限制，对于国家的富强有时有利，有时有害，利害是随着时期的不同而变化的。无限制的自由贸易对于这个共和国在成立时是有利的，它要从仅仅是一个农村的地位上升到商业强国，除此以外又有什么路可走呢？当它达到了某一富强阶段时，保护政策也仍然对它有利，因为它由此可以得到工商优势。但是当它的工业力量已经有了发展，已经处于优势地位时，保护政策就对它不利了，因为由此使它与一切别的国家的竞争处于隔绝状态，这就要发生懈怠情绪。李斯特从总体上认为，一国保护贸易政策只是在特定阶段实施的政策，在这个阶段，是从商业强国向获得工商优势发展的经济发展阶段，在此之前和之后都不能实行贸易保护。因此，在李斯特那里，强调一国的贸易保护政策是为了保护自己的幼稚工业，一旦本国的工业成长起来，就要放弃贸易保护的政策。他强调，保护关税在初实行时会使工业品价格提高；但是同样正确的，而且也为流行学派认可的是，经过相当一段时期，国家建成了自己充分发展的工业以后，这些商品由于在国内生产成本较低，价格是会落到国外进口价格以下的。因此保护关税如果使价值有所牺牲的话，却使生产力有所增长，且足以抵偿损失而有余。由此可见，李斯特的保护贸易论是以消费的短期利益换取生产力发展的长期利益。

李斯特认为，一国并非对所有的幼稚工业都实行保护，对那些经过一段时间的保护仍然不能发展起来的产业，就要放弃贸易保护。因此，李斯特的贸易保护是对那些处于成长过程中的产业在特定发展阶段上的保护，这种保护无疑只是为了该产业的成长。这是李斯特贸易保护论的核心。

李斯特还认为，一个小国难以实行贸易保护政策。他指出："一个单独的城市或一个小邦与大国竞争时，绝不能成功地建立保护政策。"在李斯特看来，小国是实行贸易保护政策的，一方面它难以与大国相抗衡，另一方面将自己的内部市场封闭起来难以满足其工业发展所要求的足够大的市场。

总之，李斯特的贸易保护论主张对幼稚工业进行保护，而采取贸易保护政策的时间应该是一国从"商业社会"向"工商社会"的转化全过程。此前的农业社会和商业社会可以实行自由贸易政策。在工商社会形成后，一国的工业发展起来了也不需要贸易保护，否则该国将失去发展的动力，养成不思进取的习惯。

应该说，李斯特对一国参加国际贸易的经济利益的动态化分析是十分重要的。他主张，自由贸易的理论强调各国通过国际分工和交换，可以获得经济利益的结论是建立在短期分析基础上的，而且也没有考虑到一个国家，特别是后起国家的经济发展的需要。如果从一国经济发展的角度看，这种短期的贸易利益是非根本性的。当一国处于工业发展的过程中时，这种短期利益的取得可能葬送该国生产力的发展，从而妨碍其经济走向工业化，结果是失去长远经济发展的利益。从这一分析出发，李斯特的贸易保护理论存在明显的合理性。他的理论可以说是对自由贸易理论和政策的最好抗争，因而对后起国家的经济发展，选择幼稚工业的保护政策具有特别重要的指导意义。

4.2.3 幼稚工业选择的标准

幼稚工业保护论的观点不仅得到某些正在走向工业化国家学者们的赞同，甚至自由贸易论者英国的斯图亚特·穆勒也承认，幼稚工业保护论是保护贸易可以成立的唯一理由。穆勒认为保护幼稚工业有一些限制条件。首先，正当的保护应该只限于对从外国引进工业的学习掌握过程，过了这个时期就应该取消保护；其次，引进的工业应该符合本国的国情；最后，由于个人不愿意承担学习掌握时期的损失和风险，应该用保护关税之类的国家手段促其实现。显然，穆勒对幼稚工业保护论进行了限定，即限定在某个特殊时期对适合本国发展的某些特殊产业实施保护。这就是我们通常所说的"穆勒标准"。穆勒标准明确了保护贸易的合理性、有限性和时限性。也就是说，保护贸易政策是只有在选定的产业或部门才可以实施的政策。

穆勒标准能够给人们的另一个启示是，当一国需要引进一个符合本国经济发展方向的产业时，这种保护可能有助于该产业的发展。所谓产业的发展，就是特定产业生产规模的扩大和成本的降低。通过扩大生产规模能够带来产业的成长，从而可以替代商品的进口。应该说，这种理论是正确的，但是必须对实施保护政策的成本和收益进行权衡。巴斯塔布尔认为，新兴产业将来得到的利益必然会超过现在，因为实行保护而必然付出的代价时，这种贸易保护对一国才是有利的。按照这一标准，贸易保护的理由不应该仅停留在一国引进产业的发展上，还在于实施保护的产业应该能够给本国总体上带来利益，或未来获得的利益要大于现在实施贸易保护所付出的成本，这就是保护产业选择的"巴斯塔布尔标准"。

一些学者指出，即使经过了巴斯塔布尔严格限制的保护幼稚工业的标准，也还存在着不去保护的理由。他们认为，政府保护政策的原因是存在着私人企业不能或不愿意去做的事情，然而如果一个企业的发展能够给私人企业家带来利益，他就会主动去做，而无须政府的保护。尽管对私人企业来说，发展某一特定产业是要付出成本和要承担风险，但是毕竟可以给他带来利益或者利润。另一位学者肯普提出，只要先行企业在学习过程中取得的成果对国内其他企业也有好处，即产生外部效应时，对先行企业的保护才是正当的。在肯普看来，这些先行企业在学习的过程中要付出学习成本，而且他们获得这些新产品生产后可以使相关行业分享某种利益，而也只有国内其他的企业付出较小的代价，甚至不付出代价就可以学会时，为先行企业提供保护或付出代价才是合理的。这种以是否可以提供外部经济效益作为保护产业选定标准的观点被称为"肯普标准"。

上述各种保护幼稚工业标准是从将贸易保护限定在最小范围的准则出发得到的。这种出发点还是在主张自由贸易基础上，将贸易保护只看成是某些后起国家为经济发展采取政策的次佳选择和不得不作出的选择，或者是对采取保护贸易政策国家的理解和同情，在他们看来，保护的范围越小越好。

正如小岛清评价的那样，无论是肯普标准还是巴斯塔布尔标准，根据个别企业或个别产业的利弊得失来寻求保护正当合理的标准，这种研究方法是不正确的。最重要的是，要根据要素禀赋比率和比较成本的动态变化，从整个国民经济的角度选择应该发展的幼稚工业，只要是这样的幼稚工业，即使不符合巴斯塔布尔标准也是值得保护的。问题在于怎样确定这种工业，以及怎样进行保护。而且，对一国保护某一特定产业进行成本和效益分析是"事后"的事情，"事先"的考察总是建立在别国经验的基础上。所谓符合本国经济发展实际的问题，在表面上只是后起国家需要不需要经济的工业化问题。因此，在现实中，是否采取保护贸易政策的权衡表现为对工业化道路的一般权衡。对于后起国家的政府而言，如果保护能够给它带来经济的工业化，那么采取贸易保护政策就是最适当的政策。

有些学者甚至认为，一国在经济发展的漫长过程中，总会有新兴工业需要发展，而且这些新兴工业的发展总是需要政府的支持，甚至保护。所以保护幼稚工业或保护成长过程中的工业，不仅不应该成为一个只在一定时期内合理的政策，而且是长期有意义的政策。由此推论，保护贸易政策一直伴随着一国的经济发展和经济增长的过程，这是一种典型的"持久性贸易保护论"。它与李斯特的暂时性贸易保护形成鲜明的对照，而且，它进一步延伸了幼稚产业保护论的观点。

实际上，古典贸易保护论的核心观点是幼稚产业保护论，其基本观点就是强调，作为一个后起的国家，应该在其经济发展的特定阶段保护自己的幼稚工业，以实现甚至加快自己经济的工业化进程，使主要工业部门能够达到与其他国家同类产业相竞争的程度。一旦达到政府保护的目的，就需要调整有关的贸易保护政策。

第4章 古典国际贸易理论

4.3 绝对优势论

西方古典的国际贸易理论产生于18世纪中叶,是在批判重商主义的基础上发展起来的。以亚当·斯密的绝对优势理论为代表的西方古典国际贸易理论,从劳动生产率的角度说明了国际贸易产生的原因、结构和利益分配。在一定时期内,是世界各国开展对外贸易的主要理论依据,为促进国家之间的经济交往活动作出了重要贡献。

4.3.1 亚当·斯密的绝对优势论历史背景

18世纪中后期,资本主义工场手工业在西欧各国获得了空前发展,随之而来的便是产业革命。产业资产阶级为了扩大海外市场,并从国外进口廉价的工业原料,他们迫切需要摆脱重商主义(Mercantilism),反对政府对国际贸易的干预,反对金银外流的禁令。他们对货币金银本身已经不太感兴趣,而是对具体的物质财富、生产资料和消费资料更加重视。

1776年正是英国资本主义的成长时期,英国手工制造业正在开始向大工业过渡,英国产业的发展,在很大程度上受到了残余的封建制度和流行一时的重商主义的限制政策的束缚,处在青年时期的英国资产阶级,为了清除它前进道路上的障碍,正迫切要求一个自由的经济学说体系为它鸣锣开道。亚当·斯密代表工业资产阶级的要求,为了适应产业资产阶级的历史需要,以亚当·斯密为代表的经济自由主义思潮开始盛行。

《国富论》就是在这个历史时期,负有这样的阶级历史使命而问世的,此书出版以后,不但对英国资本主义的发展直接产生了重大的促进作用,而且对世界资本主义的发展也产生了重大影响,没有任何其他一部资产阶级的经济著作曾产生那么广泛的影响,有些资产阶级学者把它视为至宝。

1776年,亚当·斯密出版了《*An Inquiry into the Nature and Causes of Wealth of Nations*》(《国民财富的性质和原因的研究》)简称《国富论》一书,批评重商主义,反对政府对经济的过度干预,创立了自由主义经济理论。在国际贸易方面,他主张国际分工和自由贸易,他认为每个国家应该专门生产自己具有绝对优势的产品,并用其中一部分交换其具有绝对劣势的产品,这样就会使各国的资源得到最有效率的利用,更好地促进分工和交换,使每个国家都获得最大利益,从而提出自己的国际贸易理论,即绝对成本优势理论。亚当·斯密因此成为自由贸易理论的倡导者和鼻祖。

绝对优势理论(Theory of Absolute Advantage),又称绝对成本说(Theory of Absolute Cost)、地域分工说(Theory of Territorial Division of Labor)。该理论将一国内部不同职业之间、不同工种之间的分工原则推演到各国之间的分工,从而形成其国际分工理论。绝对优势理论是最早的主张自由贸易的理论。

4.3.2 理论假设和主要观点

绝对优势理论的前提假设有以下几方面。

(1) 世界上只有两个国家、两种产品、一种投入要素,即"2×2×1"模型。劳动是唯一的投入要素,具有同质性,且在某一给定时间都是固定不变的,劳动力市场始终处于充分就业状态;劳动力可以在国内不同部门之间流动,但不能在国家之间流动。

(2) 两国在不同产品上的生产技术不同,但是各国内,所有企业都使用相同的生产技术和方法生产同种产品。两国的技术水平都保持不变。

(3) 投入的边际产量是固定的,生产的规模报酬不变。

(4) 所有市场都是完全竞争的。

(5) 对外贸易方面,国家间实行自由贸易,没有运输成本和其他交易费用,进出口贸易值相等,即贸易是平衡的。

由以上假设可知,绝对优势理论是一个理想模型。因此,该绝对优势理论认为,国际贸易的基础在于商品生产效率的不同,即单位产品的绝对劳动时间消耗不同,商品生产效率的不同是由于各个国家所拥有的自然优势和获得性优势的不同造成的。

自然优势是指自然地理、气候条件等方面的优越性,普通人力无法控制。如一个国家在生产某种特定商品时,或许会有非常巨大的自然优势,使得其他国家无法与之竞争。各国应该按照各自的优势进行分工,然后交换各自的商品,从而使得各国的资源、劳力、资本都得到最有效的利用。相反,不注意发挥优势进行生产,只能导致国民财富的减少。例如,波兰的平原土壤条件好,粮食生产效率高,单位粮食产品所消耗的绝对劳动时间就少,其小麦生产就具有绝对成本优势。苏格兰可以用暖房培植葡萄,然后酿出上等美酒,但是成本是国外的 30 倍。如果苏格兰禁止一切外国酒进口而自己进行生产,就十分荒唐可笑。

获得性优势是指某国掌握的特殊商品的生产技术和技能,技术熟练、技术水平高,生产效率就高,单位产品生产的绝对劳动时间消耗就少。他认为,国民财富的增长有两条途径,一是提高劳动生产率,二是增加劳动数量,其中前者的作用尤其大,而劳动生产率的提高则主要取决于分工。以制针为例,每个工人单独劳动时,一日绝对制不出 20 枚,甚至连 1 枚也制不出来,但是经过较精细的分工后,一人一日竟能制成 4800 枚,劳动效率提高了百余倍。这表明,劳动生产率的提高正是来自分工的作用。同样,一国内部的劳动分工原则也适用于各国之间。据此,他提出结论,国际贸易应该遵循国际分工的原则,使各国都能从中获得更大的好处。

为了进一步理解"绝对优势理论",我们用一个例子来说明。

假设有两个国家"英国"和"法国",两国都生产两种产品"小麦"和"布",但生产技术不同。劳动是唯一生产要素,在国际分工前,英、法两国各自生产小麦和布这两种产品,所消耗的劳动力数量如表 4-1 所示。

表 4-1 国际分工前的劳动力和产量

商品 国别	小麦		布	
	劳动力/人	产量/吨	劳动力/人	产量/匹
法国	100	50	100	20
英国	150	50	50	20
合计	250	100	150	40

第4章 古典国际贸易理论

按照判断绝对优势的方法，我们判断两国各自具有绝对优势的产品，从劳动生产率来说，法国生产小麦的劳动生产率，即每人生产小麦的数量是 0.5 吨，英国生产小麦的劳动生产率，即每人生产小麦的数量是 0.33 吨，法国生产小麦的劳动生产率高于英国，所以法国在生产小麦上具有绝对优势。法国生产布的劳动生产率是 0.2 匹，英国生产布的劳动生产率是 0.4 匹，英国生产布的劳动生产率高于法国，所以英国在布的生产上具有绝对优势（见表 4-2）。

表 4-2　两国的劳动生产率

国别＼商品	小麦(人均产量)/吨	布(人均产量)/匹
法国	0.5	0.2
英国	0.33	0.4

从生产成本来说，法国生产小麦的生产成本，即生产 1 吨小麦所需投入的劳动力数量是 2 人，英国生产小麦的成本，即生产 1 吨小麦需要投入的劳动数量是 3 人，法国生产 1 单位小麦的成本低于英国，所以法国在小麦生产上具有绝对优势。法国生产布的成本，即生产 1 单位布所需投入的劳动数量是 5 人，英国生产布的成本，即生产 1 单位布需要投入的劳动数量是 2.5 人，英国生产 1 单位布的成本低于法国，所以英国在布的生产上具有绝对优势（见表 4-3）。

表 4-3　两国的生产成本

国别＼商品	小　麦	布
法国	2 人	5 人
英国	3 人	2.5 人

通过两种方法确定两国各自具有绝对优势的产品是一致的，所以按照绝对优势的贸易理论，法国应该专业化生产小麦，而英国应该专业化生产布。进行国际分工后，两国各自生产的商品数量如表 4-4 所示。

表 4-4　国际分工后的劳动力和产量

国别＼商品	小　麦		布	
	劳动力/人	产量/吨	劳动力/人	产量/吨
法国	200	100		
英国			200	80
合计	200	100	200	80

两国进行专业化分工后，法国专门生产小麦，英国专门生产布，法国将其所有的劳动力 200 人用于生产小麦，可生产 100 吨小麦；英国将其所有的劳动力资源 200 人用于生产布，可生产 80 匹布。所以，在总劳动投入量没有变化的情况下，小麦的产量没变，但是布的产量由原来的 40 匹增加到了 80 匹。因此，从世界范围来看，虽然技术条件没变，但是

由于劳动分工，两国都专业化生产其具有绝对优势的产品，使世界范围内的总产量增加了。现假定国际市场上按一吨小麦换一匹布的比例进行国际贸易，则交换后两国各自可供消费的两种商品的数量如表4-5所示。

表4-5 进行国际贸易后的商品数量

国别 \ 商品	小麦(吨)	布(匹)
法国	50	50
英国	50	30
合计	100	80

按照1∶1的比例交换小麦和布后，虽然两国小麦的消费数量没有变化，但是布的消费数量都增加了。这说明，两国按照绝对优势理论进行生产并进行国际贸易，对两国都有好处，使两国可供消费的商品的数量都增加了。

亚当·斯密还论述了自由贸易带来的好处，一国从对外贸易中得到的主要利益在于输出了本国消费不了的剩余货物，因此，即使两国贸易平衡，由于都为对方的剩余产品提供了市场，双方还是都有利益，所以对外贸易具有共同利益，而不是一方得利、一方受损。

4.3.3 绝对优势理论的评价

绝对优势理论可以看成是解释国际贸易产生原因的最早的理论。它第一次用劳动价值论说明国际贸易的利益和基础，为互惠互利的国际贸易理论的建立奠定了基础。绝对优势理论倡导自由贸易，因此，它是反对重商主义的锐利武器，加速了近代工业的发展。该理论最大的贡献在于说明国际贸易并不一定是"零和游戏"，折射出了国际交往活动中的"双赢"思想。

其主要理论缺陷是在确定从事国际贸易的绝对优势时，要将本国某种产品的成本与国外同样产品的成本直接进行比较，以成本的绝对高低来决定进出口。这样的比较会使那些在所有产品的生产成本上都处于劣势的国家无法参与国际贸易。另外，该理论未考虑需求因素，无法说明均衡价格如何确定，因而就无法解释国际贸易的收益分配问题。

4.4 大卫·李嘉图的比较优势论

4.4.1 历史背景

自"比较优势论"问世近200年来，一直为热衷发展资本主义经济和国际贸易的人们津津乐道，成为西方古典国际贸易理论中备受推崇的理论之一。

18世纪末19世纪初，正是世界资本主义处于上升时期，欧美各国的资本主义还处于自由竞争阶段，各种社会矛盾虽然已经出现但还没有达到十分尖锐的程度。当时的英国刚刚完成工业革命，其产品行销全世界，没有任何一个国家可以在工业品上与之竞争，当时英

第4章 古典国际贸易理论

国亟须各国开放市场、降低关税、实行自由贸易,以为英国商品大开销售之门、赚取高额资本利润。正当英国资产阶级希望进一步发展出口贸易之际,1815年英国政府为了维护国内地主阶级利益制定了提高关税限制粮食进口的《谷物法》。实施《谷物法》限制了谷物进口,使得国内粮价居高不下,工人阶级为此要求提高工资。高粮价造成工业资产阶级的成本增加、利润减少,工业品竞争力下降,因此工业资产阶级强烈要求废除《谷物法》。大卫·李嘉图正是出于维护工业资产阶级利益的需要,于1817年发表了《政治经济学及赋税原理》一书,主张废除《谷物法》、取消粮食的进口限制,实行自由贸易。他认为,英国在出口纺织品上比进口粮食具有更大的优势,应该专门生产纺织品,进一步提升纺织品的生产数量。为此,大卫·李嘉图在书中提出了著名的"比较优势论"。该国际贸易理论将自由贸易置于更加坚实的理论基础之上,奠定了西方国际贸易理论的核心基石,也为工业资产阶级提供了理论武器。

4.4.2 基本观点和理论逻辑

比较优势理论的前提假设有以下几种。
(1) 有一种生产要素、两种商品以及两个规模既定的国家。
(2) 两国两种产品的生产函数相同,消费者偏好相同。
(3) 国内劳动要素具有同质性。
(4) 劳动要素可以在两个生产部门间自由流动,但不能跨国流动。
(5) 贸易是自由的,并且不考虑运输成本等任何贸易费用。
(6) 规模收益不变,商品与劳动市场都是完全竞争的。

这一模型也就是所谓的 2×2×1 模型(两个国家、两种产品、一种要素)。由于劳动是唯一生产要素,且规模收益不变,所以两国间生产技术差异就表现为两国劳动生产率的差异。因此,李嘉图的比较优势理论实际上是从技术差异角度来解释国际贸易发生的原因。

比较优势理论认为,国际贸易的基础是生产技术的相对差别(而非绝对差别),以及由此产生的相对成本差别。每个国家都应根据"两利相权取其重,两弊相权取其轻"的原则集中生产并出口其具有"比较优势"的产品,进口其具有"比较劣势"的产品。比较优势理论在更普遍的基础上解释了贸易产生的基础和贸易利得,大大发展了绝对优势理论。

为了更好地理解比较优势理论,我们用以下表格和案例加以说明,如表4-6所示。

表4-6 比较优势分析(分工前的生产情况)

商品 \ 国别	甲国	乙国	合计
小麦(10 蒲式耳)	1(劳动小时)	6(劳动小时)	20 蒲式耳
布匹(1 码)	2 (劳动小时)	4(劳动小时)	2 码

从表4-6中可以看出,无论是在小麦还是在布匹的生产上,乙国都处于绝对劣势。一方面,乙国生产小麦的劳动生产率只有甲国的 1/6,而生产布匹的劳动生产率是甲国的 1/2,因此乙国在布匹的生产上有相对优势。另一方面,甲国在小麦和布匹的生产上都有绝对优势,但是,生产小麦的绝对优势要大于生产布匹的绝对优势。因此,甲国在小麦的生产

上有比较优势。根据比较优势理论，如果甲国专门生产小麦并出口一部分小麦来换取乙国的布匹，乙国专门生产布匹并出口一部分布匹来换取甲国的小麦，则两国都可以获益，如表4-7所示。

表4-7 比较优势分析(分工后、交换前的生产情况)

商品＼国别	甲国	乙国	合计
小麦(10蒲式耳)	3(劳动小时)	0	30 蒲式耳
布匹(1码)	0	10(劳动小时)	2.5 码

可见，在劳动投入总量不变的情况下，小麦产出增加10蒲式耳，布匹产量增加0.5码，国际分工使劳动生产率提高，世界总产出增加了。假定甲国用10蒲式耳小麦来交换乙国的1码布匹，那么交换后两国这两种产品的消费情况如表4-8所示。

表4-8 比较优势分析(交换后两国的消费情况)

商品＼国别	甲国	乙国
小麦(蒲式耳)	20	10
布匹(码)	1	1.5

交换后，甲国在布匹消费数量不变的情况下，可以多消费10蒲式耳的小麦，而乙国在小麦消费数量不变的情况下，可以多消费0.5码的布匹，两国都从国际分工和国际贸易中得到了好处。

4.4.3 比较优势理论的评价

比较成本说在历史上对推动国际贸易的发展起到了一定作用，但它把复杂的国际经济问题过分简单化了，在当今复杂的国际经济关系中，不能简单地套用这个理论。

比较优势理论继承了绝对优势理论的科学成分，如劳动价值论、专业化分工、自由贸易等，更为重要的是用比较成本概念代替了绝对成本概念，使自由贸易政策有了更加坚实的理论基础，为当时自由贸易政策取得最后胜利发挥了重大作用。

比较优势理论解决了国际贸易中的两个最基本问题：第一，指出了国际贸易的广泛基础，即任何类型的国家都有参与国际贸易的可能性，这也是比亚当·斯密的绝对优势理论进步的地方；第二，提出了国际交换的特殊原则。比较成本是一种独特的比较选择方式，不是将本国某种商品的成本与国外同样商品成本进行直接的比较，而是将不同产品成本的比率进行比较。

比较优势理论同样具有明显的缺陷。第一，它只把劳动作为唯一的生产要素，忽略了资金、自然资源、技术等要素对产出的影响；第二，它只是简单地把两种商品的相对成本进行比较，从而确定比较优势，但如果商品数量增多，比较优势就难以确定；第三，比较优势理论不仅把劳动生产率的国别差异看成是外生的，而且没有能够探寻造成这种差异的

第4章 古典国际贸易理论

原因。与绝对优势理论相比，比较优势理论同样没有考虑需求因素，无法确定国际均衡价格和贸易利益的分配问题。

本章小结

本章介绍了国际贸易理论中的古典理论，其中古典贸易理论包括重商主义理论、幼稚工业理论、绝对优势理论和比较优势理论，并对其理论进行了解释。

思 考 题

1. 简述重商主义理论的基本内容。
2. 简述幼稚工业保护理论基本内容。
3. 绝对优势理论和比较优势理论的主要内容是什么？它们的区别表现在哪里？

【案例分析】

比较优势

在第二次世界大战后几十年间，日本、韩国等东亚的一些国家或地区的国际贸易商品结构发生了明显变化，主要出口产品由初级产品到劳动密集型产品，再到资本密集型产品。事实上，"二战"后，日本、韩国等东亚的一些国家或地区经济出现腾飞，一个重要的原因就在于这些国家或地区较好地发挥了比较优势，顺利地实现了产业的优化升级以及经济的快速增长。

"二战"后，日本、韩国等东亚的一些国家或地区在经济增长前，在产品上具有比较优势，故在开始阶段可以参与出口、进口初级产品。"二战"后，日本、韩国等东亚的一些国家或地区较好地发挥了比较优势，并成功地抓住世界产业结构转移的有利时机，经济增长偏向机电、电子等技术含量比较高的部分，使得这些部门的相对供给能力不断提高，最终这些部门由原来的比较劣势地位转变为拥有比较优势地位。于是日本、韩国等东亚的一些国家或地区改为出口、进口机电、电子等技术含量比较高的产品。

可见，如果时间足够长的话，量变积累或经济增长可能会改变一国的比较优势形态，即以前具有比较优势的产品，现在由于经济增长可能变为处于比较劣势；反之，以前处于比较劣势的产品，现在也可能变为具有比较优势。

试比较分析日本和韩国出口产品的优势和劣势。

第 5 章 现代国际贸易理论

【学习目标】

通过本章的学习，了解各种理论产生的背景；理解对主要贸易理论的评价；掌握现代国际贸易理论的基本内容和结论；熟悉当代国际贸易理论的主要观点及各阶段代表性理论的政策主张。

【重点与难点】

要素禀赋理论的基本内容、里昂惕夫之谜的内容和解释、需求偏好相似理论的基本思想、技术差距理论的主要内容、产品生命周期理论、产业内贸易理论、波特的"钻石模型"、杨小凯贸易理论的基本内容。

【导入案例】

中韩两国互为重要的经贸合作伙伴，产业互补性强，发展潜力巨大。中韩自贸协定正式签订以来，中韩两国间的商务贸易快速有序地发展，两国企业间的贸易合作也日益紧密。2016 年，中韩贸易规模高达 2114 亿美元，中国是韩国最大的贸易伙伴、最大的出口市场、最大的进口来源国和最大的海外投资对象国。韩国则是中国的第三大贸易伙伴。

2017 年正逢中韩建交 25 周年。根据统计，2017 年 1~9 月，中韩贸易额达到了 2022 亿美元，同比增长 11.4%。2017 年 1 月，双方根据中韩自贸协定启动了第三轮降税，在全球经济增长乏力、贸易保护主义有所抬头的大环境之下，中韩自贸协定稳步实施，对加强双边经贸往来，促进两国经济增长发挥了积极作用。

中韩自贸协定不仅有助于促进两国进出口货物贸易，加快相互投资与经济合作，而且对优化双方对外贸易结构，持续推动国内经济增长也具有积极作用，让两国产业分工合作更加密切。韩国在半导体及其零部件、汽车、机械设备等领域具有优势，中国在农产品、纺织品、家具等领域具有优势。中韩自贸协定的签订不仅为韩国开启了广阔的中国市场，同时韩国的市场、资金、技术、发展经验也引进了中国，这将有利于带动中国的经济转型和产业升级。中韩两国经贸合作前景广阔，产业分工的契合度高，这为长远发展双边经贸合作提供了基础。

中韩双方已经在环保、能源、医药、传媒等领域开展了较为紧密的合作，未来要借助"中国资金+韩国技术"拓展中韩经贸合作的新模式，鼓励双方企业在通信、物联网、电子信息、生物能源、新能源汽车等战略性新兴领域进行更加深入的合作，努力实现中国的资金优势与韩国的技术优势的完美结合，让互利共赢成为双边经贸合作的驱动力。

中韩产业合作基础坚实。由于价值链的不同，中国产品具有的优势韩国产品并不具备，反之亦然，因此，两国之间的经贸合作空间巨大。中方倡导的"一带一路"同韩国的"欧亚倡议"、"中国制造 2025"同韩国的"制造业革新 3.0"，中韩共同开拓第三方市场开展国际产能合作等都存在很大的对接空间。并且中韩可以借助亚洲基础设施投资银行(AIIB)这个

第5章 现代国际贸易理论

资金纽带助推两国经济转型升级，促进地区互联互通，更好地实现互利共赢、共同发展。

(资料来源：荣民：《推动中韩经贸合作更上一层楼》，中国贸易新闻网，2017-12-14，有删改)

5.1 要素禀赋理论

5.1.1 要素禀赋理论简介

亚当·斯密的绝对优势理论和大卫·李嘉图的比较优势理论认为劳动是创造价值和造成生产成本差异的唯一要素，劳动生产率(或生产技术)之间的差异决定比较优势。随着资本主义生产关系的出现以及工业革命的发生，资本成为一种越来越重要的生产要素。经济学家们在国际贸易领域的研究中不断认识到，在现实生产中有至少两种甚至两种以上的要素投入，贸易产生的原因更加复杂，斯密和李嘉图的贸易理论只能部分地解释贸易产生的原因，某些贸易现象无法得到解释。

20世纪早期，瑞典经济学家赫克歇尔(Heckscher)和俄林(Ohlin)在继承了传统的古典比较优势理论的基础上，试图用资源禀赋差异来解释贸易产生的原因。1919年，赫克歇尔在题为《对外贸易对收入分配的影响》的著名论文中首次提出并论述了后来被概括为要素禀赋理论的基本观点。后来，赫克歇尔的学生俄林继承和发展了赫克歇尔的贸易思想，于1924年和1933年相继出版了《国际贸易理论》和《区间贸易和国际贸易论》，系统地提出了自己的观点，对要素禀赋理论进行了全面系统的研究与论证，标志着要素禀赋理论的诞生。为了纪念这两位经济学家，经济学界用他们的名字来命名该理论，即赫克歇尔-俄林理论(H-O定理)。赫克歇尔-俄林理论(H-O定理)从要素禀赋相对差异出发，阐述了即便各国劳动生产要素(或生产技术)完全相同，生产要素的差异和各种商品在生产过程中所使用的要素比例差异也能够产生比较优势，从而带来国际间的贸易。

赫克歇尔和俄林进一步指出，随着贸易的发展，各国相同生产要素的价格将趋于均等化。20世纪40年代，美国经济学家斯托尔珀(Wolfgang Stolper)、萨缪尔森(Paul A. Samuelson)证明和发展了这一理论，即要素价格均等化理论，也称要素价格均等化定理(H-O-S定理)。

赫克歇尔-俄林理论(H-O定理)与要素价格均等化定理(H-O-S定理)构成了要素禀赋理论，被认为是现代国际贸易理论的基础。

5.1.2 要素禀赋理论的基本概念

1. 生产要素与要素价格

生产要素(Factor of Production)是指生产活动必须具备的主要因素或在生产中必须投入或使用的主要手段，即生产中所使用的各种资源，通常指土地、劳动和资本三要素，加上企业家的管理才能为四要素，也有人把技术知识、经济信息作为生产要素。

要素价格(Factor Price)是生产要素的使用费用或要素的报酬，包括土地的租金、劳动的工资、资本的利息和管理的利润等。

2. 要素密集度与要素密集型产品

要素密集度(Factor Intensity)是指产品生产中某种要素投入比例的大小，如果某种要素投入比例大，可称该要素密集程度高。

根据产品生产所投入的生产要素中所占比例最大的生产要素的种类不同，可把产品划分为不同种类的要素密集型产品(Factor Intensity Commodity)。例如：生产农产品，土地投入比例最大，则称为土地密集型产品；生产纺织产品，劳动投入比例最大，则称为劳动密集型产品；生产电子产品，资本投入比例最大，则称为资本密集型产品，依次类推。在只有两种商品(X 和 Y)、两种要素(劳动和资本)的情况下，如果 Y 商品生产中使用的资本和劳动的比例大于 X 商品生产中的资本和劳动的比例，则称 Y 商品为资本密集型产品，而称 X 商品为劳动密集型产品。

因此，一种产品是资本密集型还是劳动密集型，不是看这种产品生产中使用的资本和劳动的绝对数量，而是取决于与另一种商品相比，该产品生产中使用的两种要素的比例。在存在多种产品的情况下，A 产品与 B 产品相比属于资本密集型产品，但与 C 产品相比则可能属于劳动密集型产品。

3. 要素禀赋与要素丰裕度

要素禀赋(Factor Endowment)是指一国拥有各种生产要素的数量的多少。

要素丰裕度(Factor Abundance)是指在一国的生产要素禀赋中某要素供给所占比例大于他国同种要素的供给比例而相对价格低于他国同种要素的相对价格。要素丰裕度是一个相对的概念，一国生产要素的丰缺不是绝对的，要看同哪个国家比较。A 国同 B 国比较是资本丰裕的国家，但同 C 国比较则可能是劳动丰裕国家，这是由两国两种要素的相对比例决定的，与一个国家实际拥有的生产要素绝对量有很大区别。

衡量要素的丰裕程度有两种方法：一是以生产要素供给总量衡量，若一国某要素的供给比例大于他国的同种要素供给比例，则该国相对于他国而言，该要素丰裕，这种方法只考虑了要素供给这一方面因素；另一种方法是以要素相对价格衡量，若一国某要素的相对价格(某要素的价格和别的要素价格的比率)低于他国同种要素的相对价格，则该国该要素相对他国丰裕，这种方法同时考虑了供求两方面的因素，因此更为科学。

5.1.3 要素禀赋理论的假设前提

(1) 使用 2-2-2 模型的分析方法，即世界上只有两个国家(甲国和乙国)，每个国家只生产两种产品(X 商品与 Y 商品)，两种产品的生产都需要使用两种生产要素(劳动和资本)。(为了集中说明理论，赫克歇尔和俄林用了最简单的 2-2-2 模型。实际上，放松这一假设，即研究更为现实的多个国家、多种商品、多种要素，并不会对要素禀赋理论所得出的结论产生根本性的影响。)

(2) 甲国是劳动要素丰裕的国家，乙国是资本要素丰裕的国家；在两个国家中，X 商品都是劳动密集型产品，Y 商品都是资本密集型产品。

(3) 两国在生产中使用相同的技术。

(4) 在两个国家中，商品市场、要素市场属于完全竞争市场，要素在一国内可以完全自由流动，但在国际间则不能自由流动。

(5) 规模收益不变，即增加某产品的资本和劳动使用量，将会使该产品产量以相同比例增加，即单位生产成本不随着生产的增减而变化。

(6) 两国的需求偏好相同，即两国的需求无差异曲线的位置和形状相同。

(7) 没有运输成本，没有关税或影响国际贸易自由进行的其他壁垒。

5.1.4 要素禀赋理论的内容

1. 赫克歇尔-俄林理论

赫克歇尔-俄林理论又被称为要素供给比例理论，该理论认为，同种商品在不同国家的相对价格差异是国际贸易产生的直接原因，而各国生产要素禀赋不同是国际贸易产生的根本原因。

赫克歇尔-俄林理论的逻辑推理过程如下。

(1) 商品价格的国际绝对差异是国际贸易产生的直接原因。所谓商品价格的国际绝对差异，是指同种商品在不同国家以本国货币表示的价格按照一定的汇率换算成以同种货币表示的价格时，两者的差异。

(2) 商品价格的国际绝对差异是由各国生产相同产品的成本差异造成的。

(3) 各国生产相同产品的成本差异是由各国生产要素的价格不同造成的。

(4) 各国生产要素的价格差是由各国生产要素的相对丰裕度不同造成的。

(5) 各国生产要素的不同丰裕度和生产各种产品所使用的要素比例不同(即不同商品的要素密集度不同)，使各国在生产相同产品时，分别在不同产品的生产方面具有比较优势。

通过严密的推理分析，得出结论：各国生产要素禀赋的相对差异决定国际分工和贸易的基本原则，一个国家生产和出口那些大量使用本国供给丰裕的生产要素的产品，价格就低，因而具有比较优势；相反，生产那些需大量使用本国供给稀缺的生产要素的产品，价格就高，不具备比较优势。因此，一国应专门生产并出口该国相对丰裕和便宜的要素密集型的商品，进口该国相对缺乏和昂贵的要素密集型的商品。简言之，具有劳动要素禀赋优势的国家应出口劳动密集型商品到劳动要素相对缺乏的国家，而进口资本密集型商品；相反，具有资本要素禀赋优势的国家出口资本密集型商品到资本要素相对缺乏的国家，而进口劳动密集型商品。

2. 要素价格均等化理论

俄林认为国际贸易最终会使所有生产要素在所有地区都趋于相等，但生产要素价格完全相同几乎是不可能的，这只是趋势。

1) 斯托尔珀-萨缪尔森定理

1941 年，斯托尔珀和萨缪尔森在他们合作完成的论文《实际工资和保护主义》中明确地将要素收益与产品价格直接联系起来，用数学方法严格证明了要素价格均等化理论是成立的，提出自由贸易使出口产品的价格相对提高，随着出口商品生产的扩大，将增加对其生产中密集使用的生产要素(本国供给相对丰裕的要素)的需求，使该要素价格提高，报酬提高；由于进口商品的价格相对下降，随着进口商品生产的萎缩，将减少对其生产密集使用的生产要素(本国供给相对稀缺的要素)的需求，使该要素的价格和报酬下降。这一结论又被称为"斯托尔珀-萨缪尔森定理"(Stolper-Samuelson Theorem)。但该定理说明的是自由贸易对一国不同要素价格的影响，而要素价格均等化探讨的是自由贸易条件下两国同一生产要素价格的变动趋势。

2) 赫克歇尔-俄林-萨缪尔森定理

1948年和1949年，萨缪尔森又分别发表了论文《国际贸易和要素价格均等化》及《再论国际要素价格均等化》，对生产要素价格均等化命题进行了重要的补充，丰富和发展了要素禀赋理论。

自由贸易倾向于使产品价格均等化。如果生产要素能够在国家之间自由流动，则要素价格也会倾向于均等化。例如：劳动力会从工资低的国家流向工资高的国家，从而引发低工资国家工资上涨，高工资国家工资下降，两国工资水平趋向一致。但要素禀赋理论假定生产要素在国内自由流动，在国家间不能流动。虽然这一假定并不完全符合事实，但它确实反映出国界对要素流动的影响。要素在国家之间的流动性明显低于在国内的流动性。

根据H-O定理，扩大生产的产品是密集使用本国丰裕生产要素的产品。这样，生产扩大导致丰裕生产要素价格上涨，而原来这一要素由于较丰裕价格较低。同时，比较劣势产品的生产减少，降低了对稀缺要素的需求，稀缺要素的价格会降低。在另一个国家，国际贸易会对要素价格产生相同的影响，但两个丰裕和稀缺要素正好相反。本国丰裕的要素是对方国家稀缺的要素，本国稀缺的要素是对方国家丰裕的要素。这样，对同一种生产要素，自由贸易使其在供应丰裕的国家价格上升，在供应稀缺的国家价格下降。在生产要素本能在国家之间自由流动的假定前提下，产品的自由贸易会使两国同一生产要素的价格趋于均等化。萨缪尔森通过严密的数学论证，指出自由贸易不仅使两国的商品价格相等，而且使两国相同的生产要素价格趋于均等化，使两国相同的生产要素获得相同的相对收入和绝对收入，即要素价格均等化定理。这一定理建立在要素禀赋理论的基础上，鉴于萨缪尔森对生产要素价格均等化定理的发展和贡献，因此，该定理又称"赫克歇尔-俄林-萨缪尔森定理"(H-O-S定理)。

5.1.5 要素禀赋理论的评价

要素禀赋理论是在比较优势理论的基础上的一大进步，有其合理的成分和可借鉴的意义。

(1) 要素禀赋理论比李嘉图的比较优势理论更为深入、全面，更接近国际贸易的现实。该理论认识到了生产要素在各国进出口贸易中的重要地位，而且从生产要素、价格、供给、需求等实际问题入手分析国际贸易产生的原因，更加符合国际贸易的现实，对从更广阔的角度研究国际贸易问题具有极大的启迪作用。

(2) 要素禀赋理论对各国积极参与国际分工以及外贸政策的制定有一定的理论指导意义。该理论关于国际贸易可以代替生产要素流动、弥补要素禀赋差异的观点，对于各个国家特别是资源小国参与国际分工和国际贸易以及实现经济发展具有重要的指导意义。例如，资本要素本国稀缺，则应进口资本密集型产品；劳动要素本国丰裕，则应出口劳动密集型产品，利用本国资源优势参与国际分工，否则将会失去更多的利益。

第5章 现代国际贸易理论

但是，要素禀赋理论也有一定的局限性。

(1) 要素禀赋理论强调静态结果，忽略了经济因素的动态变化。如技术方面，技术不断进步，使产品成本降低，也能使产品更新换代，进而使一国的比较利益格局发生改变。

(2) 生产要素同质假定与经济事实不符。如在实际生产过程中，新旧机器有别，熟练工人与非熟练工人也不能相提并论，同样的生产要素并非具有同等的生产能力。

(3) 在分析国际贸易产生的原因时，只强调了各个国家生产要素禀赋上的差别，忽视了"市场扩张"这一重要内容。而"市场扩张"正是各国特别是经济发达国家积极参与国际贸易的重要原因之一。为了占领国际市场，增加工人就业，有些产品不具有比较优势，政府也会鼓励出口。

5.2 里昂惕夫之谜

5.2.1 里昂惕夫简介

华里西·里昂惕夫(Wassily W. Leontief，1906—1999)俄裔美国经济学家，投入产出经济学的创始人，1906年生于俄国圣彼得堡(后曾改名为列宁格勒)一个知识分子家庭，1921年进列宁格勒大学学习哲学社会学和经济学，1925年获该校的"优秀经济学家"称号并获列宁格勒大学文学硕士学位，同年留学德国，1928年获柏林大学哲学博士学位，1931年前往美国，先后就职于美国经济研究所、哈佛大学和纽约大学。

里昂惕夫著有《美国经济的结构，1919—1929》(1941年)、《美国经济结构研究：投入产出分析中理论和经验的探索》(1953年)、《投入产出经济学》(1966年)、《经济学论文集：理论与推理》(1977年)等。里昂惕夫最主要的贡献是创立了有名的投入-产出分析法，即在编制反映各部门间产品量交流情况的投入产出表基础上，用数学方法研究各部门产品生产和分配的关系。由于这一贡献，他受到了全世界学术界的尊敬。1970年，里昂惕夫当选美国经济协会会长。1973年，瑞典皇家科学院向他颁发了诺贝尔经济学奖，以表彰他在经济学领域作出的巨大成就。1974年，联合国委托里昂惕夫建立全球性投入-产出模型，以研究20世纪最后的20多年中世界经济可能发生的变化与国际社会能够采取的方案。

5.2.2 里昂惕夫之谜

要素禀赋理论在理论与实践运用中的成功，使其被公认为国际贸易理论史上的又一里程碑。但第二次世界大战后，在第三次科技革命的推动下，随着世界经济的迅速发展以及经济学家对要素禀赋理论的实证检验工作的深入，要素禀赋理论的不足逐渐暴露。20世纪50年代初，里昂惕夫运用他创立的"投入-产出分析法"，采用美国官方统计数据，对要素禀赋理论进行了实证检验，其验证结果冲击了国际贸易理论界，对国际贸易理论的发展产生了重大的影响。

"二战"后，美国制造业拥有大量的资本，是一个资本丰富而劳动力稀缺的国家，根据要素禀赋理论，大多数学者认为，美国应出口资本密集型产品，进口劳动密集型产品。里昂惕夫同其他经济学家一样，确信要素禀赋论是正确的。他于1953年用投入-产出模型对

1947年美国200个行业的统计资料进行分析,并对价值为100万美元的出口商品和进口替代商品的生产(包括最终产品的生产和中间产品的生产)中所使用的资本要素和劳动要素的数量进行了精心的计算(见表5-1),期望验证要素禀赋理论,分析美国的贸易结构是否符合传统理论。然而,计算的结果却与理论大相径庭。

表5-1 1947年美国每百万美元出口商品和进口替代商品对国内资本和劳动的需求

项　目	出口商品	进口替代商品
资本(美元/年)	2 550 780	3 091 39
劳动力(人/年)	182.313	170.004
人均年资本量(美元)	13 991	18 184

资料来源:美国哲学学会会刊(The American Philosophical Society),1953年9月第97卷522页。

数据结果显示,美国出口商品中的"资本/劳动比率"小于进口替代商品,美国进口替代商品的资本密集度反而高于出口商品的资本密集程度。这一发现说明,美国之所以参加国际分工是建立在劳动密集型生产专业化的基础上,而不是建立在资本密集型生产专业化基础上的。换言之,美国是利用对外贸易来节约资本和安排剩余劳动力的,进口的是资本密集型产品,出口的是劳动密集型产品,得出了与要素禀赋论相反的结论。这一结论引起了经济学界和国际贸易学界的极大关注和争议。

里昂惕夫及当时一些经济学家们怀疑是否因为"二战"刚刚结束,美国经济尚处在某种非正常状态,而使验证结果发生了偏移。因此,里昂惕夫1956年又利用投入-产出法对美国1951年的贸易结构进行第二次检验(见表5-2),出口商品中的"资本/劳动比率"依然小于进口替代商品,结论仍然与第一次验证结论相同。

表5-2 1951年美国每百万美元出口商品和进口替代商品对国内资本和劳动的需求

项　目	出口商品	进口替代商品
资本(美元/年)	2 256 800	2 303 400
劳动力(人/年)	173.91	167.81
人均年资本量(美元)	12 977	13 726

资料来源:里昂惕夫:《要素比例和美国的贸易结构:理论经验再分析》,经济学统计学季刊,1956年11月第38期。

里昂惕夫对要素禀赋理论的两度验证结果表明,美国对外贸易的结构和商品流向同要素禀赋理论明显相互矛盾,这样的验证结果无法用传统的贸易理论加以解释与说明,因此被称为"里昂惕夫之谜"或"里昂惕夫反论"(Leontief Paradox)。

5.2.3 对里昂惕夫之谜的不同解释

里昂惕夫之谜引起了经济学家们对"谜"的不同解释,促成了一些研究工作的发展,归纳起来,主要有以下几种代表性的解释学说。

1. 劳动效率说

劳动效率说又称人类技能说和劳动熟练说，是由里昂惕夫自己最先提出的。里昂惕夫认为，由于美国的企业管理较科学、工人受教育程度和职业培训等水平较高，进取精神较强，美国工人具有比其他国家工人更熟练的技术和更高的劳动生产率，劳动效率大约是其他国家平均水平的三倍。如果在计算出口产品的要素比例时将劳动数量乘以3，在劳动以效率单位衡量的条件下，美国就成为劳动要素相对丰裕而资本要素相对短缺的国家，实证结果符合要素禀赋论。但这一解释遭到了许多人的反对，里昂惕夫自己后来也否定了这一解释。原因是，如果说美国劳动力的生产率来源于高管理水平，那么高管理水平也应该同时提高资本的生产率，美国的劳动和资本都应乘以相近的乘数，这样美国的资本相对丰裕程度不会受到太大的影响。而美国经济学家克雷宁(Krelnin)经过验证，美国劳动生产率比其他国家最多高1.2～1.5倍，还不能使美国成为劳动要素相对丰裕的国家。

后来，美国经济学家基辛(D.B.Keesing)对这个问题进一步加以研究。他根据1960年美国人口普查资料，将美国工人的劳动分为熟练劳动和非熟练劳动，并将这种分类应用到包括美国在内的14个国家的进出口商品结构分析中。根据他的计算，美国出口产品使用的熟练劳动比例，比替代进口产品所使用的熟练劳动比例要高，且在14个国家的出口产品中，美国产品的熟练劳动比例最高。由此，基辛得出结论：美国熟练劳动这个要素比较丰裕，在生产熟练劳动密集型产品方面具有比较优势，美国出口的是熟练劳动密集型产品或称技能密集型产品。这样就解释了里昂惕夫之谜。

2. 人力资本说

一些经济学家在要素禀赋理论的框架下引入人力资本这一因素，认为里昂惕夫计量的资本只包括物质资本，而忽略了人力资本。其主要代表人物有欧文·克拉维斯(Irving Kravis)、彼得·凯南(Peter Kenen)等人。他们认为，在产品生产中投入的资本，既包括厂房、机器、设备等物质形态的有形资本，也包含用于劳动者职业教育、技术培训、医疗保障等方面投入的无形资本，即人力资本。而劳动是不同质的，主要表现在劳动生产率的差异上，这种差异主要是由劳动熟练程度所决定的，劳动熟练程度的高低又取决于劳动者教育、培训、医疗保障等方面人力资本的投入。美国劳动力的受教育程度较高，平均工资也高出其他国家，这一定程度上说明了美国同其他国家相比，人力资本投入高，属于人力资本相对丰裕的国家。因此，美国出口产品中含有较多的人力资本要素。如果对美国人力资本要素完全忽略不计，就极有可能得出里昂惕夫之谜的结论。

现实中，人力资本投资的数量在技术上很难准确测算，但如果粗略地将熟练劳动的平均收入与简单劳动的平均收入的差额算作人力资本，将其同有形资本相加构成总资本后，再计算美国出口产品与其进口替代产品的资本/劳动比率，那么美国出口产品的资本-劳动比率会显著提高。这样，美国出口的仍然是资本密集型产品，符合要素禀赋理论，里昂惕夫之谜就不复存在了，这就是所谓的人力资本说。

3. 自然资源说

自然资源说的主要代表人物有雅罗斯拉夫·凡涅克(Jaroslav Vanek)和波斯特纳等。他们发现，里昂惕夫之谜与要素禀赋理论冲突最显著的部门是与自然资源有关的部门。要素禀赋理论只包含资本和劳动两个生产要素，里昂惕夫通过美国对外贸易数据进行验证时，也仅考虑这两种生产要素，而忽略了自然资源要素。这是里昂惕夫之谜产生的一个重要原因。凡涅克还指出，无论是美国本土的自然资源情况还是美国出于对本国自然资源的"战略性保护"，美国的确存在部分自然资源国内供给不足的情况，美国每年都进口大量的自然资源密集型产品。而在实际生产过程中，自然资源要素投入同资本要素投入之间一般来说存在极强的互相跟进或相互补充的关系，在大多数情况下，资本要素和自然资源要素不可以相互替代。这就是说，需要耗费大量自然资源的产品，在其生产过程中，一般也要投入大量的资本要素。

凡涅克以美国每年进口大量石油和石油制品为例。原油勘探、开采、提炼、运输以及各种石油制品(如汽油、柴油、液化气、天然气等)的制作、储存、运输过程，需要大量资本投入，这样，石油和石油制品既是自然资源密集型产品，也是资本密集型产品。美国对许多自然资源的进口依赖性很强，把美国大量进口的自然资源密集型产品划归资本密集型产品进行计算，势必会加大美国进口产品的资本/劳动比率，使里昂惕夫之谜产生。

这一解释得到了里昂惕夫本人的认同，里昂惕夫后来再对美国的贸易结构进行验证时剔除了自然资源密集型产品，最终得出的结论与要素禀赋论一致。

4. 贸易壁垒说

要素禀赋论假设两国之间没有关税或影响国际贸易自由进行的其他壁垒，但是在现实经济生活中，各国为了保护本国的利益都或多或少实行一定程度上的贸易保护，目的是限制进口进而刺激国内进口替代产品的生产。克拉维斯(Kravis)在研究中发现，美国受贸易保护最严密的产业就是劳动密集型产业，这就影响了美国的贸易模式，美国为此设置的关税壁垒和非关税壁垒使得本应大量进口的劳动密集型产品减少了进入美国市场的机会，降低了劳动密集型产品的进口。

美国经济学家鲍德温(Baldwin)认为克拉维斯的研究能解释里昂惕夫之谜，并提出了用贸易壁垒解释"里昂惕夫之谜"的观点。他认为，一方面，美国保护程度较高的是劳动密集型产品，尤其是"二战"后初期。根据他的计算，如果剔除美国贸易壁垒因素，1947年进口产品中的资本/劳动比率比里昂惕夫计算的比率低5%。另一方面，美国的贸易伙伴也可能对本国缺乏竞争力的资本密集型产品实行贸易保护，从而使美国资本密集型产品的出口受到一定程度的影响。也就是说，如果实行自由贸易，美国就可能更多地进口劳动密集型产品，或出口更多的资本密集型产品，里昂惕夫之谜就有可能不存在。

5. 要素密集度逆转说

要素禀赋理论假设条件是："在两个国家中，X商品都是劳动密集型产品，Y商品都是资本密集型产品。"以明哈斯(B.S.Minhas)为代表的一批经济学家注意到在不同国家之间，某种特定商品的要素密集性质并不一定具有趋同性。明哈斯通过研究各国生产过程中的要素投入比例与要素价格的相互关系，提出了要素密集度逆转说，并用以解释里昂惕夫之谜。

要素密集度逆转是指同一种产品在资本丰富的国家是资本密集型产品，在劳动丰裕的国家又是劳动密集型产品的情况。在现实经济中，要素密集度逆转是会发生的，比如说，当劳动的相对价格提高(工资提高)，美国进口竞争部门会用相对便宜的资本替代相对昂贵的劳动，由于资本替代劳动的能力很大，进口竞争部门生产的产品由劳动的相对价格提高之前的劳动密集型产品变成之后的资本密集型产品，而里昂惕夫在计算美国进口替代产品的资本/劳动比率时，用的不是该产品出口国国内实际使用的资本/劳动比率，是美国生产同类产品所需的资本/劳动比率。这种条件下，就有可能出现美国进口资本密集型产品，出口劳动密集型产品的情况。因此，一旦存在要素密集度逆转，要素禀赋论就不成立。

值得注意的是，要素密集度逆转在现实经济中是存在的，关键是这种逆转是否普遍。明哈斯在1962年发表的研究结果表明，有大约1/3的研究样本中出现了要素密集度逆转的情况，要素密集度逆转是非常普遍的。而里昂惕夫1964年的研究表明，他在纠正了明哈斯数据来源的偏差后，要素密集度逆转的情况只占8%，如果除去生产中大量需要自然资源的两个产业，要素密集度逆转发生的概率就会降至1%。经济学家鲍尔(Ball)对明哈斯的研究结果进行验证，研究也证实了要素密集度逆转在现实中很少发生。因此，通过要素密集度逆转对里昂惕夫之谜进行解释还不是很有说服力。

6. 需求偏好差异说

要素禀赋理论的基本假设之一是两国的需求偏好相同，因此一国的要素禀赋状况决定该国的贸易结构。但实际上，贸易各国国民需求偏好是有差异的。需求偏好差异说认为资本要素相对丰裕的国家出口资本密集型产品，劳动要素相对丰裕的国家出口劳动密集型产品，仅从供给角度考虑，而忽略了需求因素，是不够全面的。该学说主要代表人物是美国经济学家斯特凡·维拉范利斯(Stefan Valavanis)，他针对里昂惕夫的发现，提出了各国的消费偏好可能发生"逆转"的推论。

根据维拉范利斯的推理，如果某种生产要素相对丰裕的国家的消费者对这种生产要素的密集型产品有较强的偏好，极有可能导致该生产要素密集型产品在本国国内的市场供给不足，进而要求该国通过进口来补充本国国内市场的供给不足。也就是说，美国资本要素相对丰裕，如果美国消费者更偏好资本密集型产品，这种需求则会改变原本的贸易结构，就会出现资本要素相对丰裕的美国出口劳动密集型产品用以进口资本密集型产品的情况。

需求偏好差异说还认为，在成本递增条件下，需求因素影响一国两种产品的相对价格，从而影响一国的比较优势。美国消费者对资本密集型产品偏好强，那么美国的资本密集型产品的价格就会相对较高，而美国消费者不偏好劳动密集型产品，需求偏好会使美国将需求偏好弱的劳动密集型产品出口国外，把资本密集型产品留在国内并从国外进口价格相对较低的资本密集型产品。

需求偏好差异说对里昂惕夫之谜的解释受到了一些学者的抨击。他们认为，这一学说从根本上改变了要素禀赋理论的假设条件，即各国的消费偏好相同。此外，也没有证据表明美国与其他国家存在需求偏好的巨大差异能足以改变要素禀赋形成的比较优势。

但在现实经济生活中，尤其是在发达国家与发展中国家之间，也存在着需求偏好与消费结构对国际贸易结构和商品流向产生影响的情况。由于发达国家与发展中国家经济发展水平和人均收入水平的差距，发达国家的"恩格尔系数"较低，其对资本密集型产品需求偏好强；发展中国家的"恩格尔系数"较高，其对劳动密集型产品需求偏好强。因此，用需求偏好差异解释里昂惕夫之谜并非全无道理。

5.2.4 对里昂惕夫之谜及其解释的评价

在理论发展史方面，里昂惕夫之谜是国际贸易理论发展史上的转折点，引起了经济学家们对"谜"的各种解释学说，催生了一些新贸易理论的出现。在研究方法方面，里昂惕夫采用投入-产出分析法对美国贸易结构的计算分析，开创了用统计数据全面检验贸易理论的新途径。

在传统国际贸易理论已不能对"二战"后国际贸易现实作出有力解释的情况下，对"谜"的各种解释在继承传统国际分工和国际贸易理论的基础上，进行了修整、补充、创新和扩展。他们在理论研究中继承了传统国际贸易理论最基本的东西，有的引入了符合"二战"后国际贸易现实的新生产要素，有的通过要素差异性或需求角度探讨贸易结构和商品流向，丰富和发展了自由贸易学说，推动了国际贸易理论的新发展。

5.3 当代国际贸易理论

第二次世界大战后，国际贸易出现了许多新现象：发达国家之间的贸易在国际贸易总额中占比越来越大，而发达国家与发展中国家之间的贸易在国际贸易总额的占比相对下降；货物贸易中，制成品的贸易比重上升，初级产品的贸易比重下降；发达国家之间制成品的产业内相似或相同产品之间的贸易比重上升；跨国公司内部贸易额越来越大等。这些现象的出现向传统国际贸易理论提出了挑战，传统的国际贸易理论无法作出令人信服的解释，经济学家们围绕上述现象和问题进行了深入的研究，提出了各种新的学说，从而形成了当代国际贸易理论。

5.3.1 需求偏好相似理论

1. 需求偏好相似理论产生的背景

古典贸易理论，及现代国际贸易理论中的要素禀赋理论，都是从供给方面探讨国际贸易基础的，即从技术差异、要素禀赋差异等供给因素来解释比较优势的决定，而关于需求因素对国际贸易的决定作用并未获得关注。瑞典经济学家林德(Staffan B. Linder)在1961年出版的《论贸易与转变》中，重点从需求方面探讨了国际贸易产生的原因以及国际贸易的模式，提出了需求偏好相似理论(Theory of Demand Preference Similarity)，也称重叠需求理论(Overlapping Demand Theory)。这一理论对"二战"后发达国家间的贸易模式做了较为有力的解释。

2. 需求偏好相似假设

要素禀赋理论及以前的理论都假设两国的需求偏好相同。引入这样的假设是为了分析上的简便，但这一假设与现实有明显的差距。林德放弃这一假设，进行如下假定。

(1) 一国之内不同收入阶层的消费者偏好不同，收入越高的消费者越偏好奢侈品，收

第5章 现代国际贸易理论

入越低的消费者越偏好必需品。

(2) 世界不同地方的消费者如果收入水平相同,则其偏好也相同。

根据上述两项基本假设,可推断两国的消费结构与收入水平之间的关系是一致的,即两国收入水平越接近,消费结构也越相似。

3. 需求偏好相似理论的内容

林德认为,要素禀赋理论只能解释自然资源密集型的初级产品国际贸易发生的原因,不能解释制成品国际贸易发生的原因,制成品的贸易应当从需求方面探讨。

需求偏好相似理论的基本思想是:国际贸易是国内贸易的延伸,一种产品出口的可能性由其国内需求决定。两国的需求结构及收入水平共同决定着两国之间的贸易规模及贸易特征;国与国之间的收入水平越接近,需求结构越相似,贸易量就越大。

具体来说,需求偏好相似理论主要包括以下几方面的内容。

(1) 一种产品的国内需求是其能出口的前提。林德认为,一种产品的生产首先是为了满足国内市场需求,只有该产品在国内已经存在大规模需求时,生产者在生产过程中不断革新技术,降低成本,增加产量。当产量增长速度超过需求增长速度时,使该国有能力向他国出口。

(2) 人均收入水平是影响一国需求结构的最主要因素,人均收入相近可以用来作为需求相近的标志。林德认为,人均收入水平对一国需求结构的影响同消费品和资本品的需求有直接的联系。与消费品需求的联系主要体现在两方面:一是在人均收入较高的国家,高品质产品较多地进入家庭,而在人均收入较低的国家,消费品的平均品质显著下降;二是收入分配不均使富国的低收入水平消费者与穷国的高收入水平消费者也会有类似的需求或重叠的需求。从资本品的需求来看,在多数情况下,人均收入较高的国家相对需要更多的高质量资本品,相应地,人均收入较低的国家相对需要更多不那么高级的资本品。但人均收入较低的国家对高质量资本品也有一些需求,与人均收入较高的国家存在相似需求或重叠需求。相应地,人均收入较高的国家对低品质资本品也有一些需求,与人均收入较低的国家存在相似需求或重叠需求。因此,无论是从国家还是从家庭的角度看,收入水平与消费结构都有很强的相关关系。

(3) 两国的需求相似程度决定着贸易规模与贸易特征。由于一国的潜在出口产品决定于该国的需求结构,而一国的需求结构又决定于该国的人均收入水平,由此得出结论,即两国人均收入水平越相近,两国的需求结构越相似,两国间产生的贸易规模就越大。但同时林德认为,一国国内的人均收入水平也存在差异,平均总体收入水平差异较大的国家之间,也存在部分居民收入水平相近的情况,即在总体人均收入差异较大的国家间会存在部分收入水平相近的消费者有着类似或重叠的消费需求。因此,总体人均收入水平差异较大的国家间(如发达国家与发展中国家之间)的贸易规模与特征取决于两国需求结构的重叠程度。也就是说,需求偏好相似理论认为,人均收入水平差异较大的国家间也会因需求结构重叠存在国际贸易,只是人均收入水平相近的国家间的国际贸易比人均收入水平差异大的国家间的国际贸易会更加频繁。

4. 需求偏好相似理论简评

需求偏好相似理论将需求因素引入贸易格局,从需求角度阐述产业内贸易发展的原因,对于解释第二次世界大战后迅速发展的发达国家之间的贸易作出了积极的贡献，是对国际贸易理论的重要发展。但是，需求偏好相似理论所提出的一国国内的生产首先应满足国内市场需求这样的观点受到当代理论界的挑战。

5.3.2 技术差距理论

1. 技术差距理论产生的背景

要素禀赋理论中的一项重要假设是两国在生产中使用相同的技术，而现实经济生活中，经济发展程度和科学技术水平迥异的国家间，使用相同的生产技术是不切实际的。随着科学技术的发展，国家间科学技术总体水平差距对国际贸易结构、商品流向以及参与国的国际贸易条件的影响越来越明显。因此，假设两国在生产中使用相同技术的基本条件已经逐渐背离了现实的国际贸易活动，经济学家们在对技术水平一致的理论假定不断修正和探索的过程中，将技术差距引入国际贸易的动态分析，进而提出了关于技术差距同国际贸易之间的关系的一系列理论研究。1961年，美国经济学家迈克尔·波斯纳(Michael Posner)发表《国际贸易与技术变化》，把技术作为独立于劳动和资本的生产要素，探讨并提出了技术差距或技术变动影响国际贸易结构和商品流向的贸易理论。

2. 技术差距理论的主要内容

技术差距理论(Technological Gap Theory)又称技术差距模型(Technological Gap Model)，该理论认为，工业化国家之间的工业品贸易，有很大一部分是以技术差距的存在为基础进行的。波斯纳在分析时引入了"模仿时滞""需求时滞""反应时滞"以及"掌握时滞"四个概念，如图5-1所示。

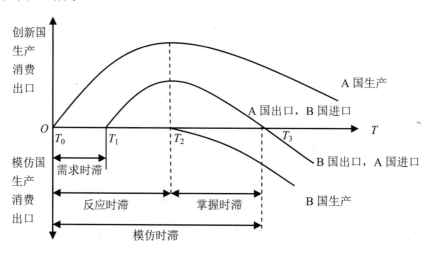

图5-1 技术差距理论分析图

1) 模仿时滞阶段

模仿时滞阶段(T_0—T_3)是指从创新国开始生产新技术产品，到模仿国完全掌握该技术，模仿国生产达到一定规模且能够满足国内需要，不需要再进口同类产品为止的时间差距。模仿时滞阶段可分为反应时滞阶段和掌握时滞阶段，其中反应时滞阶段的初期又称为需求时滞阶段。

2) 需求时滞阶段

需求时滞阶段(T_0—T_1)是指从技术创新国开始生产新产品到模仿国开始对该产品需求(模仿国开始进口或创新国开始出口这种新产品)的时间差距,其持续时间的长短取决于收入因素和模仿国对新产品的认识与了解。在这一阶段,创新国的新技术产品处在研究开发和小规模试生产阶段,在形成了一定规模的批量生产后,也只是首先供应其国内市场,没有对外出口。

3) 反应时滞阶段

反应时滞阶段(T_0—T_2)是指从创新国开始生产新产品到模仿国开始模仿创新国的技术来生产这种新产品的时间差距,其持续时间的长短取决于模仿国的规模经济、产品价格、居民收入水平、需求弹性、关税、运输成本和市场等多种因素。需求时滞阶段一般要短于反应时滞阶段。新技术的不断进步驱使创新国扩大该种新技术产品的生产规模,而随着时间的推移,需求时滞阶段结束,模仿国的消费者先于生产者对该项新技术产品做出反应,进而对创新国的该种新技术产品在 T_1—T_2 阶段的出口贸易产生影响。而 T_1—T_2 阶段,模仿国需求时滞阶段的时间长短以及模仿国消费者对该种新技术产品的需求强度决定了创新国该种新技术产品出口的增长幅度。也就是说,模仿国消费者对创新国的新技术产品的需求反应越快,需求强度越高,则创新国这种新技术产品的出口增长速度越快。

4) 掌握时滞阶段

掌握时滞阶段(T_2—T_3)是指从模仿国开始生产创新国的新技术产品到其完全能够自给并开始出口这种新技术产品为止的阶段,其持续时间的长短取决于创新国转移新技术的程度、时间,模仿国取得新技术的渠道和吸收新技术的能力等。在这一阶段,模仿国开始生产与创新国同类技术产品来满足本国国内市场的需求,创新国该类技术产品的出口数量从最高峰开始下降,直到技术被模仿国掌握,模仿国国内市场完全自给自足并开始出口时,模仿时滞阶段结束。而模仿国对新技术产品的模仿程度和生产出来的同类产品满足国内市场需求的能力决定着创新国出口数量减少的速度。也就是说,模仿国对创新国新技术产品的模仿程度越高,同创新国之间的技术差距越小,模仿国所生产出来的该类新技术产品满足其国内市场需求的能力越大,这样,模仿国对创新国产品进口需求强度的下降会导致创新国该类技术产品出口数量以更快的速度下降。

波斯纳最终得出结论:由于技术创新,在某一特定的工业制成品的生产上,技术领先国家在技术上处于领先优势,在其他国家未掌握这种技术前,在国际贸易中享有技术领先优势。贸易的不断扩大可能使技术领先国家的技术通过专利权转让、技术合作、对外投资等多种途径流传到其他国家,于是与其他国家技术差距缩小,贸易量下降。当技术引进国能生产并能完全满足国内市场需求时,技术差距消失,基于技术差距而产生的国际贸易就会终止。技术创新国由于技术优势所获取的垄断利润的消失会促使其不断地进行技术革新和发明,创造出新一轮的技术差距。由于技术差距而产生的贸易期间,模仿时滞超过需求时滞的时间越长,创新国向模仿国的累计出口量就越大,创新国将产品出口到需求时滞小于反应时滞的国家,可以获得贸易利益。

1963 年,哥登·道格拉斯(Gordon Douglas)成功地运用模仿时滞的概念解释了美国电影业的出口模式。1966 年,盖瑞·胡佛鲍尔(Gary Hufbauer)也利用了模仿时滞的概念解释了合成材料产业的贸易模式。这两项实证研究,证实了技术是解释国家贸易模式的最重要的因素,进一步支持了技术差距理论的观点。

3. 技术差距理论的简要评价

技术差距理论说明了技术差距是产生国际贸易的重要原因,并决定了国家贸易的流向,由于技术变动包含了时间因素,技术差距理论被看成是对赫克歇尔-俄林理论的动态扩展。不足的是,技术差距理论并没有对国际贸易流向的转变及其原因做进一步解释。

5.3.3 产品生命周期理论

1. 产品生命周期理论产生的背景

技术差距的理论命题提出以后,技术差异被认为是国际贸易一个重要的决定因素。20世纪60年代中期,以美国经济学家雷蒙德·弗农(Raymond Vernon)为代表的一批学者在技术差距理论的基础上,进一步研究了某项新技术和体现该项技术的新技术产品在国际传递和转移的规律,以及这种技术转移或产品转让对国际贸易结构和国际贸易商品流向的影响。1966年,雷蒙德·弗农在其《产品周期中的国际投资与国际贸易》一文中首次提出了产品生命周期理论,把技术变化作为国际贸易的又一决定因素,引入商品销售学中关于产品生命周期的概念,来研究生产国际化及国际贸易相关问题。随后,威尔斯(Wells)和赫希什(Hirsch)又对该理论不断地进行发展、完善,动态分析了产品生命周期各阶段的循环及其对国际贸易的影响。产品生命周期理论成为第二次世界大战后解释工业制成品贸易的著名理论。

2. 产品生命周期理论的主要内容

产品生命周期理论(Product Life Cycle,PLC)认为,产品从研发制造直至其退出市场的过程同生物一样是有生命周期的,周期的各个阶段决定了国家间的贸易模式和贸易利益的分配。弗农在研究中假设参与贸易的国家有三类:第一类是技术创新国,如美国等,它们是技术、知识与资本充裕型国家;第二类是工业发达国家,如西欧、日本,它们是资本充裕型国家;第三类是发展中国家,它们是劳动充裕型国家。

产品生命周期理论认为产品的生命周期可划分为四个阶段,即创新阶段(Innovation Stage)、成熟阶段(Maturity Stage)、趋于标准化阶段(Standardizing Stage)和完全标准化阶段(Full Standardization Stage),如图 5-2 所示。

1) 创新阶段

创新阶段(T_0—T_2)是产品研发、试制和试销阶段。这一阶段又可分成两个时期,导入期(T_0—T_1)和成长期(T_1—T_2)。研制新技术产品,除投入大量的研发费用外,还要拥有较高的科学技术、高技术人才以及较强的抗风险能力,因此,在导入期,产品生产主要集中在具有技术水平领先、物质资本丰富以及人力资本发达的技术创新国。由于生产技术尚不稳定,产量少,价格高,产品主要供应国内市场。经过一段时间后,创新国根据市场反应对技术产品不断加以完善,使产品生产技术趋于稳定,产品进入了成长期。在这个时期,市场逐步扩展,一些收入水平和消费结构同创新国较为类似的工业发达国家开始产生对该类新产品的需求,但生产技术尚未扩散到这些国家。根据技术差距理论,产品出口到需求时滞小于反应时滞的国家,可以获得贸易利益。创新国会抓住机遇,利用技术垄断形成的比较优势,在供应本国市场的同时,进入国际市场并暂时垄断。在创新阶段,产品属于技术密集型产品。

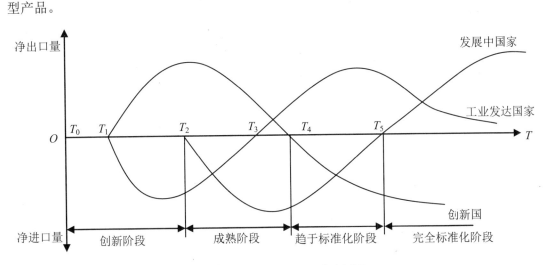

图 5-2 产品生命周期理论分析图

2) 成熟阶段

成熟阶段(T_2—T_4),生产技术已经成熟,不确定因素少,生产达到适度规模,生产过程中大量投入的人力资本逐渐退出,更多需要的是机器设备和一般性熟练劳动。这个阶段又可分为成熟期(T_2—T_3)和衰退期(T_3—T_4)。在成熟期,随着技术的传播扩散,工业发达国家掌握了生产技术,开始模仿生产新产品,并逐渐替代部分进口,于是工业发达国家该产品的进口开始下降。同时,一部分发展中国家也开始对新产品产生了需求,创新国的产品开始少量出口到发展中国家。在衰退期,产品生产技术日益成熟,产品由技术密集型转化为资本密集型产品,工业发达国家利用资本丰裕的比较优势大规模生产并出口该产品,创新国逐渐失去竞争优势,创新国的出口不断下降,直至为零。在成熟阶段,产品以资本密集型为主。

3) 趋于标准化阶段

在新产品趋于标准化阶段(T_4—T_5),产品生产过程中对一般性熟练劳动甚至半熟练劳动的需求相对较大,同创新国相比,工业发达国家更具比较优势。而这个阶段,工业发达国家利用规模经济大批量生产,降低产品成本,既能满足本国市场需求,还开始在发展中国家以低于创新国的价格出口,原创新国开始成为净进口国。随着发展中国家对新产品生产技术的不断吸收和消化,发展中国家开始自己生产,进口量逐渐减少。在这一阶段,产品生产要素的投入构成向劳动要素相对密集的方向转移。

4) 完全标准化阶段

产品进入完全标准化阶段(T_5点之后),各国技术差距拉平,技术和资本逐渐失去了重要性,而劳动成本成为决定产品是否有比较优势的主要因素,具备这一优势的国家主要是发展中国家。发展中国家迅速扩大这种新技术产品的生产规模,以价格优势占领国际市场。创新国和工业发达国家相继退出该产品的生产领域和出口市场。从创新国角度看,这种新技术产品生命周期结束。创新国把注意力又投向其他新产品的研究与开发，掀起新一轮的产品生命周期循环。这一阶段与"趋于标准化阶段"又被合称为"让与期"。

可见，由于技术的传递和扩散效用，新技术和新产品开始于技术领先国家，然后转移到其他发达国家，再到发展中国家。工业制成品的生产要素随着生命周期而不断发生动态变化，在产品生命周期的不同阶段，不同国家的比较利益发生动态转移，各国在国际贸易中的地位不断变化，同时，各国通过生产在生命周期中本国处于具有比较优势阶段的产品，可获得贸易利益。

3. 产品生命周期理论的简要评价

产品生命周期理论结合了商品销售学的产品生命周期与国际贸易理论，说明了比较优势是一个动态发展过程，它随着产品生命周期的变化从一种类型的国家转移到另一种类型的国家，因而永远具有相对优势的产品是不存在的。这一理论对引导人们正确制定对外贸易的产品战略、市场战略以及利用有利条件在生命周期不同阶段长久保持比较优势方面具有一定的现实意义，为世界性的经济调整和产业的国际转移现象提供了一种规律性的解释。

由于经济生活中存在各种不确定因素，各国面临的产业发展方向和环境不同，生命周期的循环并不是国际贸易普遍的、必然的现象。而且在现实经济生活中，新技术的创新也可能在最发达的国家之外发生。

5.3.4 产业内贸易理论

1. 产业内贸易理论产生的背景

20世纪60年代以来，随着科学技术的不断发展，国际贸易实践中许多贸易活动无法用传统的贸易理论来解释。例如，国际贸易大多发生在要素禀赋相似的工业化国家之间，而不是要素禀赋差距较大的发达国家与发展中国家之间；而发达国家间的贸易，又出现了既进口又出口同类产品的现象。为了解释这些现象，一些经济学家突破了传统国际贸易理论的一些不切实际的假定，结合贸易实践，从规模经济、产品差异性、国际投资等方面分析贸易形成机制，提出了新的贸易理论——产业内贸易理论。

产业内贸易理论的发展经历了三个阶段：第一阶段是经验分析阶段，主要包括1960年佛得恩(P. J. Verdoom)对"荷比卢经济同盟"集团内贸易格局的研究、贝拉·巴拉萨(B. Balassa)对欧共体成员制成品贸易情况的分析、小岛清(K. Kojima)对发达国家横向制成品贸易的关注。第二阶段是理论研究阶段，里程碑是格鲁贝尔(Grubel)和劳埃德(P. J. Loyd)于1975年编写的《产业内贸易：差别化产品国际贸易的理论与度量》，这是最早的关于产业内贸易理论的专著。在这本书中作者修正了H-O模型中的某些前提条件，把贸易中有关的费用引入模型，解释了部分产业内贸易现象。第三阶段是发展阶段，主要理论模型有：20世纪70年代末，阿维纳什·迪克西特(Avinash Dixlt)、约瑟夫·斯蒂格利茨(Joseph Stiglitz)、保罗·克鲁格曼(Paul Krugman)等创立的新张伯伦模型，把张伯伦的垄断竞争理论运用到产业内贸易领域；20世纪80年代初，布兰德(J. Brander)和克鲁格曼为解释标准化产品的产业内贸易现象建立了差别模型。

2. 产业内贸易理论的主要内容

1) 产业内贸易理论相关概念

(1) 产业内贸易。

产业内贸易(Intra-industry Trade)是相对产业间贸易(Inter-industry Trade)而言的，是指一个国家在出口某种产品的同时又进口同类型的产品，也常被称为双向贸易(Two-way Trade)或重叠贸易(Over-lap Trade)。联合国国际贸易标准分类中，将产品分为类、章、组、分组和基本项目五个层次，每个层次中用数字编码来表示，产业内贸易的产品，指的是至少前三个层次分类编码相同的产品。

(2) 同质产品和异质产品。

产业内贸易理论认为同一产业部门的产品可以分为同质产品和异质产品两种类型。

同质产品是指性质完全一致因而能够完全相互替代的产品。消费者对这类产品的消费偏好基本相同或极为相似，一般情况下，这类产品大多属于产业间贸易的对象，但受特定市场条件的影响，也存在一定程度的产业内贸易现象。

异质产品又称差异产品，是指所生产的产品具有区别于其他同类产品的主观上或客观上的特点，体现在实物形态方面的差异包括产品品质、性能、造型、设计、规格、商标及包装等。这类产品由于类似而有一定的替代性，但又因各有自己的特点而相互间不能完全替代。大多数产业内贸易的产品都属于这一类。

(3) 产业内贸易程度。

产业内贸易程度可以用产业内贸易指数(Intra-industry Trade Index)来衡量。目前最广泛使用的产业内贸易的测算方法是 1975 年由格鲁贝尔和劳埃德提出的格鲁贝尔-劳埃德指数(GL 指数)。用公式可以表示为

$$T = 1 - \frac{|X - M|}{X + M}$$

式中 X 和 M 分别代表一个产业或一类产品的出口额和进口额。T 的取值范围介于 0 和 1 之间。$T=0$ 时，不存在产业内贸易；$T=1$ 时，产业内贸易达到最大。T 值越接近 1，说明产业内贸易程度越高；T 值越接近 0，说明产业内贸易程度越低。经济发达程度以及经济的外向程度等影响着产业内贸易指数。此外，产业内贸易指数的大小在很大程度上受产业部门划分的影响：产业部门划分越细，产业内贸易指数一般会越小；产业部门划分越粗，产业或产品种类的定义范围越宽泛，产业内贸易指数就越大。

2) 产业内贸易理论的假设前提

理论分析基本是从静态出发的；分析不完全竞争市场，即垄断竞争；经济中具有规模效应；考虑需求相同与不相同的情况。从这些假设前提可以看出，产业内贸易理论的出发点与其他贸易理论是相当不同的。

3) 产业内贸易理论的解释

(1) 同质产品产业内贸易。

同质产品的贸易形式通常情况下都属于产业间贸易，只在少数情况下会发生产业内贸易。比如，某些产品的单价低而运输成本高，为降低运输成本，就近选择距消费地更近的邻国产地的产品，同质产品的产业内贸易就可能出现；某些季节性强的产品在本国供给旺盛时出口，供给不足时进口；转口贸易使同类产品同时反映在转口国的进口项目和出口项

目中，形成了统计上的产业内贸易；不同国家生产同样产品的企业，为了占领更多的市场，有可能在竞争对手的市场上倾销自己的产品，从而形成产业内贸易；一国同时实行出口退税、进口优惠时的对外贸易政策时，国内企业为了与进口产品竞争，不得不以出口得到退税后再进口以享受进口优惠，这样就产生了产业内贸易；跨国公司的内部贸易也会形成产业内贸易。

(2) 异质产品产业内贸易。

消费者的偏好是多种多样的，并且受到收入水平的制约，消费者既有对同类产品中不同质量、等级的不同偏好，也有对同一质量等级的同类产品在其尺寸、款式、品种等方面的不同偏好，因此产品的差异性和多样性能够更好地满足消费者的不同需求，这样就引起了不同国家消费者对对方产品的需求。因此，产品的差异性是产业内贸易存在与发展的客观条件，而消费者偏好的差异性越大，产业内贸易的可能性也越大。

根据林德的需求偏好相似理论，发达国家之间，人均收入水平相近，需求存在重叠，而发达国家与发展中国家的产品层次与消费层次结构也存在部分重叠的现象，这种需求重叠与同类产品的差异性，使需求重叠的国家间能够相互接受对方提供的不同档次的同类产品，为产业内贸易的产生提供了前提与基础。

(3) 规模经济与产业内贸易。

为了追求规模经济效益，企业希望在生产上更加专业化，这样有助于企业采用更好的生产设备，提高生产效率，降低成本，扩大生产规模和市场规模，从而实现内部规模经济效应。企业对生产专业化的要求会出现生产单一性的情况。而相互间不能完全替代的差异产品与消费者偏好差异的存在，使生产的单一性要求和消费的多样化要求发生矛盾。最佳解决途径就是国际分工和国际贸易。通过国际分工，一国只生产有限系列的同类产品，获得经营上的规模效益；通过国际贸易，各国均可以在不同国家的市场上销售本国有限系列的同类产品，以满足国际市场的多样化需求。因此，规模经济与产品差异的相互作用导致了产业内贸易的发生。

3. 产业内贸易理论的简要评价

产业内贸易理论更符合实际。首先，产业内贸易理论从供给和需求两个方面分析了产业内贸易现象出现的原因。其次，"不完全竞争市场"的理论假设前提更符合现实。再次，将规模经济的利益作为产业内贸易利益来源的分析较符合实际。最后，对发展中国家从规模经济入手提高国际贸易竞争力以及政府在产业政策、贸易政策等方面给予必要干预的启示具有现实意义。

产业内贸易理论的不足之处是它使用的仍然是静态分析的方法，没有考虑需求偏好以及产品差别是随着经济发展、收入增长、价格变动而不断变化的。此外，产业内贸易理论也无法解释不存在规模收益递增规律的产业的国际贸易问题。

5.3.5 要素增长理论

1. 要素增长理论产生的背景

自要素禀赋理论问世以来，众多经济学家在赫克歇尔和俄林的基础上进行了大量的理论研究，先后提出了诸多与各国生产要素的自然禀赋及其相对差异相关的贸易理论观点。经济学家们认为各国生产要素的规模和结构不会长期不变。人口自然增长、经济发展、社会进步以及土地的开拓与侵蚀等，会导致劳动力、资本、科学技术、土地等生产要素的供给发生变化，进而对国际贸易结构和规模产生重要的影响。关于生产要素增长的相关理论研究中，较为著名的理论包括"罗伯津斯基定理"(Rybczynski Theorem)以及"贸易贫困化增长理论"。

1955 年 11 月，英国经济学家罗伯津斯基(Witold Rybczynski)在 Economica 杂志上发表了《要素禀赋与商品相对价格》的重要论文。他针对要素禀赋理论关于一国要素供给不变的假定前提，分析研究了某种原因导致一国生产要素的供给发生改变对国际贸易条件以及国际贸易均衡带来的影响。1958 年，印度经济学家巴格瓦蒂(Jagdish Bhagwai)以发展中国家传统的出口增长模式为分析依据首先提出贸易贫困化增长理论。

2. 要素增长理论的主要内容

1) 生产要素的增长与国际贸易

(1) 生产要素的等比例增长与国际贸易。

生产要素的等比例增长是指在不改变一国生产要素相对丰裕程度或比例的基础上，生产要素量的增长。各国各种生产要素是等比例增长的，非差异性增长，也就是说各国比较优势并没有发生变化，因此这种增长也被称为中性的生产要素增长。不考虑外部市场吸收能力，需求数量增加而需求结构没有发生变化，这种情况下，生产要素的等比例增长不会使贸易条件和贸易结构发生改变，反而会导致生产规模的扩大，使可贸易商品数量增加，从而扩大了国际贸易规模。现实经济生活中，生产要素等比例增长的情况很少发生，通常都是偏向进口或偏向出口的生产要素增长。

(2) 偏向进口的生产要素增长与国际贸易。

偏向进口的生产要素增长是指进口竞争产品的生产部门密集使用的生产要素绝对量增加了，且其增长的速度快于出口产品生产部门密集使用的生产要素的增长速度。偏向进口的生产要素增长，会出现两种可能性：第一种可能是，偏向进口的生产要素增长会使生产进口竞争产品密集使用的生产要素价格下降，促使厂商扩大进口竞争产品的生产。假设进口产品国际市场价格与国内需求量不变，那么本国生产量的增加会部分替代产品的进口，降低对进口的依赖程度，国际贸易规模进而缩小。第二种可能是，一国进口竞争产品密集使用的生产要素的增长多到使该国进口竞争产品生产的增加不仅替代了进口，而且还增加了产品的出口。例如，一国属于资本密集型产品进口国，当资本要素由相对稀缺变为比较丰裕时，该国又变成了资本密集型产品出口国。

(3) 偏向出口的生产要素增长与国际贸易。

偏向出口的生产要素增长，是指出口产品生产部门密集使用的生产要素绝对量增加，且其增长的速度快于进口竞争产品生产部门密集使用的生产要素的增长速度。在其他生产要素的供应量不变，或增长速度慢于偏向出口产品密集使用的生产要素增长的情况下，出口产品密集使用的生产要素的价格会下降，进而降低该出口产品的生产成本。假设国际比价不变，生产成本的降低将使厂商扩大出口产品的生产，出口产品的产量就会增加，从而扩大了出口产品的贸易规模。

相比之下，偏向出口的生产要素的增长使该国对外贸易规模扩大，偏向进口的生产要素的增长使该国对外贸易规模缩小，两者对国际贸易规模的影响是相反的。

2) 罗伯津斯基定理

罗伯津斯基在考察两种生产要素偏向增长的过程中发现，当生产两种产品时，如果生产要素和商品相对价格保持不变，在商品生产中两种要素的投入比例既定且均实现充分就业的前提下，一种生产要素增长而另一种生产要素保持不变，那么密集使用增长要素生产的产品数量增加，而密集使用另一种生产要素生产的产品数量减少。这一发现被称为罗伯津斯基定理。

罗伯津斯基定理认为，一种生产要素的增长之所以会同时对两种产品的生产产生相反的影响，是因为生产时，在生产要素投入比例不变，生产要素被充分使用的前提下，一种生产要素增长，就会要求其他部门释放出与该种生产要素相结合投入生产的另一种生产要素，释放另一种生产要素的部门拥有的要素数量减少，必然导致密集使用另一种生产要素生产的产品产量的减少。而这种影响还会进一步影响到一国的贸易条件。如果一国原本相对稀缺的要素供给增加，该国的国际贸易条件相对改善，如果一国相对丰裕的要素供给增加，该国的国际贸易条件相对恶化。依据罗伯津斯基定理，资本要素相对增加的国家，其劳动密集型工业规模趋于萎缩属于正常现象。这种情况下，希望通过贸易保护政策阻止劳动密集型工业规模的缩小是不明智的。

3) 贸易贫困化增长

贸易贫困化增长又称贸易"悲惨增长"，是指随着本国偏向出口的经济增长，贸易条件恶化，出口收入没增加反而减少了，进而使本国居民实际收入水平和消费水平绝对下降的状况。

巴格瓦蒂所提出的贫困化增长理论是以发展中国家传统的出口增长模式(出口资源型的初级产品或农产品，进口的是发达国家的制成品)为依据，以大国(所谓大国是指该国某种产品的产量在世界市场上占有一定比重或一定的市场份额)为考察对象的，因此当出现贫困化增长时，通常可从以下必要条件中寻找原因。

(1) 在世界市场上，该国是一个出口导向型的贸易大国且经济增长是偏向出口型的。当世界市场需求的增长小于出口的增加时，该产品世界市场价格下降，为了稳定收入，该国就会在扩大出口和产品价格下降中恶性循环，从而出现贫困化增长。

(2) 该国是进口边际倾向较高的大国。当进口需求的增加快于经济增长时，增加进口不仅会使进口产品世界市场价格上涨而降低进口的效益水平，还会使外汇需求增加而扩大出口，当出口的增长快于世界需求时，又会导致出口价格的下降而降低出口的收入水平。

(3) 该国出口产品在世界市场上价格需求弹性非常低。当出口产品价格下降幅度快于世界市场需求的增长，即出口产品价格需求弹性较低时，出口越多，出口收入会随着出口产品价格的不断下降而越来越少，贫困化增长不可避免。

上述三个条件是贫困化增长的非充分必要条件，即使这些条件存在，贫困化增长也不一定会出现。

3. 要素增长理论的简要评价

要素增长理论在要素禀赋理论的基础上进行扩展，丰富和发展了国际贸易理论，产生了较大学术影响。生产要素增长影响着国际贸易的规模,在要素增长理论中,罗伯津斯基定理不仅可以对进口替代中进口竞争工业生产扩大而出口工业下降的现象进行解释,而且还可以说明出口扩张型增长对出口工业生产和进口工业生产的影响。而罗伯津斯基定理以商品价格保持不变为前提条件,这一条件在大国经济中是不存在的,所以这一定理只适用于"小国"情形。贫困化增长理论是以"大国"为考察对象的,它说明了只要经济增长是在扭曲的经济环境下实现的,贫困化增长的危险性就始终存在,具有一定的理论意义。

要素增长理论还具有实践指导价值。罗伯津斯基定理揭示了要素禀赋的比较优势并不是一成不变的。一个国家应根据要素增长的状况,适时地调整其产业和产品结构。而贫困化增长理论揭示了贸易大国贫困化增长的直接诱因,贸易大国不能过分依赖初级产品出口,应不失时机地将比较优势转化成竞争优势。

5.3.6　国家竞争优势理论

1. 国家竞争优势理论产生的背景

第二次世界大战后的 20 年里,美国经济实力强盛,遥遥领先于世界其他国家。但此后,由于其他西方国家及新兴工业化国家经济的迅速增长,美国各项经济指标在世界经济中的比重不断下降。20 世纪 70 年代,美国汽车、钢铁等传统部门被日欧赶超,其他新兴行业也面临激烈竞争。到了 20 世纪 80 年代,世界经济贸易领域的竞争进一步加剧,美国对外贸易逆差和国际收支赤字有不断大增之势。在这种情况下,提高美国竞争优势成为美国举国关注的问题,波特的理论正是适应这一客观要求而产生的。

20 世纪八九十年代,美国哈佛大学商学院教授迈克尔·波特(Michael E. Porter)相继出版了《竞争战略》(1980 年)、《竞争优势》(1985 年)、《国家竞争优势》(1990 年)三部著作,较为系统地论述了"竞争"(企业竞争、产业竞争、国家竞争)问题,系统地提出了竞争优势理论。

2. 国家竞争优势理论的主要内容

1) 国家竞争优势与决定因素

国家竞争优势是指一个国家使其国内的公司或产业在同一产业领域创造和保持竞争优势的能力。国家竞争优势理论认为,一国的国内经济环境对其取得国家竞争优势有很大影响,其中影响最大、最直接的因素是生产要素、国内需求条件、相关与支持产业以及企业的战略、结构和竞争这四项基本因素。此外还有两个可能对国家竞争优势产生重要影响的辅助因素:机会和政府。各个因素可单独发生作用,也可同时对其他因素产生影响。各个因素合成一个体系(模型),共同决定着国家的竞争优势。这个体系(模型)又可称为"波特机制"或"钻石模型""钻石体系"。

(1) 生产要素。

波特将生产要素划分为初级生产要素和高级生产要素。初级生产要素是指天然资源、气候、地理位置、简单劳动力、资金等;高级生产要素则是指现代通信、信息、交通等基础设施,以及受过高等教育的人力、研究机构等。由于科学技术的发展,对初级生产要素的需求越来越少,靠初级生产要素获得的竞争优势难以持久。而高级生产要素才是竞争优势的持久来源。波特同时指出,一国在初级生产要素上的劣势反而形成刺激创新的压力,促进企业竞争优势的持久升级,进而使国家在高级生产要素上更具竞争力。

从另一个角度看,生产要素又被分为一般生产要素和专业生产要素。一般生产要素是指一些使用范围广泛的要素,如公路系统、受过大学教育的雇员等;专业生产要素是指专门领域的专业人才,特殊的基础设施,特定领域的专门知识,如掌握光学技术的研究所、专门处理化学药品的港口等。一般生产要素提供的仅是基本类型的竞争优势,容易被取代或失去作用;而专业生产要素不但需要更专业的、更具风险性的投资才能得到,而且在更复杂或更具有专业性的生产中不可或缺。因此,专业生产要素比一般生产要素更能为国家提供持久的竞争优势,尤其是在高新技术产业的竞争领域。

(2) 国内需求条件。

波特认为,与国际市场相比,国内市场可以及时发现国内市场的客户需求,国内市场需求是产业发展的动力,其重要性并没有因全球性的竞争而减弱。它主要体现在以下几个方面:一是国内市场客户对产品高质量要求或高挑剔的标准可促使国内企业改进产品质量、性能、服务或开发新产品,激发该国企业的竞争优势;二是国内客户如存在领先于其他国家的需求,能促使国内企业积极从事产品创新,以更加先进的产品来满足国内市场前卫的需求,同时也更容易在国外找到市场;三是国内需求的增长速度影响着国家竞争优势。国内需求增长迅速可鼓励公司更新技术,扩大生产规模,获得规模效益;国内需求增长缓慢,国内市场较快达到饱和,则会迫使企业提前打入并占领国际市场。

(3) 相关产业与支持产业。

相关产业是指共用某些技术、共享同样的营销渠道和服务而联系在一起的产业或具有互补性的产业。支持产业是指某一产业的上游产业。波特认为,一个优势产业不是单独存在的,通常会带动相关产业的竞争力。具有国际竞争优势的支持产业,能够以最有效的方式为下游产业提供低成本的投入,降低下游产业的生产成本,或通过不断地与下游产业合作,促进下游产业的创新。

波特认为,一个国家如果有许多相互联系的、有竞争力的企业,该国便容易产生有竞争力的产业,有竞争力的几种相关产业往往同时在一国崛起。如德国印刷机雄霸全球,离不开德国造纸业、油墨业、制版业、机械制造业的强势。各国要使本国某一产业具有国际竞争优势,必须注意相关产业和支持产业的发展,通过产业分布的集中、信息和技术的交流、取得地方经济和集团经济效果,建立起良性互动的产业集群。

(4) 企业战略、结构和竞争。

各国企业战略、结构不相同,其竞争优势来自对它们的选择和搭配。国内企业间产品、市场的细分可以阻碍国外竞争者的渗透。此外,国内市场的竞争程度,对该国产业取得国际竞争优势有重大影响。高度竞争的国内市场会迫使企业进行改进和创新,促进产业升级,从而有利于该国国际竞争优势地位的确立。

(5) 机会。

机会可以影响四大因素发生变化,同时机会的利用状况根本取决于四大因素。重要的新发明、重大技术变化、投资成本的巨变、外汇利率的重要变化以及突然出现的世界或地区性需求、战争等都可以是机会,机会其实是双向的,它往往在新的竞争优势者获得优势的同时,使原有的竞争者优势丧失,只有能满足新需求的厂商才能有发展"机会"。

(6) 政府。

波特指出，从事产业竞争的是企业，而非政府，政府能做的只是提供给企业所需要的资源，创造产业发展的环境。政府只有扮演好自己的角色，才能成为扩大钻石体系的力量，如政府可以通过对资本市场的干预、教育政策的制定来影响要素条件；通过产业组织政策、市场规划的制定来为产业、企业的发展创造良好的环境，纠正市场的扭曲；通过产品标准、税收政策等影响买方需求等。政府直接投入的应该是企业无法行动的领域，也是外部成本，政府在产业发展中最重要的角色莫过于保证国内市场处于活泼的竞争状态，制定竞争规范。波特认为，保护会延缓产业竞争优势的形成，使企业停留在缺乏竞争的状态。

2) 国家竞争优势的发展阶段

波特将一国优势产业参与国际竞争的过程分为要素驱动、投资驱动、创新驱动、财富驱动四个依次递进的阶段。在要素驱动阶段，产业技术水平层次较低，基本要素的优势是竞争优势的主要源泉。产业竞争主要依赖于国内自然资源和劳动力资源的拥有状况。具有竞争优势的产业一般是资源密集型产业；在投资驱动阶段，相关和支持产业还不够发达，产业竞争优势主要来源于资本要素。产业竞争依赖于国家和企业的技术创新愿望和技术创新能力，具有竞争优势的产业一般是资本密集型产业；在创新驱动阶段，竞争优势主要来源于企业的创新。产业竞争依赖于国家和企业的技术创新愿望和技术创新能力，具有竞争优势的产业一般是技术密集型产业；在财富驱动阶段，产业竞争能力逐渐衰弱，产业竞争依赖于已获得的财富。这一阶段产业的创新、竞争意识和竞争能力都会出现明显下降的现象，经济缺乏强有力的推动，企业更注重保持地位而不是进一步增强竞争力。

3. 国家竞争优势理论的简要评价

波特的国家竞争优势理论没有局限于某一因素进行研究，而是综合了形成一国竞争优势的各种决定因素并建立了"钻石模型"，为国际贸易理论界提供了新的分析工具。国家竞争优势理论还重视国内需求对企业竞争优胜的影响，弥补了传统国际贸易理论忽略需求的不足。此外，国家竞争优势理论强调一国国家竞争优势是获得持久比较利益的来源，各国竞争优势的形成与转化是动态变化的过程，这对国际贸易的解释更具统一性和说服力。总之，国家竞争优势理论不仅从理论的角度归纳总结了当今世界经济和贸易格局，而且对国家未来贸易地位的变化提供了具有一定前瞻性的预测。

5.4 杨小凯贸易理论

5.4.1 杨小凯贸易理论产生的背景

20世纪80年代以来，以杨小凯为代表的一批经济学家，复活了古典经济学中关于分工和专业化的丰富而深刻的思想，创立了一个以超边际分析为工具，以专业化经济、分工和经济组织等为主要研究对象的新的经济学框架，即新兴古典经济学。

杨小凯(1948—2004)原名杨曦光，被誉为"离诺贝尔奖最近的华人"，他的论文和著作被一些世界顶尖的经济学家、出版物的匿名审稿人给予高度评价。他独创了超边际分析方法，运用这一方法对传统的经济理论进行了系统分析，并在基本经济理论、国际贸易理论、企业理论、城市经济学、工业化和分层理论、经济增长理论、交易费用和产权经济学、货币理论、资本理论、失业理论和景气循环理论等诸多方面阐述了自己独特的观点，在数种中英文著作和论文中形成研究成果，使新兴古典经济学体系得以构建。

新兴古典经济学派认为，劳动分工的内生演进引起了各种经济现象，而贸易是劳动分工的一个侧面，也可以从分工角度进行解释。杨小凯在新兴古典经济学这一新的框架下，对传统的国际贸易理论进行了重新思考，并对国际贸易理论的基本问题给出了全新的诠释，创立了新兴古典贸易理论，由于杨小凯对国际贸易理论发展所作出的巨大贡献，我们在这里称之为杨小凯贸易理论。

5.4.2 杨小凯贸易理论的主要内容

1. 对贸易理论发展的重新思考

杨小凯对贸易理论发展历史进行了重新定位和思考，主要包括两个方面：一是重新定位"一般"和"特例"；二是重新梳理贸易理论发展路线。

1) 重新定位"一般"和"特例"

杨小凯不同意斯密的绝对优势理论涉及的贸易模型是李嘉图的比较优势贸易模型的特例这种主流观点，他指出，根据斯密的观点，分工产生个人生产率的事后差异，即使两国没有事前天然的差别，只要存在专业化报酬递增，通过分工和专业化仍然可以创造出优势，创造出贸易的基础，所以斯密的绝对优势是一种后天创造的内生比较优势。而根据李嘉图的观点，个人生产率的事前差异产生分工，两国之间天然地存在着差别才能产生贸易，所以大卫·李嘉图的比较优势是一种基于技术差距的天然存在的外生比较优势。也就是说，在李嘉图认为没有贸易可能的情况下，斯密认为可以有。这样看来，斯密理论比李嘉图理论的适用范围更广。此外，他还认为，个人之间由于后天的分工演进而产生的生产率的差异比起个人之间天生存在着生产率的差异更重要。因此，从贸易产生原因的角度看，斯密的绝对优势是较李嘉图的比较优势更具有普遍意义的理论。综上所述，李嘉图的比较优势学说并不具有一般性，而斯密的绝对优势理论更具有普遍性。

2) 重新梳理贸易理论发展路线

根据杨小凯(1994)对比较优势的划分，李嘉图的技术比较优势和赫克歇尔-俄林模型中的自然禀赋比较优势为外生比较优势，而斯密的绝对优势是内生比较优势。李嘉图的比较优势理论产生并占据贸易理论的核心地位之后，斯密的内生优势理论被忽视。直至林德贸易模式和产业内贸易现象引起了人们的关注，理论界对贸易理论开始了新的思考。20世纪70年代，一大批经济学家在产业内贸易理论的基础上，引入规模报酬递增、差异产品和不完全竞争等来分析国际贸易的基本问题，贸易扩大了市场规模，规模经济成为贸易利益的来源。这种贸易动因和利益来源内生化的思想继承和回归了斯密内生优势理论，可以列在内生优势的发展路线之内。杨小凯认为外生比较优势与资源配置有关，而内生比较优势与经济组织问题联系紧密，李嘉图的比较优势理论与斯密的绝对优势理论本质上代表着经济学的不同发展思路。在贸易理论研究中，忽略斯密内生优势思想，置李嘉图比较优势于贸易理论核心是经济研究的重心从经济组织问题转向资源配置问题的一个重要表现。

2. 基本内容

杨小凯将斯密的分工和内生优势的思想放在核心位置,将经济研究的重心重新从资源配置问题转向经济组织问题,对贸易问题给出新的解释。

1) 基本假设

(1) 消费者-生产者合一,个体间天生无差异。每个个体都是消费生产者,个人天生条件相同,即不存在外生优势。

(2) 个体偏好多样化消费。人们喜好多样化消费,消费品的种类越多,个体获得的效用越大。

(3) 存在专业化经济和交易费用。分工和专业化生产能够带来高效率,因为分工可以节省重复学习的费用,所以专业化水平越高,平均劳动生产率越高。但是分工增加了交易次数,在提高生产效率的同时增加交易费用。

2) 主要内容

杨小凯等新兴古典经济学派认为,各种经济现象都可以从分工的角度给出统一的解释,贸易理论是分工理论的一个侧面。他们把个体之间分工和贸易的分析、分工经济和交易费用的两难冲突及其解决的个体专业化决策思路用于分析国际分工和国际贸易,重新考察了国际贸易理论。

杨小凯贸易理论的基本思路:每个人既是消费者,同时又是生产者,当交易效率很低时,分工产生的交易费用大于分工带来的专业化生产的好处,人们自给自足,不需要市场和贸易,专业化水平低,没有经济一体化,缺乏商业化。随着交易效率的提高,人们有更大的余地来折中分工经济和交易费用两难冲突,个人选择部分分工模式,部分商品卷入贸易,贸易从无到有,每个人的贸易依存度增加。社会中出现了地方性市场,市场一体化程度和商业化程度上升。随着交易效率的进一步提高,每个人专业化生产一种产品,其他消费品由市场交换获得,所有产品都卷入贸易。交易效率达到很高时,国内市场规模限制了分工的发展,国际贸易成为必然。当交易效率再进一步提高时,国际贸易依赖程度会继续提高,直至统一的世界市场形成。这种劳动分工的内生演进过程完整描述了一国从自给自足逐步参与国际分工的过程。此外,杨小凯认为上述过程还可以用来解释很多经济现象的共生性,当交易效率改进或当分工自发演进时,个体的专业化水平、整个社会的分工水平与商品化程度、贸易依存度、生产集中程度、贸易产品种类数、不相同的专业部门数、市场个数都增加,交易次数和总交易费用也增加,但由于专业化带来的好处超过了总交易费用,因此个体决策的结果是选择完全专业化模式,社会通过分工实现了专业化生产和多样化消费,经济达到最高程度的一体化。

3) 对国际贸易理论相关问题的解释

该理论对贸易产生的原因、贸易的结果、贸易为何与如何从国内贸易走向国际贸易以及贸易政策选择问题进行了解释。

(1) 贸易产生的原因是贸易理论要解答的首要和基本的问题。杨小凯指出,贸易是专业化经济和节约交易费用之间两难冲突折中的结果,根据杨小凯贸易理论的基本思路,各人生而相同,社会始于自给自足状态,由于交易效率的提高,个人决策选择专业化生产并交换,社会出现分工,贸易和市场也随分工同时产生。

(2) 贸易是专业化生产和多样化消费这对矛盾的解决方式，贸易的结果本质上是分工的结果。杨小凯认为，分工和贸易促进市场容量的扩大、劳动生产率的提高、产品种类的增加，促进个体的贸易依存度、产品生产的集中程度、社会的商业化程度、经济结构的多样化程度和市场的一体化程度的提高。

(3) 该理论能够揭示国内贸易为何和如何发展到国际贸易。交易效率的高低决定了市场容量的高低，由于专业化经济程度以及交易效率的提高，交易范围不断扩大，市场一体化程度加强，为折中分工好处与交易费用之间的两难冲突提供了更大空间，只要国家间分工的好处超过国际贸易的交易费用，各国就会选择专业化生产和同他国交换以突破国内市场规模的限制，从而导致贸易从国内延伸到国外。

(4) 贸易政策选择。在部分劳动分工的情形下，相对于交易效率高的国家来说，交易效率低的国家，分工水平相对落后，国际市场份额较小，是国际市场价格的接受者，这样，分工水平高的国家国际贸易条件会更优，贸易和分工的好处完全被其独占，落后国从贸易中获利甚微。因此，落后国会试图选择关税政策来改变贸易产品的相对价格进而获得较多的贸易好处，此时，发达国家更倾向于采取单边自由贸易政策，因为如果发达国家征收关税反而会因进口产品价格的上升而降低本国福利。随着交易效率的进一步提高，分工会逐渐达到高水平状态，这时贸易产品的相对价格是由贸易国双方的生产条件和消费偏好共同决定而非任一国的国内生产条件。此时，为争取更多的贸易好处，所有贸易参与国都可能采取关税政策，这反而可能引发关税战，进而消尽分工的好处。这种情况下，贸易国都有意愿参加关税谈判，最终达成双边自由贸易。综上所述，杨小凯的贸易理论解释了单个国家从单方保护转向双边关税谈判到最终参与双边或多边自由贸易的贸易政策选择问题，揭示并解释了经济发展过渡期，发达国家追求单方自由贸易，而发展中国家追求单方贸易保护这种贸易政策的二元结构问题，以及经济发展成熟期通过多边关税谈判形成多边自由贸易的局面。

4) 贸易政策主张

在政策主张上，杨小凯贸易理论更支持自由贸易政策，该理论认为，在经济发展的不同阶段，一国的贸易模式应该通过分工的自发演进来确定，政府不应刻意去追求外生或内生的比较优势。产业政策或关税保护政策也许能够解决利益分配不公，但是更好的办法是提高交易效率，深化分工水平，增加可分配的利益。一国政府应该致力于通过谈判实现多边自由贸易，削减关税和非关税壁垒，降低交易费用，以促进劳动分工的扩张和深化，带来更大的生产率收益。

5.4.3 杨小凯贸易理论的简要评价

杨小凯贸易理论使被古典经济学忽视了的专业化和分工的思想重新置于理论核心，使经济学的研究对象从资源配置问题转向经济组织问题，整合了绝对优势理论和比较优势理论，把一系列经济变量的产生与演进内生化，将国内贸易与国际贸易纳入统一的理论模型中，试图构建统一的国际贸易理论框架，对国际贸易理论的发展具有重要意义。

为了追求数学上的严谨性和理论的完美性，杨小凯贸易理论中的一些假定条件非常严格，有些是不合理的，这样就会得出不符合现实的结论，这在一定程度上使理论模型在实

第5章 现代国际贸易理论

际应用中受限。另外,分工专业化演进的许多数据难以从现存的统计资料中采集,杨小凯贸易理论就得不到验证,更无法借之对未来作出准确预测。同时由于分工是一个极其缓慢的过程,所以,该理论与长期以来人们对贸易发展的经验观察比较吻合,在解释长期的贸易现象上比较有优势,但在解释现实问题上却缺乏足够的解释力。因此,杨小凯贸易理论作为一种新的理论,被认为是理论意义大于实践意义,该理论还存在进一步发展的空间。

【知识链接】

投入-产出法

投入-产出法是一种研究经济问题的方法,里昂惕夫在20世纪30年代初期开始进行投入-产出法的研究工作。1936年他发表了《美国经济体系中投入产出的数量关系》一文,文中阐述了有关第一张美国1919年投入产出表的编制工作,投入产出理论和相应的模型,以及资料来源和计算方法。1941年,里昂惕夫出版了投入产出分析的第一本专著《美国经济的结构,1919—1929》。第二次世界大战期间,由于战争的需要,各国政府加强了对经济的干预和控制,需要一个相当科学和精确的计算工具。投入-产出法逐渐引起美国政府和经济学界的重视。美国劳工部为了研究美国战后的生产和就业问题,聘任里昂惕夫指导编制1939年的美国投入产出表,历时5年,于1944年完成后,美国劳工部立即用该表来预测美国1945年12月的就业情况,并对1950年美国充分就业情况下各经济部门的产出作了预计。后来美国的经济发展情况证实了预测的准确性。于是在1949年,美国空军和美国劳工部协作,组织了一个有70多人参加的编制组,花费了150万美元经费,到1952年秋,编制出了1947年的包含200个部门的美国投入产出表。此后,美国政府定期编制全国投入产出表,作为国民经济核算和决定经济政策的依据。

投入产出法的特点和优点是能够用来研究实际经济问题。它是从数量上系统地研究一个复杂经济实体的各不同部门之间相互关系的方法。这个经济实体可以大到一个国家甚至整个世界,小到一个省、市或企业部门的经济。

进行经济预测是投入产出法最广泛的应用。研究某项经济政策的实施将对社会经济产生什么影响,也是投入产出分析的重要应用。投入产出分析还可用于一些专门的社会问题研究,如环境污染问题、人口问题、世界经济结构问题等。

(资料来源:https://wiki.mbalib.com/wiki/投入产出法,有删改)

本 章 小 结

要素禀赋理论是现代国际贸易的理论基础,由赫克歇尔和俄林提出,后经萨缪尔森等人不断发展完善。该理论认为,要素禀赋的相对差异决定着国际分工的形态和国际贸易的流向。要素价格均等化定理则进一步指出,国际贸易会通过产品价格的均等化导致要素价格的均等化,从而影响一国的收入分配格局。里昂惕夫之谜是对要素禀赋理论的验证和挑战,其验证结果引起了诸多对"谜"的解释和有关理论的发展。

"二战"后,国际贸易出现了许多新现象,这些现象的出现向传统国际贸易理论提出了挑战,传统的国际贸易理论无法作出令人信服的解释,经济学家们围绕上述现象和问题进行了深入的研究,提出了各种新的学说,从而形成了当代国际贸易理论。当代国际贸易理论包括需求偏好相似理论、技术差距理论、产品生命周期理论、产业内贸易理论、要素增长理论和国家竞争优势理论。

杨小凯贸易理论的产生,使被古典经济学忽视了的专业化和分工的思想重新置于理论核心,使经济学的研究对象从资源配置问题转向经济组织问题,整合了绝对优势理论和比较优势理论,把一系列经济变量的产生与演进内生化,将国内贸易与国际贸易纳入统一的理论模型中,试图构建统一的国际贸易理论框架,对国际贸易理论的发展具有重要意义。

思 考 题

1. 什么是要素丰裕度和要素密集度?
2. 简述要素禀赋理论的假设前提和基本内容。
3. 什么是里昂惕夫之谜?对里昂惕夫之谜的解释主要有哪些?
4. 简述需求偏好相似理论的基本思想。
5. 试论产品生命周期理论的主要内容。
6. 什么是产业内贸易?如何测度产业内贸易?简述产业内贸易理论。
7. 阐述生产要素增长与国际贸易的关系以及罗伯津斯基定理的基本内容。
8. 简述杨小凯贸易理论的前提假设及其政策主张。

第6章 国际贸易保护理论

【学习目标】

通过本章的学习，了解国际贸易保护理论的发展历程；理解不同时期国际贸易保护理论产生的原因；掌握各国国际贸易保护理论的基本思想内容和政策主张。

【重点与难点】

幼稚产业保护理论的主要内容并能对其进行评价、超保护贸易理论的特点及凯恩斯对外贸易乘数理论的基本观点、"普雷维什"命题及中心-外围理论的政策主张、利润转移理论和外部经济理论的主要内容。

【导入案例】

日本半导体产业的兴衰

2018年6月1日，日本东芝宣布已完成出售旗下半导体公司(TMC)的交易，售予由贝恩资本牵头日美韩财团组建的收购公司Pangea。尽管东芝拥有Pangea 40.2%的股份，但大股东已易主贝恩资本，这被日媒视作日本半导体产业衰败的另一标志性事件。据研究机构"集成电路洞察力"(IC Insights)公布的第一季度全球前十五大半导体公司名单中，东芝半导体是硕果仅存的日本公司。而在鼎盛时期的1993年，"集成电路洞察力"有一段辉煌的历史。

20世纪60年代，日本政府以关税壁垒和贸易保护政策为产业的起步"保驾护航"。但外资开始"叩响"大门，终于在1968年，美国德州仪器以合资的模式进入日本市场，但得遵守严苛的技术转让等限制。后来，日本半导体企业受到美国IBM的冲击。日本开始以"举国之力"来进行自主研发。一个官产学研发项目彻底改变了日本半导体产业的地位，这个项目就是日本通商产业省(经济产业省前身)发起成立的VLSI共同研究所。日本通产省将市场中的各大竞争对手(如富士通、日立、三菱电机、东芝和NEC)的研发人员集结起来，总计投入700亿日元，政府出资290亿日元(几乎相当于当时通产省补贴支出的一半)。

20世纪70年代，日本对美国等外部的关键制程设备和生产原料依赖率达到80%，而到了20世纪80年代初期，日本半导体制造装置国产化率达到70%以上，产品在全球市场份额不断上升，开启了属于日本的半导体业"黄金时代"。数据显示，在当时流行的64K DRAM市场中，日立占全球40%的份额，富士通占20%，NEC占9%。全盛时期，日本半导体企业在全球DRAM市场的占有率达80%。

依靠政府和产业界的大规模投入，日本一步步缩小在半导体领域与美国的技术差距。随着日本厂商的大量产能进入市场，供给严重过剩引发了全球DRAM的价格暴跌。20世纪80年代末，日本经济位居全球第二，美国以广场协议和日美半导体协定施压，沉重地打击了日本企业的获利能力。不久，日本经济泡沫破裂，补贴难以维系，日本电子产业总体出现衰退。

在日本通产省的主导下，1999 年，日立和 NEC 的 DRAM 部门整合成立了尔必达(Elpida)，三菱电机随后也参与进来，而其他日本半导体制造商均从通用 DRAM 领域中退出，将资源集中到具有高附加值的系统集成晶片等领域。2008 年金融危机后，全球需求骤降，DRAM 供应严重过剩，2GB 的 DRAM 的价格骤降。全球 DRAM 生产商都陷入严重的赤字，尔必达也不例外。日本政府在 2009 年伸出援手，注资并为其担保获得日本政策投资银行融资。但终究颓势难挽，尔必达不堪负债最终于 2012 年 2 月底宣布破产，2012 年 7 月被美光并购。

尽管日本半导体业的辉煌已成为历史，目前的全球市场占有率已不到 10%，但在一些细分领域仍然扮演着重要角色，日本半导体产业兴衰的背后值得我们深思。

(资料来源：姚瑶，《芯片国际棋局之五：全球半导体产业调查之日本篇》，新浪新闻中心，国内新闻，2018-06-18，有删改)

国际贸易保护理论的产生可以追溯到 15 世纪重商主义时期，直到李斯特幼稚产业保护理论的提出，标志着国际贸易保护理论的完善和成熟。进入 20 世纪后，国际贸易保护理论受到了新的挑战，也有了新的发展。

6.1 幼稚产业保护理论

6.1.1 幼稚产业保护理论产生的背景

18 世纪 70 年代，美国资本主义新工业开始发展，但英国廉价产品的输入严重打击了美国新工业的发展。于是，美国的第一任财政部长汉密尔顿于 1791 年提出《制造业报告》，最先提出了幼稚产业保护的主张。汉密尔顿认为不应重农业、轻工业，二者应均衡发展。他主张国家应通过对本国有生产能力的进口品征收关税来保护本国的幼稚工业以利于其发展。19 世纪初，英法工业威胁着德国工业的发展，客观上也要求实行保护贸易。德国李斯特受汉密尔顿贸易保护思想的影响，并在目睹美国实施贸易保护主义政策的实效后，在汉密尔顿的幼稚产业保护论的基础上结合德国的国情，将其系统化，于 1841 年在《政治经济的国民体系》一书中提出了以重视生产力发展为特征的幼稚产业保护理论，理论体系更加系统、完整、深刻，被称为贸易保护理论的真正鼻祖。

6.1.2 幼稚产业保护理论的内容

1. 幼稚产业保护理论的主要内容

1) 生产力论

生产力论是李斯特幼稚产业保护理论的核心内容。李斯特认为，财富的本身和财富的原因是完全不同的，财富的本身是交换价值，而财富的原因则是生产力。生产力就是创造财富的能力，是财富之本，是一个国家兴衰存亡的关键。财富的生产力比之财富本身更加重要，一国应重视培养创造财富的生产能力，着重于经济成长的长远利益，而非局限于一国暂时的经济利益。

第6章 国际贸易保护理论

李斯特批判古典学派只注重交换价值，不注重生产能力的形成，过分强调了各国追求当前的最大利益，却没有考虑各国和各民族的长远利益。他认为德国当时工业发展水平还较为落后，进口国外廉价产品，短期内能够获得一些贸易利益，但从长期看，会阻碍本国幼稚产业的发展，制约其创造财富的能力。这样，德国国内的产业可能会长期处于落后的依附窘况。而如果实施对本国幼稚产业进行保护的贸易措施，提高关税，限制进口，在这些措施的影响下，起初国内厂商提供的产品价格会较高，消费者的利益在短期内会受到损害，但当本国这些被保护的产业发展起来以后，国内产品价格就会降低，甚至可能低于进口产品的价格，生产财富的能力增强了，足以抵偿之前的损失而有余，这会更有利于公众福利。所以，一国在对外贸易中实行什么样的政策，首先要考虑的，是国内生产力的发展，而不是从国际贸易中获得多少财富。

2) 经济发展阶段论

李斯特认为古典学派推行的所谓"合理的国际分工格局"，是世界各国经济高度发展之后才能实现的理想模式，它完全忽略了目前各国不同的经济发展水平和民族特点。他认为各国对外贸易政策的选择必须适合于各国的经济发展水平，而不是一味地主张实行自由贸易或保护贸易。

李斯特把人类社会的经济发展划分为五个阶段，即原始未开化时期、畜牧时期、农业时期、农工业时期和农工商时期，处在不同经济阶段的国家应实行不同的对外贸易政策。处于前三个阶段的国家，要求农业得到发展，应实行自由贸易政策。因为这些国家经济落后，没有能力将剩余农畜产品交换出去，实行自由贸易政策才能更好地输出产品，而且还可以自由输入外国工业产品，推动本国农业发展，并培育工业化的基础。处在农工业阶段的国家，追求工业的发展，必须采取保护贸易政策。因为该阶段国家的工业还比较弱小，缺乏与国外产品竞争的能力，难以抵御外来强大工业的冲击，只有实行保护贸易政策，对进口产品征收高关税，削弱外国产品的竞争优势，限制外国工业产品进口，才能够帮助本国工业度过幼稚期，进入成熟期。处于农工商阶段的国家，追求商业的扩张，应实行自由贸易政策。因为该阶段国家已进入了兴盛发达阶段，国内工业产品也已具备国际竞争力，重新恢复自由贸易政策可以享受自由贸易带来的最大利益，进而促进本国国内产业的深化发展。

李斯特认为，西班牙、葡萄牙等国当时还处于农业阶段，几乎没有民族工业，应采取贸易保护措施。英国已进入了农工商阶段，处于经济发展的最高阶段，必然会实行自由贸易政策，利用自身优势，获取国际贸易的最大利益；法国介于农工业阶段与农工商阶段之间，也可适当实行自由贸易政策；德国则是处于农工业阶段，必须实行保护贸易政策，借助保护贸易政策的实施来扶植自己的幼稚工业，促进本国工业的发展。

李斯特提出的经济阶段论，阐明了经济发展与贸易政策的相互关系，成为保护贸易政策的基本依据。

3) 国家干预论

幼稚产业保护理论强调国家在贸易保护中的重要作用。李斯特认为古典学派片面夸大了自由竞争的作用，否定国家干预经济过程的积极作用。他指出，国家经济的发展，一国生产力的形成，离不开国家的扶持和干预，特别是落后国家经济的发展，借助于政府的力量是十分必要的。如果政府放任经济，经济发展将会经历十分漫长的过程。他以自然力和人力在原野森林成长中的作用来比喻国家在经济发展中的重要作用，他说："经验告诉我们，风力会把种子从这个地方带到那个地方，因此荒芜原野会变成稠密森林，但是要培育森林就静等着风力作用，让它在若干世纪的过程中来完成这样的转变，世界上有这样愚蠢的办法吗？如果一个植林者选择树秧，主动栽培，在几十年内达到了同样的目的，这倒不算是一个可取的办法吗？历史告诉我们，许多国家，就是由于采取了那个植林者的办法，胜利地实现了它们的目的。"李斯特认为，英国工商业的迅速发展是当初英国政府大力扶持和干预的结果。德国正处于类似英国发展初期的状况，因此，政府要做"植林者"，应制定积极的产业政策，利用关税等手段主动干预经济发展过程，实行保护贸易。

2. 幼稚产业保护理论的政策主张

实行保护关税政策，反对自由贸易，以建立和发展德国工业，是李斯特最主要的政策主张。为此，他具体表达了以下细节问题。

1) 保护的目的

幼稚产业保护理论主要是为了保护本国国内市场以促进国内生产力的发展，保护的目的就是本国的生产力。这与早期重商主义的贸易保护目的不同。重商主义限制进口，鼓励出口，目的是为了积累金银财富，而李斯特主张的保护贸易的目的是为了提高创造财富的生产力。通过保护国内市场以促进国内生产力的发展，在国内建立自己的工业体系，在尽量避免其他先进国家竞争的情况下，尽快将本国建设成工业强国。

2) 保护的对象

幼稚产业保护理论保护的对象是那些目前处于幼稚阶段、面临强有力的国外竞争压力，但经过一段时间的保护和发展能够被扶植起来并达到自立程度的工业。李斯特认识到实行保护贸易将会使国民经济的某一部分遭受损失。因此，他主张贸易保护并不是全面保护，而是有选择地保护。他认为，农业不需要保护，否则不利于从国外获得廉价的粮食和原料，进而不利于本国工业的发展。只有那些刚从农业阶段跃进的国家，距离工业成熟期尚远，才适宜保护农业。在工业中，也不是所有的部门都需要保护，只有那些刚刚开始发展，受到竞争的强大压力且有发展前途的工业才需要保护。如果幼稚工业没有强有力的竞争对手，或经过一段时期的保护和发展不能够成长起来，就不应给予保护。

3) 保护的手段

幼稚产业保护理论的主要手段是关税，即用关税壁垒措施挡住国外具有较强竞争力的产品进入国内市场。李斯特认为，贸易保护应有步骤地实行，如果突然割断与其他国家已有的贸易联系，反而不利于本国的经济发展，所以，应随着工业的发展逐步提高关税。例如，可对不同国家设置差别税率，不同产品类型设置不同的关税税率。

4) 保护的程度

李斯特认为，应对不同的工业部门采取程度不同的保护措施。保护关税的税率可以高到实际上等于完全禁止进口，也可以低到只对进口量稍加限制。对国内生产生活必需品的行业应通过高关税给予充分保护；对国内生产昂贵奢侈品的行业可以只给予最低限度的保护；对于国内不能生产的各种复杂机器的进口，应当免税或只征收极轻的进口税，因为对这类产品的进口过分限制会影响国内工业的快速发展。同时，李斯特指出，关税的水平要与工业发达水平相适应，变动不宜过急过频。

5) 保护的时间

对国内工业的保护不应是无限期的,否则,将会出现保护落后和保护低效率的情况。李斯特认为,对工业部门的保护期限不宜过长,最长不应超过30年,这段期限内,被保护的工业如还扶植不起来,就不应继续保护,否则,将不利于经济的发展和生产率的提高。

6) 保护的最终归向

李斯特认为实行保护贸易的目的是促进生产力的发展,其最终归向是"无须保护"。保护关税不应是永久性的,应随着国内工业国际竞争力的逐渐提高而逐渐降低乃至取消。他认为,禁止性与长期性关税把国外竞争挡在门外,会助长国内生产者不思进取、缺乏创新的惰性。当被保护工业生产出来的产品具有了与国外产品竞争的能力时,应当及时取消关税保护,而当国家的物质与精神力量达到发达水平时,应实行自由贸易以获得其所带来的最大利益。

3. 幼稚产业保护理论的补充

李斯特之后的经济学家对其理论作了补充和发展,一些经济学家对幼稚产业的判定标准提出了他们的看法。

1) 穆勒标准

英国经济学家约翰·穆勒(John Mill)虽然提倡自由贸易,但他认同李斯特的幼稚产业保护理论,认为这是保护贸易可以成立的唯一理由。穆勒提出,如果某个产业由于技术缺乏,生产率较低,成本较高,与国外同产业竞争,在实行一定时间的保护后,该产业能够提高效率,能够在自由贸易下获利,自我投资发展,则该产业为幼稚产业。穆勒进一步提出了关于幼稚产业的选择标准(简称穆勒标准),他认为确定幼稚产业应注意以下三个方面:第一,正当的保护只限于对从外国引进产业的学习掌握过程,过了这个期限就应该取消保护。第二,引进的产业应完全适合该国国情。保护应针对那些被保护一段时间后取消保护也能生存的产业、通过保护有可能从最初的比较劣势产业变为比较优势的产业。第三,因个人原因不愿意负担学习掌握期间的损失和风险而需要靠保护关税等政策支持的产业。

2) 巴斯塔布尔标准

巴斯塔布尔(C.F.Bastable)继约翰·穆勒关于幼稚产业的选择标准发布后,又补充了一个标准,即利益补偿标准。巴斯塔布尔标准主要包括两方面:第一,受保护的产业要在一定时期以后,能够成长自立,这项标准与穆勒的选择标准相同;第二,受保护产业将来所能产生的利益,必须超过现在因实行保护而必然受到的损失。巴斯塔布尔所补充的这项标准考虑了保护的成本及收益问题,这与穆勒仅考虑如何由自由竞争产业转变为出口产业相比,显然更进了一步。

一些学者对巴斯塔布尔的标准进行了反驳,认为巴斯塔布尔标准还不能认为是使保护正当合理的充分根据。他们认为,就个别企业家而言,投资这样的产业是十分有利的,即使政府不去保护这些产业,它们也会在企业家追求私人利益的基础上逐渐发展起来。这种反驳观点是以有才干的企业家的存在为前提,这些企业家有能力对现在与将来的损益进行比较和研究。而事实上,缺少这样的企业家正是发展中国家的特点,所以,要满足巴斯塔布尔标准就需要政府主动给予保护。

3) 肯普标准

经济学家肯普(M. C. Kemp)认为,某些符合穆勒、巴斯塔布尔标准的产业,在有些情况下也不需要政府保护。肯普在综合穆勒、巴斯塔布尔标准的基础上,补充了一个更为严格的标准:只有先行企业在学习过程中取得的成果具有对国内其他企业也有好处的外部经济效果时,这种保护才是正当的。因为先行企业投入成本与精力所取得的技术知识、经验、人员培训等,很容易被其他企业免费模仿与学习,所以先行企业往往不愿意做这种投资。而这种情况下,社会得到的利益大于先行企业得到的私人报酬,为鼓励和支持先行企业的发展,政府有必要对先行企业给予补贴等保护措施。

日本经济学家小岛清认为,穆勒、巴斯塔布尔、肯普的标准存在研究方法上的错误,他们在寻求保护正当合理的依据时都是根据个别企业(或个别产业)的利弊得失来研究的。小岛清指出,比这些更重要的是,要根据要素禀赋比率和比较成本的动态变化,从国民经济的角度来选择幼稚产业。即使这样的幼稚产业不符合巴斯塔布尔或肯普的标准,也是值得保护的。关键问题是这种幼稚产业应该怎样选择和如何保护。

6.1.3 幼稚产业保护理论的简要评价

李斯特的幼稚产业保护理论是保护贸易理论中最著名的一种理论,其理论观点对后起、落后的国家利用贸易政策的制定来促进其国内经济发展具有重要的指导意义。

(1) 理论方面,幼稚产业保护理论建立了完整的贸易保护理论体系,其观点具有理论上的合理性。李斯特以生产力论为基础,充分论证了落后国家实行贸易保护的必要性、阶段性、动态性,并提出了相关的政策建议,使贸易保护理论体系更加完整。而该理论观点中的合理部分也被世界贸易组织作为幼稚产业保护条款制定的依据,在现实中产生了广泛影响。

(2) 幼稚产业保护理论对德国工业经济的发展起到了重要的推动作用。德国政府在相当大的程度上采纳了李斯特的经济主张,保护了德国国内市场,促进了国内工业的成长,带动了整个德国经济的快速发展,使德国在很短时间内赶上了英、法等发展较早的资本主义国家。

(3) 幼稚产业保护理论及其政策主张对发展中国家制定外贸政策、发展民族生产力起到了积极的影响。理论中关于保护幼稚工业的主张,关于对不同工业部门采取不同保护程度的主张,关于保护期限不应超过30年以免削弱了进步机制的主张以及关于财富和财富的生产力完全不是一回事,财富的生产力比财富本身不知要重要多少倍的思想,这些都对发展中国家经济发展规划和外贸政策的制定有着直接的指导意义和影响作用。

尽管幼稚产业保护理论对国际贸易政策制定等方面有积极意义,但它也存在一定的缺陷。

(1) 理论方面,李斯特对生产力概念的理解不够深入,对影响生产力发展的各种因素的分析也不够透彻,以经济部门作为划分经济发展阶段的基础的这一观点,忽视了生产关系的作用,不够严谨和科学。

(2) 幼稚产业保护理论在贸易政策方面的实践也会产生负面影响。一是幼稚产业很难准确界定。一国政府如果对本国受保护的对象判断错误,保护了一些可能永远也扶持不起来的幼稚产业,不仅没有成功培育生产力,还有可能与国外同类产业的产品或技术差距拉大，造成严重的损失。二是实施进口关税壁垒的国家往往也会面临其他国家反施的报复性关税，进而对该国政府所保护的幼稚产业造成潜在的损害。

(3) 过分强调国家对经济的干预，并不利于生产力的发展。如果说斯密的自由贸易思想过分强调了市场机制对经济运行的自发调节作用是走向了一个极端，那么，李斯特的保护贸易思想过分强调国家对经济运行的干预作用则是走向了另一个极端。

6.2 凯恩斯的超保护贸易理论

6.2.1 凯恩斯的超保护贸易理论产生的背景

20 世纪 30 年代，资本主义深陷经济危机和萧条，主要资本主义国家的经济受世界经济危机的破坏影响而倒退了若干年。危机期间所表现出的严重的商品过剩，导致了大量企业破产倒闭，大批工人失业，斯密"看不见的手"的自发调节机制没能阻止经济严重的不均衡。深刻的经济危机使自由放任的经济遭受批评，市场问题成为解决问题的关键。在这样特殊的历史背景下，以保护国内市场和扩张国外市场为目的的超保护贸易理论由此产生并迅速发展起来了。

英国经济学家约翰·梅纳德·凯恩斯(John Maynard Keynes)在面对经济危机和各国严重失业的问题上，不得不从自由贸易论的立场转向贸易保护主义，承认自由经济并不能完美地自我调节，也无法带来经济复兴和繁荣。1936 年，凯恩斯出版了经济学著作《就业、利息与货币通论》，奠定了当代宏观经济学的理论基础。在这本著作中，凯恩斯批判了传统经济贸易理论，以有效需求不足为基础，以国家干预经济生活为政策目标，把对外贸易与有效需求理论结合在一起，提出了一种保护贸易的思想，为对外贸易政策，尤其是超保护贸易主义政策提供了重要的理论依据。

其后，出现了一大批凯恩斯主义经济学家，如罗伊·哈罗德(Roy Forbes Harrold)、琼·罗宾逊(Joan Robinson)、阿尔文·汉森(Alvin Hanson)、萨缪尔森等，对凯恩斯理论进行补充、发展和完善，形成了以就业、国民收入、总供给、总需求等为研究对象，以总量分析为特征的系统的宏观经济理论。从宏观角度论证了对外贸易差额对国内经济的影响，主张国家干预经济，实行奖出限入的政策，最终形成凯恩斯主义的超保护贸易理论。

6.2.2 凯恩斯的超保护贸易理论的特点

所谓的"超保护贸易论"是与传统的保护贸易论相比较而言的，凯恩斯的超保护贸易理论的出现有其特殊的时代背景，在特殊的时代背景下，超保护贸易理论相比传统的贸易保护理论有以下特点。

1. 目的不同

以李斯特为代表的传统保护贸易理论的主要目的是发展本国的生产力，而超保护贸易理论的目的则是为了争取外贸顺差，解决工人失业问题。

2. 对象不同

传统保护贸易理论的保护对象主要是经济落后国家的幼稚工业，而超保护贸易理论的保护对象则主要是经济发达国家的夕阳工业或出现衰落的垄断工业，不是培养自由竞争的能力，而是巩固和加强对国内外市场的垄断。

3. 手段不同

传统保护贸易理论的政策主张以关税措施为主要的保护手段，而超保护贸易政策的保护手段不仅包括关税措施，还包括各式各样的非关税壁垒和奖出限入措施。

4. 策略不同

传统保护贸易政策以防御性地限制进口为主，而超保护贸易政策不仅采取防御措施，还经常以政府补贴和商品倾销等手段主动向别国市场进行进攻性的扩张。

6.2.3 凯恩斯的超保护贸易理论的主要内容

超保护贸易理论是 20 世纪 30 年代提出的凯恩斯主义的国际贸易理论，凯恩斯在有关国际贸易方面的观点与论述在特殊的时代背景下成为深陷经济危机的资本主义国家治疗经济危机的一剂良药。凯恩斯的研究思路和主要观点如下。

1. 有效需求不足导致经济危机的发生

有效需求是指商品的总供给和总需求达到均衡状态时的总需求。凯恩斯认为，资本主义经济的运行并不能够始终保持均衡，社会中普遍存在的有效需求不足，引起了生产过剩的经济危机，使企业走向破产，把工人抛向街头，打乱了资本主义经济运行的正常规律。

2. 解决有效需求不足问题需要国家对经济生活进行直接干预

凯恩斯认为，有效需求的不足是由三条基本规律造成的，即边际消费倾向递减、资本边际效率递减以及灵活(流动性)偏好。边际消费倾向递减是指人们增加的收入中用于消费的部分相对减少而用于储蓄的部分相对增加，即消费增加赶不上收入的增加；资本边际效率递减是指资本投入后预期的收益率趋于下降；灵活(流动性)偏好是指人们以现金形式来保护自己的一部分收入或财富的偏好，如果要求人们放弃这种偏好，利息即人们放弃灵活偏好的报酬。由于人们收入增加的同时产生了边际消费倾向递减，造成消费需求不足。而投资的边际效率递减又抑制了投资，另外人们的灵活偏好又迫使利息率提高，投资预期收益降低而利息率又维持在一个较高的水平上，造成了社会投资不足。在这种情况下，危机与失业就难以消除。

因此，当市场机制已无法使国民经济自发地处于均衡状态时，政府必须加强对经济的干预，特别是直接干预经济的力度。这主要可从两个方面着手：一方面鼓励个人消费和私人投资。政府应采取各种措施鼓励个人进行高消费，不必担心过高的消费会造成财富的浪费。政府还应采取措施鼓励私人投资，努力创造宽松的政治经济环境，使资本家树立起投资信心。此外，国家应尽力降低利息率，刺激投资和需求的扩张。另一方面增加公共消费和公共投资。政府应建立完善的社会福利制度，扩大享受社会福利的人员范围，以弥补私人消费的不足。此外，政府还应大力进行公共投资。重点投资于私人不愿投资的各类基础设施项目，如铁路、公路、港口和城市地铁等，也可以由政府直接投资办生产企业或收购私人企业。

3. 增加有效需求的另一重要途径是政府推行超保护贸易政策，争取外贸顺差

凯恩斯认为外贸顺差对一国对外贸易有益，贸易逆差会加剧有效需求的不足。他认为适当的贸易顺差能够增加有效需求、增加投资和扩大就业，而贸易逆差则会减少国民收入，加重失业。为此，凯恩斯极力提倡国家干预对外贸易活动，采取各种保护措施以扩大出口，减少进口，争取贸易顺差，改变国际收支状况，促进国内经济发展。

4. 对外贸易乘数理论

对外贸易乘数理论(Theory of Foreign Trade Multipler)是投资乘数理论在对外贸易方面的应用。

1) 投资乘数理论

投资乘数理论是凯恩斯将英国经济学家卡恩提出的乘数理论运用到投资领域，用来说明投资对就业和国民收入的影响。该理论认为，投资量的变动(增加或减少)与国民收入的变动之间客观存在一种依存关系，投资引发的国民收入变动往往几倍于投资量的变动，这个倍数称为投资乘数或倍数，其大小取决于该国的边际消费倾向。所谓投资乘数理论，是指投资的增加会引起国民收入成倍地增加。可以这样理解：投资的增加引起生产资料需求的增加，生产资料生产者的收入随之增加，收入的增加又引起消费品需求的增加，消费品生产者的收入又随之增加……如此递推，就会出现增加的国民收入总量等于最初增加投资量的若干倍的结果。其公式表示为

$$\Delta Y = K \times \Delta I$$

式中：ΔY 为国民收入增加量；K 为乘数或倍数；ΔI 为投资增加量。

2) 外贸乘数理论

凯恩斯的追随者马克卢普(Machlup)和哈罗德(Harrod)等人把投资乘数理论运用到外贸领域，建立了对外贸易乘数理论。所谓对外贸易乘数理论，是指出口的增加会引起国民收入的成倍增加。可以这样理解，一国出口增加，从国外收入外汇，出口产品的生产部门的生产及收入增加，生产资料需求和生活资料消费需求也随之增加，这又引起其他产业部门生产的增加，从而导致就业和国民收入的增加，如此推演，就会出现就业人数成倍增加以及国民收入的增加量为出口增加量若干倍的结果。相反，当从国外进口商品或服务时，本国货币外流、国民收入下降，消费也随之减少，从而会造成投资、生产不景气。用公式表示为

$$\Delta Y = [\Delta I + (\Delta X - \Delta M)] \times K$$

式中：ΔY 为国民收入增加量；ΔI 为投资增加量；ΔX 为出口增加量；ΔM 为进口增加量；K 为乘数或倍数。

外贸乘数的推导过程如下。

国民收入增加量ΔY可以用于储蓄增量ΔS、消费增量ΔC和进口增量ΔM，即有

$$\Delta Y = \Delta C + \Delta S + \Delta M$$

$$\frac{\Delta C}{\Delta Y} + \frac{\Delta S}{\Delta Y} + \frac{\Delta M}{\Delta Y} = 1$$

也就是

$$c+s+m=1$$

变形后得到：

$$1-c = s+m$$

$$\frac{1}{1-c} = \frac{1}{s+m}$$

式中，c 代表边际消费倾向，s 代表边际储蓄倾向，m 代表边际进口倾向。

最后得到对外贸易乘数为

$$K = \frac{1}{1-c} = \frac{1}{s+m}$$

而乘数对国民收入的放大过程可以表现为：

$$\Delta Y = [\Delta I + (\Delta X - \Delta M)](1 + c^2 + c^3 + \cdots)$$

$$= [\Delta I + (\Delta X - \Delta M)]\frac{1}{1-c}$$

$$= [\Delta I + (\Delta X - \Delta M)]\frac{1}{s+m}$$

根据公式，在边际消费倾向不变的情况下，边际进口倾向与对外贸易乘数成反比，即进口增加量越少，贸易顺差越大，对外贸易乘数越大，国民收入增加量也就越多，解决失业和危机问题的作用也就越大。

因此对外贸易乘数理论认为，一国的出口和国内投资一样，有增加国民收入和工人就业的作用；一国的进口，则与国内储蓄一样，有减少国民收入和工人就业的作用。这种增加或减少会由于乘数的作用而成倍扩大。这就是对外贸易乘数理论的基本内容。对外贸易乘数理论进一步论证了对外贸易与国内就业及国民收入的关系，为超保护贸易政策提供了理论依据。

6.2.4 凯恩斯的超保护贸易理论的简要评价

在特殊的时代背景下，凯恩斯的超保护贸易理论指出了自由放任经济的缺陷，强调国家对经济干预的重要性，阐述了一国对外贸易与其宏观经济之间的相互依存关系，在一定程度上指出了对外贸易与国家经济发展之间的某些内在规律，对发达国家如何通过贸易保护政策，实现保护国内市场、扩大就业以及提高国民收入水平起到了重要作用。可以说，超保护贸易理论在理论和实践中是具有一定进步意义的，但该理论也存在局限性。根据对外贸易乘数理论，各国要争取贸易顺差，这样世界总进口量增加成为对外贸易乘数发挥作用的前提，然而超保护贸易政策又必然导致世界总进口量不会增加，因此超保护贸易理论自身存在某种矛盾性。此外，该理论没有考虑到各国贸易政策的连锁反应，各国如果单纯追求顺差，可能会遭到对手的报复，进而造成国际间贸易竞争与贸易摩擦，反而对各国经济和国际贸易的发展产生负面影响，况且经济危机与就业等国内经济问题仅依靠外贸顺差来解决显然是不现实的。

第6章 国际贸易保护理论

6.3 "中心-外围"理论

6.3.1 "中心-外围"理论产生的背景

20世纪50年代,拉丁美洲、非洲的殖民地、半殖民地国家纷纷取得了政治上的独立,并致力于发展民族经济。然而在发达国家占据主导地位的世界经济中,这些国家发展本国民族经济时受到了旧的国际经济秩序与国际分工体系的严重阻碍。因此,以发展中国家为分析对象的贸易保护论应运而生,其主要代表是"中心-外围"理论。

1950年,阿根廷当代著名经济学家劳尔·普雷维什(Paul Prebisch)发表了《拉丁美洲的经济发展及其主要问题》一文,站在发展中国家的立场上,提出了"中心-外围"理论,并以此学说为基础分析了拉丁美洲发展中国家实现工业化的一套政策主张。他曾担任阿根廷财政部长、农业财政顾问、中央银行总裁和联合国拉丁美洲经济委员会执行书记、贸易与发展会议秘书长等职。在此期间,他一直致力于外围国家经济发展道路问题的研究,为发展中国家经济发展理论作出了卓越的贡献。1980年他被设在伦敦的"第三世界基金组织"授予了"第三世界基金奖",成为首位获此殊荣的获奖者。

6.3.2 "中心-外围"理论的主要内容

1. 国际经济体系分为中心和外围两部分

普雷维什认为国际经济体系实际上被分成了两个部分:高度工业化的少数发达国家处在国际经济体系的中心,广大的非工业化发展中国家处在外围地带。他认为,中心和外围在经济上是不平等的,中心是技术的创新者和传播者,中心国家享受着国际分工的绝大部分好处,外围是技术的模仿者和接受者,外围国家几乎享受不到好处。中心国家主要生产和出口制成品,外围国家则主要生产和出口初级产品。外围国家在经济和技术发展上依附于发达国家,难以获得技术进步带来的利益,相反,技术进步却压低了初级产品的价格,制成品与初级产品进行交换的比价并不利于发展中国家,因此外围国家的贸易条件越来越恶化,中心国家与外围国家的差距也越来越大,这就是著名的"普雷维什"命题。普雷维什认为发展中国家如果仍然依靠传统的比较利益原则参与国际分工和国际贸易,将永远无法消除自己的贫穷落后状态。

2. 外围国家贸易条件不断恶化

普雷维什认为旧的国际分工格局使外围国家的贸易条件趋于恶化,为了证实这一点,他以英国1876—1936年的进出口统计资料为基础进行分析,设定这60年间英国进出口商品的平均价格指数分别代表初级产品和工业制成品的世界价格,并且以1876—1880年间外围国家的贸易条件为100。60年后,1936—1938年世界平均初级产品价格已降为工业制成品价格的64.1%,即外围国家的贸易条件已降为64.1。这就是说,发展中国家在19世纪70年代用一个单位的初级产品可以交换一个单位的工业制成品,到20世纪30年代,一个单位的初级产品只能换回 0.641 单位的工业制成品，外围国家的贸易条件恶化了 35.9。这一结果是有悖常理的，在价值规律的调节下，单位产品的价格会随着生产率的提高而不断下降，而科技发展水平影响着生产率的变化。那么，工业化国家的科技发展水平远远高于发展中国家，按理说工业品的价格水平就应越来越低于初级产品的价格水平。然而，普雷维什的计算结果却正好与此相反。

普雷维什的分析结果引起世界各国的震动。普雷维什和一些经济学家对按传统的比较利益原则进行的国际分工会使发展中国家的贸易条件不断恶化的问题进行了分析，并提出了以下解释。

1) 科技进步的利益分配不均

根据传统贸易理论，当一项技术得到普及并使劳动生产率得到提高后，技术进步的利益便会通过降低产品价格的方式，或者通过提高收入的方式，平均地分配到世界各国去。但事实并非如此。中心国家随着技术的进步和工业的发展，技术进步的好处通过不断提高企业家利润和工人收入来获取，产品价格几乎没有变化。而当收入提高的幅度大于生产率提高的幅度时，产品价格非但不下降反而上涨。外围国家收入的增长低于生产率提高的幅度，产品价格趋于下降，技术进步的好处通过降低产品价格的方式来获取。中心国家和外围国家这种价格水平相反变动的现象，在没有国际贸易的情况下，并不会影响两类国家技术进步的利益分配，技术进步的利益会分别留在本国国内，而一旦参与了国际贸易，就会使两类国家技术进步的利益分配不均，外围国家所得技术进步利益的一部分会通过商品交换流向中心国家，使得外围国家的贸易条件趋于恶化。

2) 工业制成品价格的垄断性

各类产品的价格都会随经济周期而波动，但波动的幅度差异很大。因工业制成品具有垄断性，工业制成品的价格在经济繁荣时期大幅度上涨趋势较明显；而初级产品虽然在经济繁荣时期其价格也会上涨，但上涨缓慢。萧条时期，工业制成品的价格水平可能通过企业裁员、限产以及大公司间的价格协议等方式保持不变，即使下降，其幅度也不会太大。但初级产品垄断性较弱，其价格在萧条时期下降的幅度要比工业制成品严重很多。随着经济周期的反复波动，初级产品的价格便出现了长期相对下跌的趋势。所以，外围国家的初级产品贸易条件必然恶化。

3) 中心国家和外围国家工会组织的作用不同

中心国家代表工人利益的工会组织独立于政府和公司董事会之外，其组织结构完善而强大，另外中心国家的工人保护自身利益的意识也很强，所以，当经济繁荣时，为提高工人收入，工会组织经常向雇主施加压力来增加工资；当经济萧条时，为保障工人利益，工会组织又会迫使雇主不降或少降工资，结果使工业制成品的价格始终保持较高水平。与此相对照，外围国家工会组织不健全，工会力量很弱小，经济繁荣时期难以对工人工资的上涨起到作用，而经济萧条时期又没有能力控制工资的大幅度下降，致使外围国家初级产品价格下降，贸易条件不断恶化。

4) 工业制成品和初级产品需求的收入弹性不同

需求的收入弹性是指相对于收入来说的需求变动情况。一般情况下，工业制成品需求的收入弹性比初级产品需求的收入弹性大。随着人们实际收入的增加，对工业制成品的需求会有较大的增加，工业制成品的价格随之会有较大程度上的上涨。相反，人们收入水平的提高，对初级产品的需求增加的程度较小，可能会使初级产品价格较小幅度地上涨，甚至还会下降。也就是说，受需求增加程度的影响，工业制成品价格的上涨程度必然会高于初级产品，进而使以出口初级产品为主的外围国家的贸易条件长期处于恶化形势。

5) 技术革新产生于工业制成品和初级产品的作用对中心国和外围国分别有不同的影响

技术革新使原材料的耗费降低，各类初级产品的代用品被不断发明出来。这样，中心国家对外围国家以原材料为主的初级产品的需求相对减少，而对外围国家来讲，科技进步促进外围国家提高了初级产品的生产率，同时也使更多的国家成为初级产品的供应国，供给的相对增加或供给过剩，必然对初级产品市场造成较大威胁，这是发展中国家贸易条件长期恶化的一个重要原因。

3. "中心-外围"理论的政策主张

基于上述分析，普雷维什主张利用保护贸易政策改善外围国家的被动处境，彻底摆脱旧的国际分工体系和贸易格局，而要打破这一格局，外围国家必须实行工业化。

(1) 利用保护贸易政策改善贸易条件。

普雷维什认为，一方面通过高关税和数量限制等措施，降低进口工业制成品的需求弹性，削弱进口产品的出口能力和竞争能力；另一方面通过出口补贴、低估本币汇率等措施增强本国出口产品的竞争优势，进而改善贸易条件。

(2) 外围国家工业化程度的提高需要保护贸易政策的支持。

在国际经济体系中，"中心国"与"外围国"的划分标准取决于各国的工业化程度。实现工业化是外围国家逐步提高其人民生活水平，改变"外围"地位的重要手段。然而，外围国家发展本国民族经济初期，外来产品会对本国民族工业的建立和发展带来强大的竞争压力，自由放任的外贸政策将会把这些工业扼杀在摇篮中。因此，外围国家必须推行保护贸易政策来支持本国民族工业的发展。普雷维什根据拉丁美洲各国的实际情况提出：在资本积累阶段，利用出口补贴、低估本币汇率等措施，发展初级产品出口，增加外汇收入，为工业化创造条件。而当初级产品出口扩大导致价格下降后，就应采取限制进口工业品的措施，将本国资源转移至一些国内消费工业品，用以替代中心国家的进口，改变工业品依附中心国进口的局面。随着世界经济形势的变化和拉美国家经济的发展，普雷维什又进一步提出了出口替代的发展战略，即大力发展本国工业品出口，改变出口商品结构，由以初级产品出口为主向工业品出口转变，在这一阶段，除了实行保护关税政策外，还应有选择地实行出口补贴政策，以增强外围国家工业品在世界市场上的竞争力，使外围国家的工业更趋成熟。

(3) 主张中心国家向外围国家开放市场。

普雷维什认为，外围国家的保护政策的性质不同于中心国家的保护政策，外围国家的保护是为了发展本国工业，其保护贸易政策"不会妨碍世界贸易的增长速度"；而中心国家的保护是对外围国家的歧视和扼制，对外围国家，甚至整个世界的经济发展不利。他指出，中心国家应该向外围国家开放市场，减少对外围国家工业品的进口歧视，为外围国家的工业品提供在世界市场平等竞争的机会。同时，外围国家向中心国家的出口增长了，外围国家的外汇收入就会增加，为了提高本国的劳动生产率，便会从工业程度较高的中心国家进口机器设备，对中心国家的进口进而增加。这样，中心国家向外围国家开放市场，放宽贸易限制，实际上还起到一种互惠的作用。

(4) 建立区域性共同市场，以利于外围国家的工业化发展。

20世纪60年代以后，世界工业品市场竞争激烈，中心国在世界市场上具有垄断优势，这对外围国家发展工业品出口极其不利。鉴于这种形势，普雷维什主张发展中国家建立区域性共同市场。因为发展中国家相互提供市场，开展区域性经济合作，一方面可以使几个发展中国家联合起来共同抵御工业化国家商品入侵；另一方面在共同市场内部的商品流动和商品竞争，有利于提高幼稚工业的活力和效率，可以弥补实施保护贸易政策所产生的某些负效应。

6.3.3 "中心-外围"理论的简要评论

"中心-外围"理论从发展中国家的利益出发，从理论到实践揭示了发达国家和发展中国家经济贸易关系不平等的本质，以及现存国际分工格局和国际经济秩序的不合理性，为发展中国家打破旧的经济秩序，争取建立新的经济秩序提供了思想武器。此外，该理论的出发点是积极的，以保护贸易手段推进外围国家工业化进程的政策主张是合理的，并具有现实意义。

普雷维什的"中心-外围"理论也有局限性。理论方面，对发展中国家初级产品贸易条件日趋恶化原因的各种解释，如发达国家工会组织对产品价格的影响、技术进步利益分配不均以及需求收入弹性对收入间接转移的分析等有不科学之处。普雷维什还认为，旧的国际分工格局是发展中国家经济落后的主要原因。实际上，这种观点存在一定的片面性。客观地说，旧的国际分工格局中的不合理之处确实在很大程度上阻碍了发展中国家的经济成长，但这只不过是外因，发展中国家要想真正彻底摆脱贫困，主要应从自身内部找原因。

6.4 战略性贸易理论

6.4.1 战略性贸易理论产生的背景

20世纪70年代以后，贸易格局与世界产业格局的巨大变化使发达国家的经济发展出现了新情况，经济增长面临着新的问题。现实中，不完全竞争的市场结构和规模经济的存在使市场竞争成为少数几家企业之间的"博弈"，市场的占领成为获得超额利润的重要途径。为了刺激经济的发展，各国都出台了一系列对外贸易政策和措施。在国际竞争的实践中，日本、"亚洲四小龙"等在政府的干预下迅速取得了某些产业的国际竞争优势，在国际贸易中所占份额不断地提高。另外，一向奉行自由贸易的美国在国际贸易中的优势地位不断被削弱。在这样的实践背景下，很多学者认为一国的对外贸易政策不仅要着力于本国经济利益的获取和本国工业的保护，还应通过政府的干预措施，改变企业的战略行为，发展本国产品的出口，使本国企业在国际竞争中获胜。因此，20世纪80年代，经济学家们在围绕贸易政策的争论中提出了一种新的观点，提出国家干预并通过对某些战略产业扶持以刺激经济增长的理论，即战略性贸易理论。该理论的主要代表人物是美国经济学家布兰德(J.A.Brander)、斯潘塞(B.J.Spencer)、克鲁格曼(P.R.Krugman)。

6.4.2 战略性贸易理论的主要内容

在规模经济和不完全竞争市场的条件下,一国政府可以通过关税、配额等进口保护政策和出口补贴、研究与开发补贴、信贷优惠、国内税收优惠等出口促进政策,扶持本国战略性工业的成长,即保护和扶持那些需要大规模生产以获取规模经济,并能产生外部经济的高新技术产业和对本国未来发展至关重要的行业,以使其获得国际市场竞争能力,扩大其国际市场份额,从而实现垄断利润由外国向本国的转移,增加本国经济效益和国民净福利。在上述情况下,是政府的贸易政策影响了本国厂商及其外国竞争对手的决策行动,从而改变了竞争格局,使不完全竞争产业特别是寡头产业中的超额利润向本国转移,政府的贸易政策起到了与寡头厂商的战略性行动(如投资于超额生产能力或研究与开发等)相同的作用,故被称之为战略性贸易理论或战略性贸易政策理论。由于该理论证明了贸易干预的合理性,又能够契合一国政府单独背离自由贸易的需要,因此,一出台就受到广泛关注与争论。这一理论体系由利润转移理论和外部经济理论两种理论构成。

1. 利润转移理论

由于该理论认为政府干预性的贸易政策可以将利润从他国转移到本国来,因此称其为利润转移理论。利润转移理论主要包括以下三方面内容。

(1) 用出口补贴为本国厂商夺取市场份额。在规模经济条件下,控制高市场份额的国家从国际市场获得的利润就多。因此,一国政府可以通过有选择性和针对性地干预,对厂商进行补贴,帮助本国厂商取得一定的市场份额,从而达到一定的生产规模,使厂商成本下降,实现规模经济。这样,厂商在国际竞争市场中获胜,所得的利润会大大超过政府所支付的补贴,进而使本国获得垄断利益。补贴使国内厂商采取进取性市场战略,从而迫使外国竞争对手做出相应的让步,这是战略性贸易政策理论中影响最大、引证最多的一种观点。

(2) 用关税来抽取外国寡头厂商的垄断利润。这种观点认为,在进口产品主要由少数几家外国厂商提供的情况下,这些进口产品在进口国市场上就有一定的垄断力量,在追求利润最大化的目标下,这些垄断或寡头厂商就会根据进口国的需求将在进口国销售的产品价格推高至边际成本水平之上,进而获得超额利润。如果进口国政府征收关税,外国厂商的边际成本就会提高,为从进口国消费者身上得到额外收益,外国厂商的商品销售价格也会随之提高。但进口国的需求并不是完全没有弹性的,因此,商品价格上升的幅度会小于边际成本提高的幅度,消费者所受的损失就会远远被进口国政府征收到的关税收益所抵消而有余,这样,进口国政府通过高额关税分享到了外国厂商的垄断利润,从而使整个国家受益。

(3) 以进口保护来促进出口。以进口保护来促进出口是克鲁格曼提出的,被认为是对李斯特的幼稚产业保护理论的发展。这一理论观点认为,对国内市场进行保护,减少来自国外垄断厂商的进口,使得本国厂商规模不断扩张形成一种相对于国外厂商的规模优势,能够增加国内市场份额的同时使本国厂商达到规模效应还能够促进出口,提高没有市场保护的国外市场份额,从而把利润从国外厂商转移到本国厂商,使本国福利增加。这一理论以静态的规模经济为依据,其重要前提之一是国内市场大到足以实现所有需要的规模经济,其将暂时的进口保护变成了出口促进的机制,从一种战略对立的角度解释了政府干预贸易的必要性。

2. 外部经济理论

外部经济理论的观点较为集中。外部经济是指某些厂商或某一产业的发展给本产业或相关产业中其他厂商带来好处,或者某一产业的发展推动相关产业的发展。换言之,若厂商或产业发展的社会效益高于其个体效益,即具有外部经济效应。外部经济可分为技术外部经济和资金外部经济。技术外部经济是指厂商通过同一产业或相关产业中其他厂商的技术外溢获得技术和知识,进而带来生产效率的提高和成本的下降,外溢途径包括技术信息传播、人员流动、模仿和反向研究等。资金外部经济是指厂商的聚集使同一产业或相关产业厂商市场规模扩大带来的收益。

外部经济理论认为,某些产业或厂商能够产生显著的外部经济,对一国经济发展具有战略性意义,这主要体现在两个方面:一方面其在知识、技术和产品方面的创造与创新会促进相关产业的发展,进而推动科技进步与经济增长;另一方面当产业竞争达到一定水平而国内市场有限时,该产业就会通过出口扩张来开辟和扩大国际市场,进而增强其国际分工地位。由于具有外部经济特征的有关厂商或产业在创建过程中研发投入与投资风险巨大,而所产生的经济效益又不能够完全被其占有,部分外溢到了其他厂商,获得外溢的这些厂商却不用承担任何成本,导致私人成本与社会成本、私人收益与社会收益偏离,市场失效,因此,这些具有外部经济特征的厂商或产业就不能发展到社会最优状态。如果这些厂商或产业得不到政府某种形式的帮助和扶持,它们就会丧失投资动力和积极性。相反,如果政府能够对这些厂商和产业提供适当的支持和保护,使其在外部经济的强化下形成更强的国际竞争优势,并通过技术创新的溢出带动相关产业的发展,进而获得长远的战略利益。外部经济理论主张政府干预的贸易政策,并提出这些贸易政策应和产业政策相配合,对那些能够产生巨大外部经济的少数产业(如高科技产业)给予适当的扶持和保护。这些产业一般具有以下特征:研发成本占产品总成本的比重较大;产品的需求收入弹性较大;与其他产业的关联性强;会产生明显的外溢效应;容易形成自然垄断。

6.4.3 战略性贸易理论的简要评论

战略性贸易理论放宽了传统贸易理论关于完全竞争市场的假设,借鉴和运用了经济学中的博弈论、产业组织理论等,与传统的贸易理论相比,更符合现实状态而非传统贸易理论的理想状态,对现实的解释力更强。战略性贸易理论强调了适当条件下政府干预的重要性与合理性,其并不是对传统贸易理论的全盘否定,而是在继承的基础上有所突破和发展,该理论作为政府干预政策的新依据,在指导一国政府发展本国经济与贸易政策制定方面具有积极意义。但战略性贸易理论也存在许多不完善之处:一是战略性贸易理论付诸实践需要满足一系列前提条件和约束条件,这些条件有一定的严格性与苛刻性,政策的实施要求政府对市场结构、厂商行为和厂商利润等都有比较准确的掌握,政府如果对实施条件掌控不足,会使战略性贸易政策的实践面临障碍;二是战略性贸易促进了发达国家一些战略产业的发展,而发展中国家因科技水平不高、国内市场不完善、政府财政实力较弱难以给予目标产业大量补贴等原因,鲜以采用或实施;三是战略性贸易理论背弃了传统自由贸易,

第6章 国际贸易保护理论

所提出和采取的保护措施富于想象和进攻性,作为零和博弈,一国的成功以对别国的市场份额和经济利益进行掠夺为代价,一方面容易引发贸易保护主义的抬头易遭遇别国报复,另一方面也容易成为贸易保护主义者加以曲解和滥用的口实,恶化全球贸易环境。因此,清楚地认识战略性贸易理论,不片面夸大或曲解战略性贸易理论的功效,恰当地制定政策,才能取得良好的政策效果。

【知识链接】

汉密尔顿的保护关税论

1776年美国宣布独立,但这只是政治上的独立,其在经济上仍然依赖于英国。为了摆脱现状,亚历山大·汉密尔顿(Alexander Hamilton,1757—1804)作为美国第一任财政部长,于1791年12月向国会递交了《关于制造业的报告》(Report on Manufactures)。在这份报告中,他指出保护和发展本国制造业的必要性和重要性,并提出以加强国家干预为主要内容的一系列措施。

汉密尔顿认为,一个国家如果没有工业的发展,其独立地位就很难保持。美国工业起步晚、基础薄弱、技术落后、生产成本高,其产品根本无法同英、法等国廉价的产品进行自由竞争,为了国家福利,美国应实行保护关税制度,将新兴工业进行保护,使之生存、发展和壮大。

汉密尔顿保护关税论的政策主张:①向私营工业发放政府信用贷款,为企业提供发展资金;②实行保护关税制度,保护国内新兴工业;③限制重要原料出口,免税进口极为紧缺的原料;④为必需品工业发放津贴,为各类工业发放奖励金;⑤限制改良机器输出;⑥建立联邦检查制度,保证和提高制造品的质量。

汉密尔顿的保护贸易思想主张从美国经济发展实际情况出发,反映了经济不发达国家独立自主发展民族经济的实际需要和强烈愿望,是落后国家进行经济自卫,并与先进国家抗衡的理论依据,标志着与自由贸易理论相对立的保护贸易理论初步形成。而李斯特的幼稚产业保护理论的提出标志着国际贸易保护理论的完善和成熟。

(资料来源:卓岩,姜鸿.国际贸易[M].科学出版社,2012.有删改)

本 章 小 结

幼稚产业保护理论主要是为了保护本国国内市场以促进国内生产力的发展,保护的目的就是本国的生产力,保护的对象是那些目前处于幼稚阶段、面临强有力的国外竞争压力,但经过一段时间的保护和发展能够被扶植起来并达到自立程度的工业。

凯恩斯的超保护贸易理论认为,有效需求不足导致经济危机,解决有效需求不足问题,需要国家对经济生活进行直接干预,争取外贸顺差。凯恩斯主义者将投资乘数原理引入国际贸易领域,创建了对外贸易乘数理论。并为超保护贸易政策提供了理论依据。

"中心-外围"理论认为,发达国家处在国际经济体系的中心,发展中国家处在外围地带。外围国家在经济和技术发展上依附于发达国家,难以获得技术进步带来的利益,相反,外围国家的贸易条件会越来越恶化,中心与外围国家的差距也越来越大,因此,为了实现工业化，发展中国家必须采取保护贸易政策，实行工业化政策，独立自主地发展民族经济。

战略性贸易理论是政府的贸易政策影响了本国厂商及其外国竞争对手的决策行动，从而改变了竞争格局，使不完全竞争产业特别是寡头产业中的超额利润向本国转移，政府的贸易政策起到了与寡头厂商的战略性行动相同的作用，进而增加本国经济效益和国民福利。这一理论体系由利润转移理论和外部经济理论两种理论构成。

思 考 题

1. 简述幼稚产业保护理论的主要内容及其政策主张。
2. 超保护贸易理论与传统保护贸易理论相比有哪些特点？
3. 简述"中心-外围"理论的主要内容及其政策主张。
4. 阐述战略性贸易理论的理论构成及其主要内容。

第 7 章　国际贸易政策

【学习目标】

本章主要介绍国际贸易政策的构成与类型，自由贸易政策、保护贸易政策的主要内容和理论基础，国际贸易政策的新趋势等。通过学习，要求了解对外贸易政策的制定目的与构成，国际贸易政策的演变及内在推动力；理解超贸易保护政策和新贸易保护政策产生的深层背景；掌握对外贸易政策的类型、英国自由贸易政策的内容、李斯特保护贸易政策的内容，战略贸易政策的主张。

【重点与难点】

对外贸易政策的类型、英国自由贸易政策的内容、李斯特保护贸易政策的内容、战略贸易政策的主张。

【导入案例】

法国战胜日本的"普瓦提埃之战"

日本录像机大量冲击法国市场： 1981 年头 10 个月，进入法国的录像机每月清关 64000 台。为了阻拦录像机进口，1982 年 10 月，法国政府下令所有进口录像机必须经过普瓦提埃海关办理清关手续。普瓦提埃是距离法国北部港口几百英里外的一个偏僻的内陆小镇，原来只有 4 个海关人员，后来增加到 8 人。日本录像机到达法国北部港口后，还要转用卡车运到普瓦提埃，并要办理繁杂的海关手续：所有的文件应为法文，每一个集装箱必须开箱检查，每台录像机的原产地和序号都要经过校对。这一措施出台后，每月清关的进口录像机不足 1000 台。日本被迫实行对法国录像机出口的"自愿"出口限制。

分析： 当日本录像机以每月清关 64000 台冲击法国市场时，法国政府并没有明确表态不准进口日本录像机，而是巧妙地改变清关的海关，这就增大了日本录像机的运输成本；由于普瓦提埃海关人手很少，再加上要办理繁杂的海关手续，使每月通过的清关量只有 1000 台，这就延长了录像机的滞留时间和放慢了进入市场的速度，必然增大了日本录像机的费用，使之无利可图。日本从经济利益考虑自然会"自动"进行出口限制了。

(资料来源：百度文库 http://wenku.baidu.com/view/44e0eb621fdgad51f01dc281e53a580216fc508b.html)

国际贸易政策是有关国际贸易理论的具体运用和国际贸易利益实现的重要问题，它不仅是各国政府关心的重要问题，也是国际贸易学研究的主要领域之一。国际贸易政策是世界各国和各地区之间进行货物和服务交换时所采取的政策总和。而对外贸易政策则是从单个国家的角度，来研究一国在一定时期内对进口贸易和出口贸易所实行的政策。对外贸易政策是国际贸易政策的重要组成部分，也是研究国际贸易政策的逻辑起点。因此，对国际贸易政策的研究，实质上主要就是对各国对外贸易政策演变的历史考察和规律研究。

7.1 国际贸易政策概述

国际贸易政策(International Trade Policy)是指世界各国和地区对外进行商品、服务和技术交换活动时所采取的政策。从单个国家或地区的角度出发，有关国际贸易的政策就是对外贸易政策。

7.1.1 对外贸易政策的概念

对外贸易政策(Foreign Trade Policy)是各国和地区内部经济政策和对外政策的重要组成部分，是为各国和地区的经济基础和对外政策服务的总的指导方针。对外贸易由出口与进口两个部分组成。对运进商品和劳务的国家(地区)来说，就是进口；对运出商品或劳务的国家(地区)来说，就是出口。海岛国家，如英国、日本等，也常用"海外贸易"表示对外贸易。从国际范围来看，这种货物和服务的交换活动就称为国际贸易或世界贸易。

1. 对外贸易政策的实质

一国的对外贸易政策，是一国政府为实现一定的政策目标在一定时期内对本国进出口贸易所实行的政策，它是为国家最高利益服务的，是统治阶级意志的集中反映。一个国家的对外贸易政策是这个国家的经济政策和对外政策的重要组成部分，它随着世界政治、经济形势的变化，国际政治、经济关系的发展而改变，同时它也反映各国经济发展的不同水平，反映各国在世界市场上的力量和地位，另外它也受一国内部不同利益集团的影响。

2. 对外贸易政策的目的

一般来说，各国制定对外贸易政策的目的在于以下几方面。

(1) 保护本国的市场。通过关税和各种非关税壁垒措施来限制外国商品和服务的进口，使本国商品和服务免受外国的竞争。

(2) 扩大本国的出口市场。通过各种鼓励出口措施来促进本国出口商增加出口和外国进口商踊跃进口，使本国的出口市场不断扩大。

(3) 促进本国产业结构的改善。一个国家应当充分利用本国或本地区的经济资源，以贸易政策的形式明确向哪些国家出口何种产品，又应当从何处进口何种产品以增进本国福利、促进本国发展。

(4) 积累资本或资金。通过关税、国内税和其他税费措施，使国家获得财政收入；还可通过宏观调控政策促使出口商获得良好的外贸环境，从而增加盈利。

(5) 维护和发展本国的对外经济政治关系。一切从维护国家利益和民族利益出发，通过运用灵活的、务实的对外政策达到维护国家独立、主权和领土完整，为本国经济的恢复与发展创造良好的外部环境，有助于本国、本地区和世界和平与稳定，能在国际社会中立足并享有较高的威望。

3. 各国和地区的对外贸易政策的构成

(1) 对外贸易总政策。这其中包括对外贸易战略、出口总政策和进口总政策。它是从整个国民经济和长远目标出发，在一个较长的时期内实行的政策。

(2) 进出口商品和服务等政策。进出口商品政策是各国在本国对外贸易总政策的基础上，根据国内经济结构、市场状况等分别制定的限制和鼓励商品、服务进出口的具体措施。其基本原则是对不同的进出口商品实行不同的待遇，主要体现在关税的税率、计税价格和课税手续等方面的差异。例如，对某类进口商品，有时采用较高税率和数量限制手段来阻挡其进口，有时则对其实施较宽松的做法，允许较多的进口。

(3) 国别或地区贸易政策。国别政策是各国根据对外贸易总政策，依据对外政治经济关系的需要而制定的国别和地区政策。它在不违反国际规范的前提下，对不同国家采取不同的外贸策略和措施。对不同国家规定差别关税率和差别优惠待遇是各国国别政策的基本做法。

实际上，上述三部分内容是相互交织在一起的，后两者离不开对外贸易总政策的指导，而对外贸易总政策也不是抽象存在的，它必须通过具体的进出口商品政策和国别对外贸易政策得以体现。

从具体内容来看，一般而言，对外贸易政策主要包括一国的关税制度和政策、非关税壁垒的种类和做法、鼓励出口的体制和手段、管制出口的政策和手段，以及一国参与国际经济一体化的战略和政策等。这些范围内的有关体制、政策和基本做法都反映着上述三方面的含义，构成了国际贸易政策的基本内容。

7.1.2 对外贸易政策的类型、制定和执行

自对外贸易产生以来，出现了各种不同类型的对外贸易政策，但从其本身的性质和作用来看，对外贸易政策有两种基本类型，即自由贸易政策和保护贸易政策。但在不同的历史时期和不同的国家，其自由程度与保护程度有所不同。

1. 对外贸易政策的类型

1) 自由贸易政策

自由贸易政策(Free Trade Policy)是指国家对进出口贸易活动一般不进行干预，减免关税和其他贸易壁垒，让商品和服务等自由进出口，在国内外市场上自由竞争。

18世纪后半期英国在产业革命的基础上带头实行自由贸易政策，旨在从海外获得廉价的粮食和原料并推销其工业制成品。进入帝国主义时期后，西方各国纷纷放弃自由贸易政策而改行保护贸易政策(超保护)。第二次世界大战后，《联合国宪章》规定了自由贸易原则，《关税与贸易总协定》也积极推行自由贸易，要求降低关税和消除非关税壁垒。随着资本主义世界经济的迅速恢复和发展，尤其是美国经济实力的大大加强，从20世纪50年代到70年代初，在整个世界范围内出现了贸易自由化。

2) 保护贸易政策

保护贸易政策(Protective Trade Policy)是指国家采取各种措施干预对外贸易，通过高关税和非关税壁垒来限制外国商品和服务的进口，以保护本国市场免受国际市场的竞争，同

时对本国出口商品给予优惠或补贴，鼓励扩大出口，以提高本国商品和服务在国外市场上的竞争能力。其最基本的特征是"限入奖出"。

20世纪70年代中期，由于西方经济的不景气，特别是美国经济贸易地位的下降，贸易保护主义又开始抬头并一直在盛行，并在此基础上形成了管理贸易(Managed Trade)，即"有组织的自由贸易"等新贸易政策。

2. 对外贸易政策的制定

因为各国贸易政策的制定主要面临的问题，仍是需选择以自由贸易政策为主，还是以保护贸易政策为主，因此，关于这两类政策的比较和选择问题的研究就十分必要。自由贸易政策和保护贸易政策各有利弊，如何取舍关键取决于本国的经济发展需要，以及国际经济环境的要求。

1) 两种主要贸易政策的比较

从经济发展的内在规律来说，自由贸易政策可以减少甚至消除由于人为干预对经济的扭曲，注重价格机制对经济自发地调节，因而从理论上说更利于资源在世界范围内的更有效配置，形成互相有利的国际分工，扩大世界各国的国民真实收入，有助于参加贸易各国和世界整体福利的增加，从总体上来说更符合经济发展的内在规律。同时对一国来说，在自由贸易条件下，可以自由进口廉价商品，从而减少国民开支，提高利润率，促进本国的资本积累。从经济效率的比较来看，自由贸易与保护贸易相比也具有突出优势，实行自由贸易可以反对垄断，加强竞争，提高经济效益。因而从全球经济的角度来说，条件允许的时候，各国应积极推行自由贸易政策，以促进世界经济更快地增长。

当然自由贸易并不是完美无缺的。自由贸易论者的严密理论抽象，很多时候并不能满足现实社会的多方向的需要。如从各国的局部利益来说，由于各国经济发展的不平衡，自由贸易给各国带来的得失有较大差距，发达国家获益较多，而发展中国家在国际分工中处于不利地位，可见自由贸易的实行并不是无代价、无条件的。从经济史上看，作为自由贸易对立面的保护贸易的产生就是为了解决自由贸易所不能解决的有关经济发展的现实问题。所以保护贸易政策，虽然长远来看不利于本国和世界的贸易和经济发展，但基于以下一些特殊原因，在特定国家和特定时间有实行的必要。

2) 对外贸易政策的影响因素

对外贸易政策属于上层建筑，是为经济基础服务的。它反映了经济发展与当权阶级的利益与要求。追求本国、本民族经济利益和政治利益的最大化，是一国或地区制定对外贸易政策的基本出发点。一般来说，一个国家或地区在制定对外贸易政策时，主要考虑下列因素。

(1) 本国的经济发展水平和商品竞争能力。

一般来说，本国产品在世界市场上具有强大的竞争力，以实行自由贸易政策为宜；一国产品在国际市场上的竞争力处于居中地位，以实行互惠贸易政策较为有利；一国产品在国际市场上的竞争力薄弱，则以实行保护贸易政策为上策。例如，"二战"后美国以其产品在国际市场所具有的强劲竞争力，采取自由贸易政策，从中获得了较多的贸易利益。

(2) 本国的经济结构和产业结构(比较优势)。

各国的经济结构之间存在着巨大的差异。产业结构、产品结构、市场结构、消费结构

第 7 章　国际贸易政策

等方面都有所不同,既有劣势,又有优势。进行对外贸易,就要从中获得比较利益,因而对外贸易政策的制定首先依赖于本国的经济结构与比较优势,使本国优势得以充分发挥。

(3) 本国的经济状况。

对外贸易在规模、结构等方面受制于本国国内市场的供求关系。一方面,本国能产出的出口量受国内供给和需求所制约。若国内供给不足,依靠国内消费出口终究是有限的。另一方面,进口贸易也存在其内在限度,与国民经济的增长密切相关。没有一定进口规模保障,经济增长将受阻碍,进口规模超过国内经济所需水平,也会造成生产要素资源的浪费或设备闲置。因而,一国对外贸易政策的制定要充分考虑国内市场的供求状况。

(4) 本国生态平衡。

在发展对外贸易的同时,许多国家尤其是发展中国家,已经面临着自然资源日益枯竭、环境条件不断恶化,并面临着发达国家转嫁环境污染的压力。一些国家为了扩大出口,解决资源短缺的困难,过度地开采矿产资源、砍伐森林、捕捞水产品、猎捕珍奇动物,导致本国资源急剧枯竭和生态环境恶化。因此,生态平衡问题已越来越为人们所重视,各国在制定对外贸易政策时无不考虑到本国生态平衡。

(5) 本国就业与失业状态。

国际分工的加深和国际贸易的发展,有利于增加世界的总产量,从而扩大生产规模。然而,在就业不足的条件下,国际贸易能使失业在国家之间转移。一般而言,当一国出口增加时,就业会增加;而进口增加时,就业便会减少。因此,各国对外贸易政策的制定应着眼于本国的就业与失业的状况,尽可能保证本国劳动力的充分就业。

(6) 本国的国际收支、贸易差额状况。

任何国家都有出现国际收支失调的可能性。各国政府往往制定各种政策,通过调整国际收支平衡表中的贸易项目,改善一国国际收支状况,或对国内经济实行总体控制,以求国际收支的基本平衡。一般来说,当代各国都把重点放在鼓励出口方面,同时也对进口实施必要的限制。

(7) 本国各种利益集团力量的对比。

一国在制定对外贸易政策时,往往要考虑某种利益集团的要求。由于实行不同的对外贸易政策对不同的利益集团会产生不同的利益影响,这就不可避免地造成各种利益集团在外贸政策上的冲突。

一般来说,那些同进口商品竞争的行业和与之有生产联系的各种力量是贸易保护主义的推崇者;相反,以出口商品生产部门为中心参与许多国际经济活动的各种经济力量,则是自由贸易的倡导者。这两股力量都力图影响对外贸易政策的制定和实行,以维护和扩大自己的利益。它们之间力量对比的消长,直接给对外贸易政策的变动以重大影响。例如,我们研究美国关税政策的历史就会发现,代表南方农场主利益的民主党执政,就倾向于低关税政策;代表北方制造商利益的共和党执政,就倾向于高关税政策。

(8) 政府领导人的经济贸易思想。

虽然一国较长时期内对外贸易政策的总方针和基本原则是由最高立法机关制定的,但政府机构特别是政府领导人又往往被授予一些制定政策的权力。例如,美国国会往往授予美国总统在一定范围内制定某些对外贸易法令、进行对外贸易谈判、签订贸易协定、增减关税、确定数量限额等权力。政府领导人在制定政策时,或多或少地要受他对整个世界经济和贸易的看法的影响。例如，1980年初，联邦德国总理维利·勃兰特看到北方与南方国家间相互依赖关系日益加深，积极支持南北对话，他领导的"国际发展问题独立委员会"向联合国提出了著名的《争取世界生存——发展中国家和发达国家经济关系研究》报告。他指出，如果发展中国家的经济困难得不到妥善解决，那么，国际贸易的发展、世界市场的扩大、国际投资的增长、发展中国家债务的偿还、国际金融市场的稳定、原料和能源供应的保证都要受到影响，而这对发达国家摆脱经济危机是至关重要的。因此，他主张推进南北对话，扩大南北经济往来，改变不合理的国际分工，建立公正、合理的国际经济新秩序。

需要指出：一国实行自由贸易政策，并不意味着完全的自由。发达资本主义国家在标榜自由贸易的同时，总是或明或暗地对某些产业实行保护。事实上，自由贸易口号历来是作为一种进攻的武器，即要求别国能够实行自由贸易，而且只有在双方都同意开放市场之后，自由贸易政策才会付诸实施。一国实行保护贸易政策也并不是完全封闭，不与别国开展贸易，而是对某些商品的保护程度高一些，对有些商品的保护程度则低一些，甚至很开放，在保护国内生产者的同时，也要维持同世界市场的某种联系。更有一些国家实际上实行保护贸易，而口头上却宣称自由贸易。所以说，绝对的自由贸易政策和完全的保护贸易政策是不存在的。无论是保护贸易政策，还是自由贸易政策，都是相对而言的。

3. 对外贸易政策的执行

各国或地区的对外贸易政策主要通过海关和国家或地区设立的其他机构(如对外贸易部、对外贸易促进委员会等)来执行。对外贸易政策的一般执行方式如下。

1) 通过海关对进出口贸易进行管理

海关是国家行政机关，是设置在对外开放口岸的进出口监管机关。海关一般设置在陆地边境和沿海口岸。由于近代航空运输和铁路运输的发展，对外贸易的货物、进出境人员的行李物品等，可以从国外直达内地，因而在开展国际航空、国际联运、国际邮包邮件交换业务，以及其他有关外贸业务的地方也要设置海关机构。海关的主要职能是：对进出关境的货物和物品及运输工具，进行实际的监督管理，计征关税和代征法定的其他税费；查禁走私，一切进出国境的货物和物品运输工具，除国家法律有特别规定的以外，都要在进出关境时向海关申报，接受海关检查后放行。

2) 国家广泛设立各种机构，负责促进出口和管理进口

在西方国家，对外贸易政策是按照分权制衡的原则来管理和实施的。具体来说，就是通过国家立法机构制定或修改对外贸易政策，由有关的行政机构来监督和管理对外贸易。各国管理对外贸易机构有的是综合式的，有的是归口管理，其他部门配合。如美国根据联邦宪法规定，美国对外贸易的国家调节职权属于国会，联邦政府则根据国会立法制定和执行外贸政策。其实美国在制定和执行对外贸易政策方面的职权很大程度上分散于政府很多部门，出口管理工作的职能由商务部、国防部、能源部等分别执行，进口管理的权限属于联邦政府商务部国际贸易委员会；英国对外贸易管理机构集中在贸易部；法国管理对外贸易的机构有总统领导的国际委员会，以及外贸部、经济部共同领导的对外经济关系司等；德国政府中主管对外经济贸易的是联邦经济部，其次还有外交部、财政部、食品和农林部；日本通产省是日本政府制定外贸政策和管理外贸的主要部门，我国的对外经济贸易由商务

部统一归口管理。

3) 国家政府出面协调国际贸易机构与组织的关系

国家政府出面参与协调各种国际经济贸易的国际机构与组织,进行国际经济贸易等方面的协调工作。这些机构和组织主要包括以下几方面。

(1) 与联合国有关和下属的一些国际组织。例如世界贸易组织、国际货币基金组织、世界银行、联合国粮农组织等。

(2) 种类繁多的双边的或多边的经济贸易集团。例如欧盟、北美自由贸易区、亚太经合组织等。

(3) 政府间建立类似于卡特尔的国际组织来管理共同的对外贸易行为。例如石油输出国组织(OPEC)。

(4) 对某些种类的商品进出口所采取的管理和约束的国际间商品协定。例如《多种纤维协定》(MFA)等。

7.1.3 国际贸易政策的演变

保护贸易政策在不同的历史时期具有不同的特点。在资本主义生产方式准备时期,即重商主义时期,为促进资本原始积累,西欧各国普遍实行强制性的保护贸易政策,严禁货币(金银)输出,国家垄断外贸;扶植出口产业,力求贸易顺差。在资本主义自由竞争时期,先进国家如英国推行自由贸易政策,后进国家如美国和德国等为保护本国新兴的(即幼稚的)民族工业,则采取以高关税为主的保护贸易政策。进入垄断资本主义时期,各帝国主义国家为达到独占国内市场和瓜分世界市场的目的,将传统的关税壁垒和各种非关税壁垒结合在一起,实行更加严厉的保护贸易政策,即超保护贸易政策。第二次世界大战以后,保护贸易政策在贸易自由化的冲击下有了较大变化,关税壁垒这一传统保护贸易措施的作用受到削弱,而非关税壁垒的作用则得到加强,形成了新贸易保护主义。发达国家一直在加紧推行这种政策。许多独立后的发展中国家为了保护本国幼稚的工农业,发展民族经济,打破发达国家的掠夺与控制,也实行不同程度的保护贸易政策。

纯粹的自由贸易政策在现实中并不存在,标榜自由贸易的许多发达国家,总是会或多或少亦或明或暗地对本国的某些产业进行保护。而在贸易自由化不断发展的当今世界里,保护贸易政策措施的使用亦受到多方面的限制,实际上各国贸易政策总表现为自由贸易政策和保护贸易政策某种程度的融合。这样,各国贸易政策的制定,仍面临解决在自由贸易政策和保护贸易政策如何选择、如何搭配这一主要问题。

在资本主义生产方式准备时期(16—18世纪)。为了促进资本的原始积累,西欧各国实行重商主义的强制性的贸易保护政策,通过限制货币(贵金属)出口和扩大贸易顺差的办法扩大货币积累。此政策在英国实行得最彻底。

在资本主义自由竞争时期(19世纪初—19世纪60年代)。资本主义生产方式占据了统治地位,世界经济进入了商品资本国际化阶段,这一时期对外贸易政策的基调是自由贸易。英国是带头实行自由贸易的国家。但是由于各国的经济发展水平不同,一些经济发展起步较晚的国家,如美国和德国,采取了保护贸易政策。

在资本主义垄断时期的前期(19世纪60年代到"二战"前)。垄断加强,资本输出占据统治地位。1929—1933 年资本主义经济大危机，使市场问题急剧恶化，出现了发达国家普遍采用的、以保护国内高度发展的或正出现衰退的垄断工业，巩固和加强对国内外市场的垄断，并在此基础上向国外市场进行进攻性扩张，保护大垄断资产阶级利益，在采取关税和贸易条约的同时，还广泛采用各种非关税措施和奖出限入措施为特征的超保护贸易政策。

第二次世界大战后，随着生产国际化和资本国际化，出现了世界范围的贸易自由化。走上政治独立的广大发展中国家则实行了贸易保护主义。新生的社会主义国家如中国，为了发展经济，实行了国家统制下的贸易保护主义政策。

"二战"后至 20 世纪 70 年代初，由于资本主义世界经济的恢复和迅速发展，第三次科技革命对生产国际化的促进和国际分工的进一步深化，贸易自由化成为主流。尤其是 1947 年《关贸总协定》的签署，对发达资本主义国家推行以贸易自由化倾向为特征的对外贸易政策起了重要作用。

20 世纪 70 年代至 20 世纪 90 年代，三次较为严重的经济衰退使"二战"后开始的贸易自由化趋于停顿，国际市场竞争的空前激烈导致以非关税壁垒设置为特征的新贸易保护主义产生，并在上述背景下出现了管理贸易政策。管理贸易政策的主要内容是：国家对内制定各种对外经济贸易法规和条例，加强对本国进出口贸易有秩序地发展的管理；对外通过协商，签订各种对外经济贸易协定，以协调和发展缔约国之间的经济贸易关系。

20 世纪 70 年代以来，对国际贸易产生重要影响的是具有保护主义性质的战略性贸易政策。所谓"战略性贸易政策"，是指一国政府在不完全竞争和规模经济条件下，可以凭借生产补贴、出口补贴或保护国内市场等政策手段，扶持本国战略性工业的成长，增强其在国际市场上的竞争能力，从而谋取规模经济之类的额外收益，并借机劫掠他人的市场份额和工业利润，即在不完全竞争环境下，实施这一贸易政策的国家不但无损于其经济福利，反而有可能提高自身的福利水平。显然，这有悖于自由贸易学说的经典结论。

7.2 自由贸易政策

7.2.1 自由贸易的产生

进入 17 世纪后，在西欧，资本主义有了迅速发展，特别是英国，资本主义经济的增长尤为显著。资本的原始积累正在逐渐完成其历史使命而让位于资本主义的积累。产业资本在社会经济中不断扩大自己的阵地，但旧的封建生产关系仍然束缚着生产力的发展。为了扫除资本主义前进道路上的障碍，1648 年，英国爆发了资产阶级革命；1789 年，法国也爆发了资产阶级革命。这些历史性的变革，必然要反映到经济思想上，这就是重商主义的衰落和自由贸易理论的兴起。

7.2.2 英国的自由贸易政策

18 世纪 60 年代在英国开始的产业革命使英国的工业迅速发展，1820 年英国的工业生产在全球生产中的比重为 50%，"世界工厂"的地位确立并得到巩固。一方面其产品具有强大的国际竞争力，具有增加出口的绝对优势；另一方面大量的出口需要原料和粮食进口的

第 7 章 国际贸易政策

增加,因此新兴的工业资产阶级迫切需要政府抛弃重商主义政策主张,放松对贸易的管制,实行自由贸易政策。经过长期的斗争,古典经济理论取代重商主义的经济思想,英国在 19 世纪前期建立了一种开放性的自由贸易政策体系。这些政策包括以下几方面。

1. 废除谷物法

1838 年,英国棉纺织业资产阶级组成"反谷物法同盟"(Anti Corn Law League),然后又成立全国性的反谷物法同盟,展开了声势浩大的反谷物法运动。经过斗争,终于使国会于 1846 年废除谷物法的议案,并于 1849 年生效。规定谷物进口每夸脱只征税 1 先令,并取消了原先的进口限价制度。

2. 逐步降低关税税率,减少纳税的商品项目和简化税法

经过几百年重商主义的实践,到 19 世纪初,英国有关关税的法令达 1000 项以上。从 1821 年英国开始简化税法、降低关税的改革,到 1842 年,原料的进口关税最高只有 5%,工业品的进口关税不超过 20%。进口纳税的商品项目也从 1841 年的 1163 种减至 1882 年的 20 种。禁止出口的法令也被完全废除。

3. 取消特权公司,允许一切行业和个人从事对外贸易

在 1813 年和 1814 年东印度公司对印度和中国贸易的垄断权分别被废止,从此对印度和中国的贸易开放给所有的英国人。

4. 废除航海法

航海法是英国限制外国航运业竞争和垄断殖民地航运事业的政策。从 1824 年逐步废除,到 1849 年和 1854 年,英国的沿海贸易和殖民地全部开放给其他国家。至此,重商主义时代制定的航海法被全部废除。

5. 改变殖民地贸易政策

在 18 世纪,英国对殖民地的航运享有特权,殖民地的货物输入英国享受特惠关税和待遇。在英国大机器工业建立以后,英国不怕任何国家的竞争,所以对殖民地的贸易逐步采取自由放任的态度。1849 年航海法废止后,殖民地可以对任何国家输出商品,也可以从任何国家输入商品。通过关税法的改革,废止了对殖民地商品的特惠关税,同时允许殖民地与外国签订贸易协定,殖民地可以与任何外国建立直接的贸易关系,英国不再加以干涉。

6. 与外国签订自由贸易条约

1860 年,英法两国签订了英法商务条约,即《科伯登-谢瓦里埃条约》(Colder-Chevalier Treary),这是以自由贸易精神签订的第一项贸易条约。该条约规定英国对法国工业品的进口全部免税,对法国的葡萄酒和烧酒的进口降低税收,并承诺不禁止煤炭的出口;法国对从英国进口的煤、钢铁、机器、棉麻织物等减税进口,同时还列有无条件的最惠国待遇条款。此后英法两国相继与其他国家签订了此类贸易条约。英国和法国这两个重要国家走上了自由贸易的道路,为欧洲开辟了一个经济自由主义的时代。尤其是在英国的带动下,19 世纪中叶,许多国家降低了关税,荷兰、比利时相继实行了自由贸易政策,形成了国际贸

易史上的第一次自由贸易趋势。这是历史上第一次也是唯一一次较为彻底的自由贸易时代。

7.2.3 第二次世界大战后的贸易自由化

第二次世界大战后,世界政治经济力量发生了很大变化。美国的经济实力空前提高,强大的经济实力和日益膨胀的经济对外扩张的需要,使其一直致力于在全球范围内推进贸易自由化。在其积极倡导下,1947 年缔结了以旨在推动贸易自由化的《关税与贸易总协定(GATT)》。GATT 的成立大大促进了战后的贸易自由化进程。加之日本和西欧战后经济的恢复和重建的需要,发展中国家自主的经济建设,以及国际分工的深化发展,跨国公司的迅速兴起,推动生产国际化、资本国际化在世界范围内的大发展,因而在"二战"后至 20 世纪 70 年代初,出现了全球范围内的贸易自由化浪潮。

1. 第二次世界大战后贸易自由化的主要表现

1) 大幅度降低关税税率

GATT 的成员方通过多边贸易谈判,大幅度地降低了关税税率。通过八轮的多边谈判,发达国家和发展中国家缔约方进口平均税率已分别降到 4%和 13%左右。经济集团内部逐步取消关税。如欧共体(现为欧盟)实行关税同盟,对内取消关税,对外减让关税。通过协商,一些经济集团给予周边国家和发展中国家优惠关税。如欧盟与非、加、太发展中国家通过《洛美协定》给予特别优惠关税待遇。经过发展中国家的努力,1968 年 2 月第二届联合国贸易和发展会议(简称贸发会议)上通过了普遍优惠制决议,要求发达国家对来自发展中国家的制成品、半制成品给予普遍的、非歧视的单方面的关税优惠。通过以上措施,世界平均关税税率得以大大降低。

2) 降低或撤销非关税壁垒

第二次世界大战后,发达资本主义国家对许多商品进口实行严格的进口限额、进口许可证和外汇管理等措施,以限制商品进口。随着经济的恢复和发展,这些国家在不同程度上放宽了进口数量限制,扩大了进口自由化,增加了自由进口的商品,放宽或取消了外汇管制,实行货币自由兑换,促进了贸易自由化的发展。

2. 第二次世界大战后贸易自由化的主要特点

1) 贸易自由化主要在多边、区域或双边的贸易协议框架内进行

国家间通过签订多边、区域和双边的贸易协议,约定彼此间削减关税,抑制非关税壁垒的使用,取消国际贸易中的障碍与歧视,促进贸易自由化的发展以扩大世界商品的生产和交换。尤其是关贸总协定的建立及其所组织的历次多边贸易谈判,对于降低缔约方之间的贸易壁垒,从而推动世界范围内的贸易自由化的发展发挥了巨大的作用。此外,区域性的关税同盟、自由贸易区、共同市场和双边合作的发展,均以促进商品和生产要素的国际间自由流动为宗旨,也大大促进了贸易自由化在这一时期在世界范围内的大发展。这是与资本主义自由时期少数国家为了工业资产阶级对外扩张的利益和要求自主地降低关税壁垒有着极大的不同。

2) 贸易自由化在国家资本主义日益增强的条件下发展起来

这主要反映的是垄断资本的利益,而历史上的自由贸易则代表的是资本主义上升时期

的工业资产阶级的利益与要求。

3) 贸易自由化是一种有选择的贸易自由化

处于贸易自由化进程中的国家在选择产品范围、领域中具有一定的自主性,在削减关税壁垒的同时通过诸多保障条款的使用,仍在很大程度上保留免除其履行贸易自由化的义务和使用保护贸易政策的权利,因而这一时期的自由贸易政策在一定程度上仍和保护贸易政策相结合。在具体实行中出现了这样的趋势:工业制成品的贸易自由化程度超过农产品的自由化程度;机器设备等资本品的贸易自由化程度超过工业消费品的自由化程度;区域集团内的贸易自由化程度超过集团外部贸易自由化的程度;发达国家之间的贸易自由化程度超过发展中国家之间的贸易自由化程度。因此,这种有选择的贸易自由化的发展是不平衡的,而且是不稳定的,在贸易自由化的进行过程中,当本国的经济利益受到损害时,贸易保护主义就重新抬头。

4) 贸易自由化促进了世界经济的高速发展

这个时期是资本主义经济史中一个发展的"黄金时期"。贸易自由化带来的市场扩大和低廉的原料、食品、中间产品以及制成品的进口,为许多国家的经济发展创造了良好的物质条件。世界经济整体上都得到了快速发展,尤其是日本、西欧和新兴工业化国家和地区出现了第二次世界大战后经济发展的奇迹。

7.2.4 自由贸易政策的理论基础

1. 自由贸易理论的形成

自由贸易理论起始于法国的重农主义,完成于古典政治经济学,后来又不断得到丰富和发展。

在古典政治经济学之前,法国的重农主义(Physiocracy)与英国学者休谟(D. Humo)已提出自由贸易的主张。重农主义提倡商业的自由竞争,反对重商主义的贸易差额论,并反对课征高额关税。休谟主张自由贸易,并提出"物价与现金流出入机能"的理论,驳斥重商主义的贸易差额论。

2. 自由贸易理论的要点

1) 自由贸易政策可以形成互相有利的国际分工

在自由贸易下,各国可以按照自然条件(亚当·斯密)、比较利益(大卫·李嘉图)和要素禀赋(俄林)状况,专门生产其最有利和有利较大或不利较小的产品,促成各国的专业化。这种国际分工可以带来下列利益。

(1) 分工与专业化可以增进各国各专业的特殊生产技能。

(2) 使生产要素(土地、劳动、资本)得到最优化的配置。

(3) 可以节省社会劳动时间。

(4) 可以促进发明,故分工范围越广、市场越大、生产要素配置越合理,获取的利益越多。

2) 扩大国民真实收入

此论点由国际分工理论推演而来。自由贸易理论认为,在自由贸易环境下,每个国家都根据自己的条件发展最擅长生产的部门,劳动和资本就会得到正确的分配和运用,再通过贸易以较少的花费换回较多的商品,就能增加国民财富。

  3) 进口廉价商品

在自由贸易条件下,可进口廉价商品,减少国民开支。

  4) 自由贸易可以反对垄断,加强竞争,提高经济效益

独占或垄断对国民经济不利,其原因有:独占或垄断会抬高物价,使保护的企业不求改进,生产效率降低,造成落后,削弱竞争能力。

  5) 自由贸易有利于提高利润率,促进资本积累

李嘉图认为,随着社会的发展,工人的名义工资会不断上涨,从而引起利润率的降低。他认为,要避免这种情况,并维持资本积累和工业扩张的可能性,唯一的办法就是自由贸易。

自由贸易政策促进了英国经济和对外贸易的迅速发展,使英国经济跃居世界首位。1870年英国在世界民办工业生产中所占的比重为 32%。在煤、铁产量和棉花消费量中,都各占世界总量的一半左右。英国在世界贸易总额中比重上升到近 1/4,几乎相当于法、德、美各国的总和。它拥有的商船吨位占世界第一位,约为荷、美、法、德、俄各国商船吨位的总和。伦敦成了国际金融中心,世界各国的公债和公司证券都送到这里来推销。

自由贸易理论为自由贸易政策制造了舆论,成为自由贸易政策论证的有力武器。英国制造业者及其代言人经济学家的今后任务,便是使其他一切国家依自由贸易来建立以英国为最大的工业中心,而其余一切国家为依存于这个中心的农业地域。

7.3 保护贸易政策

7.3.1 保护贸易政策的产生

  在英国实行自由贸易的同时,以美国和德国为代表的一些后进的资本主义国家,为了保护本国的新兴民族工业,抵御英国经济势力的入侵,一直采取保护贸易政策。其主要办法是提高进口商品的关税。美国从 19 世纪初期就不断提高关税,1816 年关税税率为 7.5%~30%,1824 年平均关税率提高到 40%,1828 年再提高到 70%,它使美国工业得以避免外国的竞争而顺利发展。法国的贸易政策在 18 世纪末 19 世纪中期经历了由保护贸易向自由贸易转变的过程。由于法国的工业革命比英国晚了半个世纪,在工业上一直落后于英国。为了保护本国的工业免受英国商品的竞争,法国一直采取贸易保护政策。18 世纪末,法国曾宣布禁止英国商品输入的法令。1815 年,战争结束后,为抵御英国工业品的进入,法国不断调高关税,如 1822 年的税率高达 120%。在高额关税的保护下,19 世纪前半叶,法国工业取得了迅速发展。随着工商业的逐渐发达,从 19 世纪中期开始,法国开始逐步降低关税。1860 年法英正式签订的《科伯登-谢瓦里埃条约》使法国放弃了高关税政策,成为法国从保护贸易转向自由贸易的分界线。

  德国在 1871 年国家统一后,为了使新兴的工业能避免外国工业品的竞争,得到充分发展,便不断实施保护贸易措施。1879 年改革关税,对钢铁、纺织品、化学品、谷物等征收不断提高的进口关税,并实行阶梯式进口关税率,而且与法国、奥地利、俄国等国进行关

税竞争。1898 年，又通过修正关税法，成为欧洲高度保护贸易的国家之一。

7.3.2 保护贸易政策的演变

1. 重商主义的保护贸易政策

重商主义的对外贸易政策是资本主义生产方式准备时期，西欧国家所普遍实行的一种保护贸易政策。它产生于 15 世纪，16、17 世纪达到鼎盛时期，18 世纪后走向衰落。重商主义是资本原始积累时期，代表商业资本利益的经济思想和政策体系，其追求的目的就是在国内积累货币财富。

1) 重商主义的主要观点

(1) 财富即金银货币，只有金银才是唯一的财富。

(2) 除金银的开采外，只有对外贸易才能增加一国所拥有的金银量，对外贸易是财富的真正源泉。

(3) 在对外贸易中必须贯彻少买多卖的原则，因此国家应当干预经济生活，大力发展出口贸易，限制外国商品的进口，以保证有更多的金银流回本国。

2) 早期重商主义的对外贸易政策

重商主义可以分为两个时期：早期重商主义和晚期重商主义。早期重商主义(又称重金主义)，以货币差额论为其理论基础。主张禁止金银的出口，由国家垄断全部货币交易；在对外贸易上奉行绝对的少买多卖原则，主张限制进口，鼓励出口，以增加货币的流入。本国出口商每次对外交易后所得货币中，必须包括一部分外国金银，以运回本国。来本国贸易的外国商人必须把携带的外国货币换成本国货币，并把在本国销售所得的货币全部用来购买本国货物。在实践中，结果反而窒息了对外贸易。

3) 晚期重商主义的对外贸易政策

晚期重商主义在理论上由"货币差额论"发展为"贸易差额论"，反映了当时新兴的商业资产阶级的利益，认为要增加国内的金银，必须发展对外贸易，使贸易出超。限制进口的措施，禁止若干外国商品，特别是奢侈品进口，对外国商品征收高额进口税。对本国商品的出口给予补贴，对本国商品的出口实施出口退税，降低或免除出口关税，允许从国外进口原料，加工后再出口。实行独占性的殖民地贸易政策，颁布促进出口的谷物法、职工法、行会法、航海法等。采取各种办法鼓励商品出口。实行关税保护制度，以保持对外贸易的顺差。

4) 二者的区别

早期重商主义主张每一笔交易都要保持顺差，严格禁止金银外流；而晚期重商主义则主张国家应保证全国总的贸易顺差，不反对对个别国家的贸易有逆差，也不绝对禁止金银外流。

重商主义的政策加速了当时欧洲各国的货币资本的积累，促进了资本主义工场手工业生产的发展，在一定的历史时期内起到了进步作用，但它在理论上只局限于流通领域，而没有进入到生产领域，在政策上主张国家干预经济和对外贸易。因此，到自由资本主义时期，它就成了资本主义经济进一步发展的障碍，从而为自由贸易政策所代替。

2. 汉密尔顿的保护贸易政策

《国富论》出版的同一年，英属北美殖民地大陆会议发表了著名的《独立宣言》，宣布解除与英国国王的隶属关系，建立独立的国家——美利坚合众国。汉密尔顿(Alexander Hamilton)是美国的开国元勋之一，政治家和金融家，美国第一任财政部长。

美国虽然取得了战争的最后胜利，在政治上取得了独立，但经济却遭受了严重破坏，加之战后英国的经济封锁，使其经济上仍属殖民地经济形态，国内产业结构仍然以农业为主，工业方面仅限于农副产品加工和手工业的制造，处于十分落后的水平。当时摆在美国面前有两条路：一条是实行保护关税政策，独立自主地发展本国工业；另一条是实行自由贸易政策，继续向英国、法国、荷兰等国出售小麦、棉花、烟草、木材等农林产品，用以交换这些国家的工业品，满足国内市场的工业品需求。前者是北方工业资产阶级的要求，后者是南部种植园主的愿望。

在这样的背景下，汉密尔顿代表工业资产阶级的愿望和要求，于1791年12月向国会提交了《关于制造业的报告》，明确提出实行保护关税政策的主张。他在报告中系统地阐述了保护和发展制造业的必要性和重要性，提出一个国家如果没有工业的发展，就很难保持其独立地位。美国工业起步晚，基础薄弱，技术落后，生产成本高，根本无法同英、法等国的廉价商品进行自由竞争，因此，美国应实行保护关税制度，以使新建立起来的工业得以生存、发展和壮大。在汉密尔顿看来，征收关税的目的不是为了获得财政收入，而是保护本国的工业，因为处在成长发展过程中的产业或企业难以与其他国家已经成熟的产业相竞争。与旨在增加金银货币财富、追求贸易顺差，因而主张采取保护贸易政策的重商主义不同，汉密尔顿的保护贸易思想和政策主张，反映的是经济不发达国家独立自主地发展民族工业的要求和愿望，它是落后国家进行经济自卫并通过经济发展与先进国家进行经济抗衡的保护贸易学说。汉密尔顿保护关税学说的提出标志着保护贸易学说基本形成。

汉密尔顿的保护关税论是从美国经济发展的实际情况出发所得出的结论，反映了美国建国初期急需发展本国的工业、走工业化道路、追赶欧洲工业先进国的强烈要求。这一观点的提出，为落后国家进行经济自卫和与先进国家相抗衡提供了理论依据，同时也标志着从重商主义分离出来的西方国际贸易理论两大流派已基本形成。

3. 李斯特的保护幼稚工业的理论

保护贸易的理论，就其影响而言，李斯特的保护幼稚工业的理论最具代表性。

李斯特(List，1789—1846)是德国历史学派的先驱者，早年在德国提倡自由主义。自1825年出使美国以后，受到汉密尔顿的影响，并亲眼见到美国实施保护贸易政策的成效，转而提倡贸易保护主义。他在1841年出版的《政治经济学的国民体系》一书中，系统地提出了保护幼稚工业的学说。

1) 对古典自由贸易理论提出批评

指出"比较成本说"不利于德国生产力的发展。李斯特认为，向外国购买廉价的商品，表面上看起来是要合算一些，但是这样做的结果是，德国的工业就不可能得到发展，而会长期处于落后和从属于外国的地位。如果德国采取保护关税政策，一开始会使工业品的价格提高，但经过一段时期，德国工业得到充分发展，生产力将会提高，商品生产费用将会下降，商品价格甚至会低于外国进口的商品价格。

第7章 国际贸易政策

批评古典自由贸易学说忽视了各国历史和经济上的特点。古典自由贸易理论认为,在自由贸易下,各国可以按地域条件、按比较成本形成和谐的国际分工。李斯特认为,这种学说是一种世界主义经济学,它抹杀了各国的经济发展与历史特点,错误地以"将来才能实现"的世界联盟作为研究的出发点。

李斯特根据国民经济发展程度,把国民经济的发展分为五个阶段,即"原始未开化时期、畜牧时期、农业时期、农工业时期、农工商业时期"。各国经济发展阶段不同,应采取的贸易政策也应不同。处于农业阶段的国家应实行自由贸易政策,以利于农产品的自由输出,并自由输入外国的工业产品,以促进本国农业的发展,并培育工业化的基础。处于农工业阶段的国家,由于本国已有工业发展,但并未发展到能与外国产品相竞争的地步,故必须实施保护关税制度,使它不受外国产品的打击。而处于农工商业阶段的国家,由于国内工业产品已具备国际竞争能力,国外产品的竞争威胁已不存在,故应实行自由贸易政策,以享受自由贸易的最大利益,刺激国内产业进一步发展。

李斯特认为英国已达到最后阶段(农工商业时期),法国在第四阶段与第五阶段之间,德国与美国均在第四阶段,葡萄牙与西班牙则在第三阶段。因此,李斯特根据其经济发展阶段,主张当时德国应实行保护工业政策,促进德国工业化,以对抗英国工业产品的竞争。

2) 李斯特的保护幼稚工业的主张

主张国家干预对外贸易。为保护幼稚工业,李斯特提出:"对某些工业品可以实行禁止输入,或规定的税率事实上等于全部或至少部分地禁止输入。"同时,对"凡是在专门技术与机器制造方面还没有获得高度发展的国家,对于一切复杂机器的输入应当允许免税,或只征收轻微的进口税"。

3) 保护的对象与时间

李斯特保护贸易政策的目的是促进生产力的发展。经过比较,李斯特认为应用动力与大规模机器的制造工业的生产力远远大于农业。他认为着重农业的国家,人民精神萎靡,一切习惯与方法偏于守旧,缺乏文化福利与自由;而着重工商业的国家则不然,其人民充满增进身心与才能的精神。工业发展以后,农业自然跟着发展。

他提出的保护对象的条件是:①农业不需保护。只有那些刚从农业阶段跃进的国家,距离工业成熟期尚远,才适宜保护。②一国工业虽然幼稚,但在没有强有力的竞争者时,也不需要保护。③只有刚刚开始发展且有强有力的外国竞争者的幼稚工业才需要保护。李斯特提出的保护时间以 30 年为最高期限,在此期限内,被保护的工业还扶植不起来时,不再予以保护,任其自行垮台。

4) 保护幼稚工业的主要手段

采取禁止输入与征收高关税办法来保护幼稚工业,以免税或征收轻微进口税的方式鼓励复杂机器进口。

5) 对李斯特保护幼稚工业理论的评价

(1) 李斯特保护贸易学说在德国工业资本主义的发展过程中曾起过积极的作用。它促进了德国资本主义的发展,有利于资产阶级反对封建主义势力斗争。

(2) 李斯特的保护贸易理论是积极的,其保护的对象以将来有前途的幼稚工业为限,对国际分工和自由贸易的利益也予以承认。换言之,他主张以保护贸易为过渡时期,而以自由贸易为最后目的。其保护也是有限度的,而不是无限度的。李斯特的理论对经济不发达国家是有重大参考价值的。

（3）李斯特的保护贸易理论存在的缺陷。他对生产力这个概念的理解是十分错误的，对影响生产力发展的各种因素的分析也很混乱。他以经济部门作为划分经济发展阶段的基础是错误的，歪曲了社会经济发展的真实过程。

从总体上说，自由竞争的资本主义时期，是资本主义经济增长较快的历史时期。西方国家的对外贸易政策是以自由贸易为主要特征，即使实行保护贸易政策的国家，也将保护贸易措施的实施看作是对自由贸易的一种过渡。

7.3.3 超保护贸易政策

19世纪末20世纪初，国际经济制度发生了很大变化，自由竞争资本主义被垄断资本主义所代替，而且各主要国家普遍完成了产业革命，工业得到迅速发展，世界市场的竞争日趋激烈。尤其是1929—1933年间的世界性经济危机，使市场的争夺进一步尖锐化。于是，各主要资本主义国家为了垄断国内市场和争夺国外市场，纷纷转而实行侵略性的贸易保护政策，又被称为超保护贸易政策。其政策依据主要是凯恩斯主义的经济思想。

1. 超保护贸易政策的含义

超保护贸易政策(Policy of Super-protection)，又称侵略性保护贸易政策，即西方发达国家为维护国内市场的垄断价格和夺取国外市场，采取的一种侵略性对外贸易政策，是传统的关税减让谈判中的减税方法。通常对选择出的产品，先由该项产品的主要供应国提出关税减让要求，与进口国在双边基础上进行讨价还价的谈判，达成双边协议。

2. 超保护贸易政策的主要内容

（1）对进出口贸易实行许可证制度。

进口许可证制度是一国海关规定某些商品的进口必须申领许可证，没有许可证海关不予进口的制度，这是世界各国进口贸易行政管理的一种重要手段，也是国际贸易中一项应用较为广泛的非关税措施。

进口许可证制度作为一种行政手段，具有简便易行、收效快、比关税保护手段更有力等特点，因而成为各国监督和管理进口贸易的有效手段。发展中国家为了保护本国工业、贸易发展和财政需要，比较多地采用这种制度，而发达国家在农产品和纺织品等国际竞争处于劣势的领域也经常采用进口许可证制度来加以保护。这种做法不仅会妨碍贸易的公平竞争、国际贸易流量，还容易导致对出口国实行歧视性待遇。

（2）外汇管制。

外汇管制是一国政府为平衡国际收支和维持本国货币汇率而对外汇收支实行的限制性措施。一国政府通过法令对国际结算和外汇买卖进行限制的一种限制进口的国际贸易政策。外汇管制分为数量管制和成本管制。前者是指国家外汇管理机构对外汇买卖的数量直接进行限制和分配，通过控制外汇总量达到限制进口的目的；后者通过国家外汇管理机构对外汇买卖实行复汇率制，利用外汇买卖成本的差异，调节进口商品结构。

（3）进出口商品规定进口限额。

进口限额是对进口商品设置的一种数量限制。通常由输入国单方或通过与输出国事先磋商后宣布，限定某类或某些品种的商品在规定期限内允许进口的最高数量或金额。进口限额同保护性关税性质不同，但作用相似。进口限额比保护性关税实施更为简便、限制进口的效果也更易确定。在国内市场对某种商品进口需求增长，从而引起国内价格相对于国际市场价格上涨时，高关税有时不能完全制止进口增加，而限额能够做到。

(4) 征收高额关税或禁止进口。

(5) 对出口商品予以补贴或关税减免。

出口补贴，又称出口津贴，是一国政府为了降低出口商品的价格，增加其在国际市场的竞争力，在出口某商品时给予出口商的现金补贴或财政上的优惠待遇。政府对出口商品可以提供补贴的方法很多，但不外乎两种基本形式：直接补贴和间接补贴。

3. 超保护贸易政策与垄断前资本主义时期的保护贸易政策的区别

(1) 其保护的对象不仅是国内的幼稚工业，而且包括高度发展的垄断工业。

(2) 其目的不仅保护国内市场和培养自由竞争的能力，而且要占领国外市场，巩固和加强对国内外市场的垄断。

(3) 其性质不是防御性的，而是进攻性的。

(4) 其手段不仅是提高关税，还包括种类繁多的非关税壁垒。

(5) 不仅限制外国商品进入本国市场，以维持商品的垄断高价来保持高额利润，同时，还将部分垄断高额利润作为补贴，以倾销价格向国外进行倾销，占领国外市场，将生产扩大到最大限度。

总之，这种保护贸易政策已成为争夺世界市场的手段，成为进攻而不是防卫的武器。可见，进攻性和侵略性是超保护贸易政策的突出特征。

7.3.4 新贸易保护政策

一国贸易政策的制定总是会随着国内外经济环境的变化，国内出现的新的经济问题而不断调整变化。20 世纪 70 年代国际经济环境发生了很大变化。第一，1973—1974 年和 1979—1982 年发生了两次由石油危机演变成的世界性经济危机。发达国家的经济普遍陷入了滞胀和衰退，就业压力增大，使它们对于世界市场的争夺更为激烈，市场矛盾更为突出。因此，国内的许多产业垄断资产阶级和劳工团体，纷纷要求政府采取保护贸易政策措施来保护国内市场，减缓失业压力。第二，主要工业国的发展很不平衡，美国的经济地位相对下降，贸易逆差迅速上升，其主要工业产品如钢铁、汽车、电器等不仅受到日本、西欧等国的激烈竞争，甚至面临一些新兴工业国以及其他出口国的竞争威胁。在这种情况下，美国一方面迫使拥有贸易顺差的国家开放市场，另一方面加强对进口的控制，因此美国成为新贸易保护政策的重要策源地。由于美国率先采取贸易保护措施，引起其他各国纷纷效仿，致使新贸易保护主义得以蔓延和扩张。

新贸易保护政策即使与 20 世纪 30 年代的超贸易保护政策相比，也有很多不同，具有明显特征，主要包括以下几方面。

1. 被保护的商品范围不断扩大

保护对象从传统商品、农产品转向高级工业品和服务部门。在服务贸易方面，很多发达国家在签证、申请投资条例、收入汇回等方面作出限制，以培育自己的竞争优势。在工业品方面，从纺织品、鞋、陶瓷、胶合板等"敏感商品"直到钢铁、彩电、汽车、计算机、数控机床等皆被列入保护范围。1977—1979年，美国、法国、意大利和英国限制彩电进口。1981—1982年美国迫使日本作出向美国出口168万辆小汽车的"自愿出口限制"。1982年，美国与欧共体签订限制钢铁的"自愿出口限制"，诸如此类的措施很多。

2. 贸易保护措施多样化

继续进行关税减让的谈判，按照有效保护税率设置阶梯关税，加强征收"反倾销税""反补贴税"的活动。从1980年到1985年，发达国家的"反倾销"案多达283起，涉及44个国家和地区。非关税壁垒的作用大大增加。非关税壁垒措施从20世纪70年代末的800多种增加到80年代初的1000多种，到80年代末增加到2500多种。违背关贸总协定的基本原则。在"有秩序的销售安排"(Orderly Marketing Arrangement，OMA)和"有组织的自由贸易"(Organized Free Trade)下，绕过关贸总协定的基本原则，搞"灰色区域措施"(Grey Area Meas Mres)。

3. 奖出限入的重点由限制进口转向鼓励出口

在奖出限入中，限入是相对消极的做法，而且限入并不能很好地达到促进生产的目的，同时又容易招致别国的报复。而出口的增加对经济的带动作用强，因此，许多发达国家把奖出限入的重点转向鼓励出口，采取的措施包括经济、法律、组织等诸多方面。比较常用的包括：对出口实现出口补贴、出口退税、出口信贷及出口信贷保险，实行商品倾销和外汇倾销，设立出口加工区，设立各种鼓励出口的机构和评奖机制，政府出面签订保护本国出口的贸易条约等。

4. 受保护的程度不断提高

从1980年到1983年，在整个制成品的进口中受限制商品的比重有较大的提高。美国从6%提高到13%，欧共体从10%提高到15%。在整个发达国家制成品消费中，受限商品从1980年的20%提高到1983年的30%。

5. 贸易上的歧视性有所加强

由于各国经济发展的不平衡，国际间贸易摩擦加剧，各国纷纷绕过GATT的无歧视原则，采取国内立法、双边或多边贸易协定的方式，对别国进行贸易制裁和报复。如美国根据国内《1974年贸易法》和《1988年综合贸易法》，对别国频繁使用301条款、超级301条款和特殊301条款进行单方面的贸易制裁，使国际贸易中的歧视现象有所加强。

7.4 战略性贸易政策

20世纪70年代中期后，世界产业结构和贸易格局发生了重大变化。一些发展中国家在世界贸易中的地位迅速提高，并在纺织、家用电器、钢铁等原来发达国家垄断的行业呈现出比较优势。传统的产业间贸易逐步被发达国家之间的产业内贸易所取代。世界产业结构和贸易格局的变化，使得各国之间在工业品市场上的竞争越来越激烈。日本经济的迅速腾飞促使各国经济学家们研究政府政策对于贸易、经济发展的促进作用。20 世纪 80 年代初，赫尔普曼和克鲁格曼的集大成之作《市场结构和对外贸易》(*Helpman and krugman*，1985)标志着新贸易理论的形成。

7.4.1 战略性贸易政策概念

该理论以不完全竞争和规模经济理论为前提，以产业组织中的市场结构理论和企业竞争理论为分析框架，突破了以比较优势为基础的自由贸易学说，强调了政府适度干预贸易对于本国企业和产业发展的作用。

战略性贸易政策(Strategic Trade Policy)是寡头垄断条件下的国际贸易理论。它在支持最积极的贸易政策和保护主义方面走得很远。战略性贸易政策的提出者认为，由于现代国际贸易中存在着不完全竞争和规模经济，许多行业是由少数寡头垄断控制市场供应和价格政策，因而整个国际市场的竞争就演变成为少数企业之间围绕着市场份额进行的博弈。在寡头垄断的市场结构下，政府采取战略性贸易政策，通过关税及其他贸易政策工具对市场进行干预，以提高本国企业在国际市场上的占有率，而企业因此所得的利润将大大超过政府所支付的补贴部分。这种情况大多发生在规模经济优势比较明显的行业当中。战略性贸易政策理论可分为"利润转移论"和"外部经济论"。这方面的主要贡献者是美国的经济学家克鲁格曼(Krugman)和赫尔普曼(E. HelPman)。

7.4.2 战略性贸易政策的理论基础

战略性贸易政策理论基础是建立在规模经济和外部经济的基础上的。贸易的基础不再主要是资源禀赋、技术等方面的差异，规模经济已经成为国际贸易的重要基础。在国际市场上，自由竞争的理想状态并不存在，企业垄断和政府干预使得市场竞争不完全。如果一国政府重视通过鼓励出口或限制进口发展本国的主导产业，从而带来产业关联效应和技术外溢效应，这也许比贸易本身的效益要重要得多。

1. 规模经济

规模经济分为内在规模经济和外在规模经济。内在规模经济是指随企业规模扩大，其生产成本不断下降的过程。内在规模经济又可称为"厂商水平上的规模经济"，它给单个企业带来竞争优势。这种规模经济在资本技术密集型行业中最为明显，如飞机、汽车等行业。在这些产业中，厂商要想取得竞争优势，必须达到行业所允许的最小有限规模，获取规模经济优势，否则其生产成本过高，会被淘汰。这些行业内的厂商有不同程度的垄断性，行业不再是完全竞争的。同时，由于内在规模经济的存在，垄断厂商必然按高于边际成本的水平定价，获得超额垄断利润。这就为政府通过关税、出口补贴等手段抽取垄断利润提供了依据，也就是"利润转移理论"的出发点。

外部规模经济指单个厂商从本产业的壮大中获得收益。它对厂商来说是外在的，但对于产业来说却是内在的，故又称为"产业水平上的规模经济"。这种规模经济取决于产业的规模，产业规模越大，单个厂商发展所需的条件越容易满足，从而获得的收益越多。外部规模经济在那些研发投入巨大的行业非常显著。然而这些产业投资的风险较大，且由于"外溢效应"厂商不能独享其投资带来的收益，厂商不愿投资，产业难以发展壮大。而高科技产业往往又在国家的发展中有战略作用，因此政府就有必要给予适当的扶植，这就引出了战略性贸易政策的另一分支"外部经济论"。

2. 不完全竞争的市场结构

迄今为止，西方经济学中还没有形成关于不完全竞争市场的一般性结论。克鲁格曼和赫尔普曼(E.Helpman)在《市场结构和对外贸易》(1985)一书中，把不完全竞争市场分为伯特兰(J.Bertrand)市场结构。每个厂商都在它对另一厂商选择的价格预测既定的情况下作出自己的价格选择。为获得利润最大化，每一厂商都会把价格定得低于对方，厂商进行价格博弈，直到价格等于边际成本为止。在寡头市场中，每个厂商预测对方的产量，在假定对方产量不变的基础上确定使自己利润最大化的产量，厂商进行产量博弈。

7.4.3 战略性贸易政策的主张

利润转移论是战略性贸易政策的主体内容，指的是在寡头竞争的国际市场上，存在着因产品价格高于边际成本而形成的租金或超额垄断利润。利润转移论包括：战略性出口政策、进口政策和以进口保护促进出口的政策。战略性进口政策的核心内容，是用关税抽取外国寡头厂商的垄断利润。以进口保护促进出口的政策，则主要是指通过国内市场保护使本国厂商获得规模优势，进而扩大在国内外市场的份额。

1. 利润转移论

1) "出口补贴论"

"以出口补贴促进出口"模型最早由布兰德和斯潘塞提出，即以出口补贴支持本国寡头厂商扩大国际市场份额。在与国外寡头厂商进行双头竞争的国际市场上，政府通过对国内厂商提供出口补贴，可使其降低边际成本，提高在国际市场的销售份额和利润，同时减少国外厂商的市场份额和利润，由此带来的本国厂商的利润增加可以超过政府的补贴支出，从而使本国的国民净福利上升。

2) "战略进口政策"

战略进口政策又可称为"关税抽取租金论"，最早也是由布兰德和斯潘塞提出。在不完全竞争市场上，国外垄断厂商的定价高于边际成本，存在经济租金(即超额垄断利润)，进口国等于向国外厂商支付了租金，因此进口国政府可以运用关税抽取国外厂商的超额垄断利润。政府征收进口关税时，国外垄断厂商要么降低垄断价格，要么减少出口量。若国外垄断厂商选择降低价格，则其垄断利润减少，且由自己承担损失；若国外垄断厂商选择减少出口量，则相当于让出了部分市场，国内厂商就会进入该产业，达到扶植该产业的目的。

3) "以进口保护促进出口论"

"以进口保护促进出口模型"由克鲁格曼提出。他假定：寡头垄断市场，产品相互替代，但不完全替代。国内外市场分割，两企业相互向对方市场渗透，并在第三国市场上竞争。在此基础上克鲁格曼指出，如果本国政府对外国垄断厂商进入本国市场设置阻碍，本国厂商在本国市场上获得特权地位，将销售更多的产品，产量增加；由于规模经济的存在，成本下降，进而市场进一步扩大。相反，国外厂商：销售减少→产量缩减→成本上升→市场缩小，这一过程将持续到一个新的多元市场均衡为止。随着本国厂商成本的下降和国外厂商成本的上升，一旦本国厂商在竞争中处于优势，便可达到促进出口的目的。

2. **外部经济理论**

该理论认为，某些产业由于外部规模经济效应，厂商不能独享投资带来的收益，且投资的风险很大，打击了私人投资的积极性，私人投资明显不足，这在新兴高科技产业最为明显。然而这些行业又往往具有战略性，其创造的知识、技术、产品对国家的发展和社会的进步有不可低估的作用。因而政府要选择适当的高科技产业加以扶植，降低其投资的风险，吸引私人资本投入该行业，推动战略性产业的成长。另外，经济外溢效应不仅存在于本产业内，产业间也存在外溢效应，表现为一个产业对另一产业的支撑效应。政府对处于产业链下游的基础产业也应该给予扶植。

7.4.4 战略性贸易政策的评价

1. **战略性贸易政策的优点**

战略性贸易政策在国际贸易政策领域的反映和体现，扩充了国际贸易理论比较优势的范围，不同于传统的国际贸易理论。战略性贸易政策理论论证了一国对于规模经济效应很强的产业来说，对本国市场的保护可以使本国厂商在国内市场的地位相对稳定，使国内厂商获得一种相对于外国厂商的规模优势，由此降低生产的边际成本，同时使外国厂商在保护市场上的销售量下降而边际成本上升。国内外厂商边际成本的反向变化，将导致它们分别调整保护国以外市场的销量，本国厂商的产量将进一步扩张，外国厂商的产量将进一步减少，从而再次对两国厂商的边际成本产生相反的影响。这种从产量到边际成本的不断循环和调整过程，将使进口保护成为促进出口的重要机制。

同时，它也修正了贸易理论的内涵，从现实世界中最普遍存在的不完全竞争市场提炼出来，试图设计出适宜于产业内贸易的干预政策，以改善受到扭曲的竞争环境，使市场运行处于"次优"(Secondbest)境地，对现实具有一定的指导意义。这个理论对贸易政策的政治经济学和相关产业政策产生长久的影响，尤其是对美国20世纪90年代的贸易政策，同时也影响了欧盟条约的有关内容(第130、131条款中产业政策的内容)。从方法论上看，它更是广泛借鉴和运用了产业组织理论与博弈论的分析方法和研究成果。

2. **战略性贸易政策的缺陷**

战略性贸易政策的实现依赖于一系列严格的限制条件，往往成为贸易保护主义者加以曲解和滥用的口实，可能会恶化全球贸易环境，理论中也缺乏有力的政策干预效应的统计分析、定量分析和实证研究。

不完全竞争的市场和规模经济的存在只是实施战略性贸易政策的必要条件，而不是充分条件。其他约束条件如下。

(1) 不存在其他国的报复行为，否则将陷入报复的"囚徒困境"。战略性贸易政策有一定的"零和博弈"色彩，如果世界各国都实施这种"以邻为壑"的保护政策，将导致世界贸易的萎缩。

(2) 完备的信息。战略性贸易政策的实施需要确定面临的市场结构(垄断还是寡占)、选择扶植的对象、确定扶植的力度、估计实施后厂商的反应，所有这些都需要掌握完备的信息才能做到。信息的不完备是实施战略性贸易政策的一大障碍。

(3) 产业条件。实施战略性贸易政策的产业应具有一定的特征：产业存在相当高的进入壁垒(至少在一段时间内)；该产业要有限地使用瓶颈资源；与出口相关的产业应该比国外产业更集中或至少一样集中，能形成集群效应。

(4) 隐含条件——完善、成熟的市场经济体制。这一条是针对发展中国家来说的。战略性贸易政策理论产生于西方发达国家，在那里完善的市场经济体制是现成的。而绝大多数发展中国家的市场经济体制还不完善，这就影响战略性贸易政策在发展中国家的实施效果，甚至会产生副作用。

本 章 小 结

国际贸易政策是指世界各国和地区对外进行商品、服务和技术交换活动时所采取的政策。从单个国家或地区的角度出发，有关国际贸易的政策就是对外贸易政策。

自由贸易政策是指国家对进出口贸易活动一般不进行干预，减免关税和其他贸易壁垒，让商品和服务等自由进出口，在国内外市场上自由竞争。

保护贸易政策是指国家采取各种措施干预对外贸易，通过高关税和非关税壁垒来限制外国商品和服务的进口，以保护本国市场免受国际市场的竞争。

超保护贸易政策又称侵略性保护贸易政策，即西方发达国家为维护国内市场的垄断价格和夺取国外市场，采取的一种侵略性对外贸易政策。这是传统的关税减让谈判中的减税方法。

战略性贸易政策是寡头垄断条件下的国际贸易理论。战略性贸易政策的提出者认为，由于现代国际贸易中存在着不完全竞争和规模经济，许多行业是由少数垄断寡头控制市场供应和价格政策，因而整个国际市场的竞争就演变成为少数企业之间围绕市场份额进行的博弈。

思 考 题

1. 试评论战略性贸易政策对当代国际贸易的意义。
2. 中国的贸易发展应采用哪种贸易政策？
3. 论述国际贸易政策的演变过程。
4. 论述李斯特保护贸易政策的主张。

【案例分析】

美国著名的"301条款"

目前很多国家，尤其是发达国家都把知识产权提升为国家建设和发展的基本国策。在这种形势下,美国公布了其2006年度特别301条款审查报告,并首次公布了对中国的"分省特别审查",这引起了国际社会的普遍关注,也引起了我国政府的高度重视。

1974年,针对"美国在服务贸易、知识产权方面的优势未能在全球范围内得到有效的保护,致使财富流失"的现状,美国政府修改了国内贸易法,提出了著名的"301条款"。其主要内容是授权美国政府对特定的外国的不公平贸易行为作出反应。当美国的任何利害关系人申诉外国的做法损害了美国在贸易协定下的利益或有其他不公正、不合理或者歧视性行为给美国的企业造成负担或障碍时,美国贸易代表可以依据"301条款"发起调查,可以决定实施撤回贸易减让或者优惠条件等制裁措施,迫使该国改变其不公正或不公平的做法。"301条款"将美国从积极的自由贸易政策带入了贸易保护主义。

请结合中美贸易战的状况加以分析。

(资料来源:知识产权报,2007年12月25日)

第8章　国际贸易措施

【学习目标】

通过对本章内容的学习，掌握关税的概念、分类；了解关税征收的依据与方法；掌握非关税壁垒的概念、特点和分类；理解非关税措施与关税措施这两种方法对进出口贸易影响的不同；理解各种其他国际贸易措施和非关税壁垒措施之间的区别。

【重点与难点】

重点：征收关税的经济效应；各种非关税措施的含义和使用。

难点：针对各种贸易摩擦问题能为政府、外贸企业提供建议；能够结合实际解释当前各国主要推行的非关税壁垒贸易措施；能够结合实际案例解释其他国际贸易措施的使用情况；能够为企业面临这些贸易措施带来的贸易摩擦提供建议。

【导入案例】

2010年11月，海尔洗衣机对《家用洗衣机ErP法规草案》的三条修改意见提案被欧盟采纳，成为取得该草案提出修改意见"话语权"的唯一中国企业。

欧盟ErP指令原为EuP指令(2009年欧盟将其升级为ErP指令)，是继WEEE、ROHS指令之后，欧盟另一项主要针对能耗的技术壁垒指令，即"能耗产品生态设计要求指令"。该指令聚焦于产品对资源能量的消耗和对环境的影响，侧重对耗能产品从整个生命周期进行规范。通常情况下，EuP指令会对洗衣机产品出口造成影响，它要求产品从设计开始，一直到生命周期结束都必须遵循绿色环保的要求，这就使很多不达标企业被淘汰出局。

欧盟的这种家电法案的制定或修改，一般只有世界顶尖级的检测检验机构或技术水准达到世界一流的企业才能参与进来。此次，欧盟能够采纳海尔洗衣机的修改提案，是对海尔洗衣机技术研发实力的认可。同时，自2006年海尔洗衣机全球总工吕佩师成为亚洲首位IEC国际电工委员会专家组专家起，海尔洗衣机就开始与欧美的专家共同参与制定全球洗衣机行业的通用国际标准，2010年2月份的IEC60456国际洗衣机标准中，就充分融入了海尔洗衣机的智慧。

作为取得该草案提出修改意见"话语权"的唯一一家中国企业，海尔洗衣机提出的修改意见都被采纳，也代表了中国应对技术性贸易壁垒方面能力的进步。伴随着在技术领域的不断突破，海尔洗衣机在拥有全球洗衣机行业绝对话语权的同时，还带动了整个中国制造国际地位的提升。

(资料来源：《海尔洗衣机提案获欧盟认可》，http://it.sohu.com/20101122/n277821441.shtml)

第 8 章 国际贸易措施

8.1 关税措施

8.1.1 关税的概述

1. 关税的概念

关税(Tariff),是指一国政府对进出该国关境的商品所征收的税收。关税是由设在关境上的国家行政管理机构——海关征收的。这样,一国或地区(世界上的一些单独关税区)由关境组成了一个地区范围,称为关税区域。

通常情况下,一国的海关在其本国国境内实施统一的贸易法令与关税法令,此时,国境与关境是一致的。但在有些情况下,这种关税区域不一定绝对等于一国的政治领土,如果关税区域大于一国(或地区)的政治领土,就是组成了关税同盟。几个国家结成关税同盟后,实施统一的关税法令和统一的对外税则,成员国只对来自和运往非成员国的货物进出共同关境时征收关税,因此,它们组成了大于成员国各自关境的共同关境,使一个国家的关境向外进行了延伸;相反的一种情况是,如果在本国境内设立了自由港、自由贸易区和出口加工区等经济特区,就会使该国的关税区域小于其政治领土,因为自由港、自由贸易区和出口加工区等经济特区就进出口关税而言,是处在关境之外的。

2. 关税的特点

(1) 关税是一种间接税。进出口商垫付税款作为成本打入货价,关税负担最后便转嫁给买方或消费者承担。

(2) 关税具有强制性、无偿性和预定性的特点。

关税是国家财政收入的一个重要组成部分。它与其他税收一样,具有强制性、无偿性和预定性。强制性是指关税的缴纳不是自愿的,而是按照法律无条件地履行纳税义务,否则就违反了国家法律。无偿性是指关税的取得国家不需要付出任何代价,不必把税款返还给纳税人。预定性是指关税通常都是事先设计好的,一般不会随意更改和减免。

(3) 关税有税收主体和税收客体。

关税的纳税人是进出口商人,关税的税收客体是进出口货物。关税的征收主体是海关,这一点与我国其他税收一般是由税务机关征收不同,海关代表国家负责征收管理。

(4) 关税的课征范围是以关境为界而不是以国境为界。关税的课税对象是"进出关境的货物和物品",这里所指的是"关境",而不是"国境"。

3. 关税的作用

1) 提供乃至增加财政收入

关税是国家税收的一种,提供财政收入是关税的基本职能之一。在早期,关税收入曾占一些国家财政收入的很大比例,例如,1805 年美国联邦政府的财政收入 90%~95%来自关税,1900 年仍占 41%以上。在当今,随着各国不断削减关税,大多数国家关税占财政收入的比重已经大大下降,例如美国在 1995 年关税收入占财政收入比重约为 2%,但在少数国家仍然是财政收入的重要来源。

2) 保护本国产业和扩大就业

关税的一个重要职能是能够抵御外来竞争和保护国内产业,主要体现在四个方面:一是一国处于经济发展低级阶段时,有必要排斥外来竞争,通过征收关税提高进口品在进口国的价格,减少进口需求量,使得需求转向国内供给,从而促进国内产业发展;二是有一些幼稚工业需要通过关税或政府干预予以暂时或短期的保护,使之免受来自外国发展成熟的竞争对手的竞争,当这些工业成长起来并能够承受外来竞争时,可撤除保护;三是征收关税能为本国产业结构调整赢得时间,征收关税将增加进口成本,阻碍进口的激增,从而使本国产业有充裕的时间来进行调整;四是关税可以扩大和保护就业,由于征收关税减少了进口,把需求从外国商品转移到国内商品,从而刺激国内生产和就业。

3) 改善贸易条件并增加贸易利益

关税是限制进口的主要手段之一。征收关税使进口品国内价格提高,如果进口需求量大且弹性大的话,将可能压低进口价格,使进口国贸易条件得到改善,从而换回更多进口品,享受的消费也就越多,其经济状况也就越好。对于征收关税的国家来说,这是一种贸易利益的增加。不过,通过征收关税限制进口达到的贸易平衡是消极的平衡,是依靠人为贸易障碍来实现的,是一种潜在的不平衡。如果由此引起别国的关税报复,既会抵消该国关税改善国际收支的作用,又将使贸易进一步减少,造成世界贸易福利的净损失。

4) 调整经济关系

关税是调节收入分配的工具之一,通过影响消费水平和消费结构表现出来。由于关税可以提高商品价格,从而限制消费水平,在一个较长时期,国内价格可能因进口竞争行业受到鼓励而下降,但在国内生产还不能迅速补缺的短期内,国内价格可能因进口关税而上涨,消费者因此增加的支出转化为财政收入和本国企业收入,有助于积累率和投资率的提高。在消费结构方面,通常是对不同种类商品制定不同的关税税率进行调节,如对奢侈品征收高关税,而对必须进口的商品征收较低关税。这种措施实际上是把部分国民收入通过进口产品关税负担的形式进行再分配,相当于把进口奢侈品消费者的收入部分转移到低收入者手中。

关税也是处理国内经济关系时照顾和维护特别利益集团的工具。因为关税对社会某些人有利,因此总有偏爱关税保护的利益集团。通常支持关税保护的是进口竞争行业的生产者和工人,他们的市场、工作和收益更有保障;反对关税的是最终消费者和出口厂商,关税使他们的消费支出或出口成本增加。关税还涉及国家之间的经济关系和利益分配。在自主关税情形下,各国关税在结构和水平方面存在着差异,特别是大国的关税结构和关税水平将影响到贸易国之间的贸易流量和结构,因为大国的进口需求变化影响甚至决定着世界市场价格,可能发生关税转嫁,从而导致贸易利益在贸易国之间重新分配。此外,关税是协调各国经济关系的焦点之一,在关贸总协定和世界贸易组织主持的多边贸易谈判中,关税削减一直是一个主要议题,目的也就在于平衡各国间的利益。

5) 实现国家多重目标

各种经济政策常常具有多方面的作用,征收关税可能是出于国家多重目标的需要。一是保护国家安全,一国通过关税保护以发展起自己涉及国计民生的行业和产品,防止在战时因缺乏必需生活品而带来的灾难;二是对付别国对本国实行不公平或歧视性贸易待遇,如征收反倾销税就是要抵消外国恶意降价作用的一种措施。同样的道理,征收关税也可以成为一国实施有区别的国别政策(即歧视性贸易政策)的重要工具,复式税则就是因此而产生的。

4. 关税的经济效应

关税的征收,引起进口商品的国际市场价格和国内市场价格的变动,然后通过价格的变动,进而影响到出口国和进口国在生产、贸易和消费方面的调整,产生了其他的经济效应。

1) 小国征收进口关税

小国假设为世界市场价格的接受者,征收进口关税不改变世界市场价格。如图8-1所示,D_d和S_d分别代表进口国对某种商品的国内需求曲线和供给曲线。在封闭经济条件下,国内均衡价格为P_E,均衡产量为Q_0。开展国际贸易后,该国处于进口国的地位,国内开始进口这种外国产品。在自由贸易(即不征收关税)情况下,该国产品的价格由于进口国的小国效应,使国内价格等于国际市场价格,即P_W价格水平。此时国内由于生产成本限制,生产和供应就由原来的Q_0减少到Q_1。而由于价格降低,进口国消费者对该商品需求量则由Q_0上升到Q_4。Q_4和Q_1的差,即进口国本国需求和本国供给量的差Q_1Q_4由进口来满足。进口国为保护国内生产,征收了进口关税,从而引起了该进口国此商品价格上升到P_t。P_tP_W可以看作是从量税。由于价格上升,国内总需求减少到了Q_3。

消费效应:价格上升,消费减少,消费者的利益受到了损害,消费者为征收关税付出了代价,这可用消费者剩余来测量。由于该国征收关税导致该国国内价格线上移,因此,消费者剩余发生了变化即消费者剩余减少了。消费者剩余减少的量可用图 8-1 中 $a+b+c+d$ 的面积表示。$a+b+c+d$ 的面积即为该国征收关税对消费者造成的净损失。

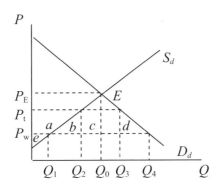

图 8-1 关税的经济效应分析图

生产效应:征收关税后,国内市场与国际市场相对隔离,维持了国内市场该商品的较高价格,使国内生产者可以扩大生产、增加销售量和提高价格而获益。征收关税对生产者的影响则仍结合图 8-1 予以分析:未征收关税时,国内生产量为Q_1。征收关税后,国内市场价格由P_W上升到P_t,国内企业就会将产量由Q_1扩大到Q_2水平。生产者剩余表示生产者获得的利润,表示的生产者剩余就是价格线、供应线和纵坐标所围成的面积。由于该国征收关税导致该国国内价格线上移,因此,生产者剩余发生了变化,即生产者剩余增加了。生产者剩余的增加量为图 8-1 中 a 的面积。a 的面积即为该国征收关税后使生产者产生的净收益。

财政效应：在图 8-1 中，c 部分就是政府的关税收入，c 是征收关税后进口的数量与单位产品征收的关税的乘积。可见，除了生产者之外，政府也是征收关税的受益者。

以上的经济效应分析已经看出，征收关税不利于消费者，而有利于进口竞争品的生产者和政府。但国际贸易是在国与国之间进行的，贸易政策也由国家制定并执行的，因此，征收关税对于经济的净影响则是一国总体经济利益所在。在图 8-1 中，消费者剩余损失的 $a+b+c+d$ 的价值量，没有消失而是转移给国内其他利益集团的是：a 转移给了生产者，c 转移给了政府。b 和 d 没有发生转移，而是消失了。b 称为生产效率的净损失，它是在征收关税之后，由于价格的提高导致的由国内生产要素需求的提高而使要素价格提高，从而引起国内进口替代品生产的边际机会成本提高而造成的损失。d 称为消费净损失，它是在征收关税后，本国消费者因为减少了比现实价格较低的进口产品的消费所遭受的损失。消费净损失和生产效率的净损失之和，即 $b+d$ 部分，构成了关税的社会成本，或叫社会的无谓损失，或叫保护成本，又叫关税的净效应或叫关税的福利损失效应。

2) 大国征收进口关税

大国对进口商品征收关税，使该进口商品的国内价格上升，而国内该进口商品价格的上升，使国内生产扩大，消费减少，总体效果会使进口需求下降。该大国进口的下降又使得该商品的国际市场供应量增加，直接导致该商品的世界市场价格下降。这样，该大国国内价格上升幅度会小于关税的幅度，但国内市场和国际市场上的价格差额仍正好等于关税。

在图 8-2 中，P_F 表示自由贸易时的价格。P_T 是本国征收关税后的国内价格，P_W 是外国在本国征收关税后的价格，它既是外国的出口价格，又是该产品的世界市场价格，还是本国的进口价格。P_T 和 P_W 的差价正好等于关税的幅度。

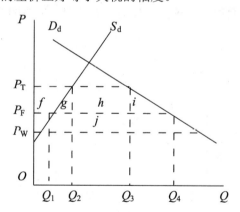

图 8-2 大国征收关税的经济效应分析图示

在本国征收关税后，由于该产品价格上涨，本国该商品的供应由 Q_1 增加到 Q_2，本国需求从 Q_4 下降到 Q_3。于是，进口量由 Q_1Q_4 减少到 Q_2Q_3。大国征收关税的经济福利效应为：消费者剩余为 $-(f+g+h+i)$，生产者剩余为 $+f$，本国政府的关税收入为 $+(h+j)$。从进口国总体来讲，生产者剩余的 f 和政府关税收入的 h 是由本国的消费者剩余的损失转移过来的。因此，其总福利变动为 $j-(g+i)$。如果 $j>(g+i)$，进口国因征税而使净福利水平增加，增加的幅度为 $j-(g+i)$；如果 $j<(g+i)$，进口国的福利会因征收关税而受损，损失的幅度为 $(g+i)-j$。

在 j、g 和 i 这三部分中，g 仍称为生产者效率的净损失或称为生产扭曲造成的损失；i 仍被称为消费净损失或称为消费扭曲造成的损失；这里的 j 通常叫作贸易条件利得。贸易条件是反映一国的出口商品所能换回的进口商品数量多少的指标，从动态变化上分析，在其他条件不变的情况下，如果本国出口商品换回的进口商品增加了，则认为本国的贸易条件改善了，反之，则认为贸易条件恶化了。该大国征收关税后，国内进口量下降的结果直接导致国际需求的下降，该商品的世界市场价格下跌，如果该国出口商品价格保持不变，则进口价格的下跌意味着本国贸易条件的改善。因此，j是由于大国征收关税使得外国商品不得不降低出口价格所造成的，通常把它看作是外国出口商承担了本国部分的进口关税。

8.1.2 关税的种类

按照不同的标准，关税有多种分类方法。

1. 按征收对象分类

按征收对象分类的关税，可以分成进口税、出口税和过境税。

进口税：是海关对进口货物和物品所征收的关税。进口税有正税与附加税之分。正税即按税则法定税率征收的关税；额外征收的关税即为附加税。

出口税：是海关对出口货物和物品所征收的关税。目前，世界上大多数国家都不征收出口税。

过境税：是对外国经过本国国境运往另一国的货物所征收的关税。目前，世界上大多数国家都不征收过境税，我国也不征收过境税。

2. 按货物国别来源而区别对待的分类

按货物国别来源而区别对待的原则，可以分成最惠国关税、协定关税、特惠关税、普通关税和普惠制关税。

(1) 最惠国关税：适用原产于与一国共同适用最惠国待遇条款的 WTO 成员国或地区的进口货物，或原产于与我国签订有相互给予最惠国待遇条款的双边贸易协定的国家或地区的进口货物。

(2) 协定关税：适用原产于一国参加的含有关税优惠条款的区域性贸易协定的有关缔约方的进口货物。

(3) 特惠关税：适用原产于与一国签订有特殊优惠关税协定的国家或地区的进口货物。

(4) 普通关税：适用原产于上述国家或地区以外的国家或地区的进口货物。

(5) 普惠制关税：是在普遍优惠制下的优惠关税待遇。普惠制是发达国家给予发展中国家出口的制成品和半制成品(包括某些初产品)普遍的、非歧视的、非互惠的一种关税优惠制度，税率一般比最惠国税率低约三分之一。

3. 按征税的目的不同，关税可以分为财政关税、保护关税和调节关税。

(1) 财政关税：是指以增加国家的财政收入为主要目的而征收的关税。征收关税最初的目的多为增加国家财政收入，但随着各国经济的发展和国际经济竞争的加剧，各国征收关税的主要目的是限制外国商品的进口，保护国内的产业和市场。

(2) 保护关税：是以保护国内产业为目的而课征的关税。即根据本国产品的市场竞争力，对外国同类进口产品课以重税，使进口货物的成本高于本国同类产品的市场价格，从而达到保护本国产业的目的。

(3) 调节关税：是以调整本国经济与产业结构为主要目的而设置的关税。对于国内需求扶持和发展的产业及产品，则提高关税税率；对于国内没有优势、没有竞争力的产业及产品，则降低同类进口商品税率。

4. 按特定的实施情况分类，可以分为正常关税和进口附加税

(1) 正常关税：是指按国家税法规定的税率征收的关税。

(2) 进口附加税：又称特别关税，是指进口国海关对进口的外国商品在征收正常关税之外，出于特定的目的而额外加征的关税。一般是临时性的或一次性的。这类附加税主要有反倾销税、反补贴税、紧急关税、惩罚性关税和报复性关税。

① 反倾销税：是指进口国政府在正常关税之外对倾销产品征收的一种附加关税。其目的是抵制商品倾销，保护本国产品的国内市场。

② 反补贴税：也称"反津贴税""抵销关税"，是对接受出口补贴或津贴的外国商品在进口环节征收的一种进口附加税，是差别关税的一种形式。所征税额一般与该商品所接受的补贴额相等。其目的在于抵销进口产品在降低成本方面所获得的额外好处，使它不能在进口国市场上进行低价竞争或倾销，以保护进口国同类商品的生产。

③ 紧急关税：又称"紧急进口附加税"，指为应付某种紧急情况，对某些商品加征的进口税。在国际贸易中，外国某种商品大量涌入某国，进口量大大超过正常水平，对某国生产此种产品的行业构成威胁，甚至造成巨大损失，通过正常谈判渠道又难以解决时，该国往往以加征紧急进口附加关税，来限制该商品大量涌入，保护本国工业生产。如美国汽车制造商曾因日本汽车大量涌入美国市场而要求政府加征此类关税。1972 年 5 月澳大利亚曾对进口涤纶除征收正常关税外，也加征紧急关税。

④ 惩罚性关税：是指当出口国家某种商品的出口违反了与进口国之间的协议，或者未按进口国的规定办理进口手续时，由进口国海关对该进口商品所征收的一种具有惩罚或罚款性质的进口附加税。

⑤ 报复性关税：是指他国政府以不公正、不平等、不友好的态度对待本国输出的货物时，为维护本国利益，报复该国对本国输出货物的不公正、不平等、不友好，对该国输入本国的货物加重征收的关税。

8.1.3 关税征收的依据与方法

1. 关税征收的依据——海关税则

关税税则，又叫海关税则，是一国对进出口商品计征关税的规章和对进出口的应税商品和免税商品加以系统分类的一览表。它是海关征税的依据，是一国关税政策的具体体现。从内容上看，海关税则一般包括两部分：其一为海关征收关税的规章、条例和说明；其二为关税税率表。关税税率表主要由税则号、商品名称、关税税率等栏目组成。

根据关税税率栏目的多少，海关税则可分为单式税则和复式税则两种。

单式税则又叫作一栏税则。在这种税则中，每个税目只有一种税率，该税率适用于来自于任何国家的商品，不存在差别待遇。资本主义国家在自由竞争时期曾经实行过单式税

第8章 国际贸易措施

则,但资本主义发展到垄断时期后,纷纷放弃单式税则,演变为复式税则。

复式税则又被称为多栏税则。在这种税则下,每一税目都有两个或两个以上(即三个或四个)不等的税率。其主要目的是对来自不同国家的同一商品区别对待,适用不同的税率,结果会造成同一种商品由于其来源国不同而被征收不同的关税,造成了国别歧视。同一税目有两种税率叫作二栏税则。依此类推,有三栏税则和四栏税则。目前,世界上绝大多数国家实行的是复式税则。

根据海关税则中税率制定中的国家权限不同,海关税则可分为自主税则和协定税则两种。自主税则是由本国政府自主制定,并有权加以变更的海关税则。它又被称为国定税则。协定税则是通过本国与其他国家谈判制定,受条约或协定约束的海关税则。自主税则和协定税则中形成的关税税率分别称为自主税率和协定税率。

2. 关税征收的标准

按征收关税的标准,可以将关税分成从价税、从量税、复合税、选择税、差价税和滑准税。

(1) 从价税:是以货物的价格或者价值为征税标准,以应征税额占货物价格或者价值的百分比为税率,价格越高,税额越高。货物进口时,以此税率和海关审定的实际进口货物完税价格相乘计算应征税额。从价税的特点是,相对进口商品价格的高低,其税额也相应高低。其优点是税负公平明确、易于实施。从价税也存在着一些不足,如:不同品种、规格、质量的同一货物价格有很大差异,海关估价有一定的难度,因此计征关税的手续也较繁杂。目前,我国海关计征关税的标准主要是从价税。

(2) 从量税:以货物的数量、重量、体积、容量等计量单位为计税标准,以每计量单位货物的应征税额为税率。从量税的特点是,每一种货物的单位应税额固定,不受该货物价格的影响。计税时以货物的计量单位乘以每单位应纳税金额即可得出该货物的关税税额。从量税的优点是计算简便,通关手续快捷,并能起到抑制低廉商品或故意低瞒价格货物的进口。但是,由于应税额固定,物价涨落时,税额不能进行相应的变化,因此,在物价上涨时,关税的调控作用相对减弱。

(3) 复合税:又称混合税,即订立从价、从量两种税率,随着完税价格和进口数量而变化,征收时两种税率合并计征。它是对某种进口货物混合使用从价税和从量税的一种关税计征标准。混合使用从价税和从量税的方法有多种,例如:对某种货物同时征收一定数额的从价税和从量税;或对低于某一价格的进口货物只按从价税计征关税,高于这一价格,则混合使用从价税和从量税等。复合税既可发挥从量税抑制低价进口货物的特点,又可发挥从价税税负合理、稳定的特点。

(4) 选择税:是指对于进口某商品同时有从价税和从量税两种税率,在征税时选择其税额较高的一种征税。选择税具有灵活性的特点,可以根据不同时期经济条件的变化、政府征税目的以及国别政策进行选择。

(5) 差价税:又叫差额税,指当某种本国生产的产品国内价格高于同类的进口商品价格时,按国内价格与进口价格之间的差额征收关税。

(6) 滑准税:是根据货物的不同价格适用不同税率的一类特殊的从价关税。它是一种关税税率随进口货物价格由高至低而关税由低至高设置计征关税的方法。通俗地讲,就是进口货物的价格越高,其进口关税税率越低,进口商品的价格越低,其进口关税税率越高。

滑准税的特点是可保持实行滑准税商品的国内市场价格的相对稳定，而不受国际市场价格波动的影响。

8.2 非关税措施

随着世界贸易自由化的深入发展，世界各国之间的经济贸易竞争日趋激烈。在这种形势下，贸易保护主义又再次兴起，特别是一些发达国家为维护自身经济政治利益，以各种"合理""合法"的名义，在WTO的框架下，以例外性的免除条款为基础，形成了以非关税壁垒为特点的新的贸易保护主义，其突出表现是非关税壁垒成为发达国家实施贸易保护政策的主要工具。

8.2.1 非关税壁垒概念

非关税壁垒是指除关税以外各种限制进口的措施。它和关税措施一起成为保护一国国内市场的重要工具。但与关税措施相比，非关税壁垒具有更大的限制效果，因为非关税壁垒具有以下特点。

1. 非关税壁垒更具有灵活性和针对性

关税税率的制定必须通过各种合法程序，所以具有相对的稳定性。而非关税壁垒措施的制定通常采取行政程序就可以确定，比较便捷，能随时针对某国的某种商品采取相应的措施，较快较好地达到限制进口。

2. 非关税壁垒限制进口的有效性更强

关税壁垒是通过征收高额关税，提高进口商品的成本和价格，削弱其竞争能力，从而间接地达到限制进口的目的。但现在在贸易自由化的大背景下，在WTO的推动下，关税税率逐渐降低，于是关税就难以起到限制商品进口的作用。但是非关税壁垒措施，不管是数量限制还是其他措施，更能有效地起到限制进口的作用。

3. 非关税壁垒更具有隐蔽性和歧视性

关税率确定以后，要依法执行。任何国家的出口商都可以了解，但一些非关税壁垒措施往往并不公开，而且经常变化，使外国出口商难以对付和适应。因此其对贸易的影响和对进口的限制作用就更大。

8.2.2 非关税壁垒的种类

1. 进口配额制

进口配额制又称为进口限额，是在一定时期内(通常是一年)一国政府对某种商品的进口数量或金额所规定的限额，在规定的限额以内商品可以进口，超过限额就不准进口，或征收较高的关税或罚款。进口配额制是发达国家限制进口数量和金额的重要手段之一。进口配额有绝对配额和关税配额两种。

(1) 绝对配额。绝对配额是指在一定时期内，一国政府对某种商品的进口数量或金额规定一个最高数额，超到这个数额后，便不准进口。这种方式在实施中，有以下两种形式。

① 全球配额。即世界范围的绝对配额，对来自任何国家或地区的商品一律适用，按进口商品的申请先后给予一定的额度，至总配额发放完为止，超过总配额就不准进口。全球配额并不限定进口的国别或地区，所以配额公布后，进口商往往相互争夺配额。邻近的国家或地区以其优越的地理因素，在竞争中居于有利地位。为了减少这种情况所带来的不足，一些国家采用了国别配额。

② 国别配额。即在总配额内按国别和地区分配给固定的配额，超过规定的配额便不准进口。为了区分来自不同国家或地区的商品，在进口商品时进口商必须提交原产地证明书。实行国别配额可使进口国家根据它与有关国家或地区的政治经济关系分配给予不同的配额。

(2) 关税配额。关税配额是指一国政府在一定时期内对商品进口的绝对数额不加限制，但是规定进口的限额，在规定的关税配额以内的进口商品，给予低税、减税或免税待遇，对超过配额的进口商品征收高关税、附加税或罚款。这种方式在实施中也有以下两种形式。

① 优惠性关税配额。即对关税配额内进口的商品给予较大幅度的关税减让，甚至免税；超过配额的进口商品征收原来的最惠国税。欧盟在普惠制实施中所采用的关税配额就属此类。

② 非优惠性关税配额。即对关税配额内进口的商品征收原来正常的进口税，一般按最惠国税率征收；对超过关税配额的部分征收较高的进口附加税或罚款。例如，1974年12月，澳大利亚曾规定对除男衬衫、睡衣以外的各种服装，凡是超过配额的部分加征175%的进口附加税。

2. "自动"出口配额制

自动出口配额制是出口的国家或地区在进口国的要求或压力下，"自动"规定某一时期内(一般为3～5年)某些商品对该国的出口限制，在限定的配额内自行控制出口，超过配额即禁止出口。它是在"二战"后出现的非关税壁垒措施，出口限制实际上是进口配额制的变种，同样起到了限制商品进口的作用。它的重要特点就是虽然名义上是"自动"和"自愿"，但实质带有明显的强制性。进口国家往往以商品大量进口使其有关工业部门受到严重损害，造成所谓"市场混乱"为理由，要求有关国家的出口实行"有秩序的增长"，自动限制商品出口，否则就单方面强制限制进口。"自动"出口限制往往是出口国在面临进口国采取报复贸易措施的威胁时被迫作出的一种选择。

"自动"出口配额制与绝对进口制在形式上略有不同。绝对进口制是由进口国直接控制进口配额来限制商品的进口，而"自动"出口配额制则是由出口国直接控制这些配额对指定进口国家的出口。但就进口国来说，"自动"出口配额制和绝对配额制一样，都起到了限制进口的作用。

"自动"出口配额制一般有两种：一种是出口国在进口国的压力下单方面决定向其出口某种商品的数量或金额。另一种是出口国与进口国通过谈判签订的"自限协定"或"有秩序销售安排"，规定"自动"出口的限额。

"自动"出口配额制一般有两种形式。

(1) 非协定的"自动"出口配额，是指不受国际协定的约束，而是出口国迫于进口国的压力，自行单方面规定出口配额，限制商品出口。这种配额有的是由政府有关机构规定配额，并予以公布，出口商必须向有关机构申请配额，领取出口授权书或出口许可证才能出口；有的是由本国大的出口厂商或协会"自动"控制出口。

(2) 协定的"自动"出口配额，是指进出口双方通过谈判签订"自限协定"或有秩序的销售协定。在协定中规定有效期内的某些商品的出口配额，出口国应根据此配额实行出口许可证或出口配额签证制，自行限制这些商品的出口。进口国则根据海关统计进行检查，"自动"出口配额大多数属于这一种。目前最大的"自动"出口配额制是《多种纤维协议》。

3. 进口许可证制

进口许可证制是指政府对进口货物实施的一种审批制度，即规定某些商品进口必须领取许可证，没有许可证，一律不准进口。进口许可证的好处是：政府可以控制每一笔进口，让不让进、进多少、从哪国进，完全由政府掌控。

从进口许可证与进口配额的关系来看，进口许可证可分为两种。

(1) 有定额的进口许可证。即国家预先规定有关商品的进口配额，在限额内，根据进口商的申请，对每一笔进口货物发给进口商一定数量或金额的进口许可证。如原西德对纺织品实行进口配额制，每年分三期公布配额数量，配额公布后，进口商可提出申请，获得进口许可证后即可进口。进口配额一旦用完，政府不再发给进口许可证。

(2) 无定额的进口许可证。即进口许可证不与进口配额相结合，国家有关政府机构预先不公布进口配额，有关商品的进口许可证只在个别考虑的基础上颁发。因为它是个别考虑的，没有公开的标准，因而给正常贸易带来更大的困难，起更大的限制进口的作用。

从进口商品许可程度上看，又可分为以下两种。

(1) 公开进口许可证，也称一般进口许可证，即允许商品"自由进口"，随时申请，随时许可，对进口国或地区不加以限制。

(2) 特种进口许可证，即进口商必须向进口国政府有关当局提出申请，经有关当局逐笔审查批准后才能进口。这种进口许可证，多数都指定商品进口的国别或地区。

4. 外汇管制

外汇管制是指一国政府通过政策法令对国际结算、外汇汇率和外汇买卖等外汇业务进行管制，以实现国际收支平衡和本国货币汇率稳定的一种制度。外汇管制的做法可分为行政管制和成本管制两种。

行政管制，即由政府指定机构控制一切外汇交易，本国货币出入境也要受到严格限制。出口商必须把他们出口得到的外汇收入按官定汇价卖给外汇管制机关，进口商也必须在外汇管制机关按官定汇价申请购买外汇。这样，国家和有关政府机构就可以通过外汇的集中使用和控制供应进口商的外汇数量的办法来控制商品的进口量、种类和原产地，以达到限制进口的目的。

成本管制，即通过制定多种汇率，增加用汇成本和减少换汇成本，从而控制外汇支出，鼓励外汇收入。在多种汇率的情况下，对必需品进口适用较低汇率，对非必需品进口适用较高汇率，以提高其进口成本，达到限制进口的作用。

所以，对非关税壁垒措施的外汇管制又可以这样下定义，即国家通过对外汇买卖等外汇业务进行管制，以控制外汇供应和外汇汇率的办法来控制进口商的进口商品数量和原产地。

从外汇管制的利益或政策目标来看，较短期的目标是：①限制进口商品的数量、种类和来源地，改善国际收支；②防止资金外逃；③稳定汇价，以提高社会公众对本国货币的信心。较长期的目标是：①把外汇资金控制并集中在政府手中，由政府决定对外贸易；②把本国经济同外国经济隔离开来，使本国经济免受外部经济的波动性影响；③保护民族工业，保护国内消费市场，尤其是要素市场，即谋求封闭经济条件下的内部均衡。

外汇管制在达到政策目标的同时，也对一国的贸易和经济产生不利的影响。具体表现在，从短期看：①进口商购买的商品不一定是具有比较优势的最廉价商品，因为他们无法自由地选择市场、商品；②引起进口商品在国内价格的上涨，因为进口受到外汇供给的严格限制，进口商品供给难以满足国内需求；③进口商获得垄断利润，包括商品溢价和外汇溢价。从长期看：①由于实行外汇管制，外汇的使用受到严格限制，对外国投资者的吸引力大大减弱，阻碍了外国资金的流入；②在外汇管制条件下，外汇汇率往往被高估，提高本国商品在国际市场的价格，降低其国际竞争力，而严格的外汇供给也阻碍了进口的发展，因而阻碍贸易发展；③对外贸易是国际分工的结果，阻塞了对外贸易也就是阻塞了国际分工，无法享受由于国际分工发展带来的动态利益，所以无法获得对外贸易的动态利益。

5. 歧视性的政府采购政策

资本主义国家政府往往通过制定法令，规定政府机构在进行采购时要优先购买本国产品，从而导致对外国产品的歧视和限制，称为歧视性的政府采购政策。歧视性政府采购政策是指国家通过法令和政策明文规定政府机构在采购商品时必须优先购买本国货。这种政策实际上是歧视外国产品，从而起到了限制进口的作用。目前，一些国家歧视性政府采购政策限定的货物主要有：军火、办公设备、电子计算机和汽车等。

美国从1933年开始实行这种政策，尤其是在1954年和1962年两次修改了《购买美国货物法案》后就更加典型。该法案规定，凡是美国联邦政府采购的货物，都应该是美国制造的，或是用美国原料制造的。凡商品的成分有50%以上是国外生产的就称外国货。以后又做了修改，规定只有在美国自己生产数量不够或国内价格过高，或不买外国货有损美国利益的情况下，才可以购买外国货。该法案直到关贸总协定的"东京回合"，美国签订了政府采购协议后才废除。英国、日本等国家也有类似的制度。

6. 歧视性的国内税

歧视性的国内税是指通过对外国商品征收较高的国内税来限制外国商品的进口。国内税是指一国政府对本国境内生产、销售、使用或消费的商品所征收的各种捐税，如周转税、零售税、消费税、营业税等。任何国家对进口商品不仅要征收关税，还要征收各种国内税。

通过征收歧视性的国内税，对国内外产品实行不同的征税方法和税率，来增加进口商品的纳税负担，从而进口商品只能以较高价格出售，削弱其与国内产品竞争的能力，从而达到限制进口的目的。例如，美国、日本和瑞士对进口酒精饮料的消费税都大于本国制品。

国内税的制定和执行完全属于一国政府,有时甚至是地方政府的权限,通常不受贸易条约与协定的约束,因此,把国内税用作贸易限制的壁垒,会比关税更灵活、更隐蔽。

7. 最低进口限价

由一国政府规定某种商品的最低进口价格,凡进口商品的价格低于最低限价时,就征收进口附加税甚至禁止进口。进口最低限价的极端措施是对某些商品的完全禁止进口。例如,1985年智利对绸坯布进口规定了每千克52美元的最低限价,低于这个限价,将征收进口附加税。这样,一国便可有效地抵制低价商品进口或以此削弱进口商品的竞争能力,保护国内市场。

美国曾实行过一种最低限价措施叫启动价格制。这种措施主要是为了抵制西欧和日本的低价钢材和钢材制品的进口。这种价格的限制标准,是以当时世界上效率最高的钢材生产者的生产成本为基点计算来的最低价格为最低限价,如进口的该类商品价格低于这个价格(启动价格),则要求出口商必须调高价格,否则,将征收反倾销税。

8. 进口押金制

进口押金制,又称进口存款制,是指一些国家规定进口商在进口时,必须预先按进口金额的一定比率和规定的时间,在指定的银行无息存放一笔现金的制度。这种制度无疑增加了进口商的资金负担,影响了资金的正常周转,同时,由于是无息存款,利息的损失等于征收了附加税。所以,进口押金制能够起到限制进口的作用。

例如,意大利政府从1974年5月7日到1975年3月24日,曾对400多种进口商品实行进口押金制度。它规定,凡项下商品进口,无论来自哪一个国家,进口商必须先向中央银行交纳相当于进口货值半数的现款押金,无息冻结6个月。据估计,这项措施相当于征收5%以上的进口附加税。又如,巴西政府曾经规定,进口商必须先交纳与合同金额相等的为期360天的存款才能进口。

9. 专断的海关估价

海关估价是指海关按照国家有关规定,对申报进口的商品价格进行审核,以确定或估定其完税价格。专断的海关估价是指有些国家不采取通常的海关估价办法,而专断地提高某些进口商品的海关估价,以增加进口商品的关税负担,阻碍商品的进口。用专断的海关估价来限制商品的进口,以美国最为突出。

长期以来,美国海关是按照进口商品的外国价格(进口货在出口国国内销售市场的批发价)或出口价格(进口货在来源国市场供出口用的售价)两者之中较高的一种进行征税。这实际上提高了交纳关税的税额。

为防止外国商品与美国同类产品竞争,美国海关当局对煤焦油产品、胶底鞋类、蛤肉罐头、毛手套等商品,依"美国售价制"这种特殊估价标准进行征税。这四种商品都是国内售价很高的商品,按照这种标准征税,使这些商品的进口税率大幅度地提高,这就有效地限制了外国货的进口。"美国售价制"引起了其他国家的强烈反对,直到"东京回合"签订了《海关估价守则》后,美国才不得不废除这种制度。

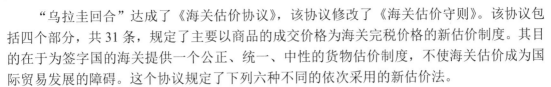

"乌拉圭回合"达成了《海关估价协议》,该协议修改了《海关估价守则》。该协议包括四个部分,共31条,规定了主要以商品的成交价格为海关完税价格的新估价制度。其目的在于为签字国的海关提供一个公正、统一、中性的货物估价制度,不使海关估价成为国际贸易发展的障碍。这个协议规定了下列六种不同的依次采用的新估价法。

1) 进口商品的成交价格

根据协议的第一条规定,成交价格(Transaction Value)是指"商品销售出口运往进口国的实际已付或应付的价格",即进口商在正常情况下申报并在发票中所载明的价格。如果海关不能按上述规定的成交价格确定商品海关估价,那就采用第二种办法。

2) 相同商品成交价格(Transaction Value of Identical Goods)

相同商品成交价格又称为同类商品的成交价格,是指与应估商品同时或几乎同时出口到同一进口国销售的相同商品的成交价格。所谓相同商品,根据协议第15条第2款,其定义为:"它们在所有方面都相同,包括相同的性质、质量和信誉。如表面上具有微小差别的其他货物,不妨碍被认为符合相同货物的定义。"当发现两个以上相同商品的成交价格时,应采用其中最低者来确定应估商品的关税价格。如按以上两种估价办法都不能确定时,可采用第三种估价办法。

3) 类似商品的成交价格(Transaction Value of Similar Goods)

类似商品的成交价格是指与应估商品同时或几乎同时出口到同一进口国销售的类似商品的成交价格。所谓类似商品,就是尽量与应估商品比较,各方面不完全相同,但它有相似的特征,使用同样的材料制造,具备同样的效用,在商业上可以互换的货物。在确定某一货物是否为类似货物时,应考虑的因素包括该货物的品质、信誉和现有的商标等。

4) 倒扣法

倒扣法是以进口商品,或同类或类似进口商品在国内的销售价格为基础减去有关的税费后所得的价格。其倒扣的项目包括代销佣金、销售的利润和一般费用,进口国内的运费、保险金、进口关税和国内税等。倒扣法主要适用于寄售、代销性质的进口商品。

5) 计算价格法

计算价格(Computed Value)又称估算价格,是以制造该种进口商品的原材料、部件、生产费用、运输和保险费用等成本费以及销售进口商品所发生的利润和一般费用为基础进行估算的完税价格。这种方法必须以进口商能否提供有关资料和单据,并保存所有必要的账册等为条件,否则海关就不能采用这种办法确定其完税价格。这种估价方法一般适用于买卖双方有业务联系关系的进口商品。根据协议规定,第四种和第五种办法可能根据进口商品的要求进行调换使用。

6) 合理办法

如果上述各种办法都不能确定商品的海关估价,便使用第六种办法,这种办法未作具体规定。海关在确定应税商品的完税价格时,只要不违背本协议的估价原理和总协定第7条的规定,并根据进口商品的现有资料,任何视为合理的估价办法都可行,因此,这种办法称为合理法(Reasonable Means)。

10. 贸易技术壁垒

贸易技术壁垒指的是进口国家有意地利用复杂苛刻的产品技术标准,卫生检疫规定、商品包装和标签规定等来限制商品的进口。技术性贸易壁垒是指一国以维护生产、消费安全以及人民健康为理由，制定一些苛刻繁杂的规定，使外国产品难以适应，从而起到限制外国商品进口的作用。

(1) 技术标准。技术标准主要适用于工业制成品。发达国家普遍规定了严格、繁杂的技术标准，不符合标准的商品不得进口。例如，原西德禁止在国内使用车门从前往后开的汽车，而这恰好是意大利菲亚特 500 型汽车的式样；法国严禁含有红霉素的糖果进口，从而把英国糖果拒之门外；美国则对进口的儿童玩具规定了严格的安全标准等。技术标准对于发展中国家的限制作用更大，因为发展中国家与发达国家在技术上还存在很大的差距，因此在很大程度上会对发展中国家的出口起到限制作用。

(2) 卫生检疫标准。卫生检疫标准主要适用于农副产品及其制品。各国在卫生检疫方面的规定越来越严，对要求卫生检疫的商品也越来越多。如美国规定其他国家或地区输往美国的食品、饮料、药品及化妆品，必须符合美国《联邦食品、药品及化妆品法》的规定。其条文还规定，进口货物通过海关时，均须经食品药物管理署检验，如发现与规定不符，海关将予以扣留，有权进行销毁，或按规定日期装运再出口。例如：日本、加拿大、英国等要求花生中的黄曲霉素含量不超过百万分之二十，花生酱中的黄曲霉素含量不超过百万分之十，超过者不准进口；日本对茶叶农药残留量规定不超过百万分之零点二至零点五。

(3) 商品包装和标签的规定。商品包装和标签的规定适用范围很广，许多国家对在本国市场销售的商品订立了种种包装和标签的条例，这些规定内容繁杂、手续麻烦，出口商为了符合这些规定，不得不按规定重新包装和改换标签，费时费工，增加商品的成本，削弱了商品的竞争力。以法国为例，法国 1975 年 12 月 31 日宣布，所有标签、说明书、广告传单、使用手册、保修单和其他产品的情报资料，都要强制性地使用法语或经批准的法语替代语。

11. 进出口的国家垄断

进出口的国家垄断，也称国营贸易，是指对外贸易中的某些商品的进出口由国家直接经营，或者把这些商品的经营权给予某些垄断组织。经营这些受国家专控或垄断的商品的企业，称为国营贸易企业。各国国家垄断的进出口商品主要有四大类：烟酒、农产品、武器、石油。

12. 绿色壁垒

随着全球生态环境问题的日益严重，环境与贸易的冲突也越来越激烈，人们对于生态问题也日益关注，从而使贸易保护主义在从传统的关税壁垒逐渐转向非关税壁垒的过程中，绿色壁垒作为一种新型的非关税壁垒也产生了，并成为发达国家以保护环境为名、行限制发展中国家进出口贸易之实的一种手段。

绿色壁垒是绿色贸易壁垒的简称，也叫环境壁垒，是指在国际贸易中一些国家以保护生态资源、环境和人类健康为借口，通过设置一系列苛刻的高于国际公认或绝大多数国家不能接受的环保法规和标准，对外国商品进口采取的准入限制或禁止措施。绿色壁垒具有合理性、虚假性、不平衡性、隐蔽性和时效性等特点。例如：美国因为含铅(Pb)量超过了本国规定而拒绝进口委内瑞拉的汽油；欧盟因为加拿大猎人使用的捕猎器捕获了大量的野生动物而禁止进口加拿大的皮革制品；从 20 世纪 90 年代开始，中国冰箱出口也因为欧洲国家严禁进口含氟利昂冰箱而严重受挫。这些都是由于绿色壁垒而产生的一系列事件。

绿色壁垒的基本表现形式有以下几种。

(1) 环境关税制度：是指进口国以环境保护为名，对一些影响生态环境的产品除征收正常关税外，再加征额外的进口关税。这实际上是一种基于环境的进口附加税，其目的是通过提高进口商品的成本来提高进口商品价格，从而降低进口商品的市场竞争力。其最终目的是限制进口。这是绿色壁垒的初期表现形式。

(2) 环境配额制度：这项制度根据出口国产品的环保实际来确定其在本国市场的销售配额，这种做法与 WTO 关于废除数量限制的原则直接相悖。

(3) 环境许可证制度：环境许可证制度要求在取得许可证的基础上才能允许进出口，即出口国在出口某种商品之前要获得进口国的"预先通知同意"。

(4) 环境补贴制度：当企业无力投资于昂贵的新环保技术、设备或无力开发清洁技术产品时，政府需要采用环境补贴的措施来帮助筹资控制污染。

(5) 环境贸易制裁：环境贸易制裁是对一国或地区的产品或生产过程不符合规定而采取的极为严厉的措施，轻者禁止进口，重者则实施报复。如 1994 年美国因中国台湾地区环保不力对中国台湾进行制裁，使中国台湾蒙受了超过 1000 万美元的经济损失。

(6) 环境成本内在化制度：一些发达国家制定的环境成本内在化制度，对来自那些环境标准较为宽松国家的产品以"生态倾销"为名而实行的保护主义措施。

(7) 环保技术标准和产品绿色标准：一些发达国家通过立法手段，依靠科技优势，制定一系列严格、详细的强制性环保技术标准和产品绿色技术标准，来限制国外商品进口。这些标准对发展中国家来说，是很难达到的，所以必然会把发展中国家的产品排斥在国际市场之外。

(8) 环境检验检疫制度：发达国家设计了一系列的安全卫生指标，尤其对农药残留、放射性残留、重金属含量以及集装箱的检疫要求非常苛刻，这项制度成为发达国家控制从发展中国家进口商品的重要工具。

(9) 环境包装和标签制度：为了防止包装材料及标签对环境和社会造成的负面影响和危害，一些国家对产品包装和标签作出严格规定。这是一种常见的环境技术壁垒，利用它能够有效地阻止国外产品进入本国市场。

(10) 环境标志和认证制度：环境标志制度又称绿色标志制度或生态标志制度，是指由政府部门或公共、私人团体依据一定环境标准向有关厂商颁发的，证明其产品符合环境标准的一种特定标志。标志获得者可把标志印在或贴在产品或其包装上，向消费者表明该产品在生产、使用、消费和回收的全过程都符合环境标准，对环境的危害比其他类似的产品要小，或者对环境没有不良影响。它和一般的商品标志不同，代表了对产品环境质量的全面评估。

8.2.3 非关税壁垒对国际贸易的影响

非关税壁垒是在贸易保护主义和贸易自由化并行的今天，关税壁垒的贸易保护作用逐渐削弱的情况下发展起来的。由于其具有隐蔽性、歧视性、针对性和更能直接有效地限制进口等特点，它对于世界贸易、出口国、进口国的影响更大。

1. 非关税壁垒对世界贸易的影响

1) 非关税壁垒影响国际贸易增长

非关税壁垒的加强必然导致进口的减少，从另一个层面来说是其他国家出口的减少。在世界范围内的贸易总额的减少必然出现国际贸易增长速度的减缓。因此我们可以得出结论：在其他条件不变的情况下，世界性的非关税壁垒加强的程度与国际贸易增长的速度成反比关系。当非关税壁垒趋向加强，国际贸易的增长将趋向下降；反之，当非关税壁垒趋向缓和或逐渐拆除时，国际贸易的增长速度将趋于加快。所以说，非关税壁垒对国际贸易发展起着重大的阻碍作用。第二次世界大战后的20世纪50年代到60年代初，在关税大幅度下降的同时，发达资本主义国家还大幅度地放宽和取消了进口数量限制等非关税措施，在一定程度上促进了国际贸易的发展。从1950年到1973年，世界贸易量年平均增长率达到7.2%。但从20世纪70年代中期以后，非关税壁垒进一步加强，形形色色的非关税壁垒措施层出不穷，严重地阻碍着国际贸易的发展。1973—1989年，世界贸易量年平均增长率仅为4.5%，1980—1985年降为3%左右。

2) 非关税壁垒影响商品结构和地理方向

由于非关税壁垒的针对性和歧视性的特点，使其在实施过程中往往对于不同国家、不同商品采取不同的政策，所以在一定程度上影响了国际贸易商品结构和地理方向的变化。一般来看，第二次世界大战后，特别是20世纪70年代中期以来，农产品贸易受到非关税壁垒影响的程度超过了工业制成品，劳动密集型产品贸易受到非关税壁垒影响的程度超过技术密集型产品；同时，发展中国家或地区和社会主义国家对外贸易受到发达资本主义国家非关税壁垒影响的程度超过了发达资本主义国家本身。这些都在一定程度上影响着国际贸易商品结构与地理方向的变化，阻碍和损害着发展中国家和社会主义国家对外贸易的发展。与此同时，发达资本主义国家之间以及不同的经济集团之间也通过加强非关税壁垒，相互限制彼此的某些商品进口，从而加剧了它们之间的贸易摩擦和冲突。

2. 非关税壁垒对进口国的影响

非关税壁垒和关税壁垒一样，都能起到限制进口、引起进口商品价格上涨和保护本国的市场和生产的作用。在保护关税的情况下，国内外价格仍维持着较为密切的关系，进口数量将随着国内外价格的涨落而有所不同。但是如果进口国采取直接的进口数量限制措施，情况就不同了。如实行进口数量限制，固定了进口数量，超过绝对进口配额的这种商品不准进口。当国外这种商品价格下降时，对进口国这种商品的进口数量的增长无影响。在限制进口引起进口国国内价格上涨时，也不增加进口，以减缓价格的上涨，因而两国之间的价格差距将会扩大。

一般来说，在一定的条件下，进口数量限制对价格的影响还可由于下列情况的不同而有所不同：外国商品的供给受进口限制的数量越大，进口国的国内市场价格上涨的幅度越大；进口国的国内需求量越大，而外国商品进口受到限制的程度也越大时，其国内市场价格上涨的幅度将越大；进口国国内需求价格弹性越大，其国内市场价格上涨幅度越小；进口国国内供应弹性越大，其国内市场价格上涨幅度也越小。

进口数量限制等措施导致价格的上涨，成为进口国的同类产品生产的重要的"价格保护伞"，在一定条件下起到保护和促进本国有关产品的生产和发展的作用。但是，非关税壁

第 8 章 国际贸易措施

垒的加强使进口国的人民付出了巨大的代价。由于国内价格上涨，进口国的消费者必须以更高的价格购买所需的商品，而有关厂商却从中获得高额利润。同时，随着国内市场价格的上涨，其出口商品成本与价格也将相应提高，削弱了出口商品的竞争能力。为了扩大出口，许多资本主义国家采取了出口补贴等措施鼓励出口，但是增加了国家预算支出，加重了广大人民的税收负担。

3. 非关税壁垒对出口国的影响

进口国加强非关税壁垒，尤其是实行直接的进口数量限制，将使出口国的商品出口数量和价格受到严重的影响，造成出口商品增长率下降或出口数量减少和出口价格下跌。

由于各出口国的经济结构和出口商品结构不同，其出口商品受到非关税壁垒措施的影响也可能不同。同时，各种出口商品的供给弹性的不同，其价格所受的影响也将不同。出口商品的供给弹性较大，这些商品的价格受到进口国的非关税壁垒所引起的价格下跌将较小；反之，出口商品的供给弹性较小，其所引起的价格下跌将较大。一般来说，发展中国家出口的商品供给价格弹性较小，因此，发展中国家或地区蒙受非关税壁垒限制的损失超过了发达国家。

发达国家还利用非关税壁垒对各出口国家实行差别和歧视待遇，因而各出口国所受的影响也有所不同。例如，以绝对进口配额为例，由于进口配额的实施方式不同，各输出国所受到的影响也将不同。如果进口国对某种商品实行全球性进口配额，则进口国的邻近出口国家的出口就处于较为有利的地位，可能增加这种商品出口，而距离进口国较远的国家的出口就处于较为不利的地位，可能减少这种商品出口。如果进口国对某种商品实行国别进口配额，其采用的配额分配方法不同，各出口国的商品出口所受到的影响也将不同。如配额采用均等分配法，则实施配额以前该商品出口较多的国家将有可能减少出口，而过去出口较少的国家将有可能增加出口；如配额参照出口国过去的出口实绩按比例分配，则各出口国所分到的新额度也将不同；如配额按双边协议分配，各出口国出口将由于协议配额的不同而各有差异。

在非关税壁垒加强的情况下，发达资本主义国家之间一方面采取各种措施鼓励商品出口；另一方面采取报复性和歧视性的措施限制对方商品进口，从而进一步加剧了它们之间的贸易摩擦和冲突。

本 章 小 结

本章在了解国际贸易政策的基础上，阐述了影响国际贸易的措施和政策，包括关税措施、非关税措施和管理出口措施。关税措施作为最古老的国际贸易措施，在国际贸易中发挥着重要的作用，并对一国经济和全球经济产生影响。非关税措施是相对于传统关税而言，形式多样。非关税措施有合理成分，然而其又起到了贸易保护的效果，这些贸易保护措施给国际贸易带来了不必要的障碍。

思 考 题

1. 简述关税的概念和分类。
2. 试述非关税壁垒的概念和特点。
3. 列出非关税壁垒的表现形式,包括其概念、特点和作用等。
4. 论述非关税壁垒分别对国际贸易、出口国和进口国的影响。
5. 各国如何利用金融措施促进出口?
6. 对于技术性贸易壁垒和绿色壁垒,我们如何应对?

【案例分析】

1. 韩国农产品贸易壁垒的现状

经济全球化和贸易自由化日趋活跃的时候,韩国也在探索与外国开展自由贸易的道路。韩国在推进贸易自由化过程中做出了很多努力,但是韩国为保护其国内产业,特别是农业,仍设置了各种各样的贸易壁垒。

韩国经济从20世纪60年代初开始起飞,经过70年代、80年代的迅猛发展,创造了令世人惊叹的"汉江奇迹",从一个农业国家变为新兴的工业化国家。20世纪70年代到90年代,以贸易为主导的工业化发展将韩国从一个经济贫困国转变为世界第12大经济强国。但随着经济的发展,农业在国民经济中的地位下降了。农业增加值占国内生产总值的比例由1960年的40%降至2000年的4%;农业劳动力比例低,1970—2000年间,农业就业人口从占全国劳动力总数的50%降至8.5%;2000年农业经济增长率仅为1.1%,与8.8%的国民经济总体增长极不协调。农民收入主要依赖于农产品生产,2000年农产品收入占农民总收入的65%。水稻在农产品生产中占主导地位,农产品收入的52%来自水稻生产。

与其他商品贸易量在全球排名靠前相比,韩国的农产品出口很少,与其他经济领域形成了鲜明对比,并且很多农产品要依靠进口。农产品进口在满足韩国国内食品、饲料和原材料供给中发挥着重要作用。虽然大米、园艺作物和畜产品等几种农产品通过政府的大量干预,实现了大米的自给,但由于人口密度增加、生活水平提高,韩国的土地和牧场面积已不足以满足人类粮食和家畜饲料的需求,加之国内大米等产物居高不下的价格,多年来,更多的韩国农产品生产主要靠政府的补贴和贸易保护政策来维持,而WTO协议允许的政府对农民的直接支付很低,2000年仅为农民收入总额的2.6%。

作为关贸总协定和世界贸易组织的原始成员国,韩国30多年来却一直通过设置贸易壁垒、避免市场开放等措施来为以稻米产业为主导的本国农业发展提供保护。在韩国农民及代表农民利益的国会议员眼中,如果韩国开放农产品市场,特别是大米市场将会引起数百万韩国农民的生计难以为继,必将造成极其严重的后果。因此,韩国长久以来借反对自由贸易协定之名,谋政府提供对农业的保护性政策之实。韩国政府获准对大米、玉米等67种(2001年减至60种)农产品实行关税配额管理,亦称市场准入限制(MMA)管理,对其中的部分产品征收很高的配额外关税,其税率一般在200%以上,这使国外优质的日本大米很难进入韩国大米市场主流,消费者却要为国产大米支付高于国外优质大米的价格。

2. 贸易壁垒的打破

据韩国产业资源部最近测算，随着日本、美国、印度等主要贸易伙伴与有关国家签订的自由贸易协定生效，韩国在100种主要出口商品上每年将丧失2亿～6亿美元不等的市场份额。由此可见，如果韩国拒不开放农产品市场，其结果必然是得小利而失大利。因此，在全球贸易自由化潮流的驱动下，韩国不得不走市场开放之路。倚重出口的韩国从自由贸易得到的实惠远大于保护农产品市场之利。在自由贸易大势面前，韩国政府权衡利弊，农产品贸易壁垒开始逐步被打破。

韩国在最近的十年里在尽最大努力保护本国农产品生产，抵御进口带来的竞争的同时，从1994年开始，政府投入500多亿美元，进行了为期五年的全面农业政策调整。同以前以大米为核心的政策相比，新政策更具前瞻性，焦点从水稻生产转移到其他领域，包括经济作物生产、销售手段和农村基础设施建设等，韩国承诺根据《1995年乌拉圭回合一揽子协议》进行政策调整。总体上讲，该协议带来了市场准入方面的改善(降低关税、增加配额、取消进口禁令)，限制了出口补贴和产生扭曲贸易的国内支持，增加了对假借进出口卫生检疫措施构筑贸易壁垒现象的追索权，并且向WTO通报不实行农业出口补贴。

这说明，韩国政府的农业保护政策已经由关税壁垒和严格限制进口的非关税壁垒等硬性法规转变为在考虑政策框架时越来越多地倾向于"农业的多功能性"这个概念。按照这个观点，实行农产品进口会取代国内农产品生产，而农业的其他功能，如环境功能和文化功能则不会产生这种影响。水稻问题仍是农业政策中的焦点问题。通过市场开放，使得政府指导下的自由市场大米价格被压得很低，使农民通过种植高产水稻获得额外收益的积极性受到影响。于是政府便投入大量的资金以提高水稻种植业和加工业的生产效益，并为外部投资商收购农场或投资于水稻种植铺平了道路。另外随着最大农场规模方面的限制的基本取消，必然会带来规模经济效应，即生产规模的扩大带来的生产成本的下降。如果价格维持在现有水平，大型农场将来的获利前景是有保证的。由此可见，韩国的农业发展已经走上了一条通过对国内资源禀赋的合理分配寻求韩国发展的道路。

启示

(1) 韩国农业结构的调整是在分析韩国农业发展市场环境的基础上展开的。韩国人多地少，追求所有农产品的自给是不现实的。当认识到农产品市场的对外开放是大势所趋，便积极主动地调整农业生产结构，逐步打破贸易壁垒。这是十分正确的。

(2) 在对国内农业市场环境分析的前提下，认清自己的优势所在，坚决淘汰市场前景暗淡的产品，积极发展市场前景广阔的产品。结构调整必然是一个有退有进的过程，这不是一个被动的优胜劣汰过程，而是一个积极的主动选择过程。韩国在这方面做得比较成功。战略性调整中必须根据各种农产品的收入需求弹性找出市场前景广阔的产品，并根据自身的技术、资源、规模、区位、营销等优势确定适合本地区发展的优势产品。

(3) 韩国的成功经验对推进我国农业和农村经济结构的战略性调整具有重要意义。20世纪90年代以来，我国农业的综合生产能力有了很大的提高。我国入世，国内农产品市场也将逐步对外开放，国内农业也将面临国外质优价廉的农产品的冲击。在这种背景下，对我国农业和农村经济结构进行战略性调整是非常必要的。韩国的经验，对于我国的政策调整有很好的参考价值。

(资料来源：龚晓莺，国际贸易理论与政策[M]. 北京：经济管理出版社，2008)

第9章 出口管理措施

【学习目标】

通过本章的学习,你可以了解出口鼓励的主要措施,理解并掌握出口信贷、出口信贷国家担保制、出口补贴、商品倾销、外汇倾销等的做法;掌握贸易型自由经济区、工贸型自由经济区、科技型自由经济区等内容;了解出口管制的目的及主要形式。

【重点与难点】

出口信贷、出口信贷国家担保制、出口加工区、自贸区、自由港。

【导入案例】

美国对高科技出口的限制会维持甚至强化

2018年5月19日,中美两国在华盛顿就双边经贸磋商发表联合声明。双方同意,将采取有效措施实质性减少美对华货物贸易逆差。为满足中国人民不断增长的消费需求和促进高质量经济的发展,中方将大量增加自美购买商品和服务,这也有助于美国经济增长和就业。双方同意有意义地增加美国农产品和能源出口,美方将派团赴华讨论具体事项。双方就扩大制造业产品和服务贸易进行了讨论,就创造有利条件增加上述领域的贸易达成共识。双方高度重视知识产权保护,同意加强合作。中方将推进包括《专利法》在内的相关法律法规修订工作。双方同意鼓励双向投资,将努力创造公平竞争营商环境。双方同意继续就此保持高层沟通,积极寻求解决各自关注的经贸问题。美国财政部长姆努钦20日表示,美中两国已就框架问题达成协议,同意停打贸易战,双方将继续就经贸问题保持磋商。

这一次我们中国的副总理刘鹤去美国访问,谈判中美贸易问题,并且美国总统特朗普也会见了刘鹤副总理。在这之后经过工作层面上的协商,中美两国就中美贸易问题达成了原则性一致意见。实际上市场的解读就是,中美贸易战没有成为贸易战。就两国来说,或者是对两国企业、对两国人民来说,应该说都是好事。声明相对来说是原则性的,没有谈到具体问题。你比如说最直接的一个就是解决中国与美国的贸易逆差问题。中美双方统计不太一样,美方统计的比较多,它统计的去年是3750亿美元,而我们国家统计的我们的贸易顺差是两千六七百亿美元。虽然有这样的差异,大家还是能看得出来,贸易实际上是不平衡的。

(资料来源:今日财经见闻,2018年5月22日)

9.1 鼓励出口措施

许多国家的国际贸易政策通常表现为两个层面:一方面利用各种关税和非关税措施限制与调节外国商品进口;另一方面采取各种鼓励出口的措施,扩大商品的出口。限制进口的措施我们在前面已经做了介绍。这一部分要说明鼓励出口的措施。鼓励出口的措施是指出口国家的政府通过各种经济、政治和组织等方面的措施，促进本国商品的出口，开拓和扩大国外市场。各国鼓励出口的做法有很多，其中主要有以下几种。

9.1.1　出口信贷

1. 出口信贷的概念

出口信贷是一个国家为了鼓励商品出口，银行对本国出口厂商或国外进口厂商提供贷款，以增强本国商品的竞争能力。它是一国的出口厂商利用本国银行的贷款扩大商品出口，特别是金额较大、期限较长的商品，如成套设备、船舶等出口的一种重要手段。

2. 出口信贷的种类

1) 出口信贷按时间长短划分

出口信贷按时间长短，可划分为短期信贷、中期信贷和长期信贷。

(1) 短期信贷：通常指 180 天以内的信贷，有的国家规定信贷期限为一年。短期信贷主要适用于原料、消费品及小型机器设备的出口。

(2) 中期信贷：通常指为期 1～5 年的信贷。中型机器设备多利用中期信贷。

(3) 长期信贷：通常是 5～10 年，甚至更长时期的信贷。大型成套设备与船舶等需长期信贷。

2) 出口信贷按借贷关系划分

出口信贷按借贷关系划分可分为卖方信贷和买方信贷。

(1) 卖方信贷。它是出口方银行向本国出口厂商(即卖方)提供的贷款。这种贷款协议由出口厂商与银行之间签订。卖方信贷通常用于机器设备、船舶等的出口。由于这些商品出口所需的资金较大、时间较长，进口厂商一般都要求采用延期付款的办法。出口厂商为了加速资金周转，往往需要取得银行的贷款。出口厂商付给银行的利息、费用有的包括在货价内，有的在货价外另加，转嫁给进口厂商负担。因此，卖方信贷是银行直接资助本国出口厂商向外国进口厂商提供延期付款，以促进商品出口的一种方式。

在采用卖方信贷的条件下，通常在签订买卖合同后，进口厂商先支付货款的5%～15%的订金，作为履约的一种保证金，在分批交货、验收和保证期满时，再分期支付10%～15%的货款，其余的货款在全部交货后若干年内分期摊还，并付给延期付款期间的利息。出口厂商把所得的款项与利息按贷款协议的规定偿还给本国的供款银行。所以，卖方信贷实际上是出口厂商从供款银行取得贷款后，再向进口厂商提供延期付款的一种商业信用。

(2) 买方信贷。它是出口方银行直接向外国的进口厂商(即买方)或进口方的银行提供的贷款。其附带条件就是贷款必须用于购买债权国的商品，因而起到促进商品出口的作用，这就是所谓约束性贷款(Tied Loan)。

在采用买方信贷的条件下，当出口方供款银行直接贷款给外国进口商时，进口厂商先用本身的资金，以即期付款方式向出口厂商交纳买卖合同金额15%～20%的订金，其余货款以即期付款的方式将银行提供的贷款付给出口厂商，然后按贷款协议所规定的条件，向供款银行还本付息；当出口方供款银行贷款给进口方银行时，进口方银行也以即期付款的方式代进口厂商支付应付的货款，并按贷款协议规定的条件向供款银行归还贷款和利息等。至于进口厂商与本国银行的债务关系，则按双方商定的办法在国内结算清偿。买方信贷不仅使出口厂商可以较快地得到货款和减少风险，而且使进口厂商对货价以外的费用比较清楚，便于他与出口厂商进行讨价还价。因此，这种方式在目前较为流行。

3. 出口信贷的主要特点

(1) 出口信贷必须与出口项目相联系，即贷款必须全部或大部分用于购买提供贷款国家的出口商品。

(2) 出口信贷利率低于国际金融市场贷款的利率，其利差由出口国政府给予补贴。

(3) 出口信贷的贷款金额，通常只占买卖合同金额的 85%左右，其余 10%～15%由进口厂商先支付现汇。

(4) 出口信贷的发放与出口信贷担保相结合，以避免或减少信贷风险。

为了做好出口信贷，发达资本主义国家一般都设立专门银行，办理此项业务。例如美国的"进出口银行"、日本的"输出入银行"和法国的"对外贸易银行"等，除对成套设备、大型交通工具等商品的出口提供国家出口信贷外，还向本国私人商业银行提供低利率贷款或给予贷款补贴，以资助它们的出口信贷业务。

9.1.2 出口信贷国家担保制

出口信贷国家担保制是指国家为了扩大出口，对于本国出口厂商或商业银行向外国进口厂商或银行提供的信贷，由国家设立的专门机构出面担保，当外国债务人拒绝付款时，这个国家机构即按照承保的数额给予补偿。

1. 担保的项目与金额

通常商业保险公司不承保的出口风险的项目，都可向担保机构进行投保，一般可分为两类。

(1) 政治风险：进口国发生政变、革命、暴乱、战争以及政府实行禁运、冻结资金或限制对外支付等政治原因所造成的损失，可给予补偿。这种风险的承保金额一般为合同金额 85%～95%。

(2) 经济风险：进口厂商或借款银行因破产倒闭无力偿付、货币贬值或通货膨胀等经济原因所造成的损失，可给予补偿。担保金额一般为合同金额的 70%～80%。为了扩大出口，有时对于某些出口项目的承保金额达到 100%。

2. 担保对象

担保对象主要分以下两种。

(1) 对出口厂商的担保：出口厂商输出商品时提供的短期信贷或中、长期信贷可向国家担保机构申请担保。有些国家的担保机构本身不向出口厂商提供出口信贷，但它可以为出口厂商取得出口信贷提供有利条件。例如，有的国家采用保险金额的抵押方式，允许出口厂商所获得的承保权利，以"授权书"方式转移给供款银行而取得出口信贷。这种方式使银行提供的贷款得到安全保障，一旦债务人不能按期还本付息，银行即可从担保机构得到补偿。

(2) 对银行的直接担保：通常银行所提供的出口信贷均可申请担保，这种担保是担保机构直接对供款银行承担的一种责任。有些国家为了鼓励出口信贷业务的开展和提供贷款安全保障，往往给银行更为优厚的待遇。这种办法有利于银行扩大出口信贷业务，从而促进商品输出。

3．担保期限与费用

根据出口信贷期限，担保期限通常可分为短期与中、长期。短期信贷担保为 6 个月左右，承保范围往往包括出口厂商所有海外的短期信贷交易。为了简化手续，有的国家对短期信贷采用综合担保的方式。出口厂商只要一年办理一次投保，就可承保在这期间对海外的一切短期信贷交易。一旦外国债务人拒付时，即可得到补偿。至于中、长期信贷担保，由于金额大、时间长，因而采用逐笔审批的特殊担保方式。中、长期担保时间通常为 2～15 年。承保时间可从出口合同成立日起到最后一笔款项付清为止，也可以从货物装运出口直到最后一次付款为止。

这些担保机构的主要目的在于担保出口厂商与供款银行在海外的风险，以扩大商品出口，因此所收的费用一般不高，以减轻出口厂商和银行的负担。通常保险费率根据出口担保的项目、金额大小、期限长短和输往的国别或地区而有所不同。此外，各国保险费率也不一样。

9.1.3　出口补贴

出口补贴又称出口津贴，是一国政府为了降低出口商品的价格，加强其在国外市场上的竞争能力，在出口某种商品时给予出口厂商的现金补贴或财政上的优惠待遇。

1．出口补贴的方式

1) 直接补贴

直接补贴是指出口某种商品时，直接付给出口厂商的现金补贴。第二次世界大战后美国和一些西欧国家对某些农产品的出口，就采取这种补贴。这些国家农产品的国内价格一般比国际市场价格高。按国际市场价格出口时就出现亏损，这种差价或亏损部分由该国政府给予补贴。出口补贴的幅度和时间的长短，往往随着国内市场与世界市场之间的差价的变化而变化。有时为了鼓励某种商品出口，补贴金额甚至大大超过实际差价。

2) 间接补贴

间接补贴是指政府对某些出口商品给予财政上的优惠。如政府退还或减免出口商品的直接税、超额退还间接税、提供比在国内销售货物更优惠的运费等。

2．禁止使用出口补贴的情况

长期以来，各国对出口补贴问题争论不休，为此，乌拉圭回合谈判中达成的《补贴与反补贴协议》将补贴分为禁止使用补贴、可申诉的补贴和不可申诉补贴，并规定除农产品外任何出口产品的下列补贴，均属于禁止使用的出口补贴：政府根据出口实绩对某一公司或生产企业提供直接补贴；外汇留成制度或任何包含有奖励出口的类似做法；政府对出口货物的国内运输和运费提供了比国内货物更为优惠的条件；政府为出口产品生产所需的产品和劳务提供优惠的条件；政府为出口企业的产品，全部或部分免除、退还或延迟缴纳直接税或社会福利税；政府对出口产品或出口经营，在征收直接税的基础上，对出口企业给予的特别减让超过对国内消费的产品所给予的减让；对出口产品生产和销售的间接税的免除和退还，超过用于国内消费的同类产品的生产和销售的间接税；对于被结合到出口产品上的货物的先期积累间接税给予免除、退还或延迟支付，仍属于出口补贴之列；超额退还已结合到出口产品上的进口产品的进口税；政府或由政府控制的机构所提供的出口信贷担保或保险的费率水平极低，导致该机构不能弥补其长期经营费用或造成亏本；各国政府或政府控制的机构以低于国际资本市场利率提供出口信贷，或政府代为支付信贷费用；为公共利益的目的而开支的项目，构成了总协定第16条意义上的出口补贴。

9.1.4 商品倾销

商品倾销是指资本主义国家的大企业在控制国内市场的条件下，以低于国内市场的价格，甚至低于商品生产成本的价格，在国外市场抛售商品，打击竞争者以占领市场。商品倾销通常由私人大企业进行，但是随着国家垄断资本主义的发展，一些国家设立专门机构直接对外进行商品倾销。例如美国政府设立商品信贷公司，以高价在国内收购农产品，而按照比国内价格低一半的价格在国外倾销农产品。

按照倾销的具体目的和时间的不同，商品倾销可分为以下几种。

1. 偶然性倾销

这种倾销通常是因为销售旺季已过，或因公司改营其他业务，在国内市场上不能售出"剩余货物"，而以倾销的方式在国外市场抛售。这种倾销对进口国的同类生产当然会造成不利的影响，但由于时间短暂，进口国家通常较少采用反倾销措施。

2. 间歇性或掠夺性倾销

这种倾销的方法，是以低于国内价格甚至低于成本的价格，在某一国外市场上倾销商品，在打垮了或摧毁了所有或大部分竞争对手，垄断了这个市场之后，再提高价格。这种倾销的目的是占领、垄断和掠夺国外市场，获取高额利润。具体来说，有的是为了打垮竞争对手，以扩大和垄断其产品的销路；有的是为阻碍当地同类产品或类似产品的生产和发展，以继续在当地市场维持其垄断地位；有的是为了在国外建立和垄断新产品的销售市场等。这种倾销严重地损害了进口国家的利益，因而许多国家都采取反倾销税等措施进行抵制。

3. 长期性倾销

这种倾销是长期以低于国内的价格，在国外市场出售商品。这种倾销具有长期性，其出口价格至少应高于边际成本，否则货物出口将长期亏损，因此，倾销者往往采用"规模经济"，扩大生产以降低成本。有的出口厂商还可通过获取本国政府的出口补贴来进行这种倾销。

资本主义国家的大企业倾销商品可能会使利润暂时减少甚至亏本。它们一般采用以下办法取得补偿：①在贸易壁垒的保护下，用维持国内市场上的垄断高价或压低工人的工资等办法，榨取高额利润，以补偿出口亏损；②国家提供出口补贴以补偿该企业倾销时的亏损；③大企业在国外市场进行倾销，打垮了国外竞争者，占领了国外市场后，再抬高价格，攫取高额利润，弥补过去的损失。

长期以来，发达资本主义国家的大企业利用商品倾销，争夺国外市场，这就加剧了它们之间在世界市场上的矛盾。

9.1.5 外汇倾销

1．外汇倾销的含义

外汇倾销是出口企业利用本国货币对外贬值的机会，争夺国外市场的特殊手段。当一国货币贬值后，出口商品以外国货币表示的价格降低，提高了该商品的竞争能力，从而扩大了出口。不仅如此，在货币贬值后，货币贬值的国家进口商品的价格却上涨了，从而削弱了进口商品的竞争力。因此，货币贬值起到了促进出口和限制进口的双重作用。

2．外汇倾销的条件

外汇倾销不能无限制和无条件地进行，只有具备以下两个条件才能起到扩大出口的作用。
1) 货币贬值的程度大于国内物价上涨的程度

货币贬值必然引起一国国内物价上涨的趋势。当国内物价上涨程度赶上或超过货币贬值的程度，对外贬值与对内贬值差距也随之消失。外汇倾销的条件也不存在了。但是，国内价格与出口价格的上涨总要有一个过程，并不是本国货币一贬值，国内物价立即相应上涨，在一定时期内它总是落后于货币对外贬值的程度，因此垄断组织就可以获得外汇倾销的利益。

2) 其他国家不同时实行同等程度的货币贬值和采取其他报复性措施

如果其他国家也实行同幅度的贬值，那么两国货币贬值幅度就相互抵消，汇价仍处于贬值前的水平，而得不到货币对外贬值的利益。如果外国采取提高关税等其他限制进口的报复性措施，也会起到抵消的作用。

9.1.6 促进出口的行政组织措施

为了扩大出口，许多国家在行政组织方面采取了各种措施。

1．设立专门组织

为了研究与制定出口战略，扩大出口，美国在1960年成立了"扩大出口全国委员会"，其任务就是向美国总统和商务部长提供有关改进鼓励出口的各项措施的建议和资料。1978年又成立了出口委员会和跨部门的出口扩张委员会，附属于总统国际政策委员会。为了进一步加强外贸机构的职能，集中统一领导，1979年5月成立了总统贸易委员会，负责领导美国对外贸易工作。此外，还成立了一个贸易政策委员会，专门定期讨论、制定对外贸易政策与措施。欧洲国家和日本为了扩大出口，都成立了类似的组织。

2. 建立商业情报网

为加强商业情报的服务工作，许多国家都设立了官方的商业情报机构，在海外设立商业情报网，负责向出口厂商提供所需的情报。例如，英国设立出口情报服务处，装备有计算机情报收集与传递系统。情报由英国 220 个驻外商务机构提供，由计算机进行分析，分成近 5000 种商品和 200 个地区或国别市场情况资料，供有关出口厂商使用，以促进商品出口。

3. 组织贸易中心和贸易展览会

贸易中心是永久性的设施。在贸易中心内提供陈列展览场所、办公地点和咨询服务等。贸易展览会是流动性的展出，许多国家都十分重视这项工作。有些国家一年组织 15～20 次国外展出，费用由政府补贴。例如意大利对外贸易协会对它发起的展出支付 80%的费用，对参加其他国际贸易展览会的公司也给予其费用 30%～35%的补贴。

4. 组织贸易代表团出访和接待来访

许多国家为了发展对外贸易，经常组织贸易代表团出访，其出国的费用大部分由政府承担，例如加拿大政府组织的代表团出访，政府支付大部分费用。许多国家设立专门机构接待来访团体，例如英国海外贸易委员会设有接待处，专门接待官方代表团和协助公司、社会团体接待来访工商界，从事贸易活动。

5. 组织出口商的评奖活动

第二次世界大战后，许多国家开始日益盛行对出口商给予精神奖励的做法。对扩大出口成绩卓著的厂商，国家授予奖章、奖状，并通过授奖活动推广他们扩大出口的经验。例如，美国设立了总统"优良"勋章和"优良"星字勋章，得奖厂商可以把奖章样式印在它们公司的文件、包装和广告上；日本政府把每年 6 月 28 日定为贸易纪念日，每年在贸易纪念日，由通商产业大臣向出口贸易成绩卓著的厂商和出口商社颁发奖状。

9.2 经济特区措施

9.2.1 经济特区的含义

经济特区是一个国家或地区在其关境以外所划出的一定范围内，建筑或扩建码头、仓库、厂房等基础设施和实行免除关税等优惠待遇，吸引外国企业从事贸易与出口加工工业等业务活动的区域。经济特区的目的是促进对外贸易发展，鼓励转口贸易和出口加工贸易，繁荣本地区和邻近地区的经济，增加财政收入和外汇收入。许多国家或地区，为了促进经济和对外贸易的发展，采取了建立经济特区的措施。

9.2.2 经济特区的类型

贸易型经济特区是以发展转口贸易为主要目的的自由经济区，包括自由港、自由贸易区、对外贸易区、保税区等。从封建社会到 20 世纪 50 年代,是贸易型经济特区的发展时期。

1. 贸易型经济特区

1) 自由港(Free Port)

自由港是指全部或绝大多数外国商品可以免税进出的港口。外国商品可以免征关税进出该港,并可在那里进行加工、贮藏、买卖、装卸和重新包装等。但外国的船只必须遵守有关卫生、移民等项的法律规章。例如香港、海南岛是中国的自由贸易港。

2) 自由贸易区(Free Trade Area)

自由贸易区有广义和狭义之分:广义的自由贸易区是指两个或两个以上的国家或地区或单独关税区组成的区内取消关税和其他非关税限制,区外实行保护贸易的特殊经济区域或经济集团,如北美自由贸易区(包括美国、加拿大、墨西哥)、东盟自由贸易区(包括东盟 10 国)等。狭义的自由贸易区,是指一个国家或单独关税区内设立的用栅栏隔离、置于海关管辖之外的特殊经济区域,区内允许外国船舶自由进出,外国货物免税进口,取消对进口货物的配额管制,是自由港的进一步延伸,如德国汉堡自由贸易区。

自由港和自由贸易区的主要区别:一般将整个港口城市都划为经济特区的称为自由港,只将港口城市的一部分划为经济特区的称为自由贸易区。

3) 保税区(Bonded Area)

保税区是海关所设置的或经海关批准注册的,受海关监督的特定地区和仓库,外国商品存入保税区内,可以暂时不缴纳进口税;如再出口,不缴纳出口税;如要运进所在国的国内市场,则需办理报关手续,缴纳进口税。运入区内的外国商品可进行储存、改装、分类、混合、展览、加工和制造等。此外,有的保税区还允许在区内经营金融、保险、房地产、展销和旅游业务。

因此,许多国家对保税区的规定与自由港、自由贸易区的规定基本相同,起到了类似自由港或自由贸易区的作用。有些国家如日本、荷兰等,没有设立自由港或自由贸易区,但实行保税区制度。

2. 工贸型经济特区

工贸型经济特区是以优惠条件吸引外国直接投资,生产以出口为主的制成品的经济特区,主要有出口加工区和自由边境区等。

1) 出口加工区

出口加工区是一个国家在其港口或邻近港口、国际机场的地方,划出一定的范围,新建和扩建码头、车站、道路、仓库等基础设施,以及提供减免税收等优惠措施,以鼓励外国企业在区内进行投资设厂,生产以出口为主的制成品加工区域。现在,以劳动密集型产业为主的出口加工区正进一步向技术密集型产业出口加工区方向发展。我国的经济特区就类似于出口加工区。

出口加工区脱胎于自由港或自由贸易区,采用了自由港或自由贸易区的一些做法,但它又与自由港或自由贸易区有所不同。一般说来,自由港或自由贸易区,以发展转口贸易,取得商业方面的收益为主,是面向商业的。而出口加工区,以发展出口加工工业,取得工业方面的收益为主,是面向工业的。

出口加工区分为以下两种类型。

综合性出口加工区:即在区内可以经营多种出口加工工业。如菲律宾的巴丹出口加工区所经营的项目包括服装、鞋类、电子或电器产品、食品生产、光学仪器和塑料产品等。

专业性出口加工区:在区内只准经营某种特定的出口加工产品。例如印度在孟买的圣克鲁斯飞机场附近建立的电子工业出口加工区,以发展电子工业的生产和增加这类产品的出口。在区内经营电子工业生产的企业可享有免征关税和国内税等优惠待遇,但全部产品必须出口。目前世界各地的出口加工区大部分是综合性出口加工区。

2) 自由边境区

自由边境区通常是设在边境地区,按照出口加工区的优惠措施,吸引国内外厂商投资,以开发边区经济。

3) 贸易型经济特区与工贸型经济特区的联系与区别

(1) 联系:工贸型经济特区脱胎于自由港、自由贸易区,工贸型经济特区是由贸易型经济特区发展而来的,工贸型经济特区也沿用了贸易型经济特区的一些做法。

(2) 区别:贸易型经济特区的主要目的是发展转口贸易,而工贸型经济特区则允许区内的企业进行加工生产。此外,工贸型经济特区在提供关税优惠的同时,还提供贸易、生产所需的一切社会基础设施和国内其他地区更优越的投资环境。

3. 科技型经济特区

科技型经济特区是以科技为先导,以生产技术密集型和知识密集型的出口产品为主的自由经济区,实际上是一种高级形式的出口加工区。20世纪70年代末以来,是科技型经济特区的发展时期。

4. 过境区

沿海国家为了便利内陆邻国的进出口货运,开辟某些海港、河港或国境城市作为货物过境区。过境区规定,对于过境货物,简化海关手续,免征关税或只征小额的过境费用。过境货物一般可在过境区内作短期储存,重新包装,但不得加工。

5. 中国自由贸易区

中国自由贸易区是指在国境内关外设立的,以优惠税收和海关特殊监管政策为主要手段,以贸易自由化、便利化为主要目的的多功能经济性特区,原则上是指在没有海关"干预"的情况下允许货物进口、制造、再出口。中国自由贸易区是政府全力打造中国经济升级版的最重要的举动,其力度和意义堪与20世纪80年代建立深圳特区和90年代开发浦东两大事件相媲美。其核心是营造一个符合国际惯例的,对内外资的投资都要具有国际竞争力的国际商业环境。

2013年9月27日,国务院批复成立中国(上海)自由贸易试验区。

2015年4月20日,国务院决定扩展中国(天津)自由贸易试验区实施范围。

2015年4月20日,国务院批复成立中国(广东)自由贸易试验区、中国(天津)自由贸易试验区、中国(福建)自由贸易试验区三个自贸区。

第9章 出口管理措施

2017年3月31日，国务院批复成立中国(辽宁)自由贸易试验区、中国(浙江)自由贸易试验区、中国(河南)自由贸易试验区、中国(湖北)自由贸易试验区、中国(重庆)自由贸易试验区、中国(四川)自由贸易试验区、中国(陕西)自由贸易试验区七个自贸区。

2018年4月13日，中共中央总书记、国家主席、中央军委主席习近平宣布，党中央决定支持海南全岛建设自由贸易试验区，支持海南逐步探索、稳步推进中国特色自由贸易港建设。

中国自由贸易区是打造中国经济"升级版"的"聚焦点"，正如加入世界贸易组织进一步激发了中国经济的活力，自贸试验区建设也将促进包括服务业在内的市场经济大发展。专家认为，在自由贸易试验区内，以政府放权为标志的改革将进一步深化。原先受到较多管制的创新类金融服务、商务服务、文化娱乐教育和医药医疗护理业等，将获得很大的发展机会。

9.3 出口管制措施

许多国家出于政治、经济、军事或外交上的需要，对某些商品的出口，特别是对战略物资和重要资源的出口，往往采取一些措施加以限制。

9.3.1 出口管制的商品

采取出口管制的商品主要包括以下几种。
(1) 战略物资及有关先进资料、珍稀动植物资源。
(2) 国内生产所需原材料及某些生活必需品。
(3) "自动"控制出口的商品。
(4) 为维护出口秩序实行的主动出口限制。
(5) 为实行经济制裁而限制或禁止出口的商品。
(6) 某些特殊商品(文物、艺术品、黄金、白银等)。

相关链接：中华人民共和国海关总署令第43号

现发布修订的《中华人民共和国禁止进出境物品表》和《中华人民共和国限制进出境物品表》，自一九九三年三月一日起施行。我署一九八七年十一月一日发布的《中华人民共和国海关总署关于发布禁止、限制进出境物品表的公告》同时废止。

中华人民共和国禁止进出境物品表
一、禁止进境物品
1. 各种武器、仿真武器、弹药及爆炸物品；
2. 伪造的货币及伪造的有价证券；
3. 对中国政治、经济、文化、道德有害的印刷品、胶卷、照片、唱片、影片、录音带、录像带、激光视盘、计算机存储介质及其他物品；
4. 各种烈性毒药；
5. 鸦片、吗啡、海洛因、大麻以及其他能使人成瘾的麻醉品、精神药物；

6. 带有危险性病菌、害虫及其他有害生物的动物、植物及其产品；

7. 有碍人畜健康的、来自疫区的以及其他能传播疾病的食品、药品或其他物品。

二、禁止出境物品

1. 列入禁止进境范围的所有物品；

2. 内容涉及国家秘密的手稿、印刷品、胶卷、照片、唱片、影片、录音带、录像带、激光视盘、计算机存储介质及其他物品；

3. 珍贵文物及其他禁止出境的文体；

4. 濒危的和珍贵的动物、植物(均含标本)及其种子和繁殖材料。

中华人民共和国限制进出境物品表

一、限制进境物品

1. 无线电收发信机、通信保密机；

2. 烟、酒；

3. 濒危的和珍贵的动物、植物(均含标本)及其种子和繁殖材料；

4. 国家货币；

5. 海关限制进境的其他物品。

二、限制出境物品

1. 金银等贵重金属及其制品；

2. 国家货币；

3. 外币及其有价证券；

4. 无线电收发信机、通信保密机；

5. 贵重中药材；

6. 一般文物；

7. 海关限制出境的其他物品。

9.3.2 出口管制的形式

1. 单方面的出口管制

一国据本国出口管制法案对本国某些出口商品进行审批和颁发出口许可证，或规定禁止出口。

2. 多边出口管制

两个以上国家，通过一定方式建立国际性出口管制机构，编制多边出口管制货单和出口管制国别，规定出口管制办法。

9.4 WTO 框架下的关税措施规范

第二次世界大战后，在关税和贸易总协定(GATT)的支持下，通过八轮关税减让谈判，各国关税幅度大幅度降低，贸易自由化趋势不断加强。特别是在 1995 年 WTO 取代 GATT

之后，管理国际贸易的范围得到了拓宽，管理力度得到了加强。

2001 年 11 月，在卡塔尔多哈举行的世界贸易组织第四届部长级会议通过了《多哈部长宣言》，决定启动新一轮多边贸易谈判即多哈回合谈判，涉及实施问题与关注、农业、服务、非农业市场准入、与贸易有关的知识产权、贸易与投资的关系、贸易与竞争政策的相互作用、政府采购透明度、贸易便利化、世界贸易组织规则澄清、争端解决、贸易与环境、电子商务、小经济体、贸易与债务和金融、贸易与技术转让、技术合作和能力建设、最不发达国家、特殊与差别待遇等议题。多哈回合谈判启动后，成员分歧较大导致进度缓慢，2011 年谈判陷入彻底失败的危险境地。为避免谈判完全失败，世界贸易组织总干事拉米提出先谈"早期收获"、再谈"一揽子协议"的"两步走"方案。2011 年 12 月 17 日，世界贸易组织第八届部长级会议在瑞士日内瓦落下帷幕，多哈回合并未展现"机会窗口"。

9.4.1　WTO 下的关税保护原则

WTO 中有关关税的基本原则有两项：一是关税的非歧视性，即实行最惠国原则(考虑到历史的原因和复杂的现实情况，这一原则有以下例外：区域一体化协定成员之间的优惠关税例外，对发展中国家实行的关税优惠例外和对非成员的进口例外)。二是鼓励成员约束及其关税。各成员加入 WTO 通过多边贸易谈判所达成的关税减让采用约束税率的形式来表现，记载于各成员的关税减让表上。WTO 的成员不能对约束了关税的产品征收高于约束税率的关税。

市场准入关税减让表中公布的关税税率是被约束的，即该成员以后不得将关税提高到超过关税减让表中列明的税率水平。对于发达国家，约束税率一般是实际征收的税率，而大多数发展中国家则将税率约束在高于实际征收税率的水平上，将约束关税作为关税上限。

WTO 成员可以将关税提高到超过约束关税税率的水平，即改变承诺，但前提条件必须和那些与此最相关的国家重新进行谈判。以便对因自己的违约给贸易伙伴造成的损失进行补偿。

关贸总协定乌拉圭回合谈判，不但使各个成员的关税水平进一步下降，而且使各国的关税得到了更大范围的约束，其变化如表 9-1 所示。

表 9-1　乌拉圭回合前后约束关税的变化

时期 国家类别	谈判前(1986 年以前)	谈判后(1994 年以后)
发达国家	78%	99%
发展中国家	21%	73%
转型经济国家	73%	98%

关税是关贸总协定认可的。也是现在 WTO 认可的保护国内市场的唯一合法手段。WTO 并不禁止对国内产业进行保护，但必须以关税作为主要手段，因为作为保护手段的关税和非关税壁垒的配额相比有以下特点。

(1) 关税能使国内外价格保持自动联系，这种自动联系允许进出口水平的调整，以反应比较优势的变化。而配额的使用会切断这种联系，特别是当进口产品的国内市场存在垄断的情况下，以及当国内大幅度增加对该进口产品的需求时，价格机制会被一定程度的取代。

(2) 关税的运用容易保证进口货源的非歧视性。在使用配额的情况下，由于配额的分配通常是由有关官员决定的，随意性较大，要想做到一视同仁，保证非歧视原则的贯彻实施是非常困难的。

(3) 关税具有非常高的透明度，会增加国际贸易商的可预见性。关税税率一旦公布，国际贸易商就会知道具体产品进入某国家市场所需付出的成本和代价。而配额条件下，市场准入的条件要以申请时间的先后顺序、过去业绩的表现，甚至是贿赂的手段等因素为转移。关税的透明度较高还表现在关税项下的名义保护水平容易计算出来，而配额条件下名义保护水平的估算较为困难和复杂。

(4) 关税能给国家带来收益，而配额带来的利润则根据配额的不同发放形式流向出口商、进口商、中间人或政府有关部门。在大多数情况下，政府不会得到这种由于限制供应引起的价格上涨带来的额外高利润，特别是在一些法规制度不健全的发展中国家，由于配额导致的一轮又一轮的寻租活动，对经济发展和社会文明带来了极其有害的外部性。

(5) 关税的有效性，还表现在能形成较分散的利益，使受保护的整个产业获益，减少了游说活动和对个别企业不合理的片面保护。如果选择配额形式，为利益所驱使，国际贸易商就会竭力为寻求更多的配额量进行大量的浪费社会福利的游说活动。

9.4.2　GATT下的关税减让方式

在WTO成立之前的GATT主持的历届关税谈判方式一般可分为双边关税谈判和多边关税谈判两种形式。

1. 双边关税谈判

双边关税谈判(Bilateral Tariff Negotiations)是GATT的传统谈判方式，又称产品对产品谈判或逐项产品谈判(Product by Product Negotiation)。在GATT主持的前五轮关税减让谈判中，就是采用这种方式进行的。这种谈判的目标是在互惠的基础上为某些特定的产品提供关税的互相减让。参加谈判的国家，首先选择谈判对手，结成对子，然后在双边基础上按选择的产品税目逐一谈判，互相交换关税减让。双方达成的关税减让协议纳入关税减让表，再根据最惠国待遇原则，扩展到关贸总协定内的所有缔约方。这种双边谈判是一种有选择的谈判。

缔约方对谈判对手的选择依据主要供应者原则。如果出口国的某项产品在进口国的市场上占有5%～10%的份额，该出口国则被视为主要供应者。它有权优先向进口其产品的缔约方提出该产品关税减让要求，因为关税减让会给其带来最大的利益。根据主要供应者原则，显然是某产品的最大进口国应同该产品的最大供应国组成该产品关税减让谈判的双方。

这种传统式的双边谈判有两个特点：一是在减让方法上是"产品对产品"；二是在效力范围上是"双边谈判，多边适用"。

双边关税谈判的最大优点是：参加国可以选择其愿意降低关税的产品及减让的幅度。但其缺陷也是显而易见的：适用范围有限，减让成效缓慢；组成谈判双方，工作效率低，不能适用GATT缔约方日益增加的现实；容易使低关税国家处于不利地位。

在这种情况下，自 20 世纪 60 年代的肯尼迪回合开始，传统式的双边谈判程序已逐步被现代式的多边谈判程序所取代。但是，发展中国家尤其是新加入的发展中国家作为例外，而采用"产品对产品"的谈判方式。此外，对于一些敏感产品和部门，如农产品和少数初级产品，也仍然适用。因此，就造成了"产品对产品"的关税减让方式一直被沿用至今。

2. 多边关税谈判

多边关税谈判(Multilateral Tariff Negotiation)是关贸总协定的现代谈判方式，目的是提高效率，达到多边全面的关税减让。多边关税谈判的特点是：首先，谈判方式是在若干个缔约方之间进行的，通常是一缔约方同时向若干个缔约方提交关税减让清单，并同时向后者提出关税减让索要清单，不是只在两个国家之间进行。其次，关税减让方式是对某一类别的产品进行统一关税减让，而不是产品对产品地逐个减让。最后，多边关税谈判不包括诸如纺织品之类的敏感产品(Sensitive Product)。对敏感产品的关税减让，仍采用传统的双边减让方式。

多边关税谈判的关税减让采用了"全面减税"公式方法，即由参加谈判的各方集体协商一个减让关税的方式，依此进行全面减税。其主要的减税公式有线性关税削减、协调公式和瑞士公式。

线性关税削减(Linear Reduction of Tariffs)又叫直线减让法，是由美国金融家狄龙提出的。这种方法要求参加谈判的各缔约方根据商定的百分比，对选定的产品作出统一幅度的关税减让，减让的幅度按一定的时间表分阶段实施。该方法最初是在狄龙回合关税谈判中使用，但未取得预期效果，而主要用于肯尼迪回合和东京回合。

线性关税削减的公式为

$$T_2 = rT_1$$

式中：T_2 是削减后税率；T_1 是原来的税率；r 是系数，且 $0<r<1$；$1-r$ 是削减的百分比。

肯尼迪回合除对少量例外产品外，对工业品统一按 50%的减税幅度进行。

协调公式(Tariffs Harmonization)又叫协调关税法，是由欧共体在东京回合多边贸易谈判中提出的。其目的是纠正线性关税削减造成的虽有共同减税标准却无相同减税效果的问题。由于线性关税削减有利于高关税国家，不利于低关税国家，而各缔约方在关税减让前税率的高低不同，如当时欧共体统一对外关税的税率偏低，平均为 15%，而美国关税税率平均为 24%，显然对欧共体不利，因此，欧共体提出了协调公式。

协调公式减税的基本原则是，"高关税减幅大，低税率减幅小"。具体的减税方法是对各国关税按其本身价值进行了四次系列减税，每次减税幅度均与其原税率相同。利用这种方法可使 50%的关税税率降低至 12.91%，使 20%的关税税率降至 10.28%，这样，大大缩小了各国同一产品的关税税率差距。

瑞士公式(Swiss Formula)是瑞士谈判代表团综合了线性关税削减和协调公式的特点，为达到拉平关税高峰和降低关税级差的目的，折中地提出的关税减让公式。其公式为：

$$T_2 = RT_1(R+T_1)$$

式中：T_2 仍是削减后税率；T_1 仍是原来的税率；R 则是一个固定系数(取值是 16 或 14)。

按照瑞士公式减让所得结果基本符合"税率越高，减税越多"的协调公式的特征，同时可通过对参数 R 取值的不同选择平缓关税下降的幅度。

除以上方法外，还有东京回合上曾被民用航空贸易协议签字方采用的部门或产品的自由贸易方式，即对某个部门或产品放弃关税的方式，此方法也被用在乌拉圭回合中的零对零谈判。

必须指出的是，采用何种公式以及使用规则例外的程度能否达成协议是影响全盘谈判方式的一个普遍问题，规则例外的范围越大，在谈判中投入大量精力的功用就越小。在肯尼迪回合和东京回合中已开始较多采用公式的方法，但对判入例外清单的产品仍采用税目对税目的谈判。在乌拉圭回合中，谈判者仍采用了税目对税目(行业对行业)的谈判。

9.4.3 中国关税减让进程

1949 年中华人民共和国成立之后，在 1950 年 1 月政务院通过了《关于关税政策和海关工作的决定》，宣布了中国实施独立自主的保护关税政策。

1978 年以后，中国经济改革初期实行的是保护国内工业的进口替代战略的贸易政策。因此，在贸易政策的关税措施上实行高关税壁垒。中国关税税率不仅高于一般的发达工业国家，而且高于绝大多数发展中国家。据世界银行 1989 年研究报告，进口替代主要国家制成品进口关税税率印度为 112%，孟加拉国为 100.8%，中国为 91.2%，其中在耐用消费品关税上，中国进口税率为 130.7%，印度为 128.5%，孟加拉国为 116.1%。由此可以看出，当时中国的商品进口关税税率是非常高的。

20 世纪 90 年代初，中国采用了自行调整和谈判约定两种方式对高关税壁垒进行了削减。

1992 年中国关税税则从《布鲁塞尔目录》转化为《商品名称及编码协调制度》的 H.S. 目录，简单算术平均进口关税率为 42%。1992—1999 年，中国五次大幅度自行削减进口关税。

(1) 1992 年底，对涉及 371 个税号关税进行削减，平均关税水平下降为 39.9%。

(2) 1993 年再次削减关税，涉及 2898 个税号关税，平均关税水平降到 35.9%。

(3) 1996 年 4 月 1 日起，对涉及 4900 多个税号关税进行调整，使平均关税税率从 35.9%降至 23%。

(4) 1997 年 10 月起，再次下调进口关税 26%，涉及 4874 个税号商品，占总税目的 73%，经削减后关税水平由 23%降至 17.05%。

(5) 1999 年 1 月 1 日起，中国再次降低部分进口关税，共计 1014 个税目，占总税目的 14.6%，平均关税税率则由 1998 年的 17.05%降到 16.78%。

中国依据国内产业调整需要和世贸组织有关关税减让的规则许可，分品种、分阶段地进行了自行削减关税。总体原则是：对国内工业发展急需的原材料始终执行低关税；对原关税税率较高、国内已具备一定竞争力的商品，采取大幅度削减措施；对国内尚处于幼稚阶段、竞争力差的支柱产业，实行的是在保护前提下的逐步小幅调整。

2001 年 12 月 11 日，中国正式成为 WTO 成员。

第9章 出口管理措施

本 章 小 结

出口鼓励的主要措施有出口信贷、出口信贷国家担保制、出口补贴、商品倾销、外汇倾销等，经济特区类型有贸易型经济特区、工贸型经济特区、科技型经济特区和中国自贸区，一些自由贸易和出口加工区正在开始向多行业、多功能、综合型的方向发展。许多国家出于政治、经济、军事或外交上的需要，对某些商品的出口，特别是对战略物资和重要资源的出口，往往采取一些措施加以限制。出口管制的商品有六大类，出口管制的形式分为单方面的出口管制和多边出口管制。

思 考 题

1. 鼓励出口的措施有哪些？
2. 经济特区的类型有哪些？
3. 贸易型经济特区与工贸型经济特区的联系与区别在哪里？
4. 出口管制的形式有哪些？

第 10 章　国际直接投资理论

【学习目标】

通过本章的学习，使得学生了解国际直接投资的相关理论和国际直接投资活动中的非股权安排形式，掌握国际直接投资的方式的五种分类，以及国际直接投资活动中的国外股权参与形式。

【重点与难点】

重点掌握国际直接投资的五种方式和国外股权的参与方式，要求学生根据理论知识对实际相关问题进行投资方式的分类并加以评价。难点在于国际直接投资理论中的产品生命周期理论和国际生产折衷理论。

【案例导入】

中国企业华为公司海外投资的经验

近年来，随着金融危机在全球范围内的迅速蔓延，以美国为代表的发达国家经济受到了严重的破坏，资金链出现断裂的企业比比皆是，这让中国的企业有了更多进入到国际市场的机遇。而在中国经济发展迅猛的今天，中国企业有了更多进军到国际市场的条件。

华为技术有限公司于 1987 年成立于中国深圳，是全球第二大通信供应商，和全球第三大智能手机厂商，也是全球领先的信息与通信解决方案供应商。华为实施全球化经营的战略，其产品与解决方案已经应用于全球 100 多个国家和地区。华为在海外设立了 22 个地区部，100 多个分支机构。华为在美国、印度、瑞典、俄罗斯及中国等地设立了 17 个研究所。华为还在全球设立了 36 个培训中心，为当地培养技术人员，并大力推行员工的本地化。

华为对外投资的首选区位是俄罗斯。1997 年 4 月，华为在"亚欧分界线"的乌拉尔山西麓的军事重镇乌法市与当地企业建立了贝托—华为合资公司，由俄罗斯贝托康采恩、俄罗斯电信公司和华为三家合资成立。

后来，华为在拉美、非洲、东南亚等国家寻求投资机会。1997 年，华为在巴西投入 3000 多万美元建立了合资企业。同年，华为进入非洲市场。2003 年，华为与埃塞俄比亚电信公司签署金额超过 2000 万美元的交换产品合同。在亚洲，华为利用当地华裔在电信运营上占据的优势，积极开拓亚洲市场。随着华为国际市场开发的不断成功，华为也逐步开始在欧美市场做出一番努力，并取得了立竿见影的效果。华为自 2017 年成立华为云以来，一直专注于公有云服务。10 月 14 日消息，华为已经在除内地以外的中国香港、俄罗斯和马来西亚开展其云服务。2018 年 10 月 12 日，华为宣布计划在未来三年投资 10 亿元人民币，为华为云培养人工智能开发人才。

华为大胆走出国门，其海外的投资策略在一定程度上对于其他进行国际直接投资的企业有着一定的导向意义。而在这样投资实际行为的背后，了解相关的国际直接投资的理论，掌握其发展的态势显得尤为重要。

第10章 国际直接投资理论

10.1 国际直接投资理论

进入20世纪,特别是第二次世界大战结束以来,国际直接投资活动迅猛发展,带来了理论的迅速跃升与发展,不同学派纷纷提出自己的观点,试图建立起其理论体系。据不完全统计,各种理论达20余种,如"垄断优势论""寡头均势论""生产要素优辩论""行为理论""产品生命周期理论""市场不完全理论""资本过剩理论""区位理论""内部化理论"以及"综合主义理论"等。

但是如此众多学派的出现,并未使学术界对跨国公司对外直接投资理论的研究跻身于科学的繁荣之列。从现象上看,在形成较为统一的综合理论方面遇到了困难。尽管许多学者作出了巨大的努力,以便建立起能兼容早期有价值论点的理论,但并不十分成功。到目前为止,还没有被广泛接受的对外直接投资理论,大多数的理论都有一定的经验研究支持,但不存在充分的证据支持某一理论而排斥其他理论,几乎每一种理论的出现都会给国际直接投资现象以新的解释,并得到若干支持者,但与此同时,也迅速招致许多批评,揭露其弊端和不足之处。本节主要对国际直接投资理论有重大理论影响的派别,特别是新近出现的几种理论进行梳理。

10.1.1 垄断优势理论

国际直接投资理论中有两个重要贡献,第一个贡献是海默的理论研究,这一研究最终发展成为一般文献中所说的垄断优势理论;第二个贡献是内部化概念在解释国际直接投资方面的系统研究。下面首先对垄断优势理论进行阐述。

1. 理论的提出与主要内容

垄断优势理论也被称为特定优势论,是产业组织理论国际直接投资相关的领域应用研究的成果,它是关于某个实力企业凭借其特定的垄断优势从事国外直接投资的一种理论。

20世纪60年代初,美国学者海默(S. Hymer)在他的博士论文《国内企业的国际经营:对外直接投资的研究》(International Operations of National Firms: A Study on Direct Foreign Investment)中首次提出了垄断优势理论。在其论文中,海默研究了1914—1956年美国对外投资的资料,发现1914年前美国几乎没有对外证券投资(间接投资),直到20世纪二三十年代开始出现对外证券投资。"二战"后,美国对外投资迅速增加,但对外证券投资发展却异常缓慢。海默得出对外直接投资与对外证券投资有着不同行为表现的结论,并以垄断优势理论加以解释。20世纪70年代,由海默的导师查尔斯·金德尔伯格(Charles P. Kindleberger)对该理论进行了补充和完善,从而形成了本章介绍的垄断优势理论。该理论同时又称作"海默-金德尔伯格传统"(H-K Tradition),它替代了"赫克歇尔-俄林模型(H-O Model),成为研究对外直接投资最早、最有影响的基础理论。

垄断优势理论是在批判传统国际资本流动理论的基础上形成的。传统的国际资本理论假定:各国的产品和生产要素市场是完全竞争的;各国生产要素的边际产出是由各国生产要素禀赋的相对差异决定;资本从供给丰裕从而利率低的国家流向供给稀缺从而利率高的国家；国际资本流动的根本原因在于各国利率的差异；对外投资的主要目标是为了追求高利率。海默根据美国商务部关于直接投资与间接投资的区分准则，实证分析了美国1914—1956年对外投资的有关资料并指出：由于现实的市场是不完全竞争的市场，面对同一市场各国企业之间存在的竞争，若实行集中经营，则可使其他企业难以进入市场，从而形成一定的垄断，这样既可获得垄断利润，又可减少由于竞争而造成的损失。

海默认为，对外直接投资的垄断优势是外部市场不完全的结果。其中市场的不完全性主要体现在以下四个方面：①产品和生产要素市场的不完全；②规模经济导致的市场不完全；③政府干预经济而导致的市场不完全；④由于关税及其他税赋导致的市场不完全。

海默认为，传统的国际资本流动理论，能够说明证券资本(间接资本)的国际流动，但它不能解释"二战"后发达国家企业对外直接投资以及与投资相联系的企业技术和管理才能的转移。他具体研究了美国企业的对外直接投资行为，发现这些企业主要分布在资本相对密集、集约程度高、技术先进、产品异质和规模经济明显的一些部门，这些部门又都是垄断程度较高的部门。海默因此提出，一个企业或公司之所以对外直接投资，是因为它有比当地同类企业或公司有利的特定优势。这种"企业特定优势"(Firm Specific Advantage)即企业国际化经营的垄断优势，拥有这种优势比在当地生产能够赚取更多的利润。

海默的垄断优势理论认为国际直接投资的垄断优势主要存在于以下七个方面：①技术优势；②先进的管理经验；③雄厚的资金实力；④信息优势；⑤国际声望；⑥销售渠道优势；⑦规模经济优势。

垄断优势理论还试图解释美国企业选择对外直接投资，而不依赖出口和许可证交易方式以充分利用其垄断优势的原因。海默认为，美国企业从事对外直接投资的原因，一是东道国关税壁垒阻碍企业通过出口扩大市场，因此企业必须以直接投资方式绕过关税壁垒，维持并扩大市场；二是技术等资产不能像其他商品那样通过销售获得全部收益，而对外直接投资可以保证企业对国外经营及技术运用的控制，因此可以获得技术资产的全部收益。海默通过研究还发现，美国企业对外直接投资以独资经营为主要形式。

2．理论的评价

1）理论贡献

海默等人提出的垄断优势理论不但开创了国际直接投资理论研究的先河，而且许多内容具有科学性。该理论首次提出了不完全竞争市场是导致国际直接投资的根本原因，并论述了市场不完全的类型；提出了企业具备垄断优势是实现其进行国际直接投资，从而获利的条件，并分析了垄断优势的内容；提出了知识的转移是进行国际直接投资过程的关键；提出了从事国际直接投资的企业的寡占反应行为是导致其对外直接投资的主要原因。这些理论对于研究这些公司对外直接投资的动因具有十分重要的意义。

2）局限性

海默的垄断优势理论也存在着许多局限性，主要表现在：垄断优势理论的研究对象主要是美国少数经济技术实力雄厚、具有对外扩张能力的大型国际性企业，对于中小企业以及发展中国家的对外直接投资则没有进行具体的分析，具有一定的片面性。而现实情况是，自20世纪60年代以来，许多发达国家的中小企业也积极地进行对外直接投资，特别是广大发展中国家的企业也积极加入到对外直接投资的行列中，初步取得了一定的成果。垄断优势理论显然对这些新的现象无法作出科学的解释。因此，该理论具有一定的局限性。

10.1.2 产品生命周期理论

1. 理论的提出与主要内容

早在 20 世纪 30 年代，美国经济学家、诺贝尔经济学奖获得者西蒙·库兹涅茨(Simon Kuznets)和经济学家阿瑟·伯恩斯(Arther F. Burns)就曾指出，各种工业产品一般都会经历一种有规律的发展周期，即开发期、成长期、成熟期和衰退期四个阶段。

产品生命周期原是市场营销学中的概念，1966 年美国哈佛大学教授雷蒙德·维农在《产品周期中的国际投资和国际贸易》(International Investment and International Trade in the Product Cycle)一文中，将产品生命周期理论运用于分析国际直接投资活动，并先后于 1971 年、1974 年和 1979 年多次补充和完善该理论。由于雷蒙德·维农是从产品生命周期的不同阶段来阐述从事对外直接投资企业的相关活动的，故他的理论被称为国际直接投资的产品生命周期理论(Product Life Cycle Theory)。

雷蒙德·维农认为，垄断优势理论无法彻底说明一些从事国际直接投资的发达国家企业为何必须采取建立海外公司的方式，而不是通过产品出口或出售技术专利的方式以达到获利的目的。雷蒙德·维农运用营销学的学说来解释他的理论，营销学中的产品生命周期是指产品从进入市场到退出市场有一个由弱而盛、再由盛而衰的过程，经历投入、成长、成熟和衰退几个阶段。雷蒙德·维农运用这种学说，提出了与国际直接投资密切相关的产品创新阶段(New Product Stage)、产品成熟阶段(Mature Product Stage)和产品标准化阶段(Standardized Product Stage)三个阶段。不同的产品阶段决定了公司不同的生产成本和生产区位的选择。

第一阶段是产品创新阶段。任何产品的初始创新方向都会受到市场消费需求的引导，而消费者的需求偏好和其对产品的选择会由于收入的高低而产生不同的层次。维农的研究是从他所在的美国市场这个发达国家的代表作为创新国开始的。他认为，由于美国的人均收入高以及相应的劳动成本高，所以美国市场对产品创新的引导是要求企业积极研制节约劳动并能满足高收入消费偏好的高档消费品和资本、技术密集型产品，这样才能发挥具有美国特色的比较优势。作为产品的创新国，美国在产品的生产上占有优势，在此阶段，新的创造发明刚从试验转入商业应用，技术还不完善，产品还不定型。在这种情况下，产品生产只能集中在国内，国外市场的需求主要是通过出口方式得到满足。雷蒙德·维农在研究新产品出现在什么样的国家时指出，研制新产品需要有技术优势和资金优势，发达国家具备这种优势，因而新产品往往是在发达国家首先出现，这也决定了今后的国际投资流向是由发达国家向不发达国家投资这一主流趋势。

第二阶段是产品成熟阶段。市场对该产品的需求量急剧增加，产品的技术已趋完善，产品已经定型，消费者有条件对不同品牌、型号的同类产品进行比较，因此对降低成本的要求十分迫切。此时，这种产品的国外市场需求量增大，逐渐开始大量出口，但同时有关原材料供应、运输以及其他问题的出现，还有进口国的贸易壁垒以及当地竞争者仿制产品的出现，使创新国的生产企业要通过出口维持和扩大其国外利益变得越来越困难。当产品的边际生产成本与边际运输成本之和大于在国外生产的平均成本时，对企业最有利的选择是，把新增加的生产转移到国外，以节约总成本。因此，它们必须对外投资(投资地区一般是收入水平和技术水平与母国相似的地区)并设立国外公司，进行就地生产，以便维持和扩大出口市场，保障其利益。

第三阶段是产品标准化阶段。在此阶段，产品和技术都完全标准化，公司的技术优势已消失，随着竞争的加剧，成本和价格问题变得十分突出。为了保持竞争优势，同时为了降低成本，占领当地市场，创新国企业开始将产品的生产转移到劳动力价格更低的劳动密集地区，跨国公司在此阶段的投资流向主要是发展中国家。

在上述产品的整个生命周期中，经济实力雄厚的公司在国外设立分支公司是发生在第二阶段(在其他发达国家设立)和第三阶段(在发展中国家设立)。按照这种理论，到国外建立公司的企业一般都拥有技术和产品垄断优势，这种优势是当地企业所没有的，在市场上很难甚至不能买到。它们对外投资建立公司的目的就是为了维持其垄断优势，并充分利用本国的成熟技术，以在国外谋取最大化利润，这本身是一种优势的外延。

产品生产周期理论的核心是从事国际直接投资的企业拥有其他国家的厂商所没有的产品和工艺上的特定优势。那么，为何发达国家企业就有条件拥有这样的优势呢？按照雷蒙德·维农的观点，发达国家拥有产生和推进新产品、新工艺的客观市场基础、需求基础和资源基础，这些基础为相关产品的特定优势奠定了良好的条件。

2. 理论的完善与发展

1966 年，雷蒙德·维农提出产品生命周期理论的模型后，由于模型存在的不足而先后进行了多次修正。1974 年，雷蒙德·维农在《经济活动的选址》(The Location of Economic Activity)一文中，通过引入国际寡占市场行为理论来解释某些公司的对外直接投资行为，并将其原产品生命周期理论的三阶段修改为：基于创新的寡占阶段、成熟的寡占阶段和衰老的寡占阶段三个阶段。

1) 基于创新的寡占阶段

在这一阶段，企业不惜支付高昂的研究与开发费用，集中力量在本国境内进行新产品的研究与开发工作，重点趋向市场推出新产品，或者对现有产品进行差异化，以维护其垄断地位。新产品的研制与生产仍集中于国内生产基地，以便协调生产、研制与销售活动。在技术扩散、产品和工艺标准化以及国外竞争出现时，这些公司就会把生产移往国外，维持和延续以创新为基础的优势。但由于各国、各公司的技术和生产成本结构不同，在各国建立企业的区位选择可能会有差异。

2) 成熟的寡占阶段

随着产品趋向标准化的不断发展，率先推出新产品的企业逐步丧失原来的以创新为基础的优势，但它们的生产能力已扩大，销售网络已建立，企业的商业信誉很高，这些都可以成为新的竞争优势。在此阶段，从事国际直接投资的企业可以采取密集型渗透战略，发掘生产与销售的规模经济潜力与优势，排斥竞争对手进入市场，维持相应的寡占地位。这一时期，规模经济构成寡占优势基础。为了保持已有的市场份额，同时对竞争对手的行为及时作出反应，这些公司一般采取两种战略：一是相互牵制战略，即实力雄厚的企业分别在竞争对手的主要市场上设立国外公司进行经营，以避免竞争对手在自己市场上削弱竞争；二是跟进投资战略，即当某个公司到某个地区直接投资、开辟新市场时，同一行业的寡头成员也紧紧跟上，对同一地区进行类似的直接投资，借以维持寡占均衡。这两种战略可以带来外部规模经济效益。

3) 衰老的寡占阶段

到了衰老的寡占阶段，由于产品标准化已经完成，规模经济不再是阻止竞争对手的有效手段，从事国际直接投资的企业原有的优势逐渐消失。这些公司为建立新的竞争优势，或者联合起来组成卡特尔，实行协调价格来瓜分市场；或者进行产品改良和形象重构，实现产品差异化来维持部分市场。但是由于竞争难以避免，因此，成本竞争与价格竞争的压力仍很沉重，成本高的企业被迫退出市场，寻找新的以创新为基础的优势；能够设法使成本再度下降的公司则成为本阶段最后的寡占者。一般来说，最后的寡占者主要根据成本因素来选择生产区位，把市场距离和寡占反应放在次要位置。

3. 理论的评价

1) 理论的贡献

雷蒙德·维农的产品生命周期理论运用动态分析技术，对国际直接投资由发达国家投向不发达国家的经济现象解释得比较清楚，令人信服。同时，该理论也回答了企业为什么要到国外直接投资和为什么能到国外直接投资以及到什么地方进行投资的一系列问题。此外该理论的另一独特贡献在于它强调对外直接投资和出口是由同一企业进行的，并将对外直接投资和对外贸易统一起来进行分析。一般认为，该理论基本符合20世纪五六十年代美国企业的现实。在通常情况下，该理论对于初次进行对外直接投资的企业，而且主要涉及最终产品市场的企业比较适用。

2) 局限性

20世纪80年代以后，大量新兴工业化国家的企业走出国门，开始对发展中国家，甚至发达国家进行投资，这种新型投资和逆向投资显然无法用产品生命周期理论加以解释；同时，该理论对于那些以国外自然资源为目标的对外直接投资，以及目的不在于进口替代的对外直接投资而言，显然无法作出合理的解释；此外，该理论的研究对象集中在美国公司的对外直接投资上，因而其研究结论对于那些经济结构与美国不尽相同的国家(如日本)的公司所从事的对外直接投资也难以作出令人满意的解释。

10.1.3 比较优势投资理论

1. 理论的产生背景

比较优势投资理论(The Theory of Comparative Advantage to Investment)又称为边际产业扩张论，是日本一桥大学小岛清(K. Kojima)教授提出的。1978年，小岛清在其代表作《对外直接投资：一个日本多国企业经营的模型》一书中系统地阐述了他的对外直接投资理论。该理论被称为"小岛清模型"，对美国、英国的学者产生了很大影响。

"二战"后，国际直接投资理论事实上是以海默-金德尔伯格的垄断优势理论和雷蒙德·维农的产品生命周期理论为主流的。在20世纪70年代中期以前，日本学术界也基本上接受以上的主流观点，但70年代中期以后，一些日本学者在运用这些主流观点试图解释日本开始大规模的对外直接投资时却发现无法得出令人信服的结论，于是，他们认为当时的主流观点只是适应如美国公司的情况。例如,小岛清认为,海默等人的结构性研究方法重视的是微观经济学的分析方法和在微观层面上对公司管理的考察研究,因而忽略了宏观经济因素在国际直接投资上的影响,尤其是忽视了在国际分工基础上的比较成本原理的作用。

小岛清的分析不是对一种商品、一个企业或一个行业的单个对象进行分析,而是利用国际分工的比较成本原理进行宏观考察,详细地分析与比较了日本式对外直接投资与美国式对外直接投资的不同,指出了日本对外直接投资发展的独特道路。

2. 理论的主要内容

小岛清的比较优势投资理论的核心是:对外直接投资应该从本国已经处于或即将处于比较劣势的产业,即边际产业开始,并依次进行。

所谓边际产业,不仅包括已趋于比较劣势的劳动力密集部门,还可包括某些行业或生产特定部件的劳动力密集的生产过程或部门。小岛清认为国际贸易是按既定的比较成本进行的,而对外直接投资由于按照从趋于比较劣势的行业开始的原则,因此可以扩大投资国与东道国的比较成本差距,使两个国家在直接投资中都受益,形成新的互补格局。因此,小岛清的理论将国际贸易与对外直接投资建立在共同的综合理论基础之上。

小岛清的比较优势投资理论的核心内容由三个基本命题、四种投资动机类型以及日本、美国企业对外直接投资的三大差异组成。

所谓三个基本命题如下。

(1) 赫克歇尔-俄林模型中的劳动与资本要素可以用劳动与经营资源来代替。经营资源是一种特殊要素,既包括有形资本,也包括技术与技能等人力资本。如果两国的劳动与经营资源的比率存在差异,它们在两种商品中的密集程度也有差异,则结果将导致比较成本的差异。

(2) 比较利润率的差异与比较成本的差异有关。国际贸易受二者的综合影响,而国际分工原则和比较利润率的原则是一致的。所以国际分工既能解释国际贸易,又能解释对外直接投资,日本的对外直接投资就是根据比较利益的原则进行的。

(3) 与日本式对外直接投资不同,美国式对外直接投资是把经营资源人为地作为一种特殊生产要素,在此基础上产生了寡头垄断性质的对外直接投资。

综上所述,小岛清的理论就是围绕这三个基本命题展开的。

小岛清根据对外直接投资产生的动机,将其分为以下四种类型。

(1) 自然资源导向型。这种类型的直接投资也是贸易导向或增加贸易的投资。投资国的目的是增加国内失去比较优势,或国内不可能生产的产品的进口,其结果是促进制成品与初级产品生产国之间的垂直专业化分工。

(2) 劳动力导向型。由于发达国家劳动力成本不断提高,发达国家往往把本国传统的劳动密集行业转移到劳动成本低的国家,这类转移与比较优势的动态变化相一致。因此,这种类型的对外直接投资可能促进国际分工的重新调整以及劳动力丰裕国家和劳动力稀缺国家之间贸易的增加。

(3) 市场导向型。市场导向型对外直接投资又分为两类:一类是为避开东道国贸易壁垒的贸易导向型;另一类是寡头垄断性质的对外直接投资,在美国的新兴制造业中表现尤为明显,这是逆贸易导向型的投资。

(4) 生产与销售国际化型。这是大型公司的水平与垂直一体化所进行的直接投资。它是否属于逆贸易导向型取决于这类投资是否构成寡头垄断性质的直接投资。

日本企业对外直接投资相对于美国企业对外直接投资,有三个不同的特点。

(1) 日本投资行业以失去或即将失去比较优势的行业为主,如自然资源的开发与进口、生产纺织品、零部件等标准化产品的劳动密集行业。

(2) 日本投资主体多为中小企业,并采用合资形式。

(3) 日本对外直接投资与其国际贸易互补,直接投资扩大了贸易的规模,因而可称为顺贸易导向型的对外直接投资。而美国的对外直接投资集中在技术密集行业,投资主体多为这些行业中的寡头垄断公司,投资主要流向西欧发达国家,大多采用独资形式,目的在于通过海外扩张维护其垄断地位,占领东道国市场。因而,美国的对外投资违反了比较成本与比较利润率对应的原则,直接投资的结果使双方的比较成本差距缩小,有利于贸易的扩大,与贸易是替代的关系,因此可称为逆贸易导向型直接投资。

这两种类型的对外直接投资对投资国与东道国会产生不同的影响。日本式对外直接投资促进了本国及东道国的产业结构调整,促进了东道国劳动密集行业的发展,因此对双方均产生有利的影响。美国式对外直接投资对投资国将产生国际收支逆差和失业的严重后果,而且又不符合发展中国家的比较优势,对发展中国家经济的推动效应较小。

3. 理论的评价

1) 理论的贡献

在小岛清的上述理论问世之前,海默、维农等人对对外直接投资的理论研究是以英国、美国等从事国际直接投资的企业为基础的,因而忽略了日本式的对外直接投资,这样得出的结论是不够全面的。小岛清提出的理论不但填补了对外直接投资理论体系的一个空白,而且突破了以往英美学者常用的"一种商品、一种产业、一个企业"的分析方法,重视在多种商品、多种产业、多个企业的基础上进行研究。他的基本思想在于强调对外直接投资应当促进投资双方比较优势的发展,从而扩大两国之间的国际贸易。他所主张的国际直接投资与国际贸易之间应互补而非替代的观点拓展了对外直接投资理论研究的思路。

2) 局限性

小岛清的理论也存在较大的局限性。他的理论只反映了日本本国公司"后起之秀"在已经形成的国际生产格局中寻找最佳发展途径的要求。日本经济原属于自然资源紧缺的海岛型经济,20世纪50—70年代国内产业结构又处于升级换代阶段,这就决定了日本的对外直接投资必然集中在经济发展水平较低国家的资源产业和劳动密集型产业。因此,小岛清所阐述的理论只反映了在特定历史条件下,日本寻找最适合自己国情的国际分工途径,而难以具有普遍的长期意义。事实上,从20世纪70年代中期以来,随着日本经济实力的不断提升及产业结构的日趋成熟,日本对外直接投资的模式也正在向"美国模式"趋同。也就是说,日本原来的向发展中国家投资、实现国际生产垂直分工的特征,逐渐转变为美国式的发达国家之间相互投资的国际生产水平分工的特征。此外,该理论只片面强调对外直接投资对发展中国家经济发展的作用,忽视了由此给发展中国家带来的某些危害。

10.1.4 内部化理论

1. 理论的产生背景

内部化理论(The Theory of Internalization)又称市场内部化理论，是当代西方比较流行的关于对外直接投资的一般理论。该理论是由英国里丁大学学者巴克利(Peter J. Buckley)与其同事卡森(Mark C. Casson)在1976年合著的《跨国公司的未来》一书中提出的。1981年，加拿大学者拉格曼(Alan Rugman)出版的《跨国公司的内幕：国际市场的经济学》一书中，进一步发展和完善了内部化理论。

所谓内部化，是指把市场建立在公司内部的过程，以内部市场取代原来的外部市场，公司内部的转移价格起着润滑内部的作用，使内部市场像外部市场一样有效地发挥作用。内部化的思想来自科斯(Ronald Harry Coase)的交易成本学说，是当代西方较为流行、较有影响的一般理论。

内部化理论对目前跨国公司内部贸易增长的现象进行了深入细致的研究后，提出了一种解释国际直接投资的动机决定因素的理论。该理论认为世界市场是不完全竞争的市场，一国中某些大型企业为了其自身利益，为克服外部市场的某些失灵，以及某些产品(如知识产品)的特殊性质或垄断势力的存在导致的企业市场交易成本的增加，而通过对外直接投资，将本来应在外部市场交易的业务转变为在公司所属企业之间进行，并形成一个内部市场，通过外部市场内部化，降低交易成本和交易风险。

2. 理论的主要内容

该理论建立在以下三个假设的基础之上。

(1) 企业在不完全市场上从事经营的目的是追求利润的最大化。

(2) 当生产要素特别是中间产品的市场不完全时，企业就有可能统一管理经营活动，以内部市场取代外部市场。

(3) 内部化超越国界时就产生了跨国公司(这一概念将在第11章具体阐述)。

巴克利指出：影响企业交易成本从而导致市场内部化的因素有四个，即产业特定因素、区域因素、国家因素和企业因素。

产业特定因素是指由产品特性差异所出现的市场交易故障使得企业走向内部市场化，该因素与产品性质有关，主要取决于中间产品的特性和结构。这里的中间产品主要是指技术、信息、商业名声等。这些产品要实现其专有权的价值，会因市场不完全而遇到困难。例如，买方对专有技术缺乏认识，因而不愿出合理的价格，要向买方证明其作用并确信其价值，就必须使买方有较多的了解，但这类产品本身要求严格保密，故不如进行纵向一体化，只有在内部加以充分利用。

区域因素则主要是指由于地理位置、人们的社会心理以及文化等差异所造成的外部市场交易障碍使得公司走向内部市场化。

国家因素是指由于东道国的政治、经济、法律等制度上的差异所出现的市场交易障碍使得企业走向内部市场化。

企业因素则是指由于企业组织结构、管理经验、控制和协调能力的差异所出现的市场交易而导致企业内部化。例如，在一国的总公司下设若干国外公司，消除二者之间组织管理水平上的差异，以减少外部市场剧烈变化给公司带来的不利影响。

总之，在市场不完全、市场交易出现障碍且交易成本不断增加的情况下，企业只能采取内部市场取代外部市场的办法来控制企业内的资源配置和商品分配，这时从事国际直接投资的企业便诞生了。

3. 理论的评价

1) 理论的贡献

首先，内部化理论的出现标志着西方对外直接投资研究的重要转折。垄断优势理论从市场的不完全和寡占的市场结构论述了发达国家对外直接投资的动机和决定因素；内部化理论则从从事国际直接投资的企业所面临的内部和外部市场的差异以及国际分工、国际生产组织的形式等来研究对外直接投资的行为和动机。内部化理论既可以解释发达国家的对外投资行为，又可以解释发展中国家的对外直接投资行为，因而在理论层面上被称之为"通论"。其次，内部化理论较好地解释了这些从事国际直接投资的企业在对外直接投资、出口贸易和许可证安排这三种参与国际经济方式中选择的依据。这些公司通过对外直接投资市场内部化，保持其在世界范围内的垄断优势，从而实现公司利润的最大化，因此在这三种方式中占主导地位。出口贸易由于受到进口国贸易保护主义的限制，许可证安排由于局限于技术进入产品周期的最后阶段，因而均属于次要地位。最后，内部化理论还有助于解释"二战"后跨国公司的增长速度、发展阶段和盈利波动等事实。

2) 局限性

内部化理论也具有一定的局限性。与其他理论相比，内部化理论虽然具有综合性，但它解释的只是从事国际直接投资的企业行为的充分条件，即通过本身的财务和组织管理以发挥企业内部效率的技能；没有对这些公司行为的必要条件，即通过其生产和销售活动以满足消费者的需求的机能给予说明和解释，因而存在一定的片面性。

10.1.5 国际生产折衷理论

前面介绍的四种理论各有所长，但它们有一个共同的弱点，就是只能对大型企业进行海外直接投资作出部分的解释，缺乏普遍意义上的解释能力，因此，当邓宁把各种理论综合在一起提出其折衷理论时，立即被誉为"集大成者"。

1. 理论的产生背景

国际生产折衷理论(The Eclectic Theory of Intenrational Production)，也称折衷主义或国际生产综合理论，是由英国里丁大学教授约翰·邓宁(John H. Dunning)在1976年发表的《贸易、经济活动的区位与跨国公司：折衷理论探索》一文中提出的，并于1981年在其论著《国际生产与跨国企业》(International Production and Multinational Enterprise)一书中进一步系统化、理论化、动态化地进行了修正。邓宁的理论适应了国际生产格局变化的需要，吸收和综合了过去有关对外直接投资的理论精华，形成了解释对外直接投资的最大理论框架，能在很大程度上对国际化经营活动的三种形式，即技术转让、出口贸易及对外直接投资作出合理的解释。

邓宁的国际生产折衷理论的特点在于，它"集众家之所长，融众说于一炉"，力图开创一个"通论"。他把厂商理论、区位理论、产业组织理论以及国际经济学中的各学派思想有机地结合在一起，构成一个整体，综合地对跨国公司的行为动机和条件作出分析。

邓宁的国际生产折衷理论存在相当的理论基础背景和现实条件。

1) 理论基础方面

正如前面所述，事实上从 20 世纪 60 年代开始，国际直接投资理论领域已经存在着以下四个方面的发展方向。

(1) 根据产业组织理论，研究大型企业发展对外直接投资所拥有的比较优势，集中表现为海默-金德尔伯格的垄断优势理论。

(2) 采用动态分析方法，将对外直接投资与对外贸易结合起来研究，其代表是雷蒙德·维农的产品生命周期理论。

(3) 生产区位理论，研究大型企业为什么在某个国家而不是在其他国家进行直接投资，即对外直接投资的区位选择理论。

(4) 基础厂商理论，强调外部市场的不完全对大型公司的海外直接投资影响，即巴克利和卡森等人的内部化理论。

2) 现实条件方面

现实条件方面，主要是"二战"后国际直接投资格局发生的重大变化需要更全面、综合的理论来解释，这些需解释的现实情况体现在以下几个方面。

(1) 国际直接投资的主体呈现多元化发展趋势。

(2) 国际直接投资的部门呈现分散化趋势。

(3) 国际直接投资的流向呈现多样化趋势。

(4) 国际直接投资的形式呈现多样化趋势。

2. 理论的主要内容

国际生产折衷理论的核心是由三个核心优势理论组成的，它们是：源自各种特有优势理论、海默垄断优势理论的所有权优势(Ownership Advantage)；源自较为系统的区位经济学理论、戈登(Aaron Gordon)直接投资区位选择理论的区位优势(Location Advantage)；源自巴克利、卡森等内部化理论的内部化优势(Internalization Advantage)。

邓宁指出：企业要发展成为跨国公司应具备三个优势，即厂商优势(所有权优势)、内部化优势、区位优势，这三种优势(简称为 OIL 优势)必须同时齐备，缺一不可。如果缺少其中一两个优势，企业就不会进行对外直接投资，而选择商品出口或特许权转让的方式。如果仅有厂商优势和内部化优势，而无区位优势，则意味着缺乏有利的投资场所，只能将有关优势在国内加以利用，进行生产，予以出口；如果没有内部化优势和区位优势，仅存在厂商优势，包括无形资产优势，则企业难以内部利用，只得转让给外国企业。

邓宁认为，决定对外直接投资的三项因素之间是相互关联、紧密联系的，用公式表示就是：国际直接投资=所有权优势+内部化优势+区位优势。该理论把是否完全具备三个优势同企业选择参与国际经营活动的三种形式有机地结合在一起，还总结了各行业对外直接投资建立和发展的原则，并指出各行业的对外直接投资在具体内容和表现形式上是不同的。

厂商优势(所有权优势)解释的是企业为什么能对外直接投资；内部化优势在于避免外部市场的不完全对企业产生的不利影响，实现资源的优化配置，并使得垄断优势得以充分发挥；区位优势是指东道国不可或不易移动的要素禀赋优势以及东道国政府的鼓励或限制，要素禀赋具体包括自然资源、人力资源和市场容量等，区位优势说明的是从事国际直接投资企业的选址及其国际生产布局。

这些公司既然拥有厂商优势、内部化优势和区位优势，下面需要进一步说明的是，为什么它拥有这些优势？各类公司所拥有的优势为什么各不相同？邓宁认为："从根本上说，这是由不流动的国际资源分布不同导致的，是由各国特有的生产和市场环境所决定的。国际资源要素禀赋不同是解释大多数以开发资源为目的的对外直接投资的基础。如果再把东道国贸易壁垒、关税和税收优惠与限制等这些非市场因素考虑在内，它又可解释出口替代型的对外直接投资。这样，既可解释南北之间、南南之间的国际贸易和对外直接投资的根源，同时还可解释发展中国家早期的对外直接投资。"因此，国际资源分布理论是国际直接投资的一个重要基础理论。

但国际资源分布不同并不是跨国公司组织国际生产的唯一原因。如果世界上存在最终产品和中间产品的完全市场，那么只需要国际贸易就行了，而没有必要存在国际生产。但是事实上，那些从事多项经济活动，不只在国内从事生产，也在国外从事生产的大型企业，它们的生产经营活动并不是通过外部市场来交易，而是通过公司内部转让来实现的。这是因为国际市场存在"市场缺陷"，即不完全竞争，进行国际直接投资的企业利用自己的内部市场机制来代替它，其目的就是要避开市场缺陷。这一理论就是市场缺陷理论，它是大型企业在进行国际直接投资选择国际生产的又一重要理论。

3. 理论的评价

邓宁的国际生产折衷理论注重综合分析、客观分析和动态分析，在理论形态上是完整、成熟的。其"三优势模式"(OIL Paradigm)主要是从国家的宏观层面上分析国家间的优势及其不平衡分布，比较综合地说明了三种优势和三种国际经营方式(出口、对外直接投资、许可证交易)之间的相互关系，是直到目前为止经济学界最权威、最全面的理论体系。

但是，邓宁的国际生产折衷理论也并不是十全十美的，有的地方仍欠严谨、周密，主要表现在以下几方面。

(1) 尽管该理论看起来颇有说服力，容易被人接受，但由于理论的"集大成"而影响了整个理论的逻辑性。邓宁把各种不同的，甚至没有多大联系的因素捏合在一起，从而陷入对现象的罗列和归纳，缺乏逻辑上的分析。

(2) 邓宁强调只有三种优势同时具备，才能进行国际直接投资，但在现实经济活动中，并不同时具备三种优势的发展中国家不但发展了对外直接投资，而且向发达国家进行逆向投资，这种现象给邓宁的理论以极大的冲击。

(3) 该理论无法解释非私人国际企业的直接投资活动，并过于简单地假定大型企业进行对外直接投资的主要目标就是追求利润最大化。

10.2 国际直接投资的形式

10.2.1 国际直接投资的方式

与出口和许可证贸易模式进入外国市场不同,企业选择对外直接投资方式进入国外市场,是指企业将管理、技术、营销、资金等资源以自己控制企业的形式转移到目标国家(地区),以便能够在目标市场更充分地发挥竞争优势。同出口方式相比,对外直接投资缩短了生产和销售的周期,减少了运输成本;可利用当地廉价的劳动力、原材料、能源等生产要素,降低制造成本;能随时获得当地市场信息和产品信息的反馈,从而可根据市场的需求来调整生产。此外,国际直接投资也使企业跨越东道国政府的各种贸易和非贸易壁垒,有时对外直接投资还能享受东道国提供的某种优惠。但是,国际直接投资需要大量的资金、管理和其他资源的投入,这就意味着风险更大、灵活性更差。

从事对外直接投资活动是大型企业进行国际直接投资的重要业务之一。对外直接投资的类型主要有:独资企业、合资企业、合作企业和合作开发。具体采用何种形式从事对外直接投资,取决于其自身条件和国际投资的环境。

1. 独资企业

独资企业(外商独资经营企业),是根据有关法律规定而在东道国境内设立的全部资本由国外投资者提供的企业。大型公司尤其喜欢以创立独资企业的形式进行对外直接投资。"二战"以后,无论是发达国家还是发展中国家,独资企业都得到了较快的发展,这是因为在采用独家经营的同时,这些大型公司可以实现垄断技术优势、实现价格转移。

(1) 垄断技术优势。拥有先进技术是从事对外直接投资的企业最重要的垄断优势。独资企业实际上是大型企业设立在国外的公司,对其拥有完全的控制权,高级技术人员由该企业直接选派,一般技术人员和工人则在东道国当地招聘,以便垄断技术,形成技术优势。其他形式(如合营等)往往会造成国外投资者与东道国投资者共享技术优势。因此,大型企业通过对外直接投资的形式发挥垄断技术优势,常常偏向于选用独资经营的形式。

(2) 实现价格转移。大型公司采取独资形式对外直接投资就可以在其内部各国外公司之间或大型公司与国外公司之间买卖原材料或产品,从而可以根据各国(或地区)税收制度的差异,实行内部价格。如果采取合资形式,则必然要涉及投资者与当地企业的利益,双方难以达成一致协议,这也是大型公司在进行国际直接投资的重要策略之一。

大型公司设立国外独资企业(亦即海外子公司)进行国际直接投资的途径主要有以下两条。

(1) 在东道国新建投资项目。这是大型公司进入国外市场的传统途径。其优越性是可以根据该公司总体发展策略,灵活选择投资方向、投资部门、生产规模和产品类型等;其缺点是新建一个项目要耗费相当长的一段时间。

(2) 并购东道国公司。美国和欧洲各国的公司在进行国际直接投资时更倾向于这种途径。其具体方法有两种:一是通过收购该公司的股权达到控制该公司的目的;二是收购该公司的资产。前者是在收购人与股权持有者之间进行的,后者是在收购人与具有法人资格

第 10 章 国际直接投资理论

的公司之间进行的。

设立海外独资企业有如下一些特点。

(1) 法律地位独特。独资企业不是本国的企业和法人，而是东道国的企业和法人，所以从企业在东道国从事民事活动的法律地位来看，独资企业一方面可接受东道国的法律保护，另一方面也接受东道国政府对其实行的监督和管理，开展正常的生产经营活动。

(2) 对独资企业掌握的尺度较严。一般东道国有关设立独资企业的法律和政策都有利于本国国民经济的发展，往往要求独资企业采用本国尚未掌握的先进技术，要求独资企业的产品全部或部分出口。

(3) 在管理权限上有充分的自主性。独资企业的组织形式、生产活动、销售活动、工资福利、职工聘任与解雇等，均由外国投资者根据东道国法律自由决定，东道国除行使必要的法律规定的管理职能外，一般不干涉独资企业的经营活动。

2. 合资企业

合资企业(合资经营企业)又称股权式合营企业，是指由两个或两个以上属于不同国或地区的公司(企业)或其他经济组织，经东道国政府批准，在东道国境内设立的以合资方式组成的经济实体。合资企业已发展成为国际直接投资的主要形式之一，这种形式适合小型的具备一定实力可以进行国际直接投资的公司。对于生产规模小、技术水平不是很高的小型公司来说，想进入东道国市场，采用这种直接投资方式可以获得东道国政府的支持。其途径主要有两种，一是通过新建投资项目的方式设立，二是通过购买东道国企业股权的方式设立。

国外投资者购买东道国企业股权的行为，既可能是对外直接投资，又可能是对外间接投资，区别是看能否获得实际的控制权。美国学者认为，国外投资者购买东道国企业 10%以上的股权就有一定的控制管理权，就可归到对外直接投资的范畴，低于这一比例，就属于对外间接投资的范畴。

根据不同的标准和途径，合资企业可以划分为不同的类型。

(1) 按东道国政府设立合资企业的目标，合资企业可以划分为外向型合资企业、内向型合资企业以及开发型合资企业。外向型合资企业的产品主要用于出口，面向国际市场，发展中国家更倾向于采用这种合资类型；内向型合资企业的产品主要用于国内销售，满足国内市场需求，东道国对建立内向型合资企业控制较严；开发型合资企业经营的直接目的就是开发东道国资源丰足和偏远的落后地区。

(2) 按合资企业的投资比例，合资企业可以划分为对等型合资企业、参与型合资企业以及联合型合资企业。对等型合资企业的合资双方出资比例相等，双方投资者在资本、管理权限和责任上均处于对等的地位；参与型合资企业往往是东道国从法律上确定本国投资者在企业经营中的支配权，以防止外国资本对合资企业的控制，许多发展中国家规定本国一方的股份在合资企业中必须占有 51%以上的比例；联合型合资企业是由两个或两个以上国家的公司共同投资联合设立的，由合资各方共同承担风险，合资各方的权利和义务是根据其投资比例来确定的。

(3) 按合资企业经营范围，合资企业可以划分为工业生产型合资企业、工程承包型合资企业、服务型合资企业、农业生产型合资企业等。工业生产型合资企业主要从事工业生产经营活动；工程承包型合资企业主要经营建筑工程和装潢工程业务；服务型合资企业主要经营商业、旅游业、饮食业等；农业生产型合资企业主要从事农业生产经营活动。

该合资企业具有如下一些特点。

(1) 共同投资。合资企业是由合资各方共同投资设立的，其投入的股份可以是资金，也可以是实物、产权、专有技术等。

(2) 共同管理。根据出资比例，合资各方共同组成董事会，并聘请总经理和副总经理，建立经营管理企业的体系。

(3) 共担风险。合资企业各方共同享受企业的盈利，共同承担企业的风险，盈亏均按股份比例分担。

(4) 自主经营。合资企业是在东道国境内设立的具有独立法人资格的经济实体，其生产经营活动具有充分的自主权。

3. 合作企业

合作企业又称契约式合营企业，是指国外企业依据东道国有关法律，与东道国企业共同签订合作经营合同，而在东道国境内设立的合作经济组织。就东道国而言，合作企业是许多发展中国家利用外资的一种简便有效的形式。

合作企业可以分为两种：一种是法人式，即合作企业有独立的财产权，法律上有起诉权、被起诉权，并以该法人的全部财产为限对其债务承担责任；另一种是非法人式，即合作企业没有独立的财产所有权，而只有使用权，合作企业的管理可以由合作各方派出代表组成联合管理机构，也可以委托一方或者聘请第三方进行管理。

合作企业与合资企业都表现为国外投资者与东道国的投资者在东道国创办企业，合伙经营。二者之间既有联系，又相互区别。从法律的角度来考察，合作企业是契约式合营企业，其基础是合资各方的股份。

与合资企业相比，合作企业有其自身明显的特点。

(1) 经营方式。合作双方的权利和义务均由合同规定。合作双方可以组成法人，也可不组成法人。作为法人的合作企业应成立董事会这一最高权力机构，作为企业的代表；不组成法人的合作企业，不具有法人资格，可由合作各方的代表组成联合管理机构，负责管理经营，也可以由外方主要负责，进行管理(有些国家规定，合作经营期间由外方单独管理，东道国一方只为双方合作提供服务)。

(2) 投资条件。在一般情况下，东道国一方提供场地、厂房、设施、土地使用权和劳动力等，投资国企业一方提供外汇资金、设备和技术等。

(3) 收益分配。由于合作企业属于契约式合营企业，投资各方不按股份计算，所以也不按股份分配收益，而是按合同中商定的比例进行分配，而且不能变动。

(4) 合作期满的财产归属。不同行业项目的合作期限不同，但是一般来说，合作期满后，合作企业的全部资产不再作价，而是无偿地、不附带任何条件地归东道国一方所有。

4. 合作开发

合作开发是指东道国(资源国)利用国外投资共同开发本国资源的一种经营合作形式，通常由东道国政府(或政府组织机构、国有企业等)与国外投资者共同勘探、开发自然资源，共同承担风险，分享利润。合作开发适用于大型自然资源(如石油、天然气、矿石、煤炭和森林等)的开发和生产项目。

合作开发具有以下两个明显的特点。

(1) 东道国管理较严。与其他吸收国外直接投资的形式相比较而言，由于合作开发涉及东道国自然资源的开发和利用，因而管理较严格。外国投资者与东道国企业进行合作开发，要由东道国政府批准，给予特许权，有关合作的区域面积以及合作对象、规则等，都是东道国政府有关主管部门审查的范围。

(2) 投资多、风险大、利润高。由于大型自然资源开发项目一般投资规模大、技术水平要求高、投资资金量要求大，所以需要采取合作开发形式方能解决。正因为如此，伴随的风险也大，往往由外国投资者承担风险，因为一旦勘探失败，东道国无须偿还勘探费用，由外国投资者自己承担费用；如果勘探成功，合作双方都可获得巨大利润。所以与合资企业、合作企业相比较，采用合作开发方式，东道国可能享受更大的利益，而投资者则要承担更大的风险。

10.2.2 国际直接投资的对外投资活动

大型公司除了传统的在国外建立公司、购买外国企业股票等股权参与形式外，还采用许可证合同、管理合同、销售合同等非股权安排形式，这种投资方式的变化是大型公司适应东道国政策变化的一种策略。

1. 国外的股权参与

1) 股权参与的含义

股权参与是指大型公司在其国外的公司中拥有股权的份额。其大小取决于投资者向企业投资数额的多少。一般地说，大型公司向海外公司投资数额越大，拥有股权的比例就越大，就越能对子公司实行有效控制。因此，这些大型公司尽力拥有全部股权或拥有多数股权，从而把海外的公司完全纳入其全球经营体系，服从其整体利益。

2) 股权选择的形式

大型公司的股权投资有以下几种形式：①设立分公司或销售机构；②建立加工装配厂；③独资企业；④合资企业。其中，独资企业与合资企业是股权投资的两种基本形式。

独资企业又称全股子公司，是指95%以上股权被跨国公司所掌握的公司。大型公司完全拥有子公司的财产和经营管理权，独自承担经营风险和获取经营利润。由于全股子公司的设立有利于该公司牢牢控制国外公司，使它更好地服从于大型公司的全球战略和整体利益，维护公司的技术垄断、经营决策、产品质量和商标信誉，从而实现公司整体利益最大化，所以长期以来，主要发达国家经济实力雄厚、管理经验丰富的从事国际直接投资的企业，大多采用这种股权的形式建立海外子公司。

合资企业是跨国公司与东道国企业或个人共同投资建立的生产经营实体。在合资经营期间，按各方出资份额的大小分享公司的股权和经济利益，共同经营、共担风险、共负盈亏。合资企业是从事国际直接投资的一种重要形式。与独资企业相比，能减少投资资本的政治风险，但不利于公司统一协调和控制，在日常的经营管理和利润分配上容易与合伙者发生冲突。20世纪70年代以后,合资企业的数量和分布范围逐步扩大,主要是"二战"后许多国家,特别是发展中国家,出于保护民族经济,限制外来竞争,政治、经济要求独立,对取得股权的要求日益强烈,实行了一系列政策措施,鼓励跨国公司开办合资企业,向东道国出资者出让股权。跨国公司为了缓和矛盾,采取了一些灵活的股权策略,不再坚持全股拥有。因此,20世纪70年代以来,这些公司的全股子公司比重越来越小,合资企业的比重越来越大。

3) 股权选择的因素

大型公司在哪一个国家设立子公司,选择什么样的股权形式,不能只考虑公司自身情况,还必须考虑东道国的国情与法规等因素。只有这样,才能作出正确而切合实际的选择。影响跨国公司对外股权投资的因素,既包括公司内部的,也包括来自公司外部的。

(1) 内部因素。内部因素主要有以下几方面。

① 公司的产品、技术、管理以及销售等方面的优势。一般来说,优势越大,股东就越有发言权。

② 公司的产品策略。若经营的产品较集中,公司适宜采取独资经营;若经营的产品较分散且种类较多,公司宜采取合资经营。

③ 总公司的财力及管理资源是否充裕。若不充裕,则采取合资企业形式,这样便于利用当地资源。

(2) 外部因素。外部因素主要有以下几方面。

① 东道国(资金接收国)对外资的政策与法律、东道国的合作能力与效率以及竞争情况等。一般来说,发达国家政府控制较低,经营效率高,市场竞争强,资本可以相互渗透,相互利用。因此,从事国际直接投资的企业在发达国家进行投资,多半以全部股权拥有和多数股权拥有为主。而发展中国家一般对外来投资都采取鼓励与限制相结合的政策,在所有权转让、资源使用、外汇管理、关税与利润返还等方面制定了一系列政策、法律,有些国家在外来投资法中明确规定这些公司拥有子公司股权的最高比例。因此,在发展中国家投资,这些公司多数采用少数股权拥有和非股权安排的方式。

② 母国(资金流出国)政府对从事国际直接投资的企业海外业务的政策是鼓励还是限制,对海外业务采取过多的限制,不仅影响外国这些企业的进入,也会影响本国相关公司的对外投资情况。

2. 国外的非股权安排

1) 非股权安排的含义

非股权安排是20世纪70年代以来逐渐被广泛采用的形式,主要是指从事国际直接投资的企业在东道国中不参与股份,而是通过与股权没有直接联系的技术、管理、销售等为东道国提供各种服务,与东道国公司保持着密切联系,并从中获取各种利益。

非股权安排主要是从事国际直接投资的企业针对发展中国家的国有化政策和外资逐步退出政策而相应采取的一种投资方式,也是跨国公司在发展中国家谋求继续保持原有地位的重要手段。采用这种投资方式,投资物不是资金,而主要是各种技术、专利、管理技能、销售技巧等无形资产。这些公司通过非股权投资方式,既可减少风险,又可使其技术、管理和销售机制获取相应的利润;同时,还可以通过这些先进的技术、管理和销售渠道对当地企业施加影响。因此，大型公司非股权安排的投资方式正在日益发展，在全世界范围内得到更广泛的运用。

2) 非股权安排的形式

非股权安排形式很多，并且仍在不断地发展。目前，许可证合同、管理合同、产品分成合同、协作生产合同、销售合同、联合投标合同、"交钥匙"合同、咨询服务合同等形式最为常用，下面分别予以介绍。

(1) 许可证合同。许可证合同是指进行国际直接投资的企业与东道国公司就技术转让和使用问题所订立的合同。许可证合同具体可分为独占许可证合同、普通许可证合同、排他许可证合同、从属许可证合同等。独占许可证合同规定被许可方有使用某项技术的独占权，许可方和任何第三方不能使用该项技术。普通许可证合同也规定了被许可方有权使用某项技术的权利，但对许可方和任何第三方的使用权没有任何限制。排他许可证合同又称全权许可证合同，订立这种许可证合同后，被许可方有权使用许可方的技术，许可方仍保留使用权，但要排除任何第三方对技术的合作。从属许可证合同则赋予了被许可方可以使用许可方技术以及根据需要把技术的使用权转让给任何第三方的权利。

无论采用哪一种许可证合同，对技术价款的偿付都可采用总算偿付和提成偿付两种方式。采用总算偿付方式，对转让的技术要作价，然后由被许可方一次付清或分期付清，如果以产品偿付，那么产品也要作价；采用提成偿付时，转让的技术可以不作价，但要确定提成率和提成期，许可方根据被许可方在提成期内每年的产品产量或产品的销售价格，按确定的提成率提取提成费。有的合同还规定在合同有效期内，进行国际直接投资的公司有义务向许可证获得者提供改进和改善技术的情报，而被许可方也有义务向技术提供者进行技术反馈，该公司不参与东道国公司的股权，但可以对产品的产量和质量进行监督。

(2) 管理合同。管理合同亦称经营合同或经营管理合同，是指从事国际直接投资的企业通过合同在不涉及股权参与情况下，向东道国企业提供综合性服务，在合同有效期内规定提供各项服务和收取相应的报酬。管理合同分为两大类，一类是全面经营管理合同，其范围较广泛，不但包括了技术管理，而且包括生产管理、销售管理和行政管理等，这类管理合同一般适用于新产品的开发、管理比较复杂或质量要求高的企业；另一类是技术管理合同，即企业的技术管理由跨国公司的技术人员或技术公司进行全权管理。管理合同的特点是不投资只管理。这样，从事国际直接投资的企业通过签订管理合同，参与并控制东道国企业的生产经营活动，在没有风险的情况下，增加公司的收益。

(3) 产品分成合同。签订这种合同的跨国公司起着一个总承包商的作用，即东道国出钱，从事国际直接投资的企业替东道国公司购买设备和进行投资，并实施管理，跨国公司不占有股权，但要与东道国在一个预先商定的分配方案的基础上分享公司的产品，以作为这种非股权安排的报酬。

(4) 协作生产合同。合同中规定跨国公司提供各种产品的设计图样、技术和专利权，东道国公司提供厂房、机器设备、原材料和劳务，双方进行协作生产，跨国公司通过提取产品或销售利润的方法获得投资报酬。

(5) 销售合同。一般由从事国际直接投资的企业提供技术，在东道国进行生产。生产的产品由该公司和东道国的公司共同销售，双方按销售业绩分享销售利润。

(6) 联合投标合同。订立这种合同后，从事国际直接投资的企业和东道国的公司就要对某一大型项目进行共同投标。如果中标，那么双方就要共同负责项目的勘察、设计和施工。跨国公司主要提供专家和技术，从共同获得的收益中取得部分投资利润。进行联合投标的目的是扬长避短，发挥双方各自的优势。

(7)"交钥匙"合同。"交钥匙"合同指的是项目建造的全过程，从方案选择、规划、勘测、设计、施工、设备供应到安装调试和技术培训等由跨国公司在协议范围内负责完成。保证企业能生产出符合质量标准的产品，使东道国在合同履行完毕后具备独立经营和管理企业的能力。这种合同方式是成套工厂设备买卖与技术转让结合起来的合同。

(8)咨询服务合同。咨询服务合同由从事国际直接投资的企业与东道国企业相互签订。合同中规定，该公司负责解决东道国企业提出的技术课题，或提供各种技术服务，并以此获取技术咨询费作为技术投资的报酬。

从事国际直接投资的企业选择何种股权安排形式，究竟哪一种形式最为合适，这要视双方的具体情况而定。该公司可根据对方的行业特点和需要以及自己的需要与可能，灵活地运用上述各种形式，以达到预期的目的和最大的投资效果。

10.3 国际直接投资对东道国的经济效应

尽管资本输出会对母国自身产生一定的影响，但对东道国来说，也许更值得引起关注，因为这不仅是一个有争议的并被广泛讨论的话题，更重要的是，它使我们更加关注发展中国家的引资问题。概括地说，国际直接投资会对东道国产生正面和负面的双重效应。

10.3.1 国际直接投资对东道国的正面效应

在进行国际直接投资时，资金的流入可能会对东道国产生各种广泛的正面效应，这些正面效应主要表现在以下几个方面。

1. 增加产出

外资的流入使东道国国内整个资本存量增加，这个资本存量连同劳动力及其他资源一起投入生产能获得更大的总产出。

2. 提高工资

如果东道国的工资水平相对较低，则外资企业也可能会考虑在东道国进行投资。显然，如果生产过程是劳动密集型的，则外资的进入会导致对东道国劳动力需求的增加，从而导致工资水平上升。

3. 增加就业

如果接受外资的东道国是一个由于人口压力而导致劳动力过度供给的发展中国家，那么，这种作用就特别明显。

4. 增加出口

如果外国资本生产的商品具有出口的潜力，那么外资的引入就会使东道国创造出稀缺的外汇。从发展的角度看，增加的外汇可用于进口所需的资本设备或材料，以帮助该国实现其发展计划，当然外汇也可以用于支付该国外债的利息或用于偿还本金。

5. 增加税收收入

若东道国采取有效的税收措施，那么从外国直接投资项目中产生的利润和其他增加的收入，都能给该国提供新的税收源泉，用于发展项目的建设。

6. 实现规模经济

外国企业可能会进入某个行业，使这一行业由于市场规模及技术特征实现规模经济。本国厂商也许不能创造出足够的资本来实现大规模生产带来的成本下降，如果外国投资者的生产实现了规模经济，则消费品的价格就会有下降的可能。

7. 为东道国提供技术、管理经验和新科技

许多经济学家认为这些管理技能是发展中国家最为稀缺的资源，当外国资本以管理者的形式引进关键的人力资本技能时，这一关键的瓶颈就会被打破。此外，新科技能够明显地提高东道国的劳动生产率。

8. 削弱国内的垄断势力

在外国资本流入之前，如果一家国内厂商或者少数几家厂商垄断着东道国的某一特定行业时，这种情况就有可能发生。外资流入后，出现了新的竞争者，就可能扩大该行业的产出而降低其价格，从而使原有的垄断势力得到削弱。

10.3.2 国际直接投资对东道国的负面效应

外国资本的流入对东道国来说也会产生一定的负面影响，主要表现在以下几方面。

1. 可能使东道国的贸易条件恶化

如果东道国在出口销售方面是一个大国，而外资进入该国的出口商品生产领域，则出口的增加就会压低出口商品相对于进口商品的价格，从而恶化东道国的贸易条件。另外，从事国际直接投资的企业在东道国的转移价格也会导致东道国贸易条件恶化。

2. 国内储蓄的减少

从发展中国家的角度看，外国资本的流入可能导致本国政府放松其促进国内储蓄提高的努力，从而导致本国储蓄减少。

3. 国内投资的减少

在通常情况下，外国厂商可能会通过向东道国资本市场借贷资金的方式部分地筹集直接投资的资金，这样会导致东道国利率上升，并且通过"挤出"效应减少国内的投资。另外，发展中国家的资金供给者可能出于降低风险的角度将资金借给从事国际直接投资的企业。这主要是因为资金供给者认为该公司更有能力运营这笔资金，风险较小而收益更高。

4. 国际收支与汇率的不稳定性

当外国直接投资进入该国时，它通常会提供外汇，因此改善东道国的国际收支或者提高了本国货币在外汇市场上的价值。然而，当购买者买进进口投入品或者要把利润汇回投资来源国时，就会对东道国的国际收支产生压力，然后使东道国货币贬值。

5. 对国内政策控制的失去

经济实力强大的外国投资者从自身利益的角度出发，会以各种各样的方式对东道国经济和政治施加影响或进行左右。

6. 失业的增加

外国厂商可能会将自身资本密集型的技术带入东道国，但这些技术可能不适用于一个劳动力富余型的国家，结果是资本密集型技术将当地的竞争厂商淘汰出局，外国厂商雇佣相对更少的工人而使得部分工人失业。

7. 当地垄断的形成

这种外资会打破国内垄断的正面效应，相反，由于一些特定的优势(如先进技术或特有的专利)，大型的外国厂商可能会削价与当地有竞争力的企业抢市场，并将国内企业从该行业赶走，然后，外国企业以垄断者的身份出现，并产生垄断的所有不利后果。

10.3.3　国际直接投资对东道国的正面、负面效应总结

外国直接投资既可能给东道国带来正面效应，又可能带来负面效应，两个效应孰大孰小是难以衡量的，因此引进外资对东道国来说净福利效应是不确定的。

不管是发达国家还是发展中国家，通常都要制定相应的政策，以提高由外国资本流动产生的正面效应和负面效应之间的比例，其主要策略是对外国厂商实行业绩要求，如规定本地雇员的最小比例、汇回母国的利润的最大比例以及用于出口创汇的产品的最小比例，还有厂商生产可能必须服从投入品的本国成分要求，或禁止外国厂商聚集在特定的关键行业等。

本 章 小 结

本章主要从三个层面分析了国际直接投资，国际直接投资的理论层面分别从垄断优势理论、产品生命周期理论、比较优势理论、内部化理论以及国际生产折衷理论五个理论作为基础，以便更好地指导具体的国际直接投资的实践活动。国际直接投资的方式上主要有独资企业、合资企业、合作企业以及合作开发四种方式，这四种方式是目前阶段国际直接投资的主要方式，投资活动主要从国外股权参与以及非股权安排两个角度进行相关的分析。在本章的最后，从正面效应和负面效应两个角度分析了国际直接投资所产生的经济效应。

第 10 章　国际直接投资理论

思 考 题

1. 试评价国际生产折衷理论的贡献以及局限性。
2. 简述国际直接投资活动中的国外股权的参与方式。
3. 国际直接投资的正面效应主要体现在哪些方面？

第 11 章　跨国公司理论

【学习目标】

通过本章的学习，使学生了解跨国公司的相关概念、特征、法律形式以及发展历史，掌握跨国公司战略联盟的目标及动因，掌握并应用跨国公司并购的相关理论基础，学会分析实例并给予一定的客观评价。

【重点与难点】

本章的重点在于跨国公司战略联盟的性质以及不同企业在进行跨国公司战略联盟的目标以及动因。难点在于要求学生学会并应用相关并购的理论基础分析不同的跨国公司的并购类型，要求学生有较强的分析问题的能力。

【案例导入】

2009 年以来，在全球金融危机和区域性贸易保护主义的双重夹击下，中国汽车出口市场惨淡无比。据海关统计，2009 年前 5 个月，我国出口汽车 12.1 万辆，价值 17.3 亿美元，比 2008 年同期分别下降了 60.4%和 54.7%。几大主要的汽车出口市场非洲、东盟、俄罗斯等都出现了不同程度的降幅，俄罗斯的下降幅度更是高达 96.2%，这在历史上甚是罕见。汽车出口市场的这段时期被诸学者称为"危"与"机"并存的时期。在这样一个特殊的历史阶段，汽车出口剧降，但我国对海外直接投资却与日俱增，这为我国汽车企业开辟了新的道路。中国汽车企业海外扩张举动充分表明：自主品牌已经从对外贸易进入到对外直接投资的资本输出的时代。在众多汽车企业中，奇瑞之所以能够成功的关键是在对外直接投资中坚持产品的技术变革与创新。奇瑞通过对外直接投资在全球范围内充分整合零散资源，通过开展深度化、广泛化的国际合作，大幅度降低了整车制造和开发成本，缩短了整车的开发周期，这大大激发了企业的创新活力。

奇瑞在对外投资之初就确定了"以我为主，整合利用世界资源"的自主开发路线。奇瑞曾经受制于国内外某些大集团零部件的供应，这使得奇瑞下定决心，自己寻求发动机与变速箱等关键零部件的解决方法。果不其然，相关零部件的研发成功地解决了奇瑞的后顾之忧，在实现自我供给之后，进入了全球的零部件采购系统，奇瑞利用国际化资源，开发自主知识产权的相关产品，真正走上了自主研发阶段，实现了国际化的巨大转变。

奇瑞的对外直接投资给我们带来了哪些启示？

(资料来自：百度文库 http://wenku.baidu.com)

第 11 章 跨国公司理论

11.1 跨国公司概述

11.1.1 跨国公司的概念

关于跨国公司的概念，也是由于标准不同而众说纷纭的，根据不同的划分标准大致可以分为不同的种类。

1. 结构性标准定义

结构性标准具体包括地区分布、所有权、股权比例以及生产或服务设施五个划分标准。

1) 地区分布标准

该标准以跨国公司在国外进行投资或经营的国家数目作为划分的标准。究竟跨越多少个国家才算是跨国公司？原欧共体在 1973 年认为，在两国以上拥有生产设施的跨国经营企业即称其为跨国公司；而美国的一些学者则提出了另外的标准，如哈佛大学"美国多国公司研究项目"提出，必须在六个以上国家设有子公司或分支机构的才算跨国公司。该项目的主持人雷蒙德·维农(Raymond Vernon)教授 1971 年在其著作《国家主权处于困境中》指出："跨国公司是指控制着一大群在不同国家的企业的总公司。这些企业一般都有相当广泛的地区分布。一个在本国基地以外只在一两个国家拥有股权(子公司)的企业，就不能将它列入跨国公司的行列。"按照这个标准，1968 年在《财富》杂志上列出的制造业 500 强中，雷蒙德·维农认为称得上是跨国公司的只有 187 家，且大多数是垄断性企业，它们在全球的子公司或附属企业有 5000～6000 家。

2) 所有权标准

"所有权"在西方文献中既指资产的所有权形式，又指企业的拥有者和公司高层主管的国籍。

资产所有权形式是指国营(SOE)、私营、合作制或公私合营以及合伙股份公司等。联合国经社理事会认为："……至于公司的法律组织形式并不重要，可以是私人资本的公司，也可以是国有或合作社所有的实体。"另外，经济合作与发展组织的文件也认为，跨国公司的所有权形式可以是私有、国有或混合所有。但也有一些学者认为跨国公司必定是国际垄断组织，是垄断资本主义所有制。

关于企业的国籍问题，各学者之间的认识各有不同。美国学者美森诺基(J. Maisonrouge)认为，跨国或多国公司的股权应该是多国公民所有，管理也应是多国性的。麻省理工学院(MIT)国际经济专家查尔斯·金德尔伯格(Charles P.Kindleberger)则认为，跨国或多国公司的特征应是无国籍的，即"并不忠诚于哪一个国家，也没有哪个国家使它感到特别亲近"。而同为麻省理工学院的理查德·罗宾逊(Richard D. Robinson)教授则认为，多国公司的国际化程度应该低于跨国公司，反映在国籍上，是指多国公司的所有权和管理权主要属于一个国家的公民，其国籍与母公司的主要所有者和高层主管的国籍相同；而跨国公司的所有权分属几个国家的公民，其决策亦是更加超越单个国家、民族的界限和偏见，"关键的决策人物已不再是居住在母公司的所在国"。

3) 股权比例标准

该标准是以一个企业拥有国外企业的股份多少来划分该企业是否为跨国公司。雷蒙德·维农教授认为，跨国公司在国外子公司所拥有的股权应至少达到 25%以上；经济学家罗尔夫(Rolfe)在 1970 年发表的《多国公司展望》中认为，"一个'多国公司'可以定义为：有 25%或者更多的国外业务份额的一个公司；'国外份额'的意思是指企业在国外销售、投资、生产或雇用人数的比例。"

美国法律规定，一个企业拥有的国外企业股份或业务份额达 10%以上，才能算作跨国公司；而日本则规定要达到 25%以上，如果不足 25%，必须是采取非股权安排措施加以控制的公司才算作跨国公司。

4) 生产或服务设施标准

原欧共体、联合国经社理事会以及经合组织等重要的国际组织并不要求跨国公司的机构必须分布在六个国家以上，而更强调必须在两个或两个以上国家拥有生产或服务设施。

1973 年欧共体委员会公布的"准则"和 1976 年欧洲议会通过的"守则"都明确指出：凡是在两个或两个以上的国家拥有生产或服务设施的企业即构成跨国公司。

1973 年联合国经社理事会的知名人士小组在其报告《多国公司对经济发展和国际关系的影响》中认为：多国公司应在母公司以外至少两个国家拥有生产或服务设施，至于公司的法律组织形式并不重要。

1976 年经合组织公布的《多国企业准则》，对跨国公司在生产或服务设施标准方面也有类似的规定。

5) 邓宁关于跨国公司的定义

英国里丁大学(University of Reading)著名的跨国公司研究专家、前《联合国跨国公司文库》(UN Library of TNC)主编约翰·邓宁(John H. Dunning)于 1971 年亦从企业跨越国家界限从事直接生产经营活动的角度来给跨国公司下了一个定义，即"国际的或者多国的生产企业的概念……简单地说，就是在一个以上的国家拥有或者控制生产设施(例如工厂、矿山、炼油厂、销售机构、办事处等)的一个企业。"

与邓宁的定义基本相似的英国学者胡德(N. Hood)和杨(S. Young)于 1979 年在《多国企业经济学》(The Econornics of Multinational Enterprise)中对跨国公司所下的定义是："跨国公司是指在一个以上国家拥有(全部或部分)控制和管理能产生收益的资产的企业，这就是从事国际生产，即通过对外直接投资、筹资进行的跨国界生产。"

1993 年，邓宁在其一本名著《多国企业与世界经济》(Multinational Enterprise and World Economy)中又对跨国公司下了一个突出跨国生产经营活动的定义，即多国企业或跨国企业就是从事对外直接投资并在一个以上国家拥有或控制着从事增值活动(Value-adding Activities)的企业或机构。

显然，邓宁和胡德等关于跨国公司的定义都突出强调了多国这一地理概念上的意义，特别是邓宁的定义更加突出了直接投资和价值创造活动在认定跨国公司上的重要性，即给人们的印象是只有从事对外直接投资并主要从事生产性直接投资的企业才属于跨国公司。显然，这一定义有一定的局限性。

2. 传统的经营业绩标准

按跨国公司在全球经营业绩状况来界定跨国公司，主要是指企业的国外活动占整个公司的业务份额，包括销售收入、资产总额、盈利额或公司雇员人数等达到一定标准才算得上是跨国公司。如霍蒙德·维农率领的"美国多国公司研究项目"认为，跨国公司的标准是：年销售额超过1亿美元的企业；而联合国贸易与发展会议(UNCTAD)1993年则认为营业额在10亿美元以上的企业为跨国公司，这也是我们经常所说的"10亿美元俱乐部"(Billion Dollar Club)。

传统的经营业绩标准是以公司国外经营活动的资产额、销售额、生产额、盈利额和雇员数量占整个公司的比重来划分的，多数主张以国外销售额或生产额作为主要指标，一般以25%为界限。

3. 战略取向标准

战略取向标准又称行为特性标准，该标准以企业的经营战略和动机是否具有全球性来区分其是否为跨国公司。该标准认为，企业经营决策时的战略取向以全球为目标，实行全球中心战略的公司，才算是跨国公司。

美国宾夕法尼亚大学教授帕尔穆特(Howard V. Perlmutter)1969年在《国际公司曲折演变》一文中认为，企业从国内走向国外，再到定位于全面的国际导向，其价值观念和行为方式通常要经历下述三个阶段。

1) 母国取向

母国取向(Ethnocentric)即以母国为中心进行战略经营决策，经营中也优先考虑母国企业的利益，并经常照搬母国的经营管理方式。尽管也雇佣当地员工，但附属企业的高级主管依然由母国企业派遣，而且对母国员工的评价和信任高于当地员工。

2) 东道国取向

东道国取向(Polytcentric)是指决策开始分散和下放，不再集中于母国总部，经营过程中在考虑母国利益的同时，也兼顾国外当地企业的要求，考核国外附属企业的经营业绩时，已转向以当地环境和条件为依据。

3) 世界取向

世界取向(Geocentric)是指决策不再仅仅局限于母国或东道国，而是从全球竞争环境出发来进行决策。在跨国经营中，母国企业与国外企业的相互依存和配合协作大大增强，要求母国企业或国外企业都必须服从全球范围内的整体利益，其考核企业业绩的标准也面向全球，对母国员工和东道国员工一视同仁，雇用的当地员工人数增多，其地位和待遇也有所提高。

跨国公司的全球经营战略使其在全世界范围内实施生产要素的最优配置，它们把研究与开发(R&D)、生产加工、销售与服务等价值活动和业务流程分散在世界各地，而将最高决策权保留在总公司。一项全球战略的制定，意味着决策者不是简单、孤立地考虑一个特殊国家的市场和资源，不是处理国际业务中一时一地的得失，而是在技术日新月异的形势下探寻市场瞬息万变的规律，在多国的基础上，权衡世界市场和世界资源配置的效果，在全球市场的激烈竞争中，从全球经营总体战略角度，有计划地谋求最大限度的利润和最小限度的风险。

4. 联合国对跨国公司的定义

联合国跨国公司中心在 1977 年起草，经数次修改并于 1986 年最终定稿的《跨国公司行为守则草案》中对跨国公司下的定义是："本守则中使用的'跨国公司'一词是指由在两个或更多国家的实体所组成的公营、私营或混合所有制企业，不论这些实体的法律形式和活动领域如何；该企业在一个决策体系下运营，以便通过一个或更多决策中心制定协调的政策和共同的战略；该企业中各个实体通过所有权或其他方式结合在一起，从而其中一个或更多的实体能够对其他实体的活动施加有效的影响，特别是与其他实体分享知识、资源和责任。"

可以看出，联合国的这个定义强调的是企业内部管理、战略实施的统一，但同时也突出了与外部建立联系时的控制问题。应当说联合国关于跨国公司的定义比较合理地把有关因素都包括在内，既明确了跨国性及在跨国经营条件下的独有的管理特征，同时又强调了控制能力，特别是其所涉及行业的广泛性。因此，可以说，该定义更具有权威性。

据联合国有关机构的解释，对跨国公司的上述定义，基于以下几点理由。

(1) 囊括了所有行业的各种规模和不同的海外经营比重的企业，可以避免发生任何遗漏。

(2) 可以直接利用多数国家政府公布的现成的有关资料。

(3) 该定义充分吸收了其他国际机构相关文件的说法，并以此为基础作出了综合、补充和完善。

(4) 在发展中国家东道国看来，任何在其境内的外国企业都是外资企业，它们并不关心这些外资企业拥有多少子公司。

联合国关于跨国公司的定义有以下三个基本要素。

(1) 包括两个或两个以上的国家实体，不管这些实体的法律形式和领域如何。

(2) 在一个决策体系中进行经营，能通过一个或几个决策中心采取一致对策和共同战略。

(3) 各个实体通过股权或其他方式形成的联系，使其中的一个或几个实体有可能对别的实体施加重大影响，特别是同其他实体分享知识资源和分担责任。

此外，联合国贸易与发展会议在《1995 年世界投资报告》中对跨国公司的描述性定义是：跨国公司是由母公司及其国外分支机构组成的股份制企业或非股份制企业。其中，母公司(Parent Corporation，Home company)是指通过拥有一定股权份额在母国以外控制其他实体资产的企业。通常情况下，拥有股份制企业 10%或更多的普通股股权份额或选举权，或非股份制企业的相当权益被认为是控制资产的最低限度；国外分支机构(Foreign Affiliate)是指投资者在他国拥有允许其参与企业管理的股权份额的股份制企业或非股份制企业(股份制企业 10%的股权，或非股份制企业的相当权益)。

具体地说，《1995 年世界投资报告》中的国外分支机构是指跨国企业在东道国的子公司、附属企业和分公司。

子公司是指在东道国直接拥有 50%以上的股东选择权，有权指派或撤换多数管理、经营或监督人员的股份制企业。

附属企业是指在东道国拥有不低于 10%，但不超过 50%股东选举权的股份制企业。

分公司是指在东道国的独资或联合拥有的非法人企业，包括：外国投资者的常设机构或办公室，外国直接投资者与一个或更多第三方的非股份合作或合资企业，外国居民直接拥有的土地、建筑物(政府机构拥有的建筑物除外)或其他不可移动设备与物件，外国投资者在他国拥有并运营一年以上的可移动设备(如船舶、飞机、油气开采设备)。

可以看出，联合国关于跨国公司的两种定义均具有较高的科学性和权威性。和其他定义方式相比较，联合国的有关定义在企业的规模、跨越国界的程度、所有权及全球战略等指标方面都未作严格要求，这样可以最大限度地囊括进行跨国经营的企业，因此具有较强的包容性。而且可以看出，随着认识的不断深入，人们对跨国公司的认识也正在逐步趋同。

11.1.2 跨国公司的特征及法律形式

1. 跨国公司的特征

根据前面描述的不同划分标准的跨国公司的定义，我们总结出跨国公司的基本特征主要有以下六个方面。

(1) 具有相当的经营规模和实力。

(2) 对外直接投资并在国外开展实质性的经营业务。跨国公司以对外直接投资作为跨国经营活动的主要方式，直接投资是跨国公司形成的基础。换言之，对外直接投资是跨国公司的必要条件，因为跨国公司是直接投资行为的结果。

(3) 跨国公司具有一体化的组织管理，具有全球战略目标。

(4) 经营业务国际化。跨国公司尽管开始都是立足母国，但母国并不是跨国公司最终的目标市场，其最终目标是全球市场，并实现经营业务国际化。

(5) 生产经营多样化。多样化生产经营是跨国公司发挥其经营优势、降低成本和风险的重要途径。

(6) 市场交易的内部化。交易成本的存在和市场失灵促使企业进行内部化，即建立内部市场以取代外部市场，跨国公司内部贸易在国际贸易中占有相当大的比重。

2. 跨国公司的法律形式

跨国公司通常采用股份有限公司的形式。而从层次上来说跨国公司的组织形式又可分为设立在母国的母公司、设立在海外的分公司、子公司以及避税地公司。

(1) 母公司又称总公司，是指通过拥有其他公司一定数量的股权，或通过协议方式能够实际上控制其他公司经营管理决策，并使其他公司成为自己的附属公司的公司。

母公司对其他公司的控制，一般采取两种形式：一是掌握其他公司一定数量的股权；二是在两个公司间存在特殊的契约或支配性协议的情况下，一家公司也能形成对另一家公司的实际控制。世界上很多国家的《公司法》将这种通过特殊安排控制另一家或多家公司的企业称为母公司。

母公司对子公司实行有效控制是通过掌握子公司一定比例的股权实现的，各国在对这一股权比例的认定上存在着明显的差异，如美国《公共事业控制法》规定这一股权比例必须达到10%以上。而原联邦德国《公司法》规定，要能拥有或控制"多数表决权"。法国则规定控制"一半以上的股本"。这里的"股本"是指全部股东交纳股金的总数额。英国则规定凡符合以下三条中的任何一条，就构成母公司和子公司的关系：①A 公司是 B 公司的在册股东，并能实际控制 B 公司的董事会；②A 公司拥有 B 公司半数以上的股票；③B 公司是 A 公司的子公司所拥有的公司。

母公司的主要法律特征如下。

① 母公司实际控制子公司的经营管理权。

② 母公司可以通过参股或非股权安排行使对子公司的控制。

③ 母公司对子公司承担有限的责任。

(2) 分公司(Branch)。跨国公司的分公司是母公司的分支机构，不具有法人资格，在法律上和经济上都不具有独立性，而只是母公司的一个组成部分。

分公司的法律特征主要有以下几方面。

① 分公司不具有法人资格，不能独立承担责任，其一切行为后果及责任均由母公司承担。

② 分公司由母公司授权开展业务，自己没有独立的公司名称和章程。

③ 分公司没有独立的财产，所有资产属于母公司，并作为母公司的资产列入母公司的资产负债表中，母公司对分公司的债务承担无限责任。

分公司与母公司同为一个法律实体，设立在东道国的分公司被视作"外国公司"，不受当地法律的保护，但要受到母国的外交保护。它从东道国撤出时，只能出售其资产，而不能转让其股权，也不能与其他公司合并。

(3) 子公司(Subsidiary)。子公司是指一定比例的股份被另一家公司拥有或通过协议方式受到另一家公司实际控制的公司。母公司和子公司之间存在所有权关系，也存在控制和被控制的关系，但子公司在业务上可以独立经营，自主权较大。

子公司有以下主要法律特征。

① 子公司是独立法人。子公司在经济上受母公司的控制，但在法律上，子公司是独立法人。其独立性主要表现在：拥有独立的公司名称和公司章程；拥有独立的财产，财务独立，自负盈亏；可以公开发行股票，并可独立借贷；以自己的名义从事各种经济、民事活动，包括起诉和应诉；独立承担公司行为所带来的一切后果及责任，包括债务责任。

② 子公司在经济上和业务上被母公司实际控制。母公司居于控制和支配地位，子公司处于从属地位。母公司对子公司进行实际控制主要表现在母公司能够决定和控制子公司董事会的组成。

③ 母公司对子公司进行实际控制或是基于支配性协议等非股权安排。母公司拥有子公司的多数或全部股权，而股权数量与控制权成正比。但在现代国际商业活动中，母公司的控制手段已不限于股权的控制，合同或协议的安排也越来越多。许多国家的《公司法》都承认通过某些协议控制其他公司的做法，后者被称为子公司。

子公司在东道国注册登记被视作当地公司，须受东道国法律管辖，不受母公司政府的外交保护。子公司在东道国除缴纳所得税外，其利润作为红利和利息汇出时，还须缴纳预扣税(Withholding Tax)。所谓预扣税，是指东道国政府对支付给外国投资者的红利和利息所征收的一种税收，必须在缴纳此税后才可将利润汇往境外。

(4) 避税地公司(Tax Heaven Corporation)。避税地是指对外国公司在本地注册、经营所获利润实行免税和低税政策的国家和地区，也叫作避税港(Tax Heaven)。目前在全球范围内大约有 30 个国家和地区属于这个概念范畴。而在这些地点正式注册、经营或将其管理总部、结算总部、利润形成中心安排在该地点的跨国公司,就称其为避税地公司。

世界上著名的避税地有百慕大群岛、巴哈马群岛、荷属安的列斯群岛、巴拿马、巴巴多斯、开曼群岛、瑞士、列支敦士登、卢森堡、直布罗陀、利比里亚和中国香港等。

避税地必须具备有利于跨国公司的财务调度和进行国际业务活动的条件。例如对其境内公司对所得税一律实行低税率或免税;取消外汇管制,允许自由汇回资本和投资收益、经营利润;对企业积累不加限制,不征租税;具备良好的财务服务、通信、交通以及健全的商法等。

11.1.3 跨国公司的发展历史

跨国公司是垄断资本主义发展的产物,是科学技术和社会生产力发展的结果,是生产集中、资本集中和经济国际化的产物。21 世纪是全球企业跨国经营的鼎盛时期,一切高水平、高层次、大规模的贸易与投资活动,均将以跨国公司为主体或载体进行。跨国公司作为企业国际化经营的产物,在世界经济的发展过程中已具有决定性的作用,其发展速度异常迅猛,因此有必要对跨国公司的历史发展进程进行回顾和总结。

1. 跨国公司的产生与发展

研究表明,跨国公司的形成与发展已有 100 多年的历史。17 世纪初期建立的东印度公司,尽管为后来英国跨国公司在印度进行直接投资、掠夺印度资源和利用廉价劳动力、获取高额利润以发展壮大创造了条件,同时也在一定程度上带动了印度民族工业,但当时的东印度公司仅仅是英国在原始积累时期进行掠夺的殖民组织,算不上是跨国公司。跨国公司是科学技术和社会生产力发展的结果,是生产集中、资本集中和经济全球化的产物,是当今世界经济技术合作的新型的企业组织形式。当代跨国公司在早期跨国公司的基础上又有了新的发展。

1) 产业资本的国际化是跨国公司的形成基础

跨国公司的出现同产业资本国际化有着密切联系。产业资本国际化的发展过程大致有三个阶段。

(1) 自由资本主义阶段。其特征是商品输出,主要是商品资本的国际化。

(2) 垄断资本主义阶段。其特征是资本输出,主要是货币资本的国际化,即大多数借贷资本。

(3) "二战"后。由于生产国际化的高度发展,在商品资本和货币资本国际化的基础上,生产资本国际化迅速发展。其特征是投资于直接生产过程中的生产资本猛增,资本国际化由流通领域发展到生产领域,企业在国外投入生产资料,直接控制国际生产进行投资,从而形成了跨国公司。

跨国公司是对外直接投资的载体,也是对外直接投资的主体,所以产业资本的国际化是跨国公司形成的基础。

2) 跨国公司的前驱(1914 年以前)

跨国公司的雏形,如果不考虑其广义的确切的含义界定范围,而狭义地将企业的经营范围扩展到本国市场界限之外即称之为跨国公司的话,则可以将其追溯到 18 世纪 60 年代中期,即以资本输出为主要海外经营扩展方式的资本主义时期。当时主要资本主义国家的资本的输出方式是采取借贷资本输出的间接投资方式，如当时的英、法、德、美等国家购买国外政府发行或担保的铁路建设债券及政府公债等。但是那时实际上已经存在直接投资的方式，主要集中在当时落后国家的铁路修建和矿业的开采行业。尽管当时投资的数目和比重都较小(如1870年，当时两个主要资本输出国，英国和法国的对外直接投资累计金额仅50亿美元，1890年才达到120多亿美元，其中英国为84亿美元，占2/3以上)，但却是典型的相对发达的资本主义国家对不发达国家的纵向一体化的直接投资。在当时还不甚发达的制造业中，直接投资却表现为相对发达国家之间的横向直接投资。例如1914年，英国制造业公司所选择进入的国家，有87.9%集中在发达国家，其中对美国的投资比例占73.7%，对欧洲大陆的投资占8.1%。

尽管目前学术界普遍的观点是，跨国公司出现于18世纪60年代中期，但有关跨国公司的萌芽却有一种观点值得介绍。根据较权威的《新帕尔格雷夫经济学大词典》的有关记载，最早的跨国公司出现于欧洲大陆。1815年，一位欧洲纺织机械制造商，比利时的科克里尔(Cockerill)在普鲁士建造了一座工厂，这比美国在欧洲的第一次直接投资，即科尔特(Colt)1852年在英国建造的手枪工厂早37年。此观点认为，尽管无法得到考证，但这应该算作是文献记载的关于跨国公司的最早的经典性文字，而且这段文字还传递出这样的信息，即最早的跨国公司是诞生在工业化国家内部，而不是由发达国家向发展中国家的投资。当然，这个阶段只能称为跨国公司的萌芽阶段。

跨国公司的形成与发展同现代企业的成长密切相关。19世纪下半叶，当时发达资本主义国家的新兴工业部门中，先后出现了一批拥有先进技术和管理水平、资金实力雄厚的现代企业。出于各种动机，它们进行对外直接投资，在海外设立分支机构和子公司，形成了早期的跨国公司。1863年，德国人弗里德里希·拜耳(Friedrich Bayer)创建了拜耳化学公司，总部设在德国伍贝塔尔城，最初只生产颜料。1865年拜耳化学公司通过购股方式收购了美国纽约州奥尔班尼的一家制造苯胺的工厂，此后从1876年开始，又先后在俄国、法国和比利时设分厂。

19世纪末到第一次世界大战(以下简称"一战")前，美国国内的大企业不断涌现，半数以上的大公司开始向海外投资，在国外设立工厂或分公司，如国际收割机公司、西方联合电机公司、国际收款机公司、贝尔电话公司、爱迪生电灯公司等。到1914年，美国已经有40多家公司在海外开设工厂，行业分布以机械制造和食品加工为多，地区主要集中在加拿大和欧洲；在总量上，当时美国私人对外直接投资的账面价值占当时美国国内生产总值的7%。与此同时，欧洲的一些大企业也开始向欧洲以外的地区进行投资。这些公司的市场范围已由国内延伸至国外，开始实行国内工厂与国外工厂同时生产、同时销售的策略，成为世界上第一批以对外直接投资为特征的跨国公司。当今活跃在世界经济舞台上的知名企业和巨型跨国公司，如美国的埃克森美孚石油公司、福特汽车公司、通用电气公司以及欧洲的西门子公司、巴斯夫公司、雀巢公司、飞利浦公司、英荷壳牌石油公司等，很多在当时就已经形成了跨国公司。

据统计，到1914年，发达国家的跨国公司设在国外的子公司约有800家，它们遍布世界各地，从事产品制造、销售以及采掘、种植等活动。其对外直接投资总额累计达143亿美元，其中，英国65亿美元，美国26.52亿美元，法国17.5亿美元，德国15亿美元。

另有资料显示，当时跨国公司对外直接投资的流向主要是经济落后的国家和地区。例

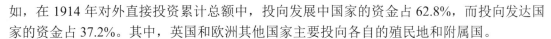

如，在 1914 年对外直接投资累计总额中，投向发展中国家的资金占 62.8%，而投向发达国家的资金占 37.2%。其中，英国和欧洲其他国家主要投向各自的殖民地和附属国。

3) 两次世界大战期间跨国公司的缓慢发展

由于受"一战"战争创伤的影响，加之 1930 年前后出现的资本主义有史以来最大的经济危机——"大萧条"，使得世界性的金融秩序混乱，从而导致两次世界大战期间，对外直接和间接投资徘徊不前，增长缓慢。1913—1938 年的 25 年期间，全球对外投资总额仅增加了 70 亿美元，增长 16%，年平均增长 0.6%。其中，间接投资比重下降，从 1913 年占 90% 下降到"二战"前的 75%，但仍居主要地位，绝对额未减少。而对外直接投资则大幅增加，主要资本主义国家对外直接投资的绝对额增加了两倍，比重也有较大提高。其中，美国对外直接投资上升为第二位，仅次于英国。同时，对外直接投资的行业范围扩大，对制造业投资比重有较大提高，尤其是美国的变化更为明显。美国 1914 年的对外直接投资以矿业居首位，1940 年即以制造业为首位。

对外投资的流向有一半仍在殖民地和经济较为落后的国家，但随着直接投资于制造业的比重增加，对经济发达和比较发达国家的直接投资也有所增加。

在这期间，对外投资的发展极不平衡，英国资本输出虽然仍居世界首位，但优势相对下降。"二战"前仅居第四位的美国急剧扩展，对外直接投资额由 26.52 亿美元增至 73 亿美元，比重由 18.5% 增至 27.7%，投资额比战前增加了 2.4 倍，稳居世界第二，并从债务国跃升为主要债权国，原居第二、三位的法国和德国，投资额急剧减少，被挤出资本输出大国行列。

当时，大部分对外扩张的跨国公司属于技术先进的新兴工业领域，或者是生产大规模消费产品的行业，为了加强国际竞争力，这些公司往往先在国内进行收购，以壮大实力，再向外扩张，不断到海外建立子公司。美国 187 家制造业大公司在海外的分支机构由 1913 年的 116 家增至 1919 年的 180 家，1929 年增至 467 家，1939 年增至 715 家，说明"二战"前跨国公司虽然发展缓慢，但有了一定的基础，尤其是美国已有相当坚实的基础。

4) "二战"后到 20 世纪 70 年代后期的跨国公司

跨国公司虽然出现较早，从它的前驱开始至今已经有 100 多年的历史，许多早期的跨国公司就是现代大型跨国公司的前身和基础，但就发展速度、规模和特征来看，当时还不成形，也不占重要地位。跨国公司在广度上和深度上空前发展还是"二战"以后的事情，因此有学者认为，真正现代意义上的跨国公司，是"二战"以后出现的现象。"二战"后到 20 世纪 70 年代后期，跨国公司的发展呈现出一些新的特点，主要如下。

(1) 对外直接投资发展迅速并主要集中在少数几个发送国家。

1945 年全球外国直接投资额约为 200 亿美元，1960 年增加到 670 亿美元，1978 年增至 3693 亿美元，1980 年达到 5357 亿美元。1945—1980 年的 35 年间增加了近 26 倍。

从 20 世纪 60 年代以来，全球外国直接投资的增长速度超过了同期全球国内生产总值和全球贸易的增长速度。资料显示，1960—1973 年，全球国内生产总值年均增长率为 5.5%，全球国际贸易年均增长率为 8% 左右，而同期的全球外国直接投资年均增长率高达 15.1%。

(2) 跨国公司数量剧增，规模不断扩大。

据联合国跨国公司中心的资料显示，截止到 1969 年，主要发达国家的跨国公司共 7276 家，其国外子公司达 27300 家；而到 1978 年，主要发达国家的跨国公司数目发展达到 10727

家。据统计，20世纪60年代，美国187家制造业跨国公司子公司平均每年增加900家以上；英国47家跨国公司子公司同期平均每年增加850家，且随着时间的推移，递增速度越来越快。20世纪60年代末期，日本67家跨国公司的子公司平均每年增加200家以上。进入20世纪70年代以后，美国跨国公司子公司的增加速度有所降低。

跨国公司规模方面，1971年销售额10亿美元以上的制造业(含石油业)跨国公司有211家，1976年相同规模的跨国公司已达422家，5年时间翻了一番。同时，在一些资本和技术密集型行业中，整个世界的生产主要集中在几家或十几家巨型跨国公司手中。例如，1980年农机工业世界销售总额的80%以上集中在11家跨国公司手中。在10家规模最大的计算机跨国公司总的销售额中，仅IBM一家就占了将近一半。可见，随着跨国公司的发展，在一些工业部门中，跨国公司不但控制了国内市场，而且控制了相当大份额的世界市场。

(3) 投资流向逐渐由发展中国家转向发达国家。

"二战"后至20世纪70年代后期，跨国投资的地理流向发生了较大变化。对外直接投资的国家和地区，逐渐由发展中国家转向发达国家，发达国家除了向发展中国家投资外，发达国家之间的相互投资也增加了，它们既是投资的主要来源国，又是投资的主要东道国，对外投资由"单行道"向"双行道"趋势发展。联合国秘书处的有关资料显示，20世纪60年代中期至末期，有78%的跨国公司直接投资投向了发达国家，20世纪70年代初期至中期，这一比例更是高达87%。

发达国家对发展中国家的直接投资所占比重总的趋势是日趋下降，但并不是直线下降，绝对投资额仍有所增加。发达国家对发展中国家直接投资的对象，主要集中在一些新兴工业化国家或地区和工业化进程快、人均国民收入较高、市场容量较大的国家或地区。

发生投资流向转变的原因主要有：发展中国家经济发展水平各异，而发达国家经济发展水平普遍较高，接受投资容量大；发达国家市场结构较为相似，消费习惯较为接近，容易组织国际生产；发达国家产业结构不同，技术优势各异，可相互间取长补短；发达国家政治稳定，法律规范而完善；语言障碍少，技术管理人才可就地取材；交通、通信等基础设施较为完善。

(4) 对外直接投资的行业分布从初级产品生产转向制造业和第三产业。

早期的跨国公司对外直接投资主要投向矿产开采、石油采掘等初级产品部门，到20世纪70年代后期，行业分布转向了制造业以及第三产业。随着新兴工业部门的发展，对汽车工业、石油化工、电子、机械等行业的投资比重大大增加，对服务行业的直接投资也处于上升趋势，由商品贸易领域向综合性经营业务领域发展。

以美国为例，在国外的制造业投资比重1945年为31.9%，1970年和1980年，这一比重分别提高到41.3%和51.7%；对矿业和石油采掘业的投资比重则从1950年的38.3%下降至1975年的26%。"二战"后各国对包括金融、餐饮、电信、运输、信息加工和咨询在内的服务业投资比重在20世纪70年代为29%左右，到1990年上升至47%。另据资料显示，1980年美国服务业的国外收入达600亿美元，相当于当年出口贸易总额的1/3左右。

2. "二战"后跨国公司迅速发展的原因

"二战"后对外直接投资迅速发展的原因，大体也就是"二战"后跨国公司迅速发展的主要原因，因为跨国公司是对外直接投资的载体，也是它的结果。"二战"后跨国公司迅速发展的原因有以下几种。

(1) "二战"后世界科学技术革命和世界生产力的发展。20世纪50年代开始的以原子能、电子为代表的第三次科技革命,无论是广度还是深度都超过了前两次,大量科技成就广泛应用于生产,出现了一系列新产品、新技术和新兴工业部门,大大地促进了生产力的发展。与此同时,要求更多的原料和销售市场,要求生产和销售的国际化,科学技术革命的发展为跨国公司奠定了物质基础。

(2) 生产和资本的集中导致资本"过剩"。"二战"后发达国家生产和资本不断集中,垄断程度加深,拥有大量资本和先进技术的垄断企业,迫切要求到国外寻找有利的投资场所和销售市场。例如,美国的垄断资本家在两次世界大战中积聚了巨额资本。同时,"二战"后发生了第三次企业兼并高潮,使原有大公司规模不断扩大,一些新兴工业部门由少数大企业垄断。

(3) 国际分工的深化,生产和资本的国际化。随着科技革命的发展,生产和资本的集中,"二战"后国际分工在广度和深度上进一步发展,大大加强了各国之间的互相依赖和协作,各国之间的国际分工已经不仅仅局限于部门之间的分工,国际经济联系也不仅局限于商品流通领域,而进入了生产领域。国际分工向部门内部的分工、产品专业化、零部件专业化和工艺专业化方向发展,大大促进了生产国际化和资本国际化。因此,发展跨国公司是"二战"后生产国际化和资本国际化的客观要求。

(4) 现代交通运输和通信信息的发达。科学技术的发展,为交通运输和通信革命提供了技术条件。交通运输和通信发展,大大缩短了国与国之间的空间距离。19世纪中叶,从美国到欧洲的邮件一般需要21天,现在因特网使通信技术有了突变。海运技术大发展,运输量大,及时、价廉,为各国之间的经济联系提供了必要的保证,使跨国公司有可能把各地的子公司紧密联系起来,形成整体,实现其全球战略目标和战略部署。

11.2 跨国公司战略联盟

11.2.1 跨国公司战略联盟概述

跨国公司战略联盟(Strategic Alliances of Transnational Corporation)简称跨国战略联盟,是指不同国家间两个或两个以上的企业为达到一个或几个战略目标,以签订长期或短期契约的方式而建立的局部性互相协作、互相补充的合伙、合作关系(联盟),从而实现彼此间的优势互补,共担风险、共享利润。跨国战略联盟又称为公司间协议或国际战略联盟,是一种自发的、非强制的联合,合作各方仍旧保持着本公司经营管理的独立性和完全自主的经营权,彼此之间通过达成的各种协议,结合成一个松散的联合体。

战略联盟的概念是由美国DEC公司总裁简·霍普兰德(J. Hopland)和管理学家罗杰·奈格尔(R. Nigel)首先提出的。由于战略联盟形式的多样性和战略联盟理论的复杂性,其定义也各有不同。交易费用理论认为战略联盟是介于完全市场和完全内部化公司之间的一种交易安排。战略管理理论则把战略联盟定义为:两个或多个合作伙伴,共同承诺为实现一个共同的目标,汇集它们的资源和协调它们的行动。

具体来说，跨国战略联盟具有以下主要特征。

(1) 战略联盟属于一种非资本参与型的国际经济方式，不同于内部化形成的各层次之间的明显的从属关系。

(2) 战略联盟促进了企业组织结构创新。

(3) 战略联盟充分整合了联盟企业各自分散的资源，既增加了联盟企业的利益，又降低了各自的风险。

(4) 战略联盟的合作形式具有较强的灵活性。

(5) 战略联盟实现了联盟各方的"柔性竞争"，避免狭路相逢，两败俱伤。

(6) 战略联盟增强了联盟各方的技术交流，推动了各方的技术进步和技术创新。

11.2.2 跨国公司战略联盟的性质

1. 合作竞争性

战略联盟的产生使原来的单个企业之间的竞争转化为联合、合作企业之间的柔性竞争，这种竞争是建立在合作基础之上的竞争，参与合作竞争的企业从中获得了分工合作和分散风险的好处。

(1) 分工合作性。对企业战略联盟来说，无论其规模大小、合作深浅，核心都是联盟中的每一个企业按专业分工从事自己最为擅长的领域，因为在合作基础上参与竞争要比单个企业参与竞争更有效率。

(2) 共存竞争性。战略联盟的重要性质就是不排斥竞争，联合企业之间的竞争是一种合作型竞争。

2. 组织创新性

由于企业规模的不断扩大、管理层次的不断增加以及协调成本的不断上升，使得一些跨国公司的机构变得越来越庞大，官僚现象越来越严重，效率越来越低。而跨国公司战略联盟的组织创新性在于不涉及组织规模扩大和机构膨胀，避免带来企业组织的僵化，使企业保持灵活的经营机制和资源利用的高效率。战略联盟能够绕开关税和贸易保护主义，避开反垄断法对企业规模过大的制裁，从而为组织创新提供基础。

11.2.3 战略联盟的目标与动因

1. 战略联盟的目标

企业战略联盟形成的主要原因是市场竞争、规避风险以及增强优势，因此其目标可归纳为以下几个方面。

1) 拓展新市场

企业为了保持自己在激烈的市场竞争中立于不败之地，就必须不断地拓展新的市场。在经济全球化的进程中，在跨国经营与国家经济主权界限这对矛盾仍然相对突出的市场环境下，几乎没有一家企业能够完全利用自己的资源将其经营范围拓展到世界市场的每个角落。因此，充分利用外部企业的资源优势，在互惠互利的基础上共同开拓国际市场，对联盟各方来说无疑是节约有限资源、提高进入效率的明智战略选择。例如，全球著名的两大跨国企业经营集团——日本三菱公司与德国戴姆勒—克莱斯勒公司在汽车、宇航、集成电路等 10 多个项目上达成战略联盟，就是为了在欧洲统一大市场的关税同盟之前抢先进入欧洲市场的一种战略性安排。

2) 优化生产要素组合

与通常见到的企业间的交易合作有所不同，跨国公司战略联盟各方所提供的资源通常是联盟各方自身所拥有的优势资源，如资金、技术、人力、土地等，而联盟对方却不具备这种优势资源，或处于相对劣势。所以资源的互补构成了跨国公司战略联盟合作的基础，而互补资源实现要素的优化组合则显然又是联盟企业各方所追求的主要目标。这种联盟的优越性在于参与联盟的各方在生产过程中可以借助他人的力量来取得规模经济效应。

3) 分摊研究与开发成本

技术创新和新产品开发过程中的绝大多数战略联盟都是为了降低开发成本和由此带来的风险。现代高科技产品的开发、研制、生产和形成规模往往需要巨额的资本投入，这对于任何一家跨国公司而言，不仅意味着为此承担巨大的资金压力，同时也要承担着巨大的风险。而通过跨国公司战略联盟的形式来分担资源、分摊研发成本，既避免了企业自有优势资源缺乏的困境，减少了跨国公司战略性资源的过多投入，又可以显著缩短企业研究与开发投入的投资回收周期，使基于企业的研究与开发的工艺及产品更新速度加快，周期缩短，避免自有资源的完全性"风险沉没"，以增强战略资源的周转效率。例如，美国通用电气公司和法国斯奈克玛公司(Snecma)合作开发一种新型的飞机发动机，这项研究和开发约需 10 年的时间，耗资 10 亿到 20 亿美元；另外，波音曾与实力强大的富士、三菱及川崎重工共同投资 40 亿美元联合开发波音 777 型喷气式飞机，并且还耗资 60 亿美元同法国、德国、英国、西班牙飞机制造企业共同研制一种载客量达 700 多人的新型客机，这种巨额的研发投入是单个企业无法承受的。

4) 最大限度地消除无谓竞争

国际市场上大量不必要的竞争(即无谓竞争)使跨国公司消耗了大量的资源，这些无谓竞争没有给跨国公司带来直接利益，相反过度竞争还会损害跨国公司自身的利益，造成两败俱伤。通过战略联盟，既可以消除无谓竞争带来的负面影响，也有利于联盟各方重新配置有限资源以形成更大的优势。例如，新加坡航空公司、瑞士航空公司和美国德尔塔航空公司之间的战略联盟就使得三方得以有效协调航班、分配预订机座、共享分布全球的维修保养及地勤服务系统。

2. 战略联盟的动因

促使企业建立战略联盟有许多直接的动因，根据近年来企业战略联盟的实践，可把企业建立战略联盟的主要动因归结为以下几个方面。

1) 有效绕过贸易壁垒，减少贸易摩擦

全球经济一体化过程中，区域经济一体化趋势加剧。为了保护本国市场，削弱外来竞争，各国在降低关税的同时，采用了大量的非关税壁垒。特别是欧盟建立统一大市场以来，成员国对汽车和纺织品等采取统一的贸易保护政策，非成员国与欧盟的贸易摩擦不断出现。为了有效应对欧盟的贸易壁垒措施，美国和日本的跨国公司积极与西欧同行业的大公司结成战略联盟。例如，美国斯密特-凯恩公司与英国比彻姆集团结成国际战略联盟，从而使其绕过了欧盟所设立的种种贸易壁垒进入了欧盟市场。对欧美一些跨国企业来说，日本市场亦是如此。20世纪80年代，摩托罗拉开始进入日本移动电话市场时，由于日本市场存在大量正式和非正式的贸易壁垒，使得摩托罗拉举步维艰。到1987年，摩托罗拉与东芝建立战略联盟，并由东芝提供市场营销帮助，最终克服了日本市场的进入壁垒，成功地进入了日本移动电话市场。

  2) 有利于促进技术创新

  先进技术是企业提高竞争力的关键。新技术的突破，往往带动新产品、新工艺、新材料等的全面发展，并有利于企业开辟新的经营领域，提高企业现有的运营效率和经济效益。随着技术创新和普及速度的不断加快，企业在充分利用和改进原有核心技术的同时，必须不断创新，拓展新的技术领域，同时，联盟战略还有利于缩短产品创新的时间。因此，企业之间结成战略联盟促进技术创新已成为一种新的经营模式。特别是在航空、电子、信息、自动化、汽车等高科技产品领域，这种企业战略联盟现象尤为引人注目。例如，美国的波音公司和日本企业财团结成战略联盟，联合研制开发民用777飞机；电子产业界，日本松下与美国摩托罗拉结成战略联盟开发新一代计算机产品等。

  3) 实现资源互补

  国际竞争环境的变化对公司的绩效目标造成巨大压力，使它们制定的战略绩效目标同它们依靠自身资源和能力所能达到的目标之间存在一个缺口，这个缺口就是"战略缺口"。

  战略缺口在不同程度上限制了公司走一切依靠自身资源和能力而自我发展的道路，在客观上要求跨国公司走战略联盟与合作的道路。通常认为，资源在企业之间的配置总是不均衡的，在资源方面或拥有优势，或存在某种不足，通过战略联盟便可以达到资源共享、优势互补的效果。例如，美国福特汽车公司与日本马自达汽车公司通过建立战略联盟，使福特得以借助马自达的营销网络更便捷地进入日本乃至亚洲市场，并依靠马自达的生产能力在日本建立起小型车的供应基地；马自达也在和福特的联盟合作中进一步提高了其汽车发动机制造技术。此外，战略联盟还有利于企业在实现资源互补中分摊高昂的开发投资费用。

  4) 实现强强联合，寻求更高资本收益

  随着经济全球化趋势的加强，跨国公司面临的市场都是作为一个整体的全球市场，它们之间演绎的寡头间的竞争变得越来越激烈，企业传统的核心业务领域越来越多地面临着来自业内及业外激烈的竞争，技术革新速度的加快使得原来单挑独干的企业越来越感到力不从心。为了分散风险，通过资源和优势的互补来实现强强联合无疑是适应全球化竞争的重要战略。例如戴姆勒-克莱斯勒公司宣布与日本三菱公司结成联盟，以组建一个年产量达650万辆汽车的全球第三大汽车制造集团。两大公司在一份联合声明中说，双方决定在客车和敞篷小型货车的设计、34%销售等领域建立广泛联盟。根据联盟协议，戴姆勒-克莱斯勒出资20亿美元收购三菱34%的股份。戴姆勒-克莱斯勒通过控股三菱的行动不仅可以利用三菱的开发和生产能力，还可以进入三菱的传统销售市场，从而使戴姆勒-克莱斯勒公司在亚洲的汽车销售比例大大增加，进而提高其在世界汽车市场上的竞争能力。

  此外，一些跨国公司从追求更大规模的经济效应出发，积极开展跨国战略联盟，在获取经济利润的同时扩大自己的实力。

第11章 跨国公司理论

11.3 跨国公司的跨国并购

11.3.1 跨国公司并购的含义与特征

1. 跨国公司并购的含义

跨国并购(Cross-border Mergers&Acquisitions，Cross-border M&A)是跨国兼并和跨国收购的总称，是指一国企业(又称并购企业)为了达到某种目标，通过一定的渠道和支付手段，将另一国企业(又称目标企业)的所有资产或足以行使经营控制权的股份收买下来。其中，跨国兼并是指在当地或国外企业的资产或运营活动被融入一个新的实体或并入已经存在的企业；跨国收购是指在已经存在的当地和外国附属企业获得占有控制权的份额。跨国兼并的结果是两个或两个以上的法人合并为一个法人，而跨国收购的最终结果不是改变法人的数量，而是改变被收购企业的产权归属或经营管理权归属。

具体地说，跨国兼并又分为跨国合并和跨国吸收兼并两种类型。跨国合并(Cross-border Consolidation)又叫跨国平等合并，是指两个公司并为一体，并购后，双方的法律实体地位都不存在，而是以新的名称取而代之。该种方式的并购一般采用换股收购的方式进行。例如1998年，德国的戴姆勒-奔驰汽车公司和美国的克莱斯勒汽车公司实现平等并购后，双方的法律实体地位都不存在了，合并后的公司名称为戴姆勒-克莱斯勒公司。这种形式的合并多出现在规模大且实力相当的两家公司中。跨国吸收兼并则是兼并方公司兼并了被并方公司，从而使被并方公司实质上丧失了法律上的实体地位，而成为兼并方的一个分公司。这种兼并方式多出现在实力相差悬殊的公司之间的并购交易中，如1999年日本烟草公司兼并雷诺国际。

跨国收购包括收购东道国的外国附属企业和收购东道国的本地企业。前者是指在已经存在的外国合资企业中，外方的母公司通过增加资本来缩减另一方的股权比例，从而获得更大的控制权；后者则通过购买股权的方式收购当地的私人企业，有时是一些私有化项目或已经国有化的项目。

对跨国收购来说，获得部分的控制权也可以说是获得了控制权，因此有时获得了10%以上的股权就被认为是跨国收购，这正符合联合国关于跨国并购的解释。

联合国贸易与发展会议关于跨国并购是这样定义的，跨国并购包括：①外国企业与境内企业合并；②收购境内企业的股权达10%以上，使境内企业的资产和控制权转移到国外企业。

跨国并购是跨国公司全球化发展的最高层次活动，是跨国公司实现企业外部经营内部的一种基本方式，是企业国际化经营的一种有效手段。随着跨国公司的迅猛发展，跨国并购日益成为跨国公司向国外发展的重要形式，并成为全球外国直接投资的主要推动力量。

2. 跨国公司并购的特征

实施跨国并购，可以利用各方的互补性资源，减少研发领域的重复投资，通过管理和财务的协同效应获得战略优势，能够有效地降低进入新行业的壁垒，大幅降低企业发展中的风险和成本,并充分利用被并购企业原有的销售网络,迅速占领东道国市场。20世纪80年代中期以来,跨国并购呈现出如下一些特征。

1) 并购企业以美、欧等发达国家为主

联合国贸易与发展会议的研究结果表明,1987—1999年的13年中,发达国家的跨国并购价值以年均20%的速度增长。在此期间,发达国家在世界跨国并购中所占比重从未低于77%,在20世纪80年代后期曾达到98%的最高值。

美国一直是全球跨国并购的主导力量,美国跨国公司的兼并与收购活动无论从数量上还是从金额上,都占据世界兼并总额的半数以上。从20世纪80年代初期开始,在美国的外国子公司的并购支出占其在美投资总额中的比重就逐渐升高,1999年美国企业为收购外国企业支出了1120亿美元;2000年,美国的跨国并购外资总额达3244亿美元。与欧盟的跨国并购表现不同,美国企业的跨国收购超过10%涉及发展中国家企业;而且美国参与全球跨国并购的另一个显著特征是,外国企业并购美国企业的数量大于美国企业并购外国企业的数量。因此,多年来,美国一直是世界上吸引并购外资最多的国家。

欧盟在跨国并购出售中所占比重增长迅速,从1987年的不足20%攀升至1992年统一大市场形成时的大约65%,并从那时起一直保持在50%左右的水平。2000年欧盟的跨国并购购买额达5865亿美元,比1999年增长了17.7%,约占世界跨国并购总额的51.2%。和美国的跨国并购不同的是,欧盟的跨国并购常常以美国企业为目标,其次是欧盟内部的企业。特别是近年来,欧盟对收购美国企业表现得更加积极,其在美国跨国收购中所占的比重已由20世纪90年代中期的不足50%上升至2000年的90%。

2001—2007年,全球跨国并购在经历了波动后达到历史峰值,2007年交易额达1.637万亿美元。受全球经济危机影响,2008年后全球跨国并购出现急剧萎缩,并一直持续到2012年,但发展中国家的跨国并购却出现快速增长。

2) 现金交易在跨国并购中仍占据主要地位,但换股方式发展迅速

现金交易一直是跨国并购交易的主要方式。1997年以前,采用现金交易方式的跨国并购项目数和金额均在90%以上。此后,97%以上的跨国兼并项目虽然仍采用现金交易方式,但交易值却不断下降。据联合国贸易与发展会议资料显示,1997年现金交易值占跨国并购总金额的89.4%,1998年降为73.5%,1999年却只占63.7%。出现明显下降的主要原因是:跨国并购规模急剧扩大使得现金支付发生实际困难,另外随着金融服务自由化的发展,使得股票互换等一些新的并购方式得以发展。

股票互换是指并购方采用增发新股的形式换取被并购企业的旧股。和现金并购方式相比,换股方式不涉及巨额现金的国际流动,可节约交易成本,并且不会对一国的国际收支造成冲击,因此日益成为大型跨国并购的主要融资方式之一。据统计,1990年换股交易在全球跨国并购总金额中占1/4,到1998年已占到2/3以上。

3) 跨国并购的部门和行业越来越集中

按行业分类,跨国并购交易的变动呈现出明显的特征,即第三产业的并购呈现出增长态势,第二产业的比重趋于下降,而第一产业所占比重较小。在1999年全球跨国并购交易总额中,初级产业、制造业和服务业三个部门分别占1.3%、38.2%和60.5%。

三大产业中各行业发展也十分不均衡。制造业中跨国并购水平最高的三个行业及其比重分别是:化学和化学制品占全球跨国并购交易总额的12%,电气与电子设备占5.3%,石

油产品业占 4.1%；在服务业领先的三个行业是电信、金融和商业服务业，分别占全球跨国并购总额的 23.3%、15.5%和 6.6%，上述六个行业合计占总额的 66.8%。可以看出，跨国并购的部门和行业变得越来越集中。

4) 横向并购的比重不断增加，成为跨国并购的主流

近年来，横向并购的重要性不断提高，成为跨国并购的主要形式。1999 年，跨国并购价值的 70%是横向并购，而在 1989 年这一比重仅不足 60%。纵向并购自 20 世纪 90 年代中期以来一直增长，但比重仍低于 10%。在 20 世纪 80 年代末期的并购高潮中，混合并购较为普遍，但由于企业越来越倾向于关注核心业务以应付日益激烈的国际竞争，其重要性已经降低。混合并购已从 1991 年的 42%降至 1999 年的 27%。

5) 政府加强监管影响到企业的跨国并购

2012 年，全球至少有 53 个国家和经济体通过了 86 项影响外国投资的政策措施，使与直接投资相关的政策规章和限制措施的比重增至 25%。各国政府更多地利用产业政策，调整之前的投资自由化措施，收紧了筛选和监测程序，并严格审查跨境并购。对于采掘业等具有战略意义的产业特别实施了限制性投资政策。根据联合国贸易与发展会议发布的《2013 年世界投资报告》，2008—2012 年撤销的规模最大的跨境并购交易中的 211 笔交易，其中每笔交易价值都不低于 5 亿美元。在多数情况下，并购计划出于商业原因而中止，但也有相当多的并购计划由于竞争问题、经济效益检验标准和国家安全审查等监管上的关切或政治上反对而撤销，2012 年这类交易的总价值约 2650 亿美元，在 2012 年撤销的所有跨境并购中所占比例约为 22%，而在 2010 年曾一度达到 30%的峰值。由于监管顾虑或政治反对而撤销的并购交易主要以采掘业为主。

11.3.2 跨国并购的类型

企业之间的跨国并购往往出于不同的动因，有的是为了增强企业的市场势力，有的是为了降低交易成本，有的则是为了实现多样化经营。出于不同的并购动机，跨国并购的方式也有所不同。根据不同的划分方式，跨国并购有不同的类型。

1. 按并购双方从事业务的关联程度划分

按并购方和被并购方所从事业务的关联程度，跨国并购相应地分为横向并购、纵向并购和混合并购三类。

1) 横向并购

横向并购(Horizontal M&A)又称水平式并购，是指处于同一行业内的企业间的并购活动。跨国公司的横向并购是指生产相同或类似产品的不同国家厂商之前的兼并收购。横向并购是最基本的并购类型，在并购案例中占有很大比重。通过资源整合，进行合并的企业旨在获得协同效果，有时是为了获得利润最大化，有时则是为了增强市场势力，以最大限度地提高其长远获利能力。

横向并购多发生在汽车制造、制药、石油等行业，并发展到一些服务业。横向并购能够提高市场集中度，而市场的适度集中有利于企业发挥规模经济的作用，但是过度集中又会产生企业垄断，进而制约竞争。因此，在一些国家，横向并购被认为是削弱竞争的一种

市场行为而受到关注和限制。

横向并购的目的是为了迅速扩大生产经营规模、提高规模效益和市场占有率。但从福利经济学的角度讲，一方面，横向并购扩大了企业生产规模，降低了单位产品成本，提高了效率，形成了规模经济；另一方面，横向并购形成卖方集中，增加了卖方施加市场势力的机会，造成了一定程度的垄断，导致福利损失。

2) 纵向并购

纵向并购(Vertical M&A)又称垂直式并购，是指企业与供应厂商或客户的合并，即优势企业将同本企业生产紧密相关的生产、营销企业并购过来，以形成纵向生产一体化。换句话说，跨国公司的纵向并购是两个以上国家(地区)生产同一产品或相似产品但又各自处于不同生产阶段的企业之间的并购活动。

企业进行跨国纵向并购的主要目的是寻求降低生产链前向和后向关联的不确定性和交易成本记忆获取规模经济的收益。

一般地说，企业通过纵向并购可获得如下收益：①降低企业的交易成本；②增强企业的垄断力量；③确保投入品的稳定供应；④可将外部经济内部化，从而纠正因外部性引起的市场失灵；⑤处于市场垄断势力被动位置的企业通过纵向一体化抵消垄断势力。

当然，企业通过纵向一体化也可能承担如下成本：①并购后企业规模扩大，管理的难度增大、成本增加；②企业在进行纵向一体化的过程中要花费大量的费用。

3) 混合并购

混合并购(Conglomerate M&A)又称复合式并购，是指从事不相关业务类型的企业间的并购。换言之，进行混合并购的双方企业处于不同的产业部门，且这些产业部门的产品没有密切的替代关系，也没有显著的投入产出关系。

混合并购的主要目的是寻求业务多元化，或分散风险，或深化规模经济。根据企业关联度的不同，混合并购分为以下几种。

(1) 产品扩张型并购。产品扩张型并购是指具有相关生产的企业之间的并购，其作用是拓宽企业的生产线。

(2) 市场扩张型并购。市场扩张型并购是指在不重叠的地理区域上从事经营活动的企业之间的并购。

(3) 纯粹混合并购。纯粹混合并购是指所涉及的并购企业之间没有任何生产或经营上的联系。

2. 按并购支付方式划分

按照并购的支付方式，可将跨国并购分为现金并购、股票并购和其他方式的并购。

1) 现金并购

现金并购是指以现金(包括票据)作为支付方式进行的并购。现金并购的购买方一旦支付了议定的现金后即取得目标公司的所有权，而目标公司的股东一旦得到其所持有股份的现金，就失去原公司的所有权。

具体来讲，现金并购又可以分为现金购买资产(Cash for Assets)和现金购买股份(Cash for Stock)两种。现金购买资产是指并购方以现金购买目标公司的全部或部分资产，将其并入并购方或者对目标企业实施经营管理控制权。现金购买股份是指并购方以现金的形式购买目标公司的全部或部分股份，达到控制目标公司的目的。

2) 股票并购

股票并购又称股票互换，是指以股票作为支付方式进行的并购，并购方增发新股换取被并购企业的旧股。其特点是目标公司股东并不因此失去其对原公司的所有权。较现金并购来说，股票并购可以节约交易成本，达到合理避税的目的，并且不会对并购相关国家的国际收支产生直接影响。

股票并购可分为股票购买资产(Stock for Assets)和股票交换股票(Stock for Stock)两种。股票购买资产是指并购方以自身的股票或股权来交换目标公司的全部或者部分资产的并购方式。股票交换股票又称换股并购，是指并购方用自身的股票或股权来交换目标公司的股票或股权。

3) 其他方式的并购

其他方式的并购是指除了上述现金并购和股票并购以外的并购方式，如杠杆并购、企业剥离等。

杠杆并购是指并购企业在银行贷款或在金融市场融资的情况下所进行的企业并购行为。因为它以企业少量的自有资金"撬动"企业并购，故称之为杠杆并购。据统计 2004—2006 年，全球杠杆并购交易急剧增多。仅 2006 年 1 月，全球就有 63 起杠杆资本重组案例，涉及资金达 250 亿美元。企业剥离是企业资产结构重组战略的重要组成部分，通过剥离资产，无论是并购方还是被并购方都能够增强其核心竞争力，企业剥离是潜在的被并购企业对付并购企业敌意并购的一种重要策略。

3. 按并购方进行并购的态度划分

按照并购方进行并购的态度，可将跨国并购划分为善意并购和敌意并购两种。

善意并购(Friendly M&A)是指并购方开出合理的并购价格，与目标公司股东和经营者协商并购条件，在征得其理解与配合后进行的并购。协议收购多为善意并购。

敌意并购(Hostile M&A)是指并购方在事先未取得目标公司股东或经营管理者的同意或配合的情况下，不顾被并购方的意愿而强行收购目标企业，并夺取其控制权的并购行为。

本 章 小 结

本章从三个层面对跨国公司理论进行阐述。首先，不同的分类标准使得跨国公司的定义有着一定的差异，国际上更为普遍地接受联合国对其下的定义，跨国公司的特征以及法律形式而对其定义作出了更好的补充。其次，跨国公司战略联盟阐述了跨国公司进行战略性部署的性质以及目标和动因，这进一步及时地解释了跨国公司走向国际化的原因。最后，跨国公司并购从不同的类型角度进行划分，阐述了具体的并购类型以每种类型将要达到的目的。

思 考 题

1. 简述跨国公司的特征以及法律形式。
2. 试述跨国公司进行战略联盟的目标及动因有哪些?
3. 按照跨国公司从事业务的关联程度进行划分,具体可分为哪些形式?举例说明。

第 12 章　世界贸易组织

【学习目标】

通过本章学习了解世贸组织及其前身关税与贸易总协定之间的关系和乌拉圭回合谈判与世贸组织的建立；了解中国复关的历程及影响；掌握世贸组织的宗旨和职能、世贸组织的规则框架、世贸组织的基本原则、世贸组织的组织机构和运行机制、"多哈回合"谈判等。

【重点与难点】

重点是掌握世贸组织的相关内容和"多哈回合"谈判；难点是掌握世界贸易组织贸易争端解决机制的基本内容及相关的程序。

【导入案例】

中国银行业的梯度开放换来互利共赢

自 2001 年 12 月 11 日加入世贸组织之日起，所有客户的外汇业务对外资银行开放；逐步将外资银行经营人民币业务的地域从上海、深圳、天津、大连四个城市扩大到全国所有地区，部分城市的开放还比承诺的时间表提前了一年；逐步将外资银行人民币业务客户对象从外资企业和外国人扩大到中国企业和中国居民。同时，逐步放松对外资银行在华经营的限制，取消外资银行人民币负债不得超过外汇负债 50%的比例；放宽对外资银行在境内吸收外汇存款的比例限制；取消对外资银行在华经营的非审慎性限制，在承诺基础上逐步给予外资银行国民待遇。2006 年年底，中国先后颁布了《中华人民共和国外资银行管理条例》及其实施细则，在法律上保障了外资银行法人机构在中国设立机构、经营业务充分享有国民待遇。2007 年银监会下发了《关于外商独资银行、中外合资银行开办银行卡业务有关问题的通知》，正式开始接受外资银行法人机构从事本外币银行卡业务的申请。

根据金融时报"境内人民币业务全面开放换来互利共赢"，截至 2007 年 7 月末，在中国注册的外资独资和合资法人银行业机构共 23 家，下设 95 家分支行及附属机构，在华外资银行本外币资产总额为 1371.61 亿美元，约占中国银行业总资产的 2%。

通过银行业对外开放，中国引进了国际上先进的银行经营管理理念和技术，推动了银行业全面改革，提高了银行业的综合竞争力。目前，中外资银行的合作日益密切，从业务合作发展到股权合作，正在形成共同发展、互利共赢的格局。在逐步对外开放的同时，中国银监会参照国际良好监管经验与做法，不断建立健全外资银行科学审慎的监管体系和监管框架，加强非现场监管分析，有计划地实施现场检查，不断提高外资银行监管水平，促进外资银行在华稳健经营。

(资料来源：百度文库 https://max.book118.com/html/2015/1108/28914988.shtm)

世界贸易组织(World Trade Organization，WTO，简称世贸组织)前身是关税与贸易总协定(1947 年 10 月 30 日在日内瓦签订，并于 1948 年 1 月 1 日开始临时适用)，它是全球性的，独立于联合国的永久性国际组织。根据关税与贸易总协定(General Agreement on Tariffs and Trade，GATT，简称关贸总协定)"乌拉圭回合"谈判达成的《建立世界贸易组织马拉喀什协定》(简称《建立世界贸易组织协定》)，1995年1月1日起世界贸易组织正式开始运转。截至2015年12月31日，世界贸易组织共有164个成员。世界贸易组织是多边贸易体制的法律基础和组织基础，是众多贸易协定的管理者，是各成员贸易立法的监督者，是就贸易进行谈判和解决争端的场所，是当代最重要的国际经济组织之一，其成员间的贸易额占世界贸易额的98%，被称为"经济联合国"。

12.1 关税与贸易总协定

12.1.1 关贸总协定产生的背景与过程

20世纪30年代，发生了世界性的经济危机，各国经济贸易普遍衰退，各主要资本主义工业国工业生产急剧下降，生产停顿及大批企业破产，失业人数高达3500万人。较之工业生产而言，全球贸易的萎缩更为惊人，全世界国际贸易量下降70%；资本输出从1905年的10亿美元降为1930年的10万美元；货币方面，黄金大量外流，客户纷纷向银行提取存款，整个银行信贷体系濒于崩溃。第二次世界大战后期，美国及其他国家的国际政治学家及经济学家认为，20世纪30年代的那种以邻为壑的政策带来了各国经济和政治上的损失，两次大战期间的贸易保护主义不仅导致了经济灾难，也带来了国际性战争。国家间必须进行国际经济合作和政策协调，建立一个开放的贸易体系。在"二战"后期，各国政府便开始起草和平时期的国际贸易和国际货币支付的自由化计划。尤其在美国，其国务卿霍尔认为：自由贸易将会带来经济繁荣和国际和平。他关于建立一个更为开放的国际贸易体系的理论被引用到美国国务院的政策中。美国国务院的备忘录中说："战后国际贸易的健康发展，对于维护美国和其他地区充分和有效的就业，对于保护私人企业，对于成功地建立起一个防止将来战争爆发的国际安全体系都极为重要。"1941年，美、英两国在《大西洋宪章》中写道："希望达成各国在经济方面的充分合作……致力于促进所有国家，不论大小、战胜或战败，在同等条件下，都享受进行贸易或获取用以发展经济繁荣所需原料的途径。"

1944年7月，美国、英国等44个国家在美国新罕布什尔州的布雷顿森林召开会议，讨论国际货币金融体系问题，建立了以稳定国际金融、间接促进世界贸易发展为目标的国际货币基金组织和国际复兴开发银行(又称世界银行)。当时设想设立一个处理国际贸易与关税问题的专门组织，以铲除贸易限制和关税壁垒，促进贸易自由化。1945年11月，美国提出了一个计划，主张缔结一个制约和减少国际贸易限制的多边公约，以补充布雷顿森林会议决议。该方案被称为"扩大世界贸易与就业方案"或称"国际贸易与就业会议考虑方案"。该方案将确定国际贸易所有方面的各项规则，包括关税、优惠、数量限制、补贴、国营贸易企业、国际商品协定等。公约规定，还将成立国际贸易组织(International Trade Organization)，作为贸易领域中与国际货币基金组织、国际复兴开发银行相对应的组织。值得指出的是，在该方案的"一般商业政策"一章中，美国在与其他国家双边贸易协定的基础上，提出了建立新的国际贸易体系的一系列基本原则：削减关税、消除贸易壁垒，取消

第12章 世界贸易组织

数量限制和外汇管制等措施；解散导致贸易歧视待遇的经济贸易集团；特别强调要在最惠国待遇和国民待遇的基础上建立多边贸易体系。

1946年2月，美国正式拟定《国际贸易组织宪章》草案，并提请联合国经济与社会理事会第一次会议通过决议。联合国将《国际贸易组织宪章》草案印发各国，正式组织召开国际贸易与就业会议，会议于1946年10月在英国伦敦召开。会议邀请了包括当时中国政府在内的19个国家，共同组建一个筹备委员会。筹委会于1946年10月—11月和1947年1月—2月分别在伦敦和纽约，两次讨论和审议了《国际贸易组织宪章》草案。纽约会议除对伦敦会议所草拟的宪章草案作了内容及文字上的修改、补充了若干条款外，同时还由与会国选派专家起草并通过了一项关税与贸易协定纲要，该协定纲要即关税与贸易总协定的雏形。协定纲要采纳了《国际贸易组织宪章》中能够保证贸易谈判和关税减让的条款，使这些条款在关贸总协定条款中具体化。

1947年4—10月，筹委会的主要会议在日内瓦召开。日内瓦会议内容主要分为三部分。第一部分拟定完成《国际贸易组织宪章》的起草工作；会议对先前内容并未做实质性修改，仅就国际贸易组织大会表决权、执行理事会组织及成员国与非成员国关系等问题分别拟定三种不同的方案以备选用。第二部分主要涉及在互惠基础上进行的多边关税减让协议谈判。第三部分集中讨论起草与关税义务相关的一般义务的条款。绝大部分工作用于第二、三部分。

1947年4—10月，23个国家在双边谈判基础上，签订了100多项双边关税减让协议，并把这些协议与联合国经社理事会第二次筹备会通过的有关商业政策的部分加以合并。为区别于上述的双边协议，将合并修改后的协议取名为"关税与贸易总协定"(General Agreement on Tariffs and Trade，可简称关贸总协定)。

1947年10月30日，筹委会在日内瓦结束，23个缔约国签订了《关税与贸易总协定》。鉴于《国际贸易组织宪章》草案生效之日尚不可知，会议期间，美国提议将《关税与贸易总协定》以"临时"适用议定书形式，联合英国、法国、比利时、荷兰、卢森堡、澳大利亚、加拿大等七国于1947年11月15日前签署《关贸总协定临时适用议定书》，从而使关贸总协定提前在上述八个国家领土范围内实施。

与此同时，国际贸易组织的建立却面临困境。1947年11月，在哈瓦那召开的世界贸易和就业会议上通过了《国际贸易组织宪章》(即《哈瓦那宪章》)。但由于各国针对美国提出的草案提出了大量的修正案，以致宪章中的一些规定与美国国内立法产生矛盾，不符合美国的利益，加之美国国会当时正在就总统是否有权签署宪章进行辩论，尽管杜鲁门政府先后三次将宪章提交美国国会，但由于国会不打算批准，三次均无结果，于是，美国政府便放弃了这一努力。

1950年12月6日，美国国务院发言人在新闻发布会上宣布："经有关部门建议并经总统同意，由于《国际贸易组织宪章》将不再提交国会批准，政府将请求国会考虑使美国能更有效地参加关贸总协定的立法。"由于美国是当时的经济强国，其他国家也持观望态度，宪章没有得到必要数量的国家批准。国际贸易组织的建立从此夭折。这样，关贸总协定就实际上替代了国际贸易组织而临时生效。这一临时生效长达近50年。

12.1.2 关贸总协定的发展历程

自 1948 年 1 月 1 日关贸总协定临时实施至 1995 年 1 月 1 日世界贸易组织成立,在 47 年的历程中,关贸总协定主持了八轮多边贸易谈判,使其缔约方之间的关税与非关税水平大幅度下降。八轮谈判分别如下。

1. 第一轮多边贸易谈判

关贸总协定第一轮多边贸易谈判于 1947 年 4—10 月在瑞士日内瓦举行。根据国际贸易组织筹委会伦敦会议所制定的关税减让谈判原则,进行削减关税谈判。关税减让的原则是坚持互惠、互利并在缔约方之间平等、非歧视的基础上加以实施。谈判规则规定,谈判参加方只考虑对另一参加方提出减让要求的主要产品部分予以关税减让。关贸总协定的 23 个创始缔约方参加了谈判,并正式创立了关贸总协定。第一轮谈判共达成双减让协议 123 项,涉及应税商品 45000 项,影响近 100 亿美元的世界贸易额,使占应税进口值约 54%商品的平均关税降低 35%。

2. 第二轮多边贸易谈判

关贸总协定第二轮谈判于 1949 年 4 月召开,有 29 个国家参加了谈判。在此谈判期间,瑞典、丹麦、芬兰、意大利、希腊、海地、尼加拉瓜、多米尼加、乌拉圭、利比亚等 10 国就其加入关贸总协定问题进行谈判。谈判结果达成了 147 项双边协议,增加关税减让 5000 多项,使占应税进口值 5.6%的商品平均降低关税 35%。

3. 第三轮多边贸易谈判

关贸总协定第三轮多边贸易谈判于 1950 年 9 月—1951 年 4 月在英国托奎举行,共 32 个国家参加,而且后来又有四个国家加入关贸总协定。黎巴嫩、叙利亚及利比里亚不再是关贸总协定成员,中国台湾当局非法地以中国的名义退出了关贸总协定。

4. 第四轮多边贸易谈判

关贸总协定第四轮多边贸易谈判于 1956 年 1—5 月在瑞士日内瓦举行,日本加入了关贸总协定。由于美国国会对美国政府的授权有限,谈判受到严重影响。参加谈判国只有 33 个,达成的关税减让只涉及 25 亿美元的贸易额,共达成 3000 多项商品的关税减让,使应税进口值 16%的商品平均降低关税 15%。

5. 第五轮"狄龙回合"谈判

关贸总协定第五轮多边贸易谈判于 1960 年 9 月—1962 年 7 月在日内瓦举行,共 39 个国家参加。因为根据 1958 年美国贸易协定法,建议发动本轮谈判的是美国副国务卿道格拉斯·狄龙,故命名为"狄龙回合"。谈判结果达成了 4400 多项商品的关税减让,涉及 49 亿美元贸易额,使占应税进口值 20%的商品平均降低关税税率 20%。

6. 第六轮"肯尼迪回合"谈判

关贸总协定第六轮多边贸易谈判于 1964 年 5 月—1967 年 6 月在日内瓦举行,共 46 个

第 12 章　世界贸易组织

国家参加，而实际缔约方在该轮谈判结束时达到 74 个。由于是当时美国总统肯尼迪根据 1962 年美国贸易扩大法提议举行的，故称"肯尼迪回合"。这轮谈判确定了削减关税采取一刀切的办法，在经合组织成员间工业品一律平均削减 35%的关税，涉及贸易额 400 多亿美元，对出口产品较集中、单一的国家，如加拿大、澳大利亚、新西兰等作出了特殊安排；对 17 个发展中国家根据特殊的、非互惠的优惠待遇原则，要求发达国家对其给予优惠关税待遇；41 个最不发达国家缔结可以按最惠国待遇原则享受其他国家削减关税的利益，但其本身不对其他国家降低关税。

这一轮谈判，关贸总协定缔约方的组成发生了较大变化，发展中国家和最不发达国家缔约方占了大多数。有鉴于此，关贸总协定正式将给予发展中国家的优惠待遇纳入其具体条款中，列在《关贸总协定》的第四部分，并命名为"贸易与发展"，旨在通过给予发展中国家一定的贸易优惠待遇而促进其贸易和经济发展。

"肯尼迪回合"第一次涉及非关税措施的谈判。尽管谈判主要涉及美国的海关估价制度及各国的反倾销法。在海关估价制度方面，美国承诺废除以美国国内市场最高价格作为标准征收关税的制度。在反倾销措施方面，在吸收各国反倾销立法的经验和教训的基础上，各国最终达成《反倾销守则》，并于 1968 年 7 月 1 日生效。美国、英国、日本等 21 个国家签署了该守则，为关贸总协定第 6 条反倾销规定的实施提供了坚实的基础。

7. 第七轮"东京回合"谈判

"东京回合"谈判是 1973 年 9 月在日本首都东京举行的部长会议上发动的，1979 年 11 月谈判结束。数以千计的工业品和农产品的关税得以削减，削减的结果在 8 年内实施，使世界九个主要工业国家市场上工业制成品的加权平均关税降到 6%左右，完税额下降了 34%，并达成了一系列具体的协议，包括使给予发展中国家的和发展中国家之间的优惠关税和非关税措施待遇合法化，以及一系列关于非关税措施或具体产品的守则。守则涉及：补贴与反补贴；技术性贸易壁垒(产品标准)；政府采购；海关估价；进口许可证程序；修订反倾销守则。另外，还达成牛肉协议、奶制品协议、民用航空器协议等。

鉴于发展中国家反对关贸总协定规则适用范围的扩展，修改关贸总协定条款所需的 2/3 多数票没达到，东京回合达成的上述协议只能以"守则"式的方式实施。达成共识的国家可以进行合作，而不需要所有关贸总协定缔结方参加，即有选择地参加这些守则，守则只对参加的缔约方有约束力，没有参加守则的缔约方则不受其制约。

8. 第八轮"乌拉圭回合"谈判

1986 年 9 月在乌拉圭的埃斯特角城举行了关贸总协定部长级会议，决定进行一场旨在全面改革多边贸易体制的新一轮谈判，又称"乌拉圭回合"谈判。经过 7 年多艰苦的谈判，于 1994 年 4 月 15 日在摩洛哥的马拉喀什结束。谈判几乎涉及所有贸易，从牙刷到游艇，从银行到电信，从野生水稻基因到艾滋病治疗。参加乌拉圭回合谈判的国家和地区从最初的 103 个，增加到 1993 年年底的 117 个和 1995 年年初的 128 个。

在第八轮谈判(即乌拉圭回合)中，谈判取得更为重大的进展，代表批准了一份"最后文件"。文件规定将建立世界贸易组织，以取代关贸总协定的临时机构，同时对几千种产品的关税进行了削减，并把全球贸易规则扩大到农产品和服务业。1994 年 12 月 12 日，关贸总协定128个缔约方在日内瓦举行最后一次会议，宣告关贸总协定的历史使命完结。根据乌拉圭回合多边贸易谈判达成的协议，从1995年1月1日起，由世界贸易组织(World Trade Organization，WTO)取代关贸总协定。

12.1.3 关贸总协定的宗旨与主要内容

关贸总协定的序言明确规定其宗旨是：缔约各国政府认为，在处理它们的世界贸易和经济事务的关系方面，应以提高生活水平、保证充分就业、保证实际收入和有效需求的巨大持续增长、扩大世界资源的充分利用以及发展商品生产与交换为目的。通过达成互惠互利协议，大幅度地削减关税和其他贸易障碍，取消国际贸易中的歧视待遇等措施，以对上述目的做出贡献。

《关税及贸易总协定》分为序言和四大部分，共计38条，另附若干附件。第一部分从第1条到第2条，规定缔约各方在关税及贸易方面相互提供无条件最惠国待遇和关税减让事项。第二部关税及贸易总协定从第3条到第23条，规定取消数量限制以及允许采取的例外和紧急措施。第三部分从第24条到第35条，规定本协定的接受、生效、减让的停止或撤销以及退出等程序。第四部分从第36条到第38条，规定了缔约国中发展中国家的贸易和发展问题。这一部分是后加的，于1966年开始生效，其主要内容如下：

(1) 适用最惠国待遇，缔约国之间对于进出口货物及有关的关税规费征收方法、规章制度、销售和运输等方面，一律适用无条件最惠国待遇原则。但关税同盟、自由贸易区以及对发展中国家的优惠安排都作为最惠国待遇的例外。

(2) 关税减让。缔约国之间通过谈判，在互惠基础上互减关税，并对减让结果进行约束，以保障缔约国的出口商品适用稳定的税率。

(3) 取消进口数量限制。总协定规定原则上应取消进口数量限制，但由于国际收支出现困难的，属于例外。

(4) 保护和紧急措施。对因意外情况或因某一产品输入数量剧增，对该国相同产品或与它直接竞争的生产者造成重大损害或重大威胁时，该缔约国可在防止或纠正这种损害所必需的程度和时间内，暂停所承担的义务，或撤销、修改所作的减让。

关税及贸易总协定的组织机构：最高权力机构是缔约国大会，一般每年举行一次。代表理事会在大会休会期间负责处理总协定的日常和紧急事务。下设若干常设和临时委员会与工作组，其中重要的有"贸易和发展委员会"和"国际贸易中心"。秘书处为职能机构提供经常性服务。

关贸总协定的基本原则是：贸易应当在非歧视待遇的基础上进行；成员国只能通过关税而不能采用直接进口管制措施保护该国工业；应通过多边谈判来削减关税，限制贸易壁垒；成员国应当通过磋商解决贸易问题及争端。总协定第四章还专门规定了发展中国家在贸易与发展方面的一些特殊要求和有关问题。

从名称上看，关贸总协定只是一项"协定"，但它实际上等于是一个"组织"。这个在总协定基础上形成的国际组织，其最高决策机构是缔约国大会(通常每年举行一次)，其常设机构是由缔约国常任代表组成的理事会(一般每两个月开例会一次)，其常设秘书处设在日内瓦。此外，关贸总协定下还设有20个机构，如贸易与发展委员会、国际收支限制委员会、

第 12 章　世界贸易组织

关税减让委员会、反倾销委员会、纺织品委员会等分别负责各种专门问题事务。

"关贸总协定"组织的主要活动是举行削减关税和其他贸易壁垒的谈判。这种谈判有一个专门术语称为"回合"。从 1947 年至 1979 年，在总协定的主持下各国共进行了七次多边贸易谈判。其中最著名的是 1964 年的"肯尼迪回合"和 1973 年的"东京回合"。除组织多边关税及贸易谈判外，关贸总协定还组织有关国家对于商业政策方面出现的问题进行磋商，解决争端；协助个别国家解决其该国贸易中的问题；帮助有关国家加强地区性贸易合作；执行培训国际贸易专业人员的计划等。

12.1.4　关贸总协定的作用

1. 关贸总协定的作用

关贸总协定实施以后，即开始进行全球多边贸易谈判，40 多年来，经过多次关税及贸易总协定关税减让谈判，缔约国关税已有大幅度的削减，世界贸易已增长十几倍，其在国际贸易领域内所发挥的作用越来越大，主要表现在以下几个方面。

第一，总协定为各成员国规范了一套处理它们之间贸易关系的原则及规章。总协定通过签署大量协议，不断丰富、完善多边贸易体制的法律规范，形成了一套国际贸易政策体系，成为国际贸易的基本规则，这些都成为各缔约方处理彼此间权利与义务的基本依据，并具有一定的约束力。关贸总协定要求其缔约方在制定或修改其对外贸易政策措施、处理缔约方间经贸关系时，均需遵循这些基本原则和相关协议。因此，关贸总协定成为各缔约方进行贸易的基本规则。

第二，总协定为解决各成员国在相互的贸易关系中所产生的矛盾和纠纷提供了场所和规则，缓和了缔约方之间的贸易摩擦和矛盾。总协定为了解决各成员国在国际贸易关系中所产生的矛盾和争议，制定了一套调处各成员国争议的程序和方法。总协定虽然是一个临时协定，是各缔约方之间谈判相互妥协的产物，但由于其协调机制有较强的权威性，协议执行产生的贸易纠纷通过协商、调解、仲裁方式解决，这对缓和或平息各缔约方之间的贸易摩擦起到了一定的积极作用。

第三，总协定为成员国举行关税减让谈判提供了可能和方针。在关贸总协定主持下，经过八轮贸易谈判，各缔约方的关税均有了较大幅度的降低，总协定为各国提供了进行关税减让谈判的场所。总协定自成立以来，进行过"八大回合"的多边贸易谈判，关税税率有了较大幅度的下降。发达国家的平均关税已从 1948 年的 36%降到 20 世纪 90 年代中期的 3.8%，发展中国家和地区同期降至 12.7%。这种大幅度地减让关税是国际贸易发展史上所未有的，对于推动国际贸易的发展起了很大作用，为实现贸易自由化创造了条件。

第四，总协定努力为发展中国家争取贸易优惠条件，对维护发展中国家利益起到了积极作用。关贸总协定条款最初是按发达资本主义国家的意愿拟定的，关贸总协定成立后被长期称作"富人俱乐部"，因为它所倡导的各类自由贸易规则对发达国家更有利。但随着发展中国家成员国的增多和力量的增大，总协定不再是发达国家一手遮天的讲坛，已经增加了若干有利于发展中国家的条款，为发达国家和发展中国家提供了贸易政策对话的场所，为发展中国家分享国际贸易利益以及维护自身利益和促进其对外贸易发展起到了一定的积极作用。

第五，总协定为各国提供经贸资料和培训经贸人才。关贸总协定与联合国合办的"国际贸易中心"，从各国搜集统计资料和其他资料，经过整理后再发给各成员国，并且举办各类培训班，积极为发展中国家培训经贸人才。

2. 关贸总协定的局限性

由于关税与贸易总协定不是一个正式的国际组织，这使它在体制上和规则上有着多方面的局限性。

第一，总协定的有些规则缺乏法律约束，也无必要的检查和监督手段。例如，规定一国以低于"正常价值"的办法，将产品输入另一国市场并给其工业造成"实质性损害和实质性威胁"就是倾销。而"正常价值""实质性损害和实质性威胁"难以界定和量化，这很容易被一些国家加以歪曲和用来征收反倾销税。

第二，总协定中存在着"灰色区域"，致使许多规则难以很好地落实。所谓"灰色区域"，是指缔约国为绕开总协定的某些规定，所采取的在总协定法律规则和规定的边缘或之外的歧视性贸易政策措施。这种"灰色区域"的存在，损害了关贸总协定的权威性。

第三，总协定的条款中对不同的社会经济制度带有歧视色彩。例如，对"中央计划经济国家"进入关贸总协定设置了较多的障碍。

第四，总协定解决争端的机制不够健全。虽然关贸总协定为解决国际商业争端建立了一套制度，但由于总协定解决争端的手段主要是调解，缺乏强制性，容易使争端久拖不决。

第五，允许纺织品配额和农产品补贴长期存在，损害了总协定的自由贸易原则。

正是由于关税与贸易总协定的上述种种局限性，使这个临时性准国际贸易组织最终被世界贸易组织(WTO)所取代。

12.2 乌拉圭多边贸易谈判

12.2.1 "乌拉圭回合"谈判

关贸总协定(GATT)和世界贸易组织(WTO)的重要职能之一就是进行多边贸易谈判，通过谈判来要求成员削减贸易壁垒，逐步实现贸易自由化。从1984年关贸总协定成立开始的第一轮多边贸易谈判起，至乌拉圭回合谈判，关贸总协定共有过七轮关税贸易谈判。其中，第一轮至第五轮谈判主要是关税减让谈判，第六轮谈判涉及议题关税和反倾销措施；第七轮谈判主要是关税、非关税措施和"框架"协议(亦称"东京回合")。为创造一个新体系，1986年9月，各国部长聚集在乌拉圭的埃斯特角城，决定发起关贸总协定历史上最后一轮多边谈判，从而导致关贸总协定第八轮多边贸易谈判——乌拉圭回合谈判。

1. 发起谈判

关税与贸易总协定前七轮谈判，大大降低了各缔约方的关税，促进了国际的发展。但从20世纪70年代开始，特别是进入80年代以后，以政府补贴、双边数量限制、市场瓜分和各种非关税为特征的保护主义重新抬头。为了遏制保护主义，避免全面的战争发生，美、欧、日等缔约国共同倡导发起了此次多边谈判，决心制止和扭转保护主义，消除扭曲现象，建立一个更加开放的、具有生命力和持久的多边体制。1986年9月,关贸总协定部长在乌拉圭的埃斯特角城举行,同意发起乌拉圭回合谈判。乌拉圭回合谈判议题包括传统的货物和新议题。传统议题包括关税、非关税措施、热带产品、自然资源产品、纺织品服装、农产品、保障条款、补贴和反补贴措施、争端解决问题等。新议题则涉及服务贸易、知识产权和与贸易有关的投资。

2. 谈判目标

在1986年启动乌拉圭回合谈判的部长宣言中,明确了此轮谈判的主要目标如下。

第一,为了所有缔约方的利益特别是欠发达缔约方的利益,通过减少和取消关税、数量限制和其他非关税措施,改善进入市场的条件,进一步扩大世界市场。

第二,加强关税与总协定的作用,改善建立在关税与总协定原则和规则基础上的多边体制,将更大范围的世界置于有效的多边规则之下。

第三,增加关税与总协定体制对不断演变的国际经济环境的适应能力,特别是促进必要的结构调整,加强关税与总协定同有关国际组织的联系。

第四,促进国内和国际合作以加强与其他影响增长和发展的经济之间的内部联系。

3. 最后谈判

乌拉圭回合是关税与贸易总协定主持下的第八轮多边谈判,也是关税与贸易总协定的最后一轮谈判。从1986年9月谈判的启动到1994年4月最终协议的签署历时八年。参加乌拉圭回合谈判的国家和地区从最初的103个,增加到1993年年底的117个和1994年4月谈判结束时的128个。此次多边谈判的主要成果:一是强化了多边体制,特别是将农产品和纺织品纳入到自由化的轨道,并加强了争端解决机制;二是进一步改善了货物和服务业市场准入的条件,关税水平进一步下降,通过这轮谈判发达国家和发展中国家平均降税1/3,发达国家制成品平均关税税率降为3.5%左右;三是建立了世界贸易组织。

12.2.2 "乌拉圭回合"的谈判成果

1. 货物贸易方面

乌拉圭回合有关货物的谈判可以分为两个内容,一是关于关税减让的谈判;二是关于规则的谈判。

1) 关于关税减让的谈判

在关税减让方面,发达成员对商品的关税减让幅度达40%,即加权平均税率从6.3%减为3.8%;发达成员承诺关税减让的税目占其全部税目的93%,占全部贸易额的84%,其中承诺减让到零的关税税目的比例由乌拉圭回合前的21%增长到32%,涉及的贸易额从20%增长为44%;15%以上的高峰税率比例由23%下降为12%,涉及额为5%,主要为纺织品和鞋;从关税约束水平方面分析,发达成员承诺关税约束的税目由78%上升为99%,涉及的金额由94%增长为99%。

发展中成员的关税减让水平低于发达成员,加权平均税率由15.3%减为12.3%。从约束关税范围上分析,发展中成员税目约束比例由21%上升为71%,涉及的金额由13%增长

61%。大部分发展中成员在乌拉圭回合后全面约束了关税,如智利、墨西哥、阿根廷、韩国、马来西亚、泰国等国的约束关税的比例在90%左右。商品关税的实施期为从1995年1月1日起5年内完成。

无论发达成员还是发展中成员,均全面约束了农产品关税,并承诺进一步减让,农产品减让从1995年1月1日开始,发达成员的实施期为6年,发展中成员的实施期为10年,但部分发展中成员也承诺6年的实施期。对于发达成员,从减让幅度上看,发达成员总体关税的削减幅度在37%左右,发展中成员平均减让幅度在24%左右。

2) 关于规则的谈判

在制定规则方面,乌拉圭回合达成的协议主要分为四组。

第一组包括《1994年关税与贸易总协定》(简称GATT1994),它是对原来的《关税与贸易总协定》(简称GATT1947)的修改版本,和如何谅解和减让表的《1994年关税与贸易总协定马拉喀什议定书》。

第二组包括两项主要协议,主要目的是将农产品和纺织品与服装纳入到正常的规则管辖之下。

第三组包括《技术性》《海关估价》《装运前检疫》《原产地规则》《进口许可程序》《实施卫生与植物卫生措施协议》和《与有关的措施》等7项协议。

第四组包括《保障措施》《反倾销协议》《补贴与反补贴》三项补救措施协议。

2. 服务贸易方面

过去关税与总协定只涉及货物领域,服务不属于关税与总协定多边体制的管辖范围,因此,许多国家在服务领域采取了不少保护措施,明显制约了国际服务的发展。为了推动服务的自由化,在乌拉圭回合谈判中,发达国家提出将服务业市场准入问题作为谈判的重点,经过8年的讨价还价,最后签署了《服务贸易总协定》(英文缩写GATS),并于世界贸易组织成立的1995年1月1日正式生效。

《服务贸易总协定》将服务业分为12个部门160个分部门。在12个部门中,有涉及律师、会计、审计、计算机硬件安装和软件服务的专业服务部门;与邮政、电信、电传和邮件有关的服务;建筑与工程服务;包括批发在内的商业分销服务;不同层次的教育服务;保护环境的服务;包括保险与银行业务的金融服务;以及医疗、旅游、娱乐、文化和体育服务、服务及其他服务等。《服务贸易总协定》将服务分为四种形式:一是服务的跨境交付和服务产品的跨境流动,如律师咨询、电信服务等;二是境外消费,这主要涉及旅游、教育和医疗;三是以商业存在(跨境设立商业或专业机构)形式提供服务,例如,商店、饭店、律师事务所、银行和保险公司的分支机构提供的服务;四是自然人临时流动提供的服务,包括演出、讲学和行医等。

《服务贸易总协定》的一般义务包括最惠国待遇、透明度原则、逐步自由化承诺以及发展中国家的更多参与。与货物不同的是,服务的最惠国待遇不但给予服务本身,而且要给予服务的提供者。至于市场准入和国民待遇原则在《服务贸易总协定》中不是作为普遍义务,而是作为具体承诺,与各具体部门的开放相联系,经过谈判才承担的义务。这种将一般性义务与具体承诺的义务区分开来的做法,是《服务贸易总协定》一个十分重要的特点。《服务贸易总协定》还认识到发达国家和发展中国家服务业发展的不平衡。因此,在发展中国家更多参与原则中体现了对发展中国家的特殊考虑：第一，发达国家对于发展中国家服务的发展要给予自由准入的优先权；第二，允许发展中国家对服务业的适当保护，使其服务业的开放享有一定的灵活性；第三，发展中国家开放服务时可以设置条件。乌拉圭回合在服务领域取得的成果，是自1948年关税与总协定生效以来，多边体制在单一部门取得的最重要进展。

3. 知识产权方面

知识产权是个人或单位基于智力创造性活动的成果所产生的权利。与货物中的有形物质相比，知识产权是一种看不见、摸不着的"无形"资产，它包括专利权、商标权、版权和商业秘密等。知识产权的一个重要特点是地域性，即一个国家的法律给予知识产权的保护权在本国范围内有效，在别的国家不产生效力。为了便于一个国家的自然人或法人的知识产权在国外也能够取得法律保护，世界各国通过签订双边或多边条约，逐步建立起国际知识产权保护制度。但是，随着世界经济的发展，国际范围的扩大和技术开发的突飞猛进，有关保护知识产权的国际协定已不适应新的需要，同时还由于知识产权与国际的发展关系日益密切，关税与总协定便将与其有关的知识产权纳入乌拉圭回合多边谈判之中。

乌拉圭回合知识产权谈判组于1991年12月提出了《与贸易有关的知识产权协议》(英文缩写 TRIPs)。该协议经过讨论修改后，在乌拉圭回合结束之际被各国接受而成为正式协议。该协议明确了知识产权国际法律保护的目标和动机；扩大了知识产权保护的范围，加强了相关的保护措施；强化了对仿冒和盗版的防止和处罚；协议强调对反竞争行为和歪曲的控制；协议规定了对发展中国家提供特殊待遇的过渡期安排；最后协议还规定了与有关的知识产权机构的职责，以及相互之间合作的安排。知识产权协定是乌拉圭回合一揽子结果的重要组成部分，所有世界组织成员都受其规则的约束。

4. 多边贸易体制方面

突破原有的议题，根据国际贸易发展的需要，达成《建立世界贸易组织协定》，通过建立世界贸易组织，取代"1947年关贸总协定"，完善和加强了多边贸易体制，为执行"乌拉圭回合"谈判成果，奠定了良好的基础，这是"乌拉圭回合"取得的最突出的成果。

12.2.3 世界贸易组织："乌拉圭回合"的意外成果

在1986年9月乌拉圭回合发动时，15项谈判议题中没有关于建立世界贸易组织的问题，只是设立了一个关于修改和完善总协定体制职能的谈判小组。但是由于乌拉圭谈判不仅包括了传统的货物贸易问题，而且还涉及知识产权保护和服务贸易以及环境等新议题，关贸总协定如何有效地贯彻执行乌拉圭回合形成的各项协议就自然而然地提到了多边贸易谈判的议事日程上。无论从组织结构还是从协调职能来看，总协定面对庞杂纷繁的"乌拉圭回合"多边谈判协议均显示出其先天不足性，有必要在其基础上创立一个正式的国际贸易组织来协调、监督和执行新一轮多边贸易谈判的成果。

1990年年初，时任欧洲联盟轮值主席国的意大利首先提出了建立多边贸易组织(MTO)倡议，同年7月，欧洲联盟把这一倡议以12个缔约方的名义向"乌拉圭回合"体制职能谈判小组正式提出来，随后得到了加拿大、美国的支持。由于主要西方贸易大国的动议和支持，1990年12月，"乌拉圭回合"布鲁塞尔部长会议正式作出决定，责成体制职能小组负责"多边贸易组织协议"的谈判起草工作。体制职能小组经过一年的紧张谈判，于1991年12月形成一份"关于建立多边贸易组织协议"的草案，并成为同年底"邓克尔最后案文(草案)"的一个整体部分。后经过两年的修改、完善和充实，最终于1993年11月"乌拉圭回合"结束(1993年12月15日)前，形成了"建立多边贸易组织协定"，并根据美国的动议，把"多边贸易组织"改名为"世界贸易组织"(可简称世贸组织，英文缩写为WTO)。《建立世界贸易组织协定》于1994年4月15日在马拉喀什部长会议上获得通过，与其他附件协议和部长宣言与决定共同构成了"乌拉圭回合"多边贸易谈判的一揽子成果，并采取"单一整体"义务和无保留例外接受的形式，被104个参加方政府代表所签署。

世贸组织取代关贸总协定，主要是由于关贸总协定在组织机构和运行机制上已不适应世界经济的发展和现状。

第一，从严格的法律意义上讲，关贸总协定并不是一个真正意义上的国际组织。我们从关贸总协定第29条"本协定与《哈瓦那宪章》的关系"中可知：一旦《哈瓦那宪章》生效，关贸总协定就作为国际贸易组织的一个部分而存在，其历史使命也就终结。然而，《哈瓦那宪章》的夭折，使关贸总协定处于没有国际组织可以依托的境地。于是，在1955年召开的缔约方全体大会对关贸总协定的条文作过一次重要修改，并决定成立一个名为"贸易合作组织"的国际组织来取代关贸总协定，后因美国国会的反对而被迫搁浅。直到"乌拉圭回合"后期为成立"多边贸易组织"制定了一个章程草案，最后，又正式议定了《建立世贸组织的协定》作为乌拉圭回合一揽子协议的统领文件，为世贸组织的建立确立了重要的法律基础。

第二，关贸总协定既不是一个正式生效的国际条约或协定，也没有在关贸总协定的条款中为缔约方全体设立秘书处的规定。任何国际组织，尤其是政府间组织都有设立它的国际条约或公约作为法律基础。这些国际条约中，有些是专门为设立该国际组织而订立的。如设立联合国有《联合国宪章》。设立国际货币基金组织也有《国际货币基金协定条款》作为设立的条约依据。关贸总协定原有的35个条款中，没有专门章节或条款作为设立组织的规定。另外，在关贸总协定运行初期，是借用联合国经济与社会理事会为筹备成立"国际贸易组织"的"临时委员会"的秘书班子处理日常事务的。1955年，缔约方全体会议上决定把"国际贸易组织"的"临时委员会"的秘书班子改组为关贸总协定的秘书处。

《哈瓦那宪章》规定总干事是国际贸易组织的最高行政官员。关贸总协定则不同，关贸总协定原来的条文规定应把某些事情通知关贸总协定法律文件保管人——联合国秘书长。这些职能于1957年由执行秘书担任。1965年3月23日，缔约方全体才决定设立总干事这一头衔，并由总干事兼任执行秘书的职务。从1965年以后，缔约方全体通过的许多决定与程序规则都提到总干事，并授予他在某些情况下进行活动的权利，在事实上成为管理秘书处和关贸总协定日常事务的最高行政官员。尽管如此，由于关贸总协定在法律上仍不是一个国际组织，其秘书处的法律地位仍未确定，从法律上讲，这个秘书处仍是联合国下属的"临时委员会"的秘书处。秘书处工作人员的外交特权、豁免权及所用公务护照均是联合国的，而关贸总协定始终又不是联合国的专门机构。它在法律及组织形式上，始终不同于联合国贸发会议、联合国粮农组织等联合国下设的专门机构。

《哈瓦那宪章》未能生效，则关贸总协定原定的组织依托就完全不存在了。为了关贸

第 12 章　世界贸易组织

总协定的运行并促进其目标的实现，在 1959 年的缔约方全体大会上，通过对第 25 条 "缔约方联合行动" 相关条文的解释，务实地做出了设立 "代表理事会" 的决定，并赋予其在 "缔约方全体" 休会期内，代行 "缔约方全体" 的职责，使其获得较为广泛的权利，并在事实上促进关贸总协定向国际组织方向演变。

第三，关贸总协定管辖的范围仅限于货物贸易，并且纺织品服装、农产品长期偏离贸易自由化的轨道，不能适应迅速变化的世界经济贸易的要求。服务贸易、国际投资、知识产权保护及区域经济一体化等的发展客观上要求关贸总协定制度必须要创新，把这些议题纳入关贸总协定。

第四，关贸总协定在争端解决机制及决策程序方面也存在一定局限性。一方面，原关贸总协定争端解决程序费时太多，有些案子拖一年半，甚至更长。从案子提交到代表理事会，再到代表理事会采纳专家小组意见，历时较长，不利于争端的解决。另一方面，也是最重要的，各缔约方对争端解决专家组的授权范围及代表理事会通过专家小组报告时要达成 "协商一致" 才能作出决策。在涉及某一具体的贸易争端时，争端当事方中的任何一方极有可能为维护自身利益，而拒绝接受专家小组的报告或对专家小组的职权范围提出异议，从而时常导致争端很难客观、公正地解决，也就严重地影响了关贸总协定的权威。

1994 年 4 月 15 日，各国主管外经贸事务的部长及官员聚会摩洛哥的马拉喀什，正式签署 "乌拉圭回合" 协议，并通过了《马拉喀什宣言》。根据《马拉喀什宣言》第二项规定："各国部长宣告世界贸易组织的成立，将为全球经济合作开创新纪元，它广泛反映了各方期望以更加公平开放的多边贸易体制来为其人民谋福利的愿望。部长们表示，他们决心抵制各种保护主义压力。他们认为，乌拉圭回合贸易自由化和加强了的贸易规则，将会带来一个更加逐步开放的世界贸易环境。"

12.2.4　世贸组织与关贸总协定的区别

第一，世贸组织是具有国际法人资格的永久性组织。

世贸组织是根据《维也纳条约法公约》正式批准生效成立的国际组织，具有独立的国际法人资格，是一个常设性、永久性存在的国际组织；而关贸总协定则仅是 "临时适用" 的协定，不是一个正式的国际组织。

第二，世贸组织管辖范围广泛。

关贸总协定产生于货物贸易占国际贸易绝大部分的 20 世纪 40 年代末，加之建立国际贸易组织的《哈瓦那宪章》未能生效，关贸总协定仅管辖货物贸易，并且在实施中，农产品贸易和纺织品贸易又先后脱离其管辖，所以，关贸总协定管辖的仅是部分货物贸易。相反，世贸组织则不仅管辖货物贸易的各个方面，例如《1994 年关贸总协定》对《1947 年关贸总协定》作了补充和完善，农业和纺织品实现了回归。另外，《服务贸易总协定》及其部门协议管辖服务业的国际交换；《与贸易有关的知识产权协定》对各成员与贸易有关的知识产权的保护提出了基本要求；《与贸易有关的投资措施协议》第一次将与货物贸易有关的投资措施纳入多边贸易体制的管辖范围。

世贸组织还努力通过加强贸易与环境保护的政策对话，强化各成员对经济发展中的环境保护和资源的合理利用。因此，世贸组织将货物、服务、知识产权融为一体，置于其管辖范围之内。

第三，世贸组织成员承担义务的统一性。

世贸组织成员不分大小，对世贸组织所管辖的多边协议一律必须遵守，以"一揽子"方式接受世贸组织的协定、协议，不能选择性地参加某一个或某几个协议，不能对世贸组织所管辖的协定、协议提出保留。但是，关贸总协定的许多协议，则是以"守则式"的方式加以实施的，缔约方可以接受，也可以不接受。

第四，世贸组织争端解决机制以法律形式确立了权威性。

与关贸总协定相比，世贸组织的争端解决机制在法律形式上更具权威性。由于一国参加世贸组织是由其国内的立法部门批准的，所以世贸组织的协定、协议与其国内法应处于平等的地位。世贸组织成员需遵守世贸组织各协定、协议的规定，执行其争端解决机构作出的裁决。并且，争端解决仲裁机构作出决策是按"除非世贸组织成员完全协商一致反对通过裁决报告"，否则视为"协商一致"通过裁决，这就增强了争端解决机构解决争端的效力。加之对争端解决程序规定了明确的时间表，使其效率大大提高，权威性得以确立。在这方面，与过去关贸总协定争端解决机制中的"协商一致"的含义完全不同，在关贸总协定体制下，只要有一个缔约方(最可能的就是 "被申诉人")提出反对通过争端解决机构的裁决报告，就认为没有"协商一致"，则关贸总协定不能作出裁决。这自然大大削弱了关贸总协定争端解决机制的权威性和有效性，因此，有人戏称"关贸总协定争端解决机制是一只没有牙齿的老虎"。

第五，世贸组织成员更具广泛性。

世贸组织成立以来，成员不断增加，截至2015年12月31日，世贸组织正式成员已经达到164个。2012年12月10日世界贸易组织在瑞士日内瓦召开的总理事会非正式会议上通过塔吉克斯坦加入世界贸易组织的一揽子文件，批准塔吉克斯坦的成员资格。根据世贸组织规则，塔吉克斯坦立法机构应于2013年6月7日前批准相关协议，这一国内程序完成30天后塔吉克斯坦正式成为世贸组织的第159位成员。

2015年7月27日，哈萨克斯坦总统纳扎尔巴耶夫与世界贸易组织总干事阿泽维多在日内瓦举行的世贸组织总理事会会议上共同签署了《哈萨克斯坦加入世界贸易组织议定书》。此次议定书签署后，该协议随后将提交哈萨克斯坦议会审议批准，哈萨克斯坦将在2015年年底前正式成为世贸组织第164个成员国。截至目前，阿富汗是第九个WTO成立以来加入该组织的最不发达成员(LDC)。这对于阿富汗而言是一个历史性时刻，也是其融入全球经济的历史性时刻，这也是阿富汗未来发展的基石，所有WTO成员在该多边贸易体系内对最不发达成员提供的援助。

12.3 世界贸易组织概述

世界贸易组织(World Trade Organization，WTO)，中文简称是世贸组织，前身是关税与贸易总协定，1994年4月15日，在摩洛哥的马拉喀什市举行的关贸总协定乌拉圭回合部长会议决定成立更具全球性的世界贸易组织，以取代成立于1947年的关贸总协定。1995年1月1日，世界贸易组织成立，"关贸总协定"与世界贸易组织并存一年。世界贸易组织是

第 12 章 世界贸易组织

当代最重要的国际经济组织之一,拥有 164 个成员,成员贸易总额达到全球的 98%,有"经济联合国"之称。

世界贸易组织于 1995 年 1 月 1 日正式开始运作,该组织负责管理世界经济和贸易秩序,总部设在瑞士日内瓦。其基本原则是通过实施市场开放、非歧视和公平贸易等原则,来实现世界贸易自由化的目标。1996 年 1 月 1 日,它正式取代关贸总协定临时机构。世贸组织是具有法人地位的国际组织,在调解成员争端方面具有更高的权威性。与关贸总协定相比,世贸组织涵盖货物贸易、服务贸易以及知识产权贸易,而关贸总协定只适用于商品货物贸易。

自 2001 年 12 月 11 日开始,中国正式加入世界贸易组织,标志着中国的产业对外开放进入了一个全新的阶段。

12.3.1 世界贸易组织的宗旨和职能

《建立世界贸易组织协定》是世贸组织成立和运行的法律基础,并对世贸组织的基本职能和运行机制作出了明确的规定。

1. 世贸组织的宗旨

《建立世界贸易组织协定》序言规定了世贸组织的宗旨如下。

第一,提高生活水平,保证充分就业,保证实际收入和有效需求的大幅度稳定增长。

第二,扩大货物、服务的生产和贸易。

第三,依照可持续发展的目标,各成员应促进对世界资源的最优利用,保护和维护环境,并以符合不同经济发展水平下各自成员需要的方式,加强采取各种相应的措施。

第四,积极努力地保证发展中国家,尤其是最不发达国家,在国际贸易增长中获得与其经济发展水平相应的份额和利益。

为此,世贸组织期望各成员应通过达成互惠互利的安排,大幅度削减关税和其他贸易壁垒,在国际经贸竞争中,消除歧视性待遇,坚持非歧视贸易原则,对发展中国家给予特殊和差别待遇,扩大市场准入程度及提高贸易政策透明度,以及实施通知与审议等原则。

2. 世贸组织的职能

《建立世界贸易组织协定》第 3 条规定了世贸组织的职能,包括以下几方面。

第一,组织实施世贸组织负责管辖的各项贸易协定、协议,积极采取各种措施努力实现各项协定、协议的目标,并对所辖的不属于"一揽子"协议项下的诸边贸易协议(政府采购协议、民用航空器贸易协议等)的执行管理和运作提供组织保障。

第二,为成员提供处理各协定、协议有关事务的谈判场所,并为世贸组织贸易谈判提供场所,准备和框架草案。

第三,解决各成员间发生的贸易争端,负责管理世贸组织争端解决机制。

第四,对各成员的贸易政策、法规进行定期评议。

第五,协调与国际货币基金组织和世界银行等国际经济组织的关系,以保障全球经济决策的凝聚力和一致性。

12.3.2　世贸组织的基本原则

世贸组织的基本原则是指贯穿于其各个协定和协议中，具有普遍意义的规则和精神。这些原则在关贸总协定时期逐步形成，并为世贸组织所继承，主要有如下几方面。

1. 互惠原则

互惠原则，也叫对等原则，是 WTO 最重要的原则之一，是指两成员方在国际贸易中相互给予对方贸易上的优惠待遇。它明确了成员方在关税与贸易谈判中必须采取的基本立场和相互之间必须建立一种什么样的贸易关系。

世贸组织管理的协议是以权利与义务的综合平衡为原则的，这种平衡是通过互惠互利的开放市场的承诺而获得的。互惠互利是多边贸易谈判，也是建立世贸组织共同的行为规范和准则过程中的基本要求。尽管在关贸总协定及世贸组织的协定、协议中没有十分明确地规定"互惠贸易原则"，但在实践中，只有平等互惠互利的减让安排才可能在成员间达成协议。世贸组织的互惠原则主要通过以下几种形式体现：第一，通过举行多边贸易谈判进行关税或非关税措施的削减，对等地向其他成员开放本国市场，以获得本国产品或服务进入其他成员市场的机会。第二，当一国或地区申请加入世贸组织时，由于新成员可以享有所有老成员过去已达成的开放市场的优惠待遇，老成员就会一致地要求新成员必须按照世贸组织现行协定、协议的规定缴纳"入门费"——开放申请方商品或服务市场。第三，互惠贸易是多边贸易谈判及一成员贸易自由化过程中与其他成员实现经贸合作的主要工具。任何一个成员在世贸组织体系内不可能在所有领域都是最大的获益者，也不可能在所有领域都是最大的受害者。

2. 非歧视原则

非歧视原则是世贸组织的基石，是各国间平等地进行贸易的重要保证，也是避免贸易歧视、贸易摩擦的重要基础。非歧视原则包括最惠国待遇原则和国民待遇原则。

1) 最惠国待遇原则

最惠国待遇的基本含义是：缔约国一方现在或将来给予任何第三国的在贸易上的特权、优惠和豁免，也同样给予缔约对方。《1947 年关贸总协定》首次使最惠国待遇建立在多边协议的基础上。在世贸组织中，最惠国待遇扩及到新的协议中。与此同时，世贸组织也保留和扩大最惠国待遇的例外。

2) 国民待遇原则

国民待遇是指缔约国保证另一方缔约国的公民、企业和船舶在本国国境内享受与本国公民、企业、船舶所享受的国民待遇。实施国民待遇必须对等，不得损害对方国家的主权，并且只限制在一定的范围之内。《1947 年关贸总协定》所规定的国民待遇适用范围较窄，只适用与货物贸易及由此而产生的其他经济行为，而未涉及外国直接投资。世贸组织则把国民待遇拓宽到货物贸易中的原产地规则、技术法规和动植物卫生检疫、与贸易有关的投资措施、服务贸易总协定和与贸易有关的知识产权协定中。

第 12 章 世界贸易组织

3. 市场准入原则

世界贸易组织市场准入原则 (Market Access)是可见的和不断增长的,它以要求各国开放市场为目的,有计划、有步骤、分阶段地实现最大限度的贸易自由化。市场准入原则的主要内容包括关税保护与减让,取消数量限制和透明度原则。世贸组织倡导最终取消一切贸易壁垒,包括关税和非关税壁垒,虽然关税壁垒仍然是世界贸易组织所允许的合法的保护手段,但是关税的水平必须是不断下降的。

世贸组织一系列协定或协议都要求成员分阶段逐步实行贸易自由化,以此扩大市场准入水平,促进市场的合理竞争和适度保护,主要表现在以下几方面。

1) 《1994年关贸总协定》要求各成员逐步开放货物贸易市场

《1994年关贸总协定》第2条"减让表"和第11条"一般取消数量限制"要求其成员降低关税和取消对进口的数量限制,以允许外国商品进入本国市场与本国产品进行竞争。这些逐步开放的承诺具有约束性,并通过非歧视贸易原则加以实施,而且一成员要承诺不能随意把关税重新提高到超过约束的水平,除非得到世贸组织的允许。

其他货物贸易协议也要求各成员逐步开放市场。如《农业协议》要求各成员将现行的对农产品贸易的数量限制(如配额、许可证等)进行关税化,并承诺不再使用非关税措施管理农产品贸易和逐渐降低关税水平,从而使农产品贸易更多地由国内外市场的供求关系决定价格,不至于造成农产品价格的过度扭曲。《纺织品与服装协议》要求发达国家成员分阶段用10年时间取消对纺织品、服装的进口配额限制,用关税保护国内纺织、服装业,以避免国内纺织品、服装贸易市场的过度保护,让投资者有较为透明、稳定的市场环境,而不是由政府过多的干预造成的不确定性来决定其投资行为。《进口许可程序协议》要求各成员尽量不要使用许可证管理贸易。如果授权允许使用,则尽量使用可以扩大而不是缩小该领域贸易的方式来管理。《海关估价协议》要求对进口商品征收关税时要公平合理、客观地确定商品的价值,不能武断或歧视性地确定商品的价值或分类。

2) 《服务贸易总协定》要求各成员逐步开放服务市场

《服务贸易总协定》要求各成员在非歧视原则基础上,通过分阶段谈判,逐步开放本国服务市场,以促进服务及服务提供者间的竞争,减少服务贸易及投资的扭曲。这些分阶段逐步开放市场的承诺涉及商业服务、金融、电讯、分销、旅游、教育运输、医疗与保健、建筑、环境、娱乐等服务领域,亦即我国所指的第三产业。这无疑对促进国际服务贸易发展起到了积极作用。

3) 有利于扩大市场准入的其他基本原则

各成员还可利用争端解决机制解决在开放市场方面的纠纷和摩擦,积极保护自己;同时贸易体制的透明度也有利于扩大市场准入。

4. 促进公平竞争与贸易原则

世贸组织认为各国发展对外贸易不应该采取不公正的贸易手段进行竞争,尤其是不能以倾销和补贴的方式销售本国的商品。《1994年关贸总协定》第6条和第16条规定,某一缔约方以倾销或补贴方式出口本国的产品而给进口国国内工业造成了实质性的损害,或有实质性损害的威胁时,受损害的进口国可以征收反倾销税和反补贴税来对本国工业进行保护。倾销是指以低于正常价格或不合理的低廉价格向外出口本国商品；补贴是指进口商品在生产、制造、加工、买卖、输出过程中所接受的直接或间接的奖金或补贴，不管这种奖金和补贴是来自政府还是同业协会，均应征收反补贴税。尽管如此，受损害的进口国在征收反倾销、反补贴税时也应该遵循一定的程序进行，征收反倾销税和反补贴税的条件必须是有倾销或补贴的事实存在，并且倾销或补贴造成了进口国国内工业的实质性损害或实质性损害威胁，才能征收不超过倾销差额或补贴数额的反倾销税或反补贴税。同时，世贸组织也反对各国为了达到贸易保护主义的目的滥用反倾销和反补贴措施。

除了上述第6条、第16条外，对货物贸易中可能产生扭曲竞争行为、造成市场竞争"过度"的状况，一成员政府，在世贸组织授权下，为维护公平竞争，维持国际收支平衡，或出于公共健康、国家安全等目的可采取措施，以维护市场竞争秩序。如《农业协议》目的在于给农业贸易提供更高的公平程度；知识产权方面的协议，将改善智力成果和发明的竞争条件；《服务贸易总协定》将进一步规范国际服务贸易的竞争环境，促进服务贸易的健康发展。

5. 鼓励经济发展与经济改革原则

该原则以帮助和促进发展中国家的经济迅速发展为目的，针对发展中国家和经济接轨国家而制定，是给予这些国家的特殊优惠待遇，如允许发展中国家在一定范围内实施进口数量限制或是提高关税的"政府对经济发展援助"条款，仅要求发达国家单方面承担义务而发展中国家无偿享有某些特定优惠的"贸易和发展条款"，以及确立了发达国家给予发展中国家和转型国家更长的过渡期待遇和普惠制待遇的合法性。世贸组织成员80%以上是发展中国家和转型经济国家，其中60多个发展中国家自主实行贸易自由化改革，对多边贸易体制的稳定和发展起到了积极作用，也促进了本国经济的发展。

6. 透明度原则

透明度原则(Transparency)是指，WTO成员方应公布所制定和实施的贸易措施及其变化情况，没有公布的措施不得实施，同时还应将这些贸易措施及其变化情况通知世贸组织。此外，成员方所参加的有关影响国际贸易政策的国际协定，也应及时公布和通知WTO。

透明度原则是世贸组织的重要原则，它体现在世贸组织的主要协定、协议中。根据该原则，世贸组织成员须公布有效实施的、现行的贸易政策法规为：海关法规；进出口管理的有关法规和行政规章制度；有关进出口商品征收的国内税、法规和规章；进出口商品检验、检疫的有关法规和规章；有关进出口货物及其支付方面的外汇管理和对外汇管理的一般法规和规章；利用外资的立法及规章制度；有关知识产权保护的法规和规章；有关出口加工区、自由贸易区、边境贸易区、经济特区的法规和规章；有关服务贸易的法规和规章；有关仲裁的裁度规定；成员国政府及其机构所签订的有关影响贸易政策的现行双边或多边协定、协议；其他有关影响贸易行为的国内立法或行政规章。

以上这些规则的公布应该是迅速的，但如果公开后会妨碍法令执行、违反公共利益，或损害某一企业的利益，则可以不要求公开。透明度原则规定各成员应公正、合理、统一地实施上述的有关法规、条例、判决和决定。统一性要求在成员领土范围内管理贸易的有关法规不应有差别待遇，即中央政府统一颁布有关政策法规，地方政府颁布的有关上述事

第 12 章　世界贸易组织

项的法规不应与中央政府有任何抵触。但是，中央政府授权的特别行政区地方政府除外。公正性和合理性要求成员对法规的实施实现非歧视原财。透明度原则还规定，鉴于对海关行政行为进行检查和纠正的必要，要求各成员应保留或尽快建立司法的或仲裁的或行政的机构和程序。这类法庭或程序独立于负责行政实施的机构之外。除进口商在所规定允许的上诉期内可向上级法庭或机构申诉外，其裁决一律由这些机构加以执行。

12.3.3　世贸组织的组织机构

根据《建立世界贸易组织协定》第 4 条的规定，世贸组织设立了以下几个机构。

1. 部长级会议

部长级会议是世贸组织的最高决策权力机构，由所有成员国主管外经贸的部长、副部长级官员或其全权代表组成，一般两年举行一次会议，讨论和决定涉及世贸组织职能的所有重要问题，并采取行动。

部长级会议的主要职能是：任命世贸组织总干事并制定有关规则；确定总干事的权力、职责、任职条件和任期以及秘书处工作人员的职责及任职条件；对世贸组织协定和多边贸易协定作出解释；豁免某成员对世贸组织协定和其他多边贸易协定所承担的义务；审议其成员对世贸组织协定或多边贸易协定提出修改的动议；决定是否接纳申请加入世贸组织的国家或地区为世贸组织成员；决定世贸组织协定及多边贸易协定生效的日期等。下设总理事会和秘书处，负责世贸组织日常会议和工作。世贸组织成员资格有创始成员和新加入成员之分，创始成员必须是关贸总协定的缔约方，新成员必须由其决策机构——部长级会议以 2/3 多数票通过方可加入。目前，世贸组织已召开 11 次部长级会议。

2. 总理事会

总理事会是世贸组织的常设决策机构，在部长会议休会期间执行部长会议的各项职能。总理事会也由所有成员代表组成，在它认为适当的时候召开会议。它的主要职能包括：在适当时候召开会议，履行争端解决机构的职责；在适当时候召开会议，履行贸易政策审议机构的职责；下设三个专门理事会，即货物贸易理事会、服务贸易理事会和与贸易有关的知识产权理事会，并指导其工作。其中，货物贸易理事会应监督多边货物贸易协议的执行情况，服务贸易理事会应监督《服务贸易总协定》的执行情况，与贸易有关的知识产权理事会应监督《与贸易有关的知识产权协议》的执行情况。这些理事会的成员应从全体成员代表中产生。这些理事会在必要时可召开会议，可根据需要设立自己的辅助机构，并制定各自的程序规则。

3. 向总理事会报告的专门委员会

根据《建立世界贸易组织协定》的规定，部长会议下设三个专门委员会，它们均对总理事会负责：贸易与发展委员会，负责与发展中国家特别是最不发达国家有关的事务；国际收支限制委员会，负责在一成员根据《1994 年关贸总协定》第 12 条和第 18 条为解决其收支平衡困难而采取贸易限制措施时，协调该成员与其他成员之间的关系；预算、财务与行政管理委员会，负责世贸组织财政和预算方面的事务。此外，总理事会在认为适当的时候还可以另设具有此类特定职能的委员会，如 1996 年 2 月，总理事会曾设立了区域贸易协议委员会，负责审查区域贸易协议，并考察这类协议对于多边贸易体制的影响。上述各委员会的成员从所有成员的代表中产生。

4. 秘书处

秘书处是世贸组织的日常办事机构，由总干事领导。总干事的人选由部长级会议任命，其权力、职责、服务条件和任期也由部长级会议决定。秘书处的其他工作人员由总干事任命，并根据部长级会议的规定确定他们的职责和服务条件。总干事及秘书处工作人员的职责具有完全的国际性，即其工作不代表任何国家的利益，只代表世贸组织的利益，服从部长级会议和总理事会的安排，他们不能接受任何政府及其他组织的指示。各成员应当尊重总干事及秘书处工作人员职责的国际性，不应对他们履行职责施加任何影响。

12.3.4 世贸组织的法律框架

根据《建立世界贸易组织协定》第 2 条的规定，世贸组织应当为其所有成员制定一套普遍适用的贸易规则，这些规则将涉及国际货物贸易、服务贸易有关的知识产权和国际投资领域。此外，世贸组织还将建立有效的争端解决机制，解决成员之间在执行上述规则过程中发生的争议。

根据上述规定，各成员在"乌拉圭回合"谈判中达成的多边贸易协议以附件形式成为《建立世界贸易组织协定》的组成部分，受世贸组织所管辖，这些协议也构成了世贸组织的规则框架，具体包括以下内容。

1. 附件一

附件一包括三个部分，即多边货物贸易规则、服务贸易规则和与贸易有关的知识产权规则。

1) 多边货物贸易规则

多边货物贸易规则是在《1947 年关贸总协定》及八轮多边贸易谈判基础上建立的，是《建立世界贸易组织协定》中最成熟的部分，也是包含内容最多、最全面的部分，具体包括以下协议。

(1) 《1994 年关税与贸易总协定》。

它是《1947 年关贸总协定》的继承和发展，它包括三个部分：《1947 年关贸总协定》；《1947 年关贸总协定》下生效的法律文件的各项条款；"乌拉圭回合"就《1947 年关贸总协定》若干条款达成的谅解。

(2) 《农业协议》。

在关贸总协定的运作过程中，农产品贸易一直是一个复杂的问题，虽然每次谈判都涉及这一问题，但在前七轮谈判中始终未就农产品贸易达成一项协议，关贸总协定确定的若干货物贸易规则也始终不适用于农产品贸易。"乌拉圭回合"谈判中，经过多方努力，最终就农产品贸易问题达成一致，各成员就农产品的市场准入、国内支持措施、出口补贴等主要方面作出承诺，极大地推动了农产品贸易自由化的进程。

第 12 章 世界贸易组织

(3)《纺织品与服装协议》。

纺织品服装贸易是另一个一直游离于关贸总协定之外的国际货物贸易领域。在"乌拉圭回合"谈判前，国际纺织品、服装贸易主要受《多种纤维协定》的约束，各国主要通过签订双边协议，以纺织品配额形式约束进出口行为，这种非关税措施的实施严重阻碍了纺织品、服装贸易的发展。"乌拉圭回合"谈判中，发展中国家作为纺织品、服装的主要出口国，强烈要求将纺织品、服装贸易纳入多边自由贸易体制之下。经过艰苦的谈判，最终达成了《纺织品与服装协议》，作为"乌拉圭回合"一揽子协议的一部分，纳入世贸组织统一管辖之下。

(4)《关于履行 1994 年关贸总协定第七条的协议》，即《海关估价协议》。

一直以来，海关估价方法都是各国管理对外贸易活动的重要措施，但实践中存在的对海关估价方法的畸形使用，使海关估价成为阻碍国际贸易发展的一项壁垒。关贸总协定体制下的《海关估价协议》最早产生于 1979 年的"东京回合"谈判，在"乌拉圭回合"谈判中进一步得到补充和修改。

(5)《装运前检验协议》。

该协议是"乌拉圭回合"谈判达成的新协议。20 世纪 80 年代以来，发展中国家为了保障国际贸易中的利益不受损失，雇用私人公司对从发达国家进口的货物在装船前进行检验。发达国家出口商认为这是一种不公正的做法，有碍国际货物贸易的发展。为此，"乌拉圭回合"谈判中，就装运前检验行为制定了统一的纪律，使这一行为受到有关法律、法规的约束。

(6)《进口许可程序协议》。

进口许可证的使用是各国管理对外贸易的另一项主要措施，对于保护某些特定行业具有一定意义，但其滥用则会成为阻碍国际贸易发展的障碍。为了统一规范各成员的进口许可制度，减少其对国际贸易的负面影响，1979 年，"东京回合"达成了《进口许可程序协议》，该协议在"乌拉圭回合"谈判中得到进一步的改进和完善。由于该协议也是作为一揽子协议的一部分，其适用的成员范围得到了扩大。

(7)《原产地规则协议》。

在国际贸易中，各国通过制定和实施原产地规则，一方面，方便进出口贸易和消费者选购商品；另一方面，通过对原产于不同国家和地区的商品给予不同的待遇，也易产生不公正的贸易歧视做法。为了规范各国采取原产地措施的行为，"乌拉圭回合"谈判中达成了《原产地规则协议》。

(8)《关于履行 1994 年关税与贸易总协定第六条的协议》，即《反倾销协议》。

20 世纪 70 年代以来，特别是进入 80 年代后，随着关税的不断降低和某些非关税措施的减少，世界各国越来越多地采取反倾销措施对他国以低价倾销方式进口的商品予以处罚，以保护国内相关产业。反倾销措施同其他管制进出口的措施一样，也具有双重作用。一方面，它可以制止低价进口的倾销行为，保护成员国内相关产业的发展；另一方面，对它的过度使用又会阻碍国际贸易自由化的进程。因而，在"东京回合"谈判中，各缔约方就反倾销问题达成一项协议。在"乌拉圭回合"谈判中根据国际贸易发展的新形势、新问题，又对该协议进行了修改、补充，形成现行有效的、所有成员均应遵守的《反倾销协议》。

(9)《补贴与反补贴措施协议》。

世界各国政府往往通过对国内某些产品的生产和出口提供补贴,以达到扶持某些产业部门、发展本国经济的目的。一般来说,补贴会对国际贸易发展产生扭曲和限制作用。因而,"东京回合"谈判中各方达成了《补贴与反补贴措施协议》,规范各缔约方采取补贴措施的行为。但由于只有 20 多个缔约方接受该协议,其适用范围大受影响,实际作用不大。"乌拉圭回合"谈判中,该协议经补充、修改后,作为一揽子协议的一部分对所有世贸组织成员生效,扩大了它的适用范围,对贸易产生了促进作用。

(10)《技术性贸易壁垒协议》。

技术性贸易壁垒是指各国通过技术法规、技术标准、产品认证、环保要求等对进口产品予以限制,这一措施的滥用也将导致对国际贸易的阻碍。"东京回合"谈判中,各缔约方就此问题已达成协议,"乌拉圭回合"在原有协议基础上经过修改和补充,形成了新的《技术性贸易壁垒协议》。

(11)《实施卫生与植物卫生措施协议》。

从广义上讲,动植物卫生检疫应属于贸易技术壁垒的一种。从适用对象上来说,它主要适用于农畜产品的进出口。由于农产品贸易在国际贸易中的敏感性和重要性,动植物卫生检疫措施成为各国保护本国农业、畜牧业发展的一项重要措施。为了防止这一措施的滥用,"乌拉圭回合"谈判就此问题达成协议,对所有成员广泛适用。

(12)《保障措施协议》。

关贸总协定从其产生时起,就包含了许多的"例外",这些"例外"可以使某些缔约方不承担关贸总协定规定的某些义务,保障条款就是这许多"例外"之一。为了规范各国采取保障措施的行为,使其发挥应有的作用,防止对它的过度使用,谈判各方最终达成了《保障措施协议》。

(13)《与贸易有关的投资措施协议》。

这是"乌拉圭回合"谈判达成的新协议,是第一次将与贸易有关的投资措施纳入关贸总协定多边贸易体制中。该协议通过确定与贸易有关的投资领域的国民待遇原则、取消数量限制原则、透明度原则等规范投资东道国采取的投资措施。

2) 服务贸易规则

服务贸易规则体现在一个协议中,即《服务贸易总协定》。服务贸易领域在"乌拉圭回合"中第一次被纳入世贸组织体系之中,这与近年来服务贸易的迅速发展不无关系。进入 20 世纪 90 年代以来,国际服务贸易额每年达 8100 多亿美元,约占世界贸易总额的 20%。由于以往关贸总协定调整的范围仅限于国际货物贸易,因而服务贸易领域内所制定的各种政策、措施不受关贸总协定确定的贸易自由化原则约束,这些政策、措施不同程度地影响了外国服务业的进入,限制了国际服务贸易的自由流动。在服务贸易较发达国家的极力倡导下,"乌拉圭回合"就服务贸易问题达成了一项协议,即《服务贸易总协定》,将这一重要贸易领域纳入世贸组织的多边规则管辖之下。

3) 与贸易有关的知识产权规则

与贸易有关的知识产权规则体现在《与贸易有关的知识产权协定》中。国际知识产权保护本不属于关贸总协定管辖范围,国际社会为保护知识产权已订立了多项国际协议。但随着科技的发展,知识产权保护对贸易的影响越来越大,关贸总协定的各缔约方特别是科技领先的发达国家要求就知识产权保护达成协议,将与贸易有关的知识产权问题也纳入多边贸易体制之中。在它们的努力下,"乌拉圭回合"谈判最终达成了《与贸易有关的知识产权协定》。该协议作为一揽子协议文件之一适用于世贸组织所有成员。

2. 附件二

《建立世界贸易组织协定》附件二是《关于争端解决规则与程序的谅解》。《1947年关贸总协定》只在第22条和第23条规定了有关贸易争端解决的程序,由于它们只是一些原则性规定,作为解决争端的程序规则显然不具操作性。关贸总协定在其运行的47年间,虽形成了一套有关争端解决的实际做法,但并未达成一项专门的协议。"乌拉圭回合"通过的《关于争端解决规则与程序的谅解》,第一次就争端解决问题制定了专门的规定。世贸组织建立后,其解决国际贸易争端的能力与以往相比得到了加强,通过严格遵守争端解决规则,提高了争端解决的效率,增强了有关裁决的强制力。

3. 附件三

《建立世界贸易组织协定》附件三是《贸易政策审议机制》。对各国贸易政策的审议是世贸组织的三大职能之一。通过对各成员贸易政策的审议,一方面提高了各成员贸易政策的透明度;另一方面通过审议纠正各成员贸易政策中与世贸组织规则不相符的内容,保证有关规则的贯彻执行。

4. 附件四

《建立世界贸易组织协定》附件四包括四个诸边贸易协议:《民用航空器贸易协议》《政府采购协议》《国际奶制品协议》和《国际牛肉协议》。所谓诸边贸易协议,是指并不包括在一揽子协议中、并不自动地对全体成员生效的协议,它们只对明确表示接受协议的成员有效。由于这些协议适用范围有限,并且其中有些协议现在已经失效(《国际奶制品协议》和《国际牛肉协议》已于1997年年底终止),本书将不再详细解释其具体内容。

12.3.5 世贸组织的加入和退出机制

1. 世贸组织的加入

世贸组织的成员分为原始成员和加入成员。

根据《建立世界贸易组织协定》第11条的规定,成为世贸组织原始成员应符合以下条件:①在世贸组织成立时已是《1947年关贸总协定》的缔约方;②在规定的期限由(世贸组织成立后两年内)完成接受世贸组织有关协议的程序;③按各多边货物贸易协议规定作出减让承诺表,并附于《1994年关贸总协定》之后;④按《服务贸易总协定》规定,作出具体的市场准入承诺表,并附于协定之后。按照上述条件规定,到1996年12月31日的截止日期,共产生了128个创始成员。

加入世贸组织应首先向世贸组织提出加入申请。根据《建立世界贸易组织协定》第12条的规定,申请加入世贸组织的主体包括两种:一是主权国家;二是单独关税区,即在对外商务及世贸组织规则规定的其他事项的处理方面拥有完全自主权的地区。申请加入的步骤有两个：一是与世贸组织达成加入议定书；二是必须在部长级会议上由 2/3 成员表决通过。其中，第一个步骤的完成是比较复杂的，如我国的加入申请(从 1986 年申请"复关"直至 1995 年改为申请"入世")至 2001 年"入世"经历了 15 个年头。在实际操作中，这一步骤可分为以下几个阶段。

第一，提出申请。申请加入世贸组织的国家或单独关税区，应首先向世贸组织提出正式申请。在提出申请的同时，应递交有关其对外贸易政策的备忘录。

第二，贸易制度的审议。世贸组织接受加入的申请后，将成立专门的工作组对其贸易政策进行审议。在审议中，如对其备忘录内容有疑问，申请者应进行解释。在审议期间，如申请者的对外贸易政策发生了重大变化，应作出补充说明。

第三，双边谈判。世贸组织各成员可提出要求与申请者进行双边谈判，双方就履行世贸组织的各项协议做出承诺，达成双边协议。根据世贸组织的非歧视原则，申请者在这些协议中所作承诺将同时适用于其他成员。

第四，订立"加入议定书"。在完成双边谈判以及贸易政策的审议后，工作组将进行最终加入议定书的制作阶段。

第五，工作组将工作报告、加入议定书和减让表等文件提交部长会议或总理事会审议。

2. 世贸组织的退出

根据《建立世界贸易组织协定》第 15 条的规定，任何成员可自愿退出世贸组织。对其退出没有实体条件的约束，但应符合程序条件，即成员的退出在世贸组织总干事收到退出的书面通知之日起 6 个月期满时方能生效。截至目前，世贸组织的成员还没有退出的先例。

12.3.6 世贸组织的决策和贸易政策审议机制

1. 世界贸易组织的决策机制

根据《建立世界贸易组织协定》第 9 条的规定，世贸组织的决策有两种形式：一是协商一致；二是投票表决。协商一致是指出席会议的成员对拟通过的决议不正式表示反对，就视为同意。其中，保持沉默、弃权或进行一般的评论等都不能构成反对意见。协商一致是世贸组织主要的决策方式。这种方式最大限度地保证了世贸组织的规则和决策能够得到成员的认同。当协商一致不能作出决定时，该议题应由所有成员投票表决。除另有规定外，部长会议和总理事会的决定应以多数票的表决通过。在投票表决时，每一成员具有一票表决权，其中欧盟的表决权数与其成员国中已经是世贸组织的成员的数目相同。有关的投票规则如下。

部长会议和总理事会在下述情况下，应由成员 3/4 的多数通过。

第一，部长会议、总理事会对世贸组织管辖的协定、协议的解释。

第二，部长会议决定免除某一成员根据世贸组织规则规定应履行的义务。其具体规定是：①涉及《建立世界贸易组织协定》的免除义务，应提请部长会议作出决定。部长会议应首先遵循协商一致原则通过免除义务的决定。但如果 90 天内不能达成一致，则必须经过成员 3/4 多数同意才可通过。②涉及《建立世贸组织协定》附件一(l)、附件一(2)和附件一(3)中各项多边贸易协议及其附录的免除义务，应分别提请货物贸易理事会、服务贸易理事会和与贸易有关的知识产权理事会作出决定。上述理事会在 90 天内向部长会议提出报告，由部长会议按协商一致原则通过。如不能达成一致，则经成员 3/4 的多数同意通过。

对于规则的修改，根据《建立世界贸易组织协定》第 10 条的规定，应遵循以下的程序和决策方式。

第一，任何成员均可主动向部长会议提出修改《建立世界贸易组织协定》或其附件一所列多边贸易协议条款的建议。此外，总理事会下设的三个专门理事会也可向部长会议提出修改附件一中由他们监督其运行的多边贸易协议条款的建议。

第二，部长会议在接受上述建议后 90 天内决定是否将该修改建议提请成员接受。这一决定应协商一致通过。如果未达成一致，部长会议应根据成员 2/3 的多数意见决定是否将修改建议案提请成员接受。

第三，对下述条款的修改，必须经全体成员接受方能生效：①《建立世界贸易组织协定》有关规则的制定和修改的规定(第 9 条、第 10 条)；②《1994 年关贸总协定》第 1 条(最惠国待遇)和第 2 条(关税减让)；③《服务贸易总协定》第 2 条第 1 款(最惠国待遇)；④《与贸易有关的知识产权协议》第 4 条(最惠国待遇)。

第四，对《建立世界贸易组织协定》及其附件一(1)和附件一(3)多边贸易协议各条款的修改，如果其性质属于改变成员的权利义务的，应在 2/3 成员接受后对已接受的成员生效，对其他成员则在其表示接受时生效；如果上述修改属于不改变成员的权利义务的，则在 2/3 成员接受后对所有成员生效。

第五，对《服务贸易总协定》第一、二、三部分及各自附录的修改，应在 2/3 成员接受后对已接受修改的成员，生效，对其他成员则在其表示接受修改时生效；对《服务贸易总协定》第四、五、六部分及其各自附录的修改，在 2/3 成员接受后对所有成员生效。

第六，接受上述修改的成员应在部长会议规定的接受期间内将接受文书交由总干事保存。

第七，任何成员可主动向部长会议提出修改《关于争端解决的规则与程序的谅解》和《贸易政策审议机制》的条款。对其修改应由部长会议全体一致通过后作出。

第八，对于仅适用于部分成员的诸边贸易协议，应其全体成员的请求，可经全体一致同意，将该协议从《建立世贸组织协定》附件四中删除；也可应某一新的诸边协议全体成员请求，将该协议增列于附件四中。

2. 贸易政策审议机制

世界贸易组织的贸易政策审议机制创立于"乌拉圭回合"，是在 1979 年"东京回合"达成的《关于通知、协商、争端解决和监督谅解书》的基础上形成的。《贸易政策审议机制》共七条，作为《建立世界贸易组织协定》的附件三，内容包括审议的目标、透明度、审议程序、提交审议的报告等。

1) 目标

根据《贸易政策审议机制》第 1 条规定，贸易政策审议机制的目标是：通过定期的、集体的审议和监督，增强各成员贸易政策与措施的透明度，检查成员贸易政策与做法对多边贸易体制的影响，促进各成员更好地遵守多边贸易协议及其接受的诸边贸易协议所确定的规则与纪律，更好地履行其所作出的各项承诺。但它并不能强制成员履行具体义务，也不能作为争端解决程序的一部分,仅为解决贸易争端提供基础。

2) 透明度

根据《贸易政策审议机制》第 2 条的规定,鼓励各成员在贸易政策的公布上实现更高的透明度。但它同时也承认各成员贸易政策对其经济、贸易发展的内在价值,贸易政策的公布应受成员国内法律制度、政治体制的约束,因而实现更高的透明度应建立在成员自愿的基础上。

3) 审议程序

根据《贸易政策审议机制》第 3 条的规定,审议程序包括以下内容。

(1) 成立贸易审议组,负责执行贸易政策的审议。

(2) 所有成员都应接受定期的审议,但根据其在世界贸易中所占比重的不同,接受审议的周期也不一样。具体审议周期的规定是:在世界贸易中所占份额居前 4 位的成员——欧盟、美国、日本和加拿大每 2 年接受一次审议;在世界贸易中所占份额为第 5~16 位的成员每 4 年接受一次审议;其他成员每 6 年审议一次;对于最不发达国家审议周期可以再适当延长一些。上述周期规定也有"例外":当某一成员的贸易政策与做法发生了对其他成员可能造成重大影响的变更时,受其影响的成员可请求贸易审议组提前审议该成员的贸易政策与做法。

(3) 贸易审议组应根据以下文件进行审议工作:①由受审议的成员提供的完整的报告;②由秘书处根据收集的资料起草的报告。秘书处应尽量提供机会让有关成员自己阐明其贸易政策与做法。

(4) 由成员和秘书处提供的报告以及审议组的所有会议记录应在审议结束后迅速予以公布。

4) 报告

根据《贸易政策审议机制》第 4 条的规定,各成员应定期向贸易审议组提供报告。报告应按贸易审议组规定的统一格式描述有关成员的贸易政策与做法。在两次审议期间,成员的贸易政策如发生重大变动,应向审议组提供简要报告,并应根据统一的格式提供最新年度的统计数据。由于发展中国家、最不发达国家在编纂报告时可能存在困难,秘书处应根据请求,向他们提供力所能及的技术帮助。

5) 贸易审议机制的评议

根据《贸易政策审议机制》第 6 条的规定,贸易审议组应在《建立世界贸易组织协定》生效后 5 年内对于贸易政策审议机制的运行进行一次评议。其评议结果应提交给部长会议。在此之后,贸易审议组可以自行决定或根据部长会议的要求,对贸易政策审议机制的运作进行评议。

12.3.7 世界贸易组织的争端解决机制

1. 世贸组织争端解决机制的一般原则

世贸组织争端解决机制的一般原则,是该机制据以建立的基本原则,是指导该机制运作的一般性规定。对这些原则进行深入了解,可以把握世贸组织争端解决机制的主要精神。

第一,继续遵循《1947 年关贸总协定》处理争端的各项原则。

第 12 章　世界贸易组织

《建立世界贸易组织协定》第 16 条第 1 款就体现了世贸组织争端解决机制的一般原则。《关于争端解决规则与程序的谅解》第 3 条也明确了世贸组织争端解决的原则是对关贸总协定处理争端原则的继续和发展,在《1947 年关贸总协定》第 22 条和第 23 条基础上形成和建立的争端解决实践和惯例,包括一些规则和程序,继续具有重大指导和参考作用。特别是专家组断案具有先例先行性和一定的约束力。此外,《关于争端解决规则与程序的谅解》第 24 条还进一步规定了对最不发达国家成员运用的特别规则和程序,要求各成员对特殊情况给予"特别考虑",保持应有的节制,并要求总干事或争端解决机构主席给予协助。

第二,禁止成员单方面采取行动的原则。

要求各成员承诺,不对已发现的各种违反贸易规则行为采取单方面的行动,而应诉诸多边争端解决制度,并遵守其规则和裁决。这意味着像美国一样动辄使用单方面报复的行为是违背世贸组织规定的。

第三,确保迅速、积极、公正、平等地解决争端的原则。

世贸组织争端解决机制的目的是确保对贸易争端的积极解决。一项可为争端各方相互接受且符合适用协定的解决办法显然是优先谋求的目标。迅速解决一成员认为另一成员采取的措施正在对其依照各适用协定直接或间接享受的任何利益造成损害的问题,是世贸组织有效运行和维护成员权利与义务适当平衡的必要条件。世贸组织争端解决机制对争端解决的规则和程序做了一系列改进,特别在各程序环节规定了严格的时间限制,旨在提高争端解决效率。为保证争端解决的公正性和公平性,世贸组织争端解决机制对争端解决程序的参加人员还做出了要求,具体体现在《世界贸易组织协定》《关于争端解决规则与程序的谅解》《世界贸易组织常设上诉机构上诉审查工作程序规则》(1996 年 2 月 15 日通过)《关于争端解决规则及程序的谅解行为守则》(1996 年 12 月争端解决机构会议通过)。

第四,维护世贸组织有效运行和维护成员权利与义务适当平衡的原则。

世贸组织的争端解决制度是向多边贸易体系提供安全性和可预见性的一种核心要素,是确保世贸组织有效运作所必不可少的。其作用是维护一成员在各项协定下的权利和义务,并根据国际公法解释的习惯规则澄清此等协定的各项既存规定。争端解决机构作出的建议和裁定,应旨在按照《关于争端解决规则与程序的谅解》和有关协定下的权利和义务就所涉事项取得满意的解决,不得增加或减少有关协定的权利和义务,而应维护成员的权利和义务之间的适当平衡。所有的解决方法,包括仲裁裁决,所应遵循的原则应与有关协定相符,不应使任何成员依这些协定而取得的利益受到损害或丧失,亦不应阻碍这些协定目标的实现。

第五,谨慎、善意地使用世贸组织争端解决机制的原则。

与《1947 年关贸总协定》所秉持的宗旨一样,《关于争端解决规则与程序的谅解》要求成员在诉诸争端解决程序时持谨慎与善意的态度,即要求:"各成员在投诉前应对这些程序下的行动是否有效作出判断""调节和使用争端解决程序不应旨在作为或视为诉讼行为,而且一项争端发生,所有成员应善意参与这些程序,以谋求解决该争端。投诉和对截然不同事项的反诉不应有任何联系。"作出这些要求是为了防止成员特别是发达国家恶意滥用争端解决程序,破坏成员之间权利与义务的脆弱平衡。由于引进国际贸易争端的因素不仅仅是经济性的,而且还有政治性的,因而在考虑政治及其他现实的同时,有效地实施法律权利和义务,更有助于国际贸易领域争端解决机制的逐渐演进。

第六，对发展中国家给予特别考虑的原则。

《关于争端解决规则与程序的谅解》在涉及发展中国家的争端方面又做了一些改进，如要求专家组报告明确说明已对发展中国家成员在争端解决程序中提出的各适用协定中有关给予发展中国家成员差别待遇和更优惠待遇的规定进行了考虑。另外，在审查一项针对发展中成员的投诉时，专家组应给予发展中国家充分的时间来准备和陈述其答辩。《关于争端解决规则与程序的谅解》第 24 条还规定了处理与最不发达成员有关的争端的一般原则是应考虑他们的特殊情况，无论该成员是投诉方还是被诉方，在争端解决程序的所有阶段，应对最不发达成员的特殊情况予以特别考虑，保持应有的节制。

为进一步鼓励发展中成员更大程度地坚持和维护多边贸易规则，《关于争端解决规则与程序的谅解》把 1966 年《关于第 23 条程序的决定》扩大到该谅解可以运用的全部领域和法律文件。因此，1966 年《关于第 23 条程序的决定》规定的特别程序仍然适用于发展中国家作为投诉方的争端解决。

以上原则绝大多数是对《1947 年关贸总协定》争端解决机制的原则的重述，但强调了禁止争端解决机构的合法功能，以及成员有权向世贸组织请求作出权威解释，并明确规定以国际公法解释的习惯规则来进行，这一规定的深刻含义在于强调以争端解决规则为基础，标志着关贸总协定的实用主义向世贸组织的法律主义的一个进步。

2. 世界贸易组织争端解决的基本程序

世界贸易组织争端解决的基本程序包括以下几个环节：磋商、专家组审理争端、上诉机构审理、DSB 裁决的执行及其监督。斡旋、调解和调停可以作为辅助手段，在基本程序进行中运用。

1) 磋商

磋商是世界贸易组织争端解决程序的首要强制性阶段。一成员方向另一成员方提出磋商要求后，被要求方应在接到请求后的 10 天内作出答复，如同意举行磋商，则磋商应接到请求后 30 天内开始。如果被要求方在接到请求后 10 天内没有作出反应，或在 30 天内或相互同意的其他时间内未进行磋商，则要求进行磋商的成员方可以直接向争端解决机构 (Dispute Settlement Body, DSB) 要求成立一个专家组。如果在接到磋商请求之日后 60 天内磋商未能解决争端，投诉一方可以请求设立专家组。在紧急情况下(如涉及易变质货物)，各成员方应在接到请求之日后 10 天的时间内进行磋商。如果在接到请求之日后 20 天内磋商未能解决该争端，则投诉方可以请求成立专家组。此后的相关程序应最大限度地有利于争端的迅速解决。

2) 专家组审理争端

在磋商未果的情况下，或是在斡旋、调解和调停未能解决争端的情况下，投诉方可以向 DSB 提出成立专家组的请求。专家组最终应在该请求被首次列入 DSB 议程后的会议上予以设立。专家组通常由三人组成，除非争端当事方在自设立专家组之日起 15 天内同意设立五人专家组。专家组的成员可以是政府官员或独立人士，这些成员均以个人身份工作，不代表任何政府或任何组织。各成员方不得对他们做指示或施加影响。考虑到发展中国家的特别利益，当发展中国家为争端的当事一方时，相应的专家组应至少包括一名发展中国家成员方的成员。

专家组一旦设立，一般应在 6 个月内(紧急情况下 3 个月内)完成全部工作，并提交最终报告。如果专家组认为它不能如期提交报告，则应书面通知 DSB 其延误的原因及提交报告的预期时间。从专家组设立到向各成员方提交报告不得超过 9 个月。应投诉方请求，专家组的工作可以暂停 12 个月，但不得超过 12 个月。如超过 12 个月，专家组的授权应予终止。一般情况下，专家组会首先听取争端各方陈述并收受争端各方的答辩意见，然后，专家组将报告初稿的叙述部分(事实和理由)散发给争端各方。在专家组规定的时间内，争端各方应提交书面的意见。待收到各方的书面意见后，专家组应在调查、取证的基础上完成一份临时报告，并向争端各方散发。在听取争端各方的意见和评议的基础上，根据进一步的调查和取证完成最终报告。

为了使各成员有足够的时间审议专家组的争端解决的最终报告，只有在报告散发给各成员方 20 天后，才应由 DSB 审议通过。对专家组报告提出反对意见的以便在审议报告会议前 10 天予以散发。争端各方有权参加审议。在报告散发给各成员方 60 天内，除非争端一方正式通知 DSB 其上诉决定、或是 DSB 经磋商一致决定不通过该报告，否则该报告应在 DSB 会议上予以通过。

3) 上诉机构审理

由于"反向协商一致"原则使得专家组报告的审议、通过比较容易，这样就有必要实行上诉机构审理以避免专家组报告可能导致的消极因素和不公正结果。

上诉机构仅审理专家组报告所涉及的法律问题和专家组所做的法律解释。上诉机构可以维持、修改或推翻专家组的结论。

上诉机构的审议自争端一方提起上诉之日起到上诉机构散发其报告之日止，不得超过 60 天。如遇紧急情况，上诉机构应尽可能缩短这一期限。上诉机构如认为不能如期提出报告，则应书面通知 DSB 其延误的原因及提交报告的预期时间，但不得超过 90 天。

对于上诉机构提交的报告，除非 DSB 在向各成员方散发上诉机构报告后 30 天内磋商一致决定不予通过，否则，该报告应予以通过并应得到争端当事方无条件接受。专家组报告或上诉机构报告一经通过，其建议和裁决即对争端当事各方有约束力，当事各方应予执行。

4) DSB 裁决的执行及其监督

在专家组或上诉机构报告通过之日后 30 天内举行的 DSB 会议上，有关成员方应通知 DSB 其履行 DSB 建议或裁决的意愿。如不能立即执行建议或裁决，该成员方应在合理的时间内履行。"合理时间"的长短既可以由当事方协商确定，也可由当事方聘请仲裁员确定。

DSB 的建议或裁决，则在合理期限到期后，申诉方可以要求与被诉方谈判。所谓补偿并非指一般意义上的补偿，而是指被诉方在贸易机会、市场方面给申诉方相当于其所受损失的减让。补偿只是一种临时手段，即只有能立即撤销引起争端的措施时运用，或作为撤销该项措施前的一项临时办法，如给予补偿，应与有关协议相一致。

如在合理期限到期后 20 天内未能达成双方能够接受的补偿方案，申述方可以要求 DSB 授权报复，即中止对被诉方承担的减让或其他义务。在违法被撤销、被诉方对申诉方所受的利益损害提供了解决办法、争端当事各方相互满意的解决办法的情况下，报复措施应被终止。

在 DSB 通过有关建议和裁决后，任何成员都可随时在 DSB 提出有关执行的问题。除非

DSB 另有规定，建议或裁决的执行问题应在前述的合理期限确定之日起 6 个月后，列入 DSB 会议的议程，直到该问题解决。在 DSB 每一次会议召开前至少 10 天，有关成员应向 DSB 提交一份关于执行建议或裁决进展的情况报告。

12.3.8 世界贸易组织的作用

世界贸易组织的建立与运行对 20 世纪 90 年代中后期以至 21 世纪的世界经济贸易的产生重要影响。其主要作用有以下几点。

第一，推动贸易自由化。

在世界贸易组织的主持下，1997 年相继完成了旷日持久的三个谈判，达成了《基础电信协议》《信息技术协议》和《金融服务贸易协议》。其中《基础电信协议》旨在创造一个包括电话、传真、计算机互联网络和卫星通信在内的语音和数据通信的开放性世界市场，参加谈判的 68 个国家和地区的代表承诺在未来几年内逐步开放本国的电信市场。达成《信息技术协议》的 41 个代表方承诺，从 1997 年 7 月 1 日开始，分四个阶段在 2001 年 1 月 1 日前取消包括计算机软件硬件、通信设备、半导体及其生产设备和科学仪器等在内的 200 种信息技术产品的关税。目前，已有 43 个国家和地区参加这项协议，所涉及的信息技术产品贸易额的 95%。约 70 个国家和地区的代表达成的《金融服务协议》同意 1999 年对外开放银行、保险、证券和金融信息市场；允许外国在国内建立金融服务公司并按竞争原则运行；外国公司享受同国内公司同等的进入市场的权利；取消跨边界服务限制；允许外国资本在投资项目中的比例超过 50%。

第二，促进资源在世界范围内合理配置，提高各国收入水平。

贸易自由化将促进世界各国发挥比较优势，在世界范围内组织生产，从而降低生产成本，扩大资源和生产要素的利用率，提高各国收入水平。根据世界贸易组织的估算，"乌拉圭回合"的各种协定与协议的实施，将使世界贸易组织的收入增加 5100 亿美元。

第三，客观公正地解决了成员间的贸易争端，缓和了成员之间的贸易摩擦。

世界贸易组织的争端解决机制，可以迅速有效地解决成员方之间的贸易争端，维护各成员自身经贸利益，为各成员遵守与执行世界组织各协定和协议提供保障。世贸组织各成员在共同遵守的规则基础上，按世贸组织的规则本身，而不是按某一成员国内贸易立法或政策措施来裁决国家间的贸易争端。未经世贸组织授权不允许某一成员单方面地采取行动。一旦世界组织作出裁决，则争端双方必须要执行裁决结果。

12.4 世界贸易组织多边贸易谈判

12.4.1 "多哈回合"谈判

部长级会议是世贸组织的最高决策权力机构，由所有成员国主管外经贸的部长、副部长级官员或其全权代表组成，一般两年举行一次会议，讨论和决定涉及世贸组织职能的所有重要问题，并采取行动。

第一次会议于 1996 年 12 月在新加坡举行。会议主要审议了世界贸易组织成立以来的

第12章 世界贸易组织

工作及上一轮多边贸易谈判即"乌拉圭回合"协议的执行情况,并决定成立贸易与投资、贸易与竞争、政府采购透明度三个工作组,同时将贸易便利化纳入货物理事会的职责范围。会议最后通过了《新加坡宣言》。

第二次会议于1998年5月在瑞士日内瓦举行。会议主要讨论了已达成的贸易协议的执行情况、既定日程和未来谈判日程等问题以及第三次部长级会议举行的时间和地点。会议的主要目的是为第三次部长级会议启动新一轮多边贸易谈判做准备。

第三次会议于1999年11月30日至12月3日在美国西雅图举行。由于非政府组织的示威游行和干扰所产生的压力以及成员国在一系列重大问题上的意见分歧,会议未能启动拟议中的新一轮多边贸易谈判,最终以失败告终。

2001年11月在卡塔尔首都多哈举行的世贸组织第四届部长会议开始新一轮多边贸易谈判。会议上取得了两个重要成果,一是接纳中国加入世贸组织,二是发动了世贸组织框架下的第一次多边贸易谈判,即"多哈回合",因其特别关注发展问题,也称"多哈发展议程"。

1. "多哈回合"的发动

1) 西雅图会议

世贸组织第三次部长级会议于1999年11月30日在美国西雅图举行。会议原计划发起新一轮全球多边贸易谈判,即"千年回合"谈判。发达国家成员希望,"千年回合"谈判应考虑把国际标准运用在各成员的经济体制上,将环境、劳工标准、投资、竞争和反贿赂政策、电子商务等议题,从国际范围向国内范围延伸,并以世界标准来确定规则。发展中国家成员则主张应集中讨论各成员履行现行的《多边贸易协定》中实施不平衡的问题,反对增加新的议题,拒绝接受发达国家成员提出的新议题,世贸组织成员为此围绕着会议计划通过的《部长级会议宣言》的内容展开了激烈的争论。争论主要集中在三个方面:一是关于现有协议的实施问题;二是"既定议程"问题;三是加入新议题的问题。西雅图会议终因发达国家成员之间以及发达国家成员与发展中国家成员之间在一系列问题上分歧太大而宣告失败。

2) 多哈部长会议

为准备多哈会议,世贸组织总理事会举行了多次正式和非正式会议,期望能在此次会议上解决西雅图会议上所未能解决的问题。经过多方努力,2001年11月,世贸组织第四届部长级会议在卡塔尔首都多哈举行,并发表《部长宣言》,发动了新一轮多边贸易谈判,命名"多哈发展议程",简称"多哈回合"。经过艰难的谈判,明确确定了该轮谈判的八个谈判领域,即农业、非农产品市场准入、服务、知识产权、规则、争端解决、贸易与环境及贸易和发展问题。《部长宣言》决定在总理事会指导和监督下设立贸易谈判委员会(简称TNC),组织和协调各领域谈判。TNC下设八个谈判机构,分别进行上述领域的谈判。《部长宣言》规定全部谈判应在决定从2002年开始,到2005年1月结束。

3) "多哈发展回合"的主要目标

抑制全球经济减缓下出现的贸易保护主义,加大贸易在促进经济发展和解除贫困方面的作用,处理最不发达国家出现的边缘化问题,理顺与区域贸易协定之间的关系,把多边贸易体制的目标与可持续发展有机地结合起来,改善世贸组织的外部形象,实现《马拉喀什建立世界贸易组织协定》中的原则和目标。

4) 发动"多哈回合"的原因

世贸组织成员决定启动新一轮谈判主要是因为以下几点。

第一，世贸组织成立以来，世界经济和国际贸易有了进一步的发展，提出了许多新的问题，需要通过谈判予以解决。世贸组织的工作重点正从边境措施转向国内市场壁垒，从货物贸易扩展至服务和智力贸易，从货物市场准入扩展至投资市场准入，从政策法规壁垒转向转基因等科技壁垒。在这种情况下，世贸组织成员要求制定新的规则来管理这些问题。发达国家成员则想借助世贸组织来巩固其在这些领域中的优势地位。

第二，世界经济发展缓慢，贸易保护主义增强，需要举行新的多边贸易谈判，加强贸易自由化的共识，进一步推动贸易自由化，增强抑制贸易保护主义的能力。

第三，世贸组织的成立虽然对世界经济贸易的发展起了积极的作用，但也暴露出了多边贸易体制中的许多问题，要求世贸组织改革的呼声日益高涨。广大发展中成员在世贸组织规则的制定中常常处于边缘状态，它们的改革呼声最强烈。

第四，随着经济全球化的发展，经济全球化的一些消极影响进一步暴露出来，公众在揭示这些问题的时候，也把矛头指向包括世贸组织在内的国际经济组织。反全球化运动的蓬勃发展是促使世贸组织成员发动新一轮多边谈判、以解决多边贸易体制中存在问题的一个不可忽视的原因。发动新一轮回合谈判是改善世贸组织形象的最好途径。

第五，纠正世贸组织原有协定和协议实施上的失衡。由于经济发展不平衡和竞争力强弱的差距的原因，世贸组织成员在实施原有的贸易协定与协议中出现了不平衡，要求通过多边贸易体制解决贸易公平和平衡发展的呼声日益高涨。美国和欧洲指责日本把自己的商品销往世界各地，却不愿意购买别国商品。欧洲和日本则谴责美国动辄动用"301条款"对别国进行制裁。同时，发展中国家也认为美国等发达国家履行义务力度不够。"乌拉圭回合"虽然对许多问题达成了协议，但即使达成协议的问题，执行中仍然出现偏差。在这种情况下，世贸组织多数成员要求在新议题的谈判启动之前，首先要对"乌拉圭回合"有关协议的执行情况进行一次总体的检查，采取弥补措施使"乌拉圭回合"有关协议真正得到执行。

第六，从世界贸易大局出发，在着眼共同利益的基础上，世贸组织成员，无论是发达国家成员还是发展中国家成员，都应相互做出让步。进行相互的妥协，才能发起新的多边贸易谈判，从而解决贸易与经济发展中遇到的问题，并争取发达国家成员和发展中国家成员"共赢"的局面。

2. "多哈回合"的主要议题

根据《多哈部长宣言》(2001年)，与会的142个成员一致同意自2002年1月31日起启动新的多边贸易谈判，并在2005年1月1日前结束所有谈判。其主体"工作计划"主要包括以下议题。

(1) 与执行相关的问题。达成了《关于乌拉圭回合协议执行问题的决定》。决议中充分考虑到发展中国家在实施世贸组织协议中遇到的问题和困难。

(2) 农业。呼吁成员限制采用冒险性措施以促进农业的发展和提高食品安全。在日内瓦世贸组织总部开始的协调农业贸易的谈判将包括在新的贸易谈判中。新的谈判目标是：大幅度提高农产品市场准入机会，逐步降低并最终取消农业出口；大幅度削减造成贸易扭曲的国内支持措施。发展中国家可以采取特殊措施和区别对待。

第 12 章　世界贸易组织

(3) 服务业。与农业贸易谈判相似，于 2000 年开始的扩大服务贸易政策协调的谈判将成为多哈谈判的一部分，主要涉及银行业、保险业、电信业和旅游业。成员将在 2003 年 3 月底作出首次建议。

(4) 非农产品的市场准入。这是发达国家新的多边贸易谈判的一个主要目标。该领域的主要目的是进一步降低并最终取消关税，进一步降低或最终取消从不发达国家出口到发达国家的半制成品的关税。

(5) 世贸组织规则。这一领域涉及争议较多的反倾销和反补贴措施。美国是反倾销措施的最大受益者，尤其是在保护其处于困境的钢铁工业免受国外廉价产品的冲击方面。日本和其他经济发展迅速的国家，如巴西，强烈要求修改反倾销协议。新谈判的另一目标是关于渔业补贴的世贸组织规则。美国、澳大利亚、发展中国家以及一些环保政策的积极拥护者，都强烈要求欧盟和日本取消其渔业补贴，以免过度捕鱼造成渔产品产量过剩，并造成市场价格扭曲。

(6) 争端解决机制。自 1995 年以来，有一些案件充分暴露了目前争端解决体系的漏洞和弱点。因此，必须改革目前的争端解决程序和条款，并在 2003 年 5 月前拿出方案。

(7) 贸易与环境问题。各成员同意就现行世贸组织条款与多边环境协议中有关贸易与环境问题条款的关系举行谈判，并削减或消除环境产品和服务的关税与非关税壁垒。

(8) 政府采购。在目前的世贸组织工作小组中进行谈判，目标是提高政府采购的透明度。

(9) 贸易便利化。该领域的主要目标是澄清和改善影响海关程序和海关文件的世贸组织规则。下一届部长级会议将对具体的新规则进行谈判。

(10) 贸易与投资。这是欧盟和日本想在新的谈判中充分讨论的问题之一，以制定相关规则保护在世贸组织成员中投资的外国投资者。但这一提议遭到部分发展中国家的强烈反对。《多哈部长宣言》决定由现行的世贸组织委员会继续研究这一问题，并在两年内作出决议是否在这一领域启动充分谈判。

(11) 贸易与竞争政策。欧盟是这一议题的主要发动者。欧盟提议制定调整国内竞争政策的规则，以约束地方卡特尔对货物和服务贸易的限制，但这一提议遭到发展中国家的强烈反对。对这一问题的处理方式与投资相同。

(12) 与贸易有关的知识产权问题。各成员同意在重视与贸易有关的知识产权协议的情况下支持公众健康。既要让发展中国家能得到有用的药品，也要照顾到新药的研究与开发。会议为此通过了一个单独的宣言——《知识产权与公共健康宣言》。宣言中承认了各国在实施协议时的自由度以应付公共卫生问题，并进一步明确了"与贸易有关的知识产权理事会"的职责。这一宣言是为了满足一些国家，尤其是印度的要求。

(13) 贸易与债务、金融。探讨发展中国家和最不发达国家外部债务解决问题，并向第五次部长会议报告进展情况。

(14) 贸易和技术转让。发展中国家和最不发达国家强烈要求在这一领域进行谈判。为此还设立了独立的工作组，并在下一届部长级会议上作出报告。

(15) 电子商务。同意电子商务工作组继续工作，并向第五次部长级会议报告情况。

(16) 技术合作与能力建设。世贸组织技术援助要特别关注发展中国家和最不发达国家以及转型经济国家。

(17) 小成员经济。不使其成为下属成员，研究其融入世界经济一体化中。

(18) 最不发达国家。对它们免关税，免配额，更快地吸收它们入世。

(19) 特殊和差别待遇。特殊与差别待遇是世贸组织协议不可分的一部分，注意到了一部分国家提出的关于特殊和差别待遇框架协议的建议。

3. "多哈回合"的进展

尽管"多哈回合"被寄予很高的期望，但其进展却并不顺利。2003年9月，在墨西哥坎昆召开的世贸组织第五次部长会议原计划对"多哈回合"谈判进行中期评估，并推动谈判进入下一个阶段。但由于谈判各方特别是发达国家与发展中国家之间在农产品补贴等问题上的尖锐矛盾，导致谈判不欢而散。

坎昆会议失败后，在世贸组织秘书处、美国及欧盟的推动下，谈判在2004年3月重新激活。在各方的努力下，2004年8月1日，世贸组织达成"总理事会关于多哈议程工作计划的决议"（即"七月套案"）。其主要成就体现在农业、非农产品市场准入、发展问题以及贸易便利化方面，具体包括：第一次同意在截止日期之前取消所有形式的农业出口补贴，并同意实质性削减扭曲贸易的农业国内支持措施；在棉花贸易方面达成重要突破，为西非和发展中国家的棉农提供了机遇；同意启动谈判建立新的规则以便利贸易和海关程序；签署了雄心勃勃的指导纲领以开放制成品贸易，并为改善对发展中国家具有较大利益方面的规则制定了明确的议事日程。

这些成果确保了"多哈回合"的继续发展。"七月套案"最主要的突破是在农业谈判领域，成员承诺取消所有形式的出口补贴并实质性削减扭曲贸易的国内支持。对于发展中国家来说，这可以认为是一次胜利，有利于其改善在多边贸易体系中的境况。"七月套案"的象征意义要大于实际意义，它一方面说明世贸组织多边贸易体制尚能有效运作，各主要成员仍然重视这一平台；另一方面，这并不能掩盖"七月套案"仅是框架性协议的事实，"七月套案"之后的"多哈回合"已经大打折扣。"七月套案"削减了三个议题，仅在农业、非农产品市场准入、贸易便利化三个议题有所进展和收获，其他议题没有取得实质性进展。

世贸组织第六次部长级会议于2005年12月13日在中国香港召开，本次会议重点是推进世贸多哈回合谈判，使之能够在2006年年底最后期限前结束。但是由于各方利益的冲突和矛盾，2006年7月27日，多哈回合谈判全面中止。

2007年1月，谈判在多种不确定因素下再次恢复，但依旧无果而终。这不禁让人们担心本次多哈回合谈判能否走出困境。甚至有分析人士认为，如果2008年年底前无法达成协议，多哈回合谈判将面临被长期搁置的风险。

2008年7月21日，世贸组织部长级会议在日内瓦举行，来自35个主要世贸组织成员的贸易和农业部长在日内瓦聚会，试图在一周时间内就多哈回合谈判农业和非农产品市场准入问题取得突破。但几天下来，谈判难以取得进展，原定一周的会期被迫延长。旨在寻求多哈回合谈判关键性突破的世界贸易组织小型部长会议在经过9天的讨价还价后，7月29日还是以失败告终。

世贸组织第七次部长级会议于2009年11月30日在瑞士日内瓦拉开序幕，这是继2005年中国香港会议之后世贸组织所有153个成员的最高贸易官员四年来首次聚首。历时八年的多哈回合谈判依然没有打破僵局，全球贸易因为经济危机出现了"二战"以来最严重的萎缩；鉴于多哈回合谈判毫无起色，在避谈多哈回合的同时，这次的世贸组织部长级会议将重点放在了审视自身,会议的主题被选定为"世贸组织、多边贸易体系和当前全球经济形势"。

世贸组织第八次部长级会议于 2011 年 12 月 15 日至 17 日在瑞士日内瓦举行。会议将讨论的重点放在发展问题上,以认真务实的态度,研究对最不发达国家经济体进行贸易援助等具体问题。

世贸组织第九次部长级会议于 2013 年 12 月 3 日在印度尼西亚巴厘岛举行。此次会议是世贸组织总干事罗伯托·阿泽维多上任以来的首次最高决策机构会议。各方期待巴厘岛会议能在有限议题上达成一致,为推动更大规模的多边贸易协定奠定基础。12 月 7 日上午在印度尼西亚巴厘岛闭幕,达成世贸组织首个全球贸易协定。会议上发布的巴厘岛部长宣言共包括理事会日常工作、多哈发展议程进展和巴厘岛会议后工作展望三大部分。多哈发展议程进展一项即为此前各方期盼的多哈回合谈判"早期收获",包含贸易便利化、农业、棉花、发展和最不发达国家四项议题共 10 份协定。

世贸组织第十次部长级会议于 2015 年 12 月 19 日在肯尼亚首都内罗毕闭幕,此次召开的第十届部长级会议,是世贸组织成立 20 年来首次在非洲召开的最高级别会议,主要议题为最不发达国家发展问题、农业谈判中的出口竞争以及多哈核心议题后续谈判框架等。经过几天几夜艰苦的谈判,会议通过了《内罗毕部长宣言》及九项部长决定,承诺继续推动多哈议题,成果丰富。一是世贸组织成员首次承诺全面取消农产品出口补贴,并就出口融资支持和棉花、国际粮食援助等方面达成了新的多边纪律;二是达成了近 18 年来世贸组织首个关税减让协议——《信息技术协定》扩围协议,涉及 1.3 万亿美元国际贸易;三是在优惠原产地规则、服务豁免等方面切实给予最不发达国家优惠待遇;四是正式批准阿富汗和利比里亚加入世贸组织。

世界贸易组织第十一次部长级会议于 2017 年 12 月 13 日在布宜诺斯艾利斯闭幕。在四天的会议中,来自 164 个世贸成员的代表就农业、渔业、贸易便利化、电子商务、中小企业发展等议题展开激烈的谈判磋商,虽然一些关键议题并无突破,但各方交换意见,达成了一系列部长决定,为全球贸易进一步谈判打下基础。中国商务部部长钟山率领的中国代表团,以实际行动为会议取得积极成果发挥了重要作用,"中国方案"受到了广泛关注和高度赞誉。由于分歧较大,此次会议在农业、渔业等一些关键议题上没有突破,但经过各成员的不懈努力,各方充分就关键议题交换了意见,并成功地设置了电子商务、投资便利化等新议题。本次会议中,为庆祝世贸组织的前身——关税与贸易总协定签署 70 周年,阿根廷、巴西、乌拉圭、智利等 10 国签署了《布宜诺斯艾利斯宣言》,重申了多边贸易机制是面对国际贸易的机遇和挑战的最佳应对之策。

12.4.2 中国与世界贸易组织

1. 中国和关税与贸易总协定的历史渊源

中国是 1947 年关税与贸易总协定的 23 个缔约方之一。1949 年 10 月 1 日,中华人民共和国成立后未能取得联合国席位,此后又于 20 世纪 60 年代成为关贸总协定的观察员。1971 年 10 月联合国大会在其 2758 号决议中,承认中华人民共和国的代表是中国唯一的合法代表。由于历史原因,中国在关税与贸易总协定中的缔约方地位长期空缺。

2. 中国复关与入世的谈判

从改革开放、发展社会主义生产力、建立社会主义市场经济体制的需要出发，1986年中国提出恢复关税与贸易总协定缔约国地位的申请，并开始了"复关"谈判，谈判一直持续到1995年年底。1995年1月1日世界贸易组织正式成立，取代关税与贸易总协定。从1996年开始，中国复关谈判变成加入世界贸易组织(简称"入世")的谈判。

中国从"复关"到"入世"的谈判可以分为三个阶段。

第一阶段(1986年7月至1992年10月)，提出申请，审议中国对外贸易制度阶段。

中国于1986年7月10日照会关税与贸易总协定总干事，要求恢复我国的关税与贸易总协定缔约国地位。关税与贸易总协定理事会于1986年审议了中国的这一申请。经各方长时间的磋商，于1987年3月4日设立了关于恢复"中国缔约方地位工作组"，邀请所有缔约方就中国外贸体制提出质询。中国于1987年2月13日递交了《中国外贸制度备忘录》，缔约各方利用将近一年的时间对备忘录提出了大量的问题，中国对缔约方提出的各种问题作了详尽的解答和说明。1992年10月中国工作组第11次会议决定，结束对中国贸易制度的审议，谈判进入第二阶段即市场准入谈判阶段。中国向各缔约国发出进行谈判的邀请。

第二阶段(1992年10月至2001年9月)，"复关"/"入世"议定书内容的谈判，即双边市场准入谈判。

从1992年年底起，中国开始和关税与贸易总协定缔约方进行市场准入的谈判。但由于主要西方国家对中国市场准入谈判的要价过高，使中国"复关"谈判陷入困境。中国未能在1994年年底前，即世贸组织诞生之前实现复关。1996年，中国从"复关"谈判变成"入世"谈判。中方根据要求，与世界贸易组织的37个成员继续进行双边谈判。1999年11月15日，中美就中国加入世界贸易组织达成了双边协议，使中国加入世界贸易组织的进程取得了关键性的突破。2001年中欧谈判达成双边协议。2001年9月13日，中国与最后一个谈判对手墨西哥达成了协议，完成了"入世"的双边谈判。

第三阶段(2001年9月至2001年11月)，中国"入世"法律文件的起草，审议和批准。

在双边谈判后期，多边谈判开始，主要内容是中国"入世"法律文件的起草问题。2001年9月17日，中国加入世界贸易组织工作组第18次会议通过了中国加入世界贸易组织法律文件，中国加入世界贸易组织多边谈判结束。此后，中国加入世界贸易组织工作组按照程序把加入议定书和工作报告书交给世界贸易组织总理事会。2001年11月10日，世界贸易组织第四届部长级会议一致通过中国加入世界贸易组织的决议。中华人民共和国人民代表大会常务委员会批准了这些报告和议定书，并由中国政府代表将批准书交存了世界贸易组织总干事。2001年12月11日，中国正式成为世界贸易组织第143个成员。

3. 中国加入世界贸易组织的权利和义务

1) 中国加入世界贸易组织的权利

根据中国加入世界贸易组织的法律文件，中国加入世界贸易组织的权利主要有以下几方面。

(1) 能使我国的产品和服务及知识产权在成员中享受非歧视待遇，即多边的、无条件的、稳定的最惠国待遇以及国民待遇。

(2) 享受发展中国家成员的大多数优惠或过渡期安排。

第 12 章 世界贸易组织

(3) 享受其他世贸组织成员开放或扩大货物、服务市场准入的利益。

(4) 利用世贸组织争端解决机制,公平、客观、合理地解决与其他国家的经贸纠纷,营造良好的经贸发展环境。

(5) 全面参加多边贸易体制的活动,获得国际经贸规则的决策权。

(6) 享受世贸组织成员利用各项规则,采取例外、保证措施等促进本国经贸发展的权利。

(7) 享受获取各国贸易的信息资料的权利。

2) 中国加入世界贸易组织的义务

根据中国加入世界贸易组织的法律文件,中国加入世界贸易组织的义务主要有以下几方面。

(1) 在货物、服务、知识产权等方面,根据世贸组织规定,给予其他成员最惠国待遇和国民待遇。

(2) 按世贸组织相关协议规定,扩大货物、服务的市场准入程度,即降低关税和规范非关税措施,逐步扩大服务贸易市场开放。

(3) 依《知识产权协定》规定进一步规范知识产权保护。

(4) 按争端解决机制与其他成员公正地解决贸易摩擦,不搞单边报复。

(5) 确保贸易政策、法规的透明度。

(6) 规范货物贸易中对外资的投资措施。

(7) 接受过渡期审议。

(8) 按在世界出口中所占的比例缴纳会费。

4. 中国加入世界贸易组织的机遇与挑战

1) 中国加入世界贸易组织后的机遇

第一,有利于我国深入进行经济体制的改革。

世界贸易组织的所有基本原则及协定、协议都是以市场经济为基础的。世界贸易组织要求各成员按照市场经济的规则来发展经济,要求各成员政府的贸易政策行为不能扭曲市场竞争,努力减少对国际贸易的限制,大幅度地降低关税、非关税及其他阻碍贸易进行的壁垒,在更大范围内让市场配置各国资源,最优运用世界资源,保护生态平衡和维护环境。这与中国经济体制改革,建立社会主义市场经济体制的目标相一致。中国"入世"后,客观上要求按市场经济的一般规律,调整和完善社会主义市场经济的行为规范和法律体系,消除生产方式中不适应生产力发展的体制和机制障碍,建立和完善全国统一,公平竞争,规范有序的市场体系。这将加快中国经济体制改革的步伐。

第二,有助于中国的进一步对外开放。

入世后扩大了中国市场准入的范围,提高了中国服务业的开放程度,中国对外开放进入新阶段。这将使中国能在更大的范围、更广阔的领域、更高的层次参与国际经济技术合作,把国内市场与国际市场更为紧密地结合起来,实现资源优化配置,促进中国经济的发展。

加入世贸组织后,中国可以获得所有成员的非歧视待遇,可以充分谋求发展中国家成员的优惠待遇,可以享受其他成员贸易和投资自由化带来的便利,可以通过世界贸易组织特设的贸易争端解决机制，比较公平地解决贸易争端，维护中国的贸易利益。这将进一步促使中国拓展国际市场，加强与各国的经济贸易合作。

第三，有助于维护中国在国际经济贸易舞台上的合法权益。

入世后，我国可以全面参与世界贸易组织各个回合中各个议题的谈判，并直接参与国际多边贸易新规则的制定，将有利于维护我国在世界贸易中的地位和合法权益，增强我国在国际经贸方面的发言权和主动权，并分享多边贸易体制发展带来的更多机会和利益。

第四，有助于海峡两岸经贸关系的进一步发展。

中国加入世贸组织后，中国台湾作为单独关税区也成为世界贸易组织成员。两岸加入世界贸易组织后，都应遵循世界贸易组织非歧视原则扩大市场开放，这将有利于促进海峡两岸实现"三通"，促进两岸经贸关系的进一步发展与祖国和平统一大业的实现。

2) 中国加入世界贸易组织带来的挑战

入世在给中国经济带来利益的同时，也将带来严峻挑战。挑战主要表现如下。

第一，对中国经济体制提出挑战。

加入世贸组织，就要遵守世贸组织的规则。这不仅涉及我国的对外贸易体制，而且涉及我国经济体制的方方面面。其核心问题是中国的经济体制如何与以市场经济为主的全球多边贸易体制相协调。中国的经济体制改革还有一系列深层次的问题需要解决。例如，政府如何转变职能、如何完善市场体系、如何推进社会保障制度的建立等。只有这些问题真正解决了，社会主义市场经济体制才能进一步完善。

第二，对我国的某些产业带来冲击。

加入世贸组织后，我国逐步消除或减少了以往的保护措施，一些产业不可避免地受到竞争力更强的外国进口产品的冲击。根据我国产业的竞争实力以及关税减让的幅度和非关税取消的情况，入世后对我国各产业的冲击是不同的。劳动密集型的工业部门，包括纺织、服装和普通日用消费品工业，具有一定的比较优势，在国际市场上已形成一定的出口竞争力，入世对这些工业部门的冲击较小。资本和技术密集的产业，包括机电工业、电子工业、汽车工业、化学工业、钢铁工业、有色金属工业等竞争力较弱，其中一些产品尚未形成竞争力，因此，这些工业将受到不同程度的冲击。刚开始起步的新型产业和高技术产业面临更大的冲击。而服务业的开放，将使我国银行、保险、通信、商业、律师、咨询等行业面临着来自发达国家强有力的竞争。

第三，增加了保持国内市场稳定的难度。

中国加入世贸组织后，对外开放将进一步扩大，与各国经济贸易的联系日益密切。由于其他国家尤其是主要贸易伙伴的经济状况如通货膨胀、金融危机等将通过国际经济传递机制影响到我国。我国要保持国内市场价格的稳定和抑制通货膨胀的难度将会加大，对国内经济进行宏观调控的难度也会增加。

入世对我国既有机遇，又有挑战。能否抓住机遇并迎接挑战，关键是制定一个科学的战略和采用切实可行的对策。从宏观层次上，应加快我国经济体制的改革和有利于加强产业和企业国际竞争力的制度环境，并完善法律，充分利用WTO所允许的法律手段来保护国内产业。从微观层次上，企业应通过制度创新、产品创新、服务创新，增强国际竞争能力。

第 12 章 世界贸易组织

本 章 小 结

自 1948 年 1 月 1 日关贸总协定临时实施至 1995 年 1 月 1 日世界贸易组织成立，在 47 年的历程中，关贸总协定主持了八轮多边贸易谈判，使其缔约方之间的关税与非关税水平大幅度下降。关贸总协定自实施以来，其内容和活动涉及的领域不断扩大，缔约方不断增多，对国际贸易的影响日益加强。

1986 年 9 月发动的"乌拉圭回合"谈判历时 7 年多，于 1994 年 4 月 15 日在摩洛哥的马拉喀什结束。谈判的结果是发达国家和发展中国家平均降税 1/3，发达国家工业制成品平均关税水平降为 3.6%左右；农产品和纺织品重新回到关贸总协定贸易自由化的轨道；创立了世贸组织并将关贸总协定的基本原则延伸至服务贸易和知识产权，达成了《服务贸易总协定》和《与贸易有关的知识产权协定》(以下简称《知识产权协定》)；修订和完善了东京回合的许多守则并将其作为货物贸易协议的一部分。

世界贸易组织(World Trade Organization，WTO，简称世贸组织)前身是关税与贸易总协定(1947 年 10 月 30 日在日内瓦签订，并于 1948 年 1 月 1 日开始临时适用)，它是全球性的，独立于联合国的永久性国际组织。1995 年 1 月 1 日起世界贸易组织正式开始运转。截至 2015 年 12 月 31 日，世界贸易组织共有 164 个成员。世界贸易组织是多边贸易体制的法律基础和组织基础，是众多贸易协定的管理者，是各成员贸易立法的监督者，是就贸易进行谈判和解决争端的场所。是当代最重要的国际经济组织之一，其成员间的贸易额占世界贸易额的绝大多数，被称为"经济联合国"。

2001 年 11 月在卡塔尔首都多哈举行的世贸组织第四届部长级会议开始新一轮多边贸易谈判。会议上取得了两个重要成果，一是接纳中国加入世贸组织，二是发动了世贸组织框架下的第一次多边贸易谈判，即"多哈回合"，因其特别关注发展问题，也称"多哈发展议程"。

入世对我国既有机遇，又有挑战。能否抓住机遇并迎接挑战，关键是制定一个科学的战略和采用切实可行的对策。从宏观层次上，应加快我国经济体制的改革和有利于加强产业和企业国际竞争力的制度环境，并完善法律，充分利用 WTO 所允许的法律手段来保护国内产业。从微观层次上，企业应通过制度创新、产品创新、服务创新，增强国际竞争能力。

思 考 题

1. 简述关贸总协定产生的历史背景及其动机。
2. 关贸总协定一共主持了多少轮多边贸易谈判？每次的主要议题是什么？
3. 世贸组织与关贸总协定的区别是什么？
4. 简述世贸组织的宗旨和基本原则。
5. 贸易政策审议机制如何运行？
6. "多哈回合"谈判发动的背景是什么？主要讨论哪些议题？
7. 试述"入世"后中国经济的发展所面临的机遇与挑战。

【案例分析】

1995年美日汽车贸易谈判破裂，5月16日，美国贸易代表坎特宣布对日贸易制裁清单：对丰田、日产、本田、马自达、三菱五大汽车公司生产的13种售价3万美元以上的豪华轿车征收100%的惩罚性关税，6月18日前如日本仍不同意向美国开放汽车和汽车配件产品市场，上述制裁自行生效。5月17日，日本将申诉信递交世贸组织。在世贸组织争端解决机制的调节之下，6月28日美日达成协议，即美国以数值指标约束日本，将日本汽车及汽车零配件市场打开一个缺口，而日本实行的"自愿采购计划"只是国内五大汽车公司以私营部门的身份做出的，不是合同，只是意向。

讨论题：

1. 上述案例体现了世贸组织的哪一基本原则？其具体内容是什么？
2. 日本企业应采取什么措施来应对？

(资料来源：盛洪昌. 国际贸易[M]. 中国人民大学出版社，2008)

第13章 区域经济一体化

【学习目标】

本章主要介绍区域经济一体化的概念和形式，区域经济一体化对国际贸易的影响，关税同盟的效应分析和主要区域一体化组织等。通过学习要求了解区域经济一体化的概念及各种形式，掌握区域经济一体化对国际贸易的积极影响和消极影响，掌握关税同盟理论的核心思想，静态效应和动态效应，熟悉主要区域一体化组织。

【重点与难点】

区域经济一体化和经贸集团对国际贸易的影响、区域经济一体化的形式及区别、关税同盟理论的静态效应和动态效应分析。

【导入案例】

2017年，在逆全球化潮流涌动、贸易保护主义重新兴起的大背景下，亚洲区域经济合作势头不减反增，"一带一路"倡议成为亚洲区域经济一体化的重要拉动力。博鳌亚洲论坛2017年3月8日发布的《亚洲竞争力2018年度报告》指出，2017年，"一带一路"倡议的红利集中显现，夯实了亚洲区域经济一体化的社会基础。首先，"一带一路"倡议提供了更多就业岗位、更高的收入。中国企业已经在20多个国家建设了56个经贸合作区，为有关国家创造近11亿美元税收和近18万个就业岗位。此外，在"一带一路"倡议的推动下，沿线国家陆上、海上、天上、网上交通四位一体连通，方便了沿线国家的交往与经济合作。基础设施的连通是东盟经济一体化的基础，2010年通过的《东盟互联互通总体规划》囊括700多项工程和计划，投资规模约3800万美元。中国的"一带一路"倡议不仅许多项目与该规划重合，而且通过亚投行、金砖国家发展银行等金融机构提供资金支持，并提供质优价廉的商品和先进技术发展特色旅游、加强文化交流、开展医疗合作、更多民众分享经济全球化一体化"蛋糕"等方面释放积极红利，使那些过去"被全球化遗忘的角落"获得重大发展机遇。

在"一带一路"倡议的推动下，亚洲区域统一大市场加速形成。上海合作组织、中国—中东欧"16+1"合作机制、中日韩自由贸易合作机制、中国—东盟"10+1"、亚太经合组织、中阿合作论坛等多边合作机制正在推动所属经济体发展战略与中国"一带一路"倡议对接，形成以"一带一路"为脊梁的更大范围内的自由贸易区。

自荷兰经济学家丁伯根于1954年最早提出经济一体化的定义以来，区域经济一体化蓬勃发展。特别是从20世纪90年代中期以来，在经济全球化屡屡受阻的背景下，区域经济一体化的进程在迅猛推进。面对当前区域经济一体化的大潮，世界各国包括发展中国家，都在积极寻求区域合作，我国也不例外。为此，对区域经济一体化的现象尽可能全面、科学地剖析，从中发现规律，对我国更好地参与区域经济合作具有重要的指导意义。

(资料来源：百度文库 http://wenku.baidu.com)

13.1　区域经济一体化概述

区域经济一体化是指两个或两个以上国家通过签署条约或协定，共同采取减少歧视性贸易政策或取消贸易壁垒等措施，实现商品和生产要素的自由流动，协调彼此之间的经济贸易政策，以促进经济的共同发展。

13.1.1　区域经济一体化的含义及特征

1. 区域经济一体化的含义

"一体化"一词英文为 Integration，源于拉丁文 Integratio，其本义为"更新"，后来具有将各个部分合为一个整体的含义。自 20 世纪 50 年代初起，一体化被广泛应用于对国际经济活动的研究中。

区域经济一体化(International Economic Integration)是指在世界经济一体化的过程中，两个或两个以上地理邻近或经济制度相近的国家和地区通过让渡自己的部分经济或政治主权，建立起超国家的管理机构，以集团的力量参与国际市场竞争，对内实行贸易投资自由化和经济技术合作，对外构筑种种显性或隐性的贸易壁垒的一种追求地区利益和民族利益的行为。区域经济合作往往要求参加一体化的国家或地区让渡部分国家主权，由一体化合作组织共同行使这一部分主权，实行经济的国际干预和调节。

2. 区域经济一体化的特征

区域经济一体化有着诸多特点和优点，尤其在经济方面主要表现如下。

(1) 加强内部合作或统一内部，成员间消除某些方面的歧视，尽量采用共同的政策与措施。第二次世界大战后，美国与苏联在欧洲形成了对立的"冷战"局面，双方在欧洲进行了激烈的争夺。为了维护主权，增强与苏美相抗衡的能力，西欧国家领导人决策并实施了一体化道路，通过内部的联合大大增强了国际谈判能力，更容易得到更好的贸易条件。在战后历次经济危机中，一体化的内部优势得以体现。

(2) 根据比较优势原理通过加强专业化提高劳动生产率。第三次科技革命极大地促进了社会生产力的提高和国际分工的广度和深度，加剧了各国经济相互依赖的国际化趋势。

(3) 区域经济一体化带来的积极效应是其生产和发展的内在动因。区域经济一体化成员国之间削减或减少了关税壁垒，从而为成员国贸易创造了良好的条件，促进了区域内贸易规模的扩大。区域市场不断扩大，刺激了经济的发展，这对于经济一体化组织中国内市场规模较小的成员国来说尤为重要。

(4) 各成员本着互利互惠的原则参与其中，目的在于取得非合作条件下无法获得的某些效果与利益。

(5) 区域经济一体化的性质可视为全球范围内无法实现真正意义上的自由贸易与经济合作，只能在局部地区的某些方面进行。

13.1.2 区域经济一体化的主要形式

区域经济一体化包括不同的类型和不同的程度，各参与国根据各自的具体情况和条件，以及各自的目标和要求组成了不同形式的区域经济一体化组织。不同的组织形式反映了经济一体化的不同发展程度，反映了成员国之间经济干预和联合的深度与广度。区域经济一体化组织按照组织性质与经济贸易壁垒取消的程度可分为以下几种形式。

(1) 优惠贸易安排(Preferential Trade Arrangement)。优惠贸易安排是区域经济一体化中最低级和最松散的组织形式。成员国之间通过贸易条约或协议，规定了和贸易中对全部商品或部分商品的关税优惠；对来自非成员国的进口商品，各成员国按自己的关税政策实行进口限制。如第二次世界大战前建立的"英联邦特惠制"及第二次世界大战后建立的"东南亚国家联盟"等。

在优惠贸易安排这种形式中，各成员国的贸易政策是不一致的。即各成员国给予来自其他成员国进口商品的关税等政策待遇是不相同的。因此，许多学者不把优惠贸易安排列入区域经济一体化的组织形式之中。但我们认为，优惠贸易安排对成员国之间开展商品贸易的政策制定有一定程度的约束，以及任何成员国都不能独立地进行增加商品进口限制的政策调整，商品贸易的自由程度有所提高，这也是一种经济政策和措施的统一。因此，优惠贸易安排也被称为区域经济一体化的一种组织形式。

(2) 自由贸易区(Free Trade Area)。自由贸易区是指区域内的成员国通过协定，取消关税和配额等贸易壁垒，使区域内各成员国之间的商品自由流动，但成员国各自独立地保持对非成员国的贸易壁垒，因此，这种形式的区域经济一体化组织也是松散的。

由于自由贸易区允许成员国对非成员国制定独立的贸易政策，可能形成各个成员国对同一种商品的关税率存在差异，使非成员国可以利用这种关税率的差异绕开较高的贸易壁垒，即先将商品出口到关税水平较低的成员国，然后再转运到关税水平较高的其他成员国，以降低商品成本，提高市场竞争力。因此，为了防止非成员国采用这种转运策略来逃避关税率较高成员国的贸易限制，通常使用原产地规则对进入成员国的商品来源进行确认，只有真正产自成员国的商品才能享有自由进入其他成员国市场的权力。

(3) 关税同盟(Customs Union)。关税同盟是指同盟内各成员国完全取消了彼此间的贸易壁垒，允许商品自由流通，同盟内各成员国组成一个共同的关境，对同盟外的非成员国采取统一的贸易壁垒，其目的是在内部市场上排除非成员国商品竞争。关税同盟比自由贸易区更进了一步，它不仅取消了成员国之间的贸易壁垒，同时要求实行共同对非成员国的贸易限制，因此，关税同盟需要拥有强有力的管理机构来监管与非成员国之间的贸易关系，即开始带有超国家的性质。

世界上较早的关税同盟是建于1920年的比荷卢关税同盟(比利时、荷兰、卢森堡关税同盟)。最典型的关税同盟是欧洲经济共同体(European Economic Community)于1968年7月建成的六国关税同盟，后于1977年实现九国关税同盟，1992年实现十二国关税同盟。

(4) 共同市场(Common Market)。共同市场是指成员国之间除相关免除关税，实现商品自由流通，并且有一个共同的对外关税外，还要求成员国之间实现资本、劳动力等生产要素的自由流通。共同市场建立后，成员国间的资本可以在共同市场内部自由流动，成员国的公民可以在共同市场内任何国家间流动,成员国之间可以自由地相互提供通信、咨询、运输、信息、金融和其他服务。此外,各成员国还会在其他方面实现统一,如实施统一的技术标准,协调成员国金融市场管理法规,实现成员国学历互认等。

(5) 经济联盟(Economic Union)。经济联盟是指在实现关税、贸易和市场一体化的基础上,进一步协调成员国的经济政策和社会政策,包括货币、财政、经济发展和社会福利政策,强化超国家领导机构和权力,制定和执行某些共同政策,建立统一的货币制度和货币基金组织,从而实现关税、贸易、市场和货币的全面经济一体化。1999 年 1 月 1 日欧元成为德国等 11 国唯一法定货币后,标志欧盟已经进入经济联盟阶段。

经济联盟与共同市场最大的区别在于,尽管相互独立的政治实体依然存在,但各成员国必须把许多经济主权移交给一个超国家的机构统一管理,意味着各成员国不仅让渡了建立共同市场所需让渡的权力,更重要的是让渡了使用宏观经济政策干预本国经济运行的权力。即成员国不仅让渡了干预内部经济以保持内部平衡的财政和货币政策等权力,也让渡了干预外部经济以维持外部平衡的汇率政策等权力。

(6) 完全经济一体化(Complete Economic Integration)。完全经济一体化是区域经济一体化的最高阶段,除具有经济联盟的特点外,还要求一个强有力的超国家的权力机构,在经济、财政、政策上高度一致,实现完全统一化,在各成员国之间完全取消商品、资本、劳动力等自由流动的人为障碍。完全经济一体化的发展,将使各成员国成为一个单一的经济实体,在此基础上,继续统一文化、政治等方面的发展,将使各成员国成为一个统一社会实体。目前世界上尚无此类经济一体化组织。

上述六种形式的区域经济一体化组织是由低级到高级排列的。各种形式的一体化组织之所以可以分级排列是因为高一级形式的一体化组织包含低一级形式一体化组织的特点。但是,必须要指出的是,区域经济一体化组织形式的分级排列并不意味着一个区域性组织在向一体化深度发展时一定是由低级向高级逐级发展的。从区域经济一体化的实践来看,一体化的起点并非一定是优惠贸易安排;某个区域经济一体化组织也可能兼有两种组织形式的某些特点。

区域经济一体化形式的比较如表 13-1 所示。

表 13-1 区域经济一体化形式的比较

形式 特点	减少彼此间的贸易壁垒	取消彼此间的贸易壁垒	共同的对外贸易壁垒	生产要素的自由流动	货币、财政政策的协调	由中心机构制定共同的货币、财政政策
优惠贸易安排	有	无	无	无	无	无
自由贸易区	有	有	无	无	无	无
关税同盟	有	有	有	无	无	无
共同市场	有	有	有	有	无	无
经济联盟	有	有	有	有	有	无
完全一体化	有	有	有	有	有	有

13.1.3 区域经济一体化产生和发展的原因

第二次世界大战后，区域经济一体化组织的出现与发展有着深厚的社会、政治和经济基础。

1. 抵御外部强大的贸易对手国

第二次世界大战后，美国和苏联在欧洲形成了对峙的冷战局面，双方在欧洲展开了激烈的争夺。为维护国家主权，增强与美苏抗衡的力量，恢复和提高国际地位，西欧国家领导人意识到各国联合的重要性，这是西欧经济共同体成立的直接原因。其后建立的区域经济一体化组织大都有类似的原因。

2. 维护自身的政治和经济利益

第二次世界大战后，许多殖民地国家取得了政治上的独立，开始致力于发展民族经济。但是，这些国家物质和技术力量薄弱，资金不足，国内市场狭窄，无力单独建设大型工业项目和其他项目。这种状况迫使这些国家和地区在保持和发展与原宗主国即发达国家经济联系的同时，努力加强彼此之间的经济合作，走经济一体化的道路。此外，世界经济与政治发展日趋多元化，一体化的经济联合逐渐成为政治联合基础，一些在国际经济、政治斗争中有共同利益的国家结成一体化集团，来维护他们自身的经济和政治利益。

3. 积极经济效应的内在动力

区域经济一体化自身能带来的各种积极经济效应是各国组建区域经济一体化的内在动力。区域经济一体化组建后，成员国之间相互取消或削减关税和非关税壁垒，为成员国之间产品进出口创造了良好的条件，从而会扩大区域内成员间的贸易规模，进而带动各国经济发展，这对国内市场狭小的国家意义重大。同时，区域经济一体化的建立也有利于促进成员国企业间的竞争，从而打破垄断，优化资源配置，提高经济运行效率。

4. 消极经济效应的外在压力

区域经济一体化组织的建立使国家间的竞争转为区域经济集团间的竞争。由于区域经济一体化组织对来自成员国和非成员国的产品采取差别待遇，它在扩大区域内的同时，减少了区域内成员国和区域外非成员国之间的贸易往来，从而造成了贸易方向的转移。由于这种"贸易转移"效应给非成员国造成了很大的负面影响，从而促进非成员国加入到区域经济一体化组织中，或寻求建立自己的区域经济一体化组织。

5. 高速发展的科学技术和社会生产力

社会生产力和科学技术的快速发展是区域经济一体化产生的经济技术基础。第二次世界大战后，以原子能工业、电子工业和高分子合成工业为标志的第三次科技革命的出现，大大促进了生产力提高和国际分工向广度和深度发展，加深了各国经济的相互依赖。生产力的发展要求打破国家疆界，彼此之间进行经济协调和合作。这种建立在现代科学技术基础上的日益加深的各国经济的相互依赖是发达国家走向一体化的客观基础。

13.2 区域经济一体化对国际贸易的影响

13.2.1 区域经济一体化对国际贸易的积极影响

1. 促进经济贸易集团内部贸易的增长

在不同层次的众多经济一体化集团中，通过削减关税或免除关税，取消贸易的数量限制，削减非关税壁垒形成区域性的统一市场，加上集团内国际分工向纵深发展，使经济相互依赖加深，致使成员国间制成品的贸易环境比第三国市场好得多，从而使区域内成员国间的贸易迅速增长，集团内部贸易在成员国对外贸易总额中所占比重也明显提高。20世纪50年代至70年代，共同体内部贸易额占成员国贸易总额的比重从30%提高至50%。80年代，欧共体工业生产增长了20%，区域内贸易额从1982年的55%上升到1988年的62%。1992年欧洲统一大市场建成后，欧共体内部贸易的增长更快。其他的贸易集团也大致相同。

2. 促进区域集团内部国际分工和技术合作，加速了产业结构的优化组合

区域经济一体化的建立有助于成员国之间科技的协调和合作。如在欧共体共同机构的推动和组织下，成员国在许多单纯依靠本国力量难以胜任的重大科研项目中，如原子能利用、航空、航天技术，大型电子计算机等高精尖技术领域进行合作。经济一体化给域内企业提供了重新组织和提高竞争能力的机会和客观条件。通过兼并或企业间的合作，促进了企业效率的提高，同时加速了产业结构调整，实现了产业结构的高级化和优化。

3. 促进区域经济集团内部的贸易自由化

对于区域内国际贸易而言，各成员国形成不同形式的区域经济一体化组织，通过签订优惠的贸易协定，贸易集团内部相互减免关税，取消数量限制，削减非关税壁垒，取消或放松外汇管制，从而在不同程度上扩大了内部的贸易自由化。

4. 增强和提高了经济贸易集团在世界贸易中的地位和谈判力量

以欧洲共同体为例，1958年六个成员国的工业生产总值不及美国的一半，出口贸易与美国相近。但到1979年时，欧洲共同体九国国内生产总值已达23800亿美元，超过了美国的23480亿美元，出口贸易额是美国的两倍以上。同时，在关贸总协定多边贸易谈判，欧共体同其他缔约方谈判，不仅大大增强了自己的谈判实力，也敢于同任何一个大国或贸易集团抗衡，达到维护自己贸易利益的目的。

5. 加强经济集团内部资本的集中和垄断

由于贸易自由化和统一市场的形成，加剧了成员国间市场的竞争，优胜劣汰，一些中小企业遭淘汰或被兼并。同时，大企业在市场扩大和竞争的压力下，力求扩大生产规模，增强资本实力，趋向于结成或扩大一国的或跨国的垄断组织。

13.2.2 区域经济一体化对世界经济贸易的消极影响

区域经济一体化对发展中国家的经济贸易发展会产生不利影响。一方面,工业发达国家间的关税,特别是非关税壁垒严重地影响了发展中国家本来就缺乏的强有力竞争能力的商品或服务的出口。另一方面,国际资本大量流入区域性经济贸易集团内部,以寻求安全的"避风港"和突破集团内部的贸易壁垒。这样,广大的发展中国家发展经济贸易急需的资本不能引进,加剧了其国内资金短缺的矛盾,阻碍了其经济贸易的发展和竞争力的提高,使得经济差距进一步扩大。

13.3 区域经济一体化理论

从历史实践来看,区域经济一体化增加了成员国的经济福利,但直到20世纪前半期,经济学家也没有对这一大量存在的经济活动进行理论论述。20世纪50年代以来,区域经济一体化开始受到经济学家的关注,陆续出现了解释区域经济一体化的理论,其中影响较大的有关税同盟理论、大市场理论、工业偏好理论和综合发展战略理论等。

13.3.1 关税同盟理论

1. 关税同盟理论的提出

关税同盟是区域经济一体化中比较成熟和稳定的一种形式,关税同盟理论最早是由美国经济学家雅各布·万伊娜在其1950年出版的《关税同盟理论》(The Customs Union Issue)一书中提出,后经李普西(Lipsey)、米德等人逐步完善。关税同盟理论渊源可以追溯到19世纪中叶德国经济学家李斯特的贸易保护理论。万伊娜认为关税同盟的经济效应在于贸易转移(Trade Creation)和贸易创造(Trade Diversion)所取得的实际效果,贸易创造增加了福利,而贸易转移减少了福利。这一观点突破了传统观点中关税减让、贸易自由化对经济具有积极作用的论点,使关税同盟从定性分析发展到定量分析。万伊娜分析的关税同盟经济效应是静态分析,后来的学者在此基础上分析了关税同盟的动态效应(Dynamic Effects)。

2. 关税同盟的基本经济思想

如图13-1所示,在自由贸易下,世界价格为p_w,消费量为Q_w,消费者剩余为$(a+b+c)$,如果征收关税,价格为p_t,则消费量减少为Q_t,消费者剩余减少$(b+c)$,其中,b为政府税收,c为净损失。如果反过来思考,即原来该国征收进口关税,而现在免除关税,则该国福利会产生净增长。结成关税同盟的过程即是免除彼此关税的过程,因此,结盟国家的福利增加c。

3. 关税同盟的静态效应

关税同盟的静态效应主要通过贸易创造效应和贸易转移效应来衡量。

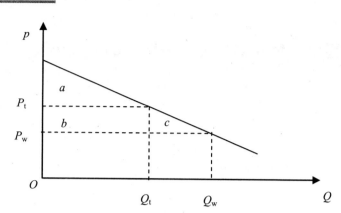

图 13-1 关税同盟的经济思想

1) 贸易创造效应

贸易创造是指成员国之间相互取消关税所带来的贸易规模扩大和福利增加,即产品从生产成本较高的国内生产转向从生产成本较低的成员国进口,创造了成员国之间信德贸易和国际分工,并在竞争和比较优势基础上使生产更加专业化,使同盟内资源得到充分利用,成员国福利增加。

贸易创造效应由生产利得和消费利得构成。其中,生产利得是指某成员国国内生产成本较高的产品被其他成员国生产较低的产品取代,使得资源使用效率提高,扩大生产利益;消费利得是指该国以较低价格的进口产品消费取代原较高价格的国内生产的产品消费而获得的利益,从而提高了社会福利水平。

2) 贸易转移效应

贸易转移是指成员国之间建立共同的对外关税和成员国之间相互取消关税所带来的贸易方向转移。结成关税同盟后,成员国之间取消关税,进口商就会减少从非成员国进口产品,增加成员国进口产品,从而发生贸易转移。关税同盟可能使贸易伙伴从低成本国家转向高成本国家,并使进口国福利减少。生产从效率较高的非成员国转向效率较低的成员国,造成国际资源配置恶化,排斥了竞争,背离了比较优势原则。

图 13-2 为 A 国(小国)的关税同盟贸易转移效应分析图,横轴表示数量,纵轴表示价格,S_X、D_X 分别表示 A 国产品 X 的国内供求曲线。假设只有 A、B、C 三国,在自由贸易下,B 国、C 国产品 X 的价格分别为 1 美元(P_0)和 1.5 美元(P_2),此时,A 国愿意以 P_0 的价格从 B 国进口产品 X。在保护贸易条件下,若 A 国对进口产品 X 征收 100%的从价税,则 A 国愿意从 B 国以 2 美元(P_1)的价格进口产品,而不愿意从 C 国以 3 美元进口产品 X,在 P_1 的价格下,A 国进口量为 S_1D_1,由于征税,进口产品价格由 P_0 上升到 P_1,A 国政府得到这部分关税收入,即($c+e$)。

若 A 国与 C 国结成关税同盟,两国相互免征关税,而对非成员国 B 国实施共同关税税率,仍征收 100%的关税,则 A 国愿意从 C 国以 1.5 美元(P_2)价格进口产品 X,进口量为 S_2D_2,而不愿意从 B 国以 2 美元的价格进口。可见,A、C 两国结盟后,A 国由从 B 国进口转为从 C 国进口,发生了贸易转移,造成 A 国政府收入损失,即($c+e$)。

和结盟前相比,A 国进口价格由 P_1 下降到 P_2,进口量由 S_1D_1 增加到 S_2D_2,造成 A 国消费者剩余增加了($a+b+c+d$),生产者剩余减少了 a,政府关税收入损失了($c+e$),则 A 国的最后净福利为$(a+b+c+d)-a-(c+e)=(b+d)-e$。

其中，$(b+d)$是贸易创造获得的福利，e是贸易转移造成的福利损失，考察A国实施关税同盟的福利效应，应比较$(b+d)$与c的大小。当$(b+d)$大于e时A国净福利增加，当$(b+d)$小于e时A国净福利减少。

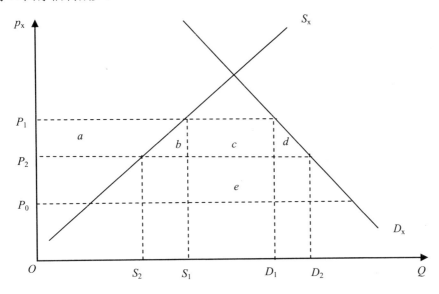

图13-2　A国关税同盟贸易转移效应

4. 贸易扩大效应

关税同盟成立后，在图13-2中，A国国内某产品价格，无论在贸易创造条件下，还是在贸易转移条件下都比成立前要低。因此，如果此产品存在需求价格弹性，则A国对此产品的进口需求会增加，这就是贸易扩大效应(Trade Expansion Effect)。这里要注意的是，贸易扩大效应是站在需求角度，贸易创造效应和贸易转移效应是站在生产角度。关税同盟无论是在贸易创造，还是在贸易转移条件下，都能产生贸易扩大效应。因此，关税同盟的建立通常可以促进成员国间的贸易扩大。

除以上贸易创造、贸易转移和贸易扩大效应外，关税同盟其他静态效应还包括：①改善贸易条件。关税同盟形成后，一般会减少同盟内成员国对同盟外的出口供给和进口需求，导致关税同盟整体与外部世界的贸易条件朝着有利于关税同盟的方向变化。②减少走私活动和行政支出。关税同盟建立后，彼此间废除关税，因而可以减少征收关税的行政支出。同时，商品可在成员国间自由流动，消除了产品走私的根源，减少查禁走私的费用支出。③加强集体谈判力量。关税同盟建立后，经济力量增强，统一对外进行关税减让谈判有利于提高关税同盟成员国的贸易地位。

5. 关税同盟的动态效应

建立关税同盟所产生的动态效用被认为比静态效应要大得多，而且更为重要，有经济学家认为，关税同盟的动态效应比静态效应大5~6倍。关税同盟的动态效应主要体现在以下几个方面。

1) 促进竞争效应

建立关税同盟后，一方面由于同盟内部实行自由贸易而强化了市场竞争；另一方面，成员国内的生产者失去保护后，必然会改进技术和提高劳动生产率。这一切将有利于提高成员国社会经济福利。但是，也有人认为消除贸易壁垒反而容易形成垄断，从而使社会经济福利下降。

2) 规模经济效应

在关税同盟内部，各个成员国有一个比较稳定的扩大了的市场，可以充分发挥已拥有的某种产业上的比较优势，从而实现规模经济效益。规模经济效益的实现将导致成员国进口产品价格大幅度下降，从而可以增加贸易创造的积极效应，弱化贸易转移的消极效应。

3) 刺激投资效益

一方面，随着市场的扩大，风险与不稳性降低，会吸引成员国厂商增加投资；内部竞争的加剧也将导致厂商为提高竞争能力而增加投资。另一方面，成员国间关税完全免除，对外实行统一关税，非成员国为绕开关税同盟的贸易壁垒，会到关税同盟成员国内投资设厂，并对原先的投资进行重新配置，以适应新的市场环境，这些都会导致投资总量上升。但也有人认为，关税同盟非成员国到成员国的投资将会使成员国之间的投资机会减少。因此，关税同盟成立后，关税同盟成员国的投资总量不一定增加。

4) 技术进步效应

关税同盟成立后使成员国之间的竞争加剧，为谋求有利的竞争地位，实现统一大市场所带来的营销机会，成员国内的企业在专业化分工向深度和广度发展的同时，加强研究开发，不断推出新产品，提高质量，降低成本，增强市场竞争力，从而促进技术进步和推动经济增长。

5) 提高要素流动效应

关税同盟是成员国的市场统一，资本、劳动、技术等生产要素在成员国间自由流动，要素使用效率提高，这样可以促进要素的优化配置，进而对产业结构调整发挥引导作用。

13.3.2 大市场理论

1. 大市场理论的提出

大市场理论是针对共同市场而言，其目的是把贸易保护主义分裂的孤立市场统一成一个大市场，通过扩大市场和在大市场的激烈竞争，促使企业由小本经营转向大规模经营，进而获得规模经济效应。系统提出大市场理论的代表人物是提勃尔·西托夫斯基(Tibor Scitovsky)和吉恩·德纽(Jean Deniau)。

2. 大市场理论的主要观点

大市场理论的核心内容是规模经济和激化竞争，规模经济是大市场的结果，为了获得这一结果，只能通过自由竞争而建立，因此，大市场为激化竞争创造了条件。

1) 扩大市场范围，实现规模经济

在没有实现一体化之前，各国之间推行狭隘的贸易保护政策，把国内市场封闭起来，企业面对的是细小且缺乏适度弹性的市场，使得现代化的生产设备不能得以充分利用，无法实现规模经济和获得大批量生产的利益。大市场理论就是要打破贸易保护主义的短视行为，把分散的、孤立的、缺乏联系的封闭市场统一起来，大规模市场可实现大批量生产、专业化分工和新技术的广泛应用，进而获得规模经济利益。

2) 扩大市场范围，激化竞争

大市场为企业获得规模经济提供了保证，但这不是大市场所追求的目标。大市场的建立为企业展开自由竞争、激活创新能力提供了良好的外部环境。通过大市场激化竞争而获取规模经济是其目标，这是大市场理论的核心，也是自由贸易精神的体现。西托夫斯基认为，大市场的经济效应主要来源于竞争激化所产生的动态效应。这一点与关税同盟理论所认为的通过贸易转移和贸易创造产生经济效应是有区别的。

3. 大市场的优势

1) 规模生产优势

大市场的技术优势在于它的专业化规模生产，特别是大批量的流水线作业可以使专业化的工人、专业化的设备、专业化的销售渠道得到合理的使用，从而提高生产效率，降低成本。而且，实现专业化规模生产的大企业还会在资金借贷、采购、仓储运输、新技术应用、生产过程合理化、产品销售、调研等各方面比小企业占有优势。当前世界各国企业兼并、收购热潮也充分说明了在竞争加剧的条件下实现规模生产的重要性。

2) 资源配置优势

大市场不仅可以使最先进、最经济的生产设备得以充分利用，还可以使生产要素自由流动，使资源配置更加合理。低工资对资本的吸引，优厚的劳动条件对劳动力的吸引，将导致成员国之间生产要素的相互转移和利用达到空前规模，使它们之间的合作与分工有更大的发展，这无疑会对大市场中各成员国的经济起到巨大的促进作用。

4. 对大市场理论的评价

相比静态的关税同盟理论，大市场理论的规模经济和激化竞争的观点更具有动态性，也更重视贸易自由化。由于大市场理论主要是以西欧为研究对象，许多学者对其普遍性提出质疑，主要表现在以下几方面。

(1) 规模经济效益的获得是否只能通过建立大市场一条路来实现？是否有其他的途径实现规模经济效益？

(2) 是否应考虑竞争的负面效应？对于欧共体而言，各主要参加国经济实力相差不大，是水平分工式的相互竞争的大市场，这种近乎完全竞争市场状态下"大市场理论"能适用，但在其他类型的大市场中是否适用？非完全竞争市场中激发竞争的后果会怎样？

(3) 该理论是否指导国内市场庞大且市场化程度较高的国家(如美国)进行一体化活动？欧共体各国国内市场狭小是事实，但以此为研究对象建立的大市场理论是否能解释美加墨自由贸易区的形成？

13.3.3 工业偏好理论

1. 工业偏好理论的提出

库珀(Cooper)、马赛尔(Massell)和约翰森(Johnson)等学者在修订关税同盟理论的过程中，提出了"工业偏好理论"的假设,由此形成了工业偏好理论。该理论遵循传统的比较优势思路,从工业生产和工业品(即资本品贸易而非消费品贸易)的角度来解释区域经济一体化。

2. 工业偏好理论的主要观点

工业偏好理论认为,世界上绝大多数国家在经济发展过程中,都存在优先发展工业的偏好,对工业产业的偏好促使这些国家以关税或其他贸易政策来保护工业生产,若两个工业偏好的国家结成关税同盟等区域经济一体化后,地区间的国际专业分工形成,通过互惠贸易而扩大本国的工业生产规模,一旦享受到这种福利后就能提高同盟内成员国的工业偏好倾向,两国的一体化程度就越紧密。工业发达国家的区域经济一体化基本上是出于工业偏好,而发展中国家在初级产品上的比较优势逐渐丧失后,也从工业化中寻找出路,但由于能力有限,只能实行简单工业品在发展中国家之间的相互分工生产的区域经济一体化。

3. 工业偏好理论评价

1) 工业偏好理论的科学性

(1) 工业偏好理论在解释具有相似工业偏好、相似工业生产成本水平、在国际市场上比较成本相对处于弱小优势的国家间形成区域经济一体化(如关税同盟)有一定特色。欧共体是该理论在实践中的最好说明,相比世界市场上的美、日产品,欧共体工业品生产成本优势略逊一筹,但同盟内成员国都有一些与其他成员国相比有比较优势的工业产品,这促使他们走到一起发展区域经济一体化。

(2) 工业偏好理论对正处于工业化进程中的发展中国家区域经济一体化更有实践指导意义。同发达国家相比,发展中国家劳动效率低,技术水平差,导致在国家市场上工业品生产成本不占优势,但发展中国家都有强烈的工业偏好以求经济增长,因而,发展中国家需要一个同本地区劳动资本结构、工业生产水平相似的国家进行区域性的专业化分工,同时,在世界市场上,发展中国家与发达国家仍处于一种初级工业品和制成品的国际分工体系中,所以,工业偏好理论所形成的"第二位经济一体化"具有很大的实用性,毕竟发展中国家进行的区域经济一体化是简单工业品的国际分工。

2) 工业偏好理论的局限性

(1) 在当前后工业化经济中,世界科技和经济发生了惊人变化,主导产业正在转移,产业结构面临突变,技术差距不断缩小,工业偏好理论依据的环境发生了变化,其能否再适用有待验证。

(2) 两个生产要素结构、工业生产水平相似的国家进行区域性的专业化分工时,是以牺牲非成员国利益来保护同盟成员利益的。该理论具有明显的反贸易自由化倾向,也违背了古典经济学倡导的比较成本为原则的自由贸易思想。

(3) 美国和日本的工业生产成本在国际市场上占优势,但他们都在积极寻求与其他国家进行区域经济一体化,美国除了组建美加墨自由贸易区外,还积极在亚太经合组织中发挥作用;日本一直努力组建东亚经济圈,这都是工业偏好理论无法解释的现象。

13.3.4 综合发展战略理论

综合发展战略理论是解释发展中国家区域经济一体化现象的理论,阐述较完整的是鲍

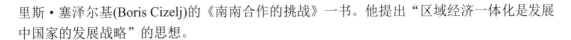

里斯·塞泽尔基(Boris Cizelj)的《南南合作的挑战》一书。他提出"区域经济一体化是发展中国家的发展战略"的思想。

1. 综合发展战略理论的主要观点

(1) 区域经济一体化是发展中国家的一种发展战略，它不限制市场统一，不必追求更高级的其他区域经济一体化形式。

(2) 两极分化是伴随着区域经济一体化的一种特征，只能通过强有力的共同机构和政治意志制定系统的政策来规避它。

(3) 有效的政府干预对于经济一体化的成功是必要的。

(4) 发展中国家的一体化是集体自力更生的手段和按照新秩序逐渐改革世界经济的要素。

2. 发展中国家制定经济一体化政策时要考虑的主要因素

1) 经济因素

(1) 区域内经济发展水平以及各成员国之间的差异。

(2) 各成员国间现存的经济和其他方面的相互依存状况。

(3) 新建经济区的最优利用状况，特别是有关资源与生产要素的互补性及其整体发展的潜力。

(4) 同第三国经济关系的性质，外国经济实体(尤其是跨国公司)在特定经济集团中各国经济中的地位。

(5) 根据特定集团的实际条件，选择的区域经济一体化政策模式和类型的适用性。

2) 政治和机构因素

(1) 成员国间社会政治制度差异。

(2) 成员国间有利于实现区域经济一体化的"政治意志"状况及其稳定性。

(3) 该集团对外政治关系模式。

3. 综合发展战略理论的评价

鲍里斯·塞泽尔基的区域经济一体化比较符合发展中国家的实际，所以日益受到发展中国家的欢迎，成为发展中国家区域经济一体化的重要理论根据。

(1) 认为以自由贸易理论和保护贸易理论来研究国家间经济区域一体化过于狭隘，应把区域经济一体化看作是发展中国家的一种发展战略，不限于市场统一，主张经济相互依存发展必须以生产领域为基础，强调有效的政府干预。

(2) 把区域经济一体化看作是集体自力更生的手段和按照新秩序逐渐变革世界经济的要素，以克服发展中国家间实现区域经济一体化过程中面临的民族经济软弱、两极分化等困难。

(3) 在制定区域经济一体化政策时既要考虑经济因素，也要注意政治因素和机构因素，密切结合本国和本地区的实际。

13.4 区域经济一体化实践

最早的区域经济一体化组织要追溯到1241年成立的普鲁士各城邦之间的"汉萨同盟"(也称汉撒同盟)。而现代的区域经济一体化组织是"二战"以后逐步兴起的,并且成为现代世界经济发展中的一个重要的经济现象。迄今为止,世界上已经出现了30多个区域经济一体化组织,其中欧洲联盟、北美自由贸易区对世界经济贸易产生了深远的影响,亚太地区的区域性和次区域性组织也在蓬勃发展。

13.4.1 欧洲联盟

1. 欧洲联盟的产生

欧洲联盟(以下简称欧盟,European Union,EU)是由欧共体发展而来的,是一个集政治实体和经济实体于一身、在世界上具有重要影响的区域经济一体化组织。

1946年9月,英国首相丘吉尔曾提议建立"欧洲合众国"。1950年5月9日,当时的法国外长罗贝尔·舒曼代表法国政府提出建立欧洲煤钢联营,这个倡议得到了法国、德国、意大利、荷兰、比利时、卢森堡六国的响应。1951年4月18日,法国、德国、意大利、荷兰、比利时、卢森堡在巴黎签订了建立欧洲煤钢共同体条约(又称《巴黎条约》)。1952年7月25日,欧洲煤钢共同体正式成立。1957年3月25日,这六个国家在罗马签订了建立欧共体条约和欧洲原子能共同体条约,统称《罗马条约》。1958年1月1日,欧洲经济共同体和欧洲原子能共同体正式组建。1965年4月8日,六国签订的《布鲁塞尔条约》决定将三个共同体的机构合并,统称欧共体。但三个组织仍各自存在,具有独立的法人资格。《布鲁塞尔条约》于1967年7月1日生效,欧共体正式成立。1973年后,英国、丹麦、爱尔兰、希腊、西班牙和葡萄牙先后加入欧共体,成员国扩大到12个。

欧共体十二国间建立了关税同盟,统一了外贸政策和农业政策,创立了欧洲货币体系,并建立了统一预算和政治合作制度,逐步发展成为欧洲国家经济、政治利益的代言人。1991年12月11日,欧共体马斯特里赫特首脑会议通过了以建立欧洲经济货币联盟和欧洲政治联盟为目标的《欧洲联盟条约》,亦称《马斯特里赫特条约》(以下简称"马约")。1993年11月1日"马约"正式生效,欧共体更名为欧盟。这标志着欧共体从经济实体向经济政治实体过渡。1995年至2000年间经济年均增速达3%,人均国内生产总值由1997年的1.9万美元上升到1999年的2.06万美元。欧盟的经济总量从1993年的约6.7万亿美元增长到2002年的近10万亿美元。

2002年11月18日,欧盟十五国外长会议决定邀请塞浦路斯、匈牙利、捷克、爱沙尼亚、拉脱维亚、立陶宛、马耳他、波兰、斯洛伐克和斯洛文尼亚10个中东欧国家入盟。2003年4月16日,在希腊首都雅典举行的欧盟首脑会上,上述十国正式签署入盟协议。2004年5月1日,这10个国家正式成为欧盟的成员国,这是欧盟历史上的第五次扩大,也是规模最大的一次扩大。2007年1月,罗马尼亚和保加利亚两国加入欧盟,欧盟经历了六次扩大,成为一个涵盖27个国家、总人口超过4.8亿的当今世界上经济实力最强、一体化程度最高的国家联合体。

2. 欧洲联盟的组织机构

作为一个超国家的组织，在机构的组成和权利分配上，以共享、分权和制衡为原则，强调每个成员国的参与，成员国自愿将国家部分主权转移到欧盟。欧盟的主要组织机构有以下几个。

(1) 欧洲理事会(European Council)，即首脑会议，由成员国国家元首或政府首脑及欧盟委员会主席组成，负责讨论欧洲联盟的内部建设、重要的对外关系及重大的国际问题，每年至少举行两次会议。欧洲理事会主席由各成员国轮流担任，任期半年，顺序基本按本国文字书写的国名字母排列。欧洲理事会是欧盟的最高权力机构，在决策过程中采取协商一致通过的原则。

(2) 欧盟理事会(Council of European Union)，即原部长理事会，它是欧盟的决策机构和立法机构，负责协调各成员国的经济政策，拥有欧盟的绝大部分立法权，在条约授权的范围内颁布对各成员国具有约束力的法规。

(3) 欧盟委员会(European Commission)，是欧洲联盟的常设执行机构，负责实施欧洲联盟条约和欧盟理事会作出的决定，向理事会和欧洲议会提出报告和立法动议，处理联盟的日常事务，代表欧盟对外联系和进行贸易等方面的谈判等。欧盟委员会设主席一人、副主席两人，该委员会由来自不同成员国的 27 名代表组成。欧盟委员会主席人选由欧盟各成员国政府征询欧洲议会意见后共同提名，欧盟委员会其他委员人选由各成员国政府共同协商提议。按此方式提名的欧盟委员会主席和其他委员需一起经欧洲议会表决同意后，由欧盟成员国政府共同任命。

(4) 欧洲议会(European Parliament)，是欧洲联盟的监督、咨询机构，在某些领域有立法职能，并有部分预算决定权，并可以 2/3 多数弹劾欧盟委员会，迫其集体辞职。

(5) 欧洲法院(European Court of Justice)，它是欧盟的仲裁机构，负责审理和裁决在执行欧盟条约和有关规定中发生的各种争执。现有 15 名法官和 9 名检察官，由成员国政府共同任命。

(6) 欧洲审计院(European Court of Auditors)，负责审计欧盟及其各机构的账目，审查欧盟收支状况，并对欧盟财政进行正常管理。审计院于 1977 年成立，总部在卢森堡，由 12 人组成。

3. 欧洲联盟一体化发展的主要成就

欧洲联盟在其一体化发展进程中，取得了重大的成就，其中最主要的是建立关税同盟、实行共同农业政策和创建欧洲货币体系。

(1) 建立关税同盟。关税同盟是欧盟一体化的起点，也是其得以巩固和发展的重要基石。按照《罗马条约》的规定，共同体于 1959—1969 年分三个阶段取消内部工业品和农产品的关税，对外实行统一关税。建立关税同盟促进了欧盟出口贸易的增长，使出口贸易增长速度超过了美国，成员国内部贸易也迅速发展。

(2) 实行共同农业政策。其基本内容是制定了统一的农产品价格管理制度，对农产品实行"奖出限入"政策。通过共同农业政策欧共体实现了农业现代化，农业劳动生产率有了明显的提高；农业生产持续增长，农产品自给率大大提高，农业人口的收入水平有了很大提高。

(3) 创建欧洲货币体系。其基本内容包括：创立"欧洲货币单位"，1999年改为欧元；建立联系汇率制度；创建欧洲货币基金。欧洲货币体系的创建，使欧共体各国在国际金融市场动荡不定，各国货币汇率波动频繁的情况下，保持货币相对稳定的局面。这对于共同农业政策的顺利实施，对于各成员国间贸易的进一步发展，以及各成员国对外经济贸易关系的发展，对于增加欧共体的投资和就业机会，都起到了一定的促进作用。

13.4.2 北美自由贸易区

1. 北美自由贸易区的产生

北美自由贸易区(North American Free Trade Area，NAFTA)的前身是由美国和加拿大两国建立的美加自由贸易区。到了20世纪80年代，美加两国之间的经济关系获得了进一步发展，双方在投资、贸易上相互渗透、相互依赖关系更深厚。然而，两国在经济上的矛盾又频频发生并不断扩大，以致危及双方的经济利益。于是，两国逐步认识到，只有通过双边自由贸易，才能避免矛盾的进一步激化，并获得自由贸易的好处，求得最佳的经济利益。这是促成《美加自由贸易协议》签订的内在动因。

《美加自由贸易协议》规定在10年内取消商品进口关税和非关税壁垒，两国商品关税分三次分别于1989年、1993年和1998年最终降至为零。同时，该协议为防止转口避税，制定了原产地规则。此外，该协议对农产品、能源、劳务、汽车、金融服务贸易作出了相关的规定。关于两国的贸易纠纷，由处理争端的机构解决。美国签订了《美加自由贸易协议》后，在1990年6月与墨西哥磋商签订美墨自由贸易协议。1990年9月加拿大宣布加入美墨谈判，三国于1991年6月正式开始谈判。经过14个月的讨论和协调，1992年8月12日签订了《北美自由贸易协议》，该协定于1994年1月1日正式生效。

《北美自由贸易协议》规定在15年内建成北美自由贸易区，三国的商品关税分别分三次取消：50%的商品关税立即取消；另外15%的商品关税在5年内取消；其余的商品在第6年到第15年内逐步取消。在原产地规则方面，《北美自由贸易协议》比《美加自由贸易协议》更加完善，例如，该协议要求包括62.5%以上北美部件的车辆才有资格享受免税待遇，而《美加自由贸易协议》是50%。同时，协议对服务、运输、能源、文化及环境等方面专门列了明细加以说明。

2. 北美自由贸易区的影响

北美自由贸易区在世界各大区域贸易组织中具有重要的地位和作用。它拥有4.21亿人口，包含两个发达国家(美国和加拿大)和一个发展中国家(墨西哥)，是世界上第一个由发达国家和发展中国家组成的经济集团。该自由贸易区成员间的政治、经济情况的差异非常大，因此具有比较典型的研究和参考价值与意义。

北美自由贸易区的建立，不仅对美、加、墨三国的经济产生推动作用，也对国际贸易和世界经济产生了很大影响。

(1) 《北美自由贸易协议》取得了显著成效，有效地促进了区域内贸易和投资，当然，和所有贸易集团一样，北美自由贸易区也会有"贸易创造"和"贸易转移"效应。对美国来说，与墨西哥合作获得了更大的市场，这对于美国商品的输出极为有利，其中包括农产品、电信、环保、能源、金融等相关技术产品。对墨西哥来讲，则得到了美国和加拿大两个市场，纺织品、皮革制品、玻璃制品等都有了更多的出口机会。

(2) 《北美自由贸易协议》为墨西哥带来了就业岗位，同时提高了工人的工资待遇。

(3) 《北美自由贸易协议》推进了自由贸易的共识，通过自由贸易加深了区域贸易发展的信心，为美洲自由贸易区的建立提供基础。

13.4.3 亚太经济合作组织

1. 亚太经济合作组织的产生

亚太经济合作组织(简称"亚太经合组织"，英文为 Asia-Pacific Economic Cooperation，缩写为 APEC)成立于 1989 年，是亚太地区的一个主要经济合作组织。1989 年 1 月，澳大利亚总理霍克访问韩国时提出了"汉城倡议"，建议召开部长级会议，讨论加强亚太经济合作问题。经与有关国家磋商，1989 年 11 月 5 日至 7 日，澳大利亚、美国、加拿大、日本、韩国、新西兰和东盟六国在澳大利亚首都堪培拉举行亚太经济合作会议首届部长级会议，这标志着亚太经济合作会议的成立，1993 年 6 月改名为亚太经济合作组织，简称亚太经合组织或 APEC。

自 1989 年起，亚太经合组织每年举行一次由各成员国外交和经贸部长参加的年会，并召开 3~4 次高级官员会议，还可就某一专题举行部长级特别会议。领导人非正式会议是亚太经合组织最高级别的会议。亚太经合组织首次领导人非正式会议于 1993 年 11 月 20 日在美国西雅图举行，会议发表了《经济展望声明》，揭开了亚太贸易自由化和经济技术合作的序幕。此后，领导人非正式会议每年召开一次，在各成员国间轮流举行。

1991 年 11 月，在韩国汉城举行的亚太经济合作组织第三届部长级会议通过了《汉城宣言》，正式确定亚太经济合作组织的宗旨和目标是：相互依存，共同受益，坚持开放性多边贸易体制和减少区域内贸易壁垒。

1993 年，亚太经合组织在西雅图领导人非正式会议宣言中提出了 APEC 精神——APEC 大家庭精神，为本地区人民创造稳定和繁荣的未来，建立亚太经济的大家庭，在这个大家庭中要深化开放和伙伴精神，为世界经济作出贡献并支持开放的国际贸易体制。在围绕亚太经济合作的基本方针所展开的讨论中，以下七个词出现的频率很高，它们是：开放、渐进、自愿、协商、发展、互利与共同利益，被称为反映 APEC 精神的七个关键词。

1993 年 1 月，亚太经合组织在新加坡成立了一个小型常设秘书处，负责该组织的日常事务性工作。1991 年 11 月，中国同中国台湾和中国香港一起正式加入亚太经合组织。目前该组织共有 21 个成员：澳大利亚、文莱、加拿大、智利、中国、中国香港、印度尼西亚、日本、韩国、墨西哥、马来西亚、新西兰、巴布亚新几内亚、秘鲁、菲律宾、新加坡、中国台湾、泰国、美国、俄罗斯、越南。

2. 亚太经合组织的特点

1) 成员的广泛性

亚太经合组织是当前规模最大的多边区域经济集团化组织，APEC 成员的广泛性是世界上其他经济组织所少有的。APEC 的 21 个成员体，就地理位置来说，遍及北美、南美、东亚和大洋洲；就经济发展水平来说，既有发达的工业国家，又有发展中国家；就社会政治制度而言，既有资本主义国家，又有社会主义国家；就宗教信仰而言，既有基督教国家，又有佛教国家；就文化而言，既有西方文化，又有东方文化。成员的复杂多样性是 APEC 存在的基础，也是制定一切纲领所要优先考虑的前提。

2) 独特的官方经济性质

APEC 是一个区域性的官方经济论坛，在此合作模式下，不存在超越成员体主权的组织机构，成员体自然也无需向有关机构进行主权让渡。坚持 APEC 官方论坛的性质，是符合亚太地区经济体社会政治经济体制多样性、文化传统多元性、利益关系复杂性的现实情况的。它的这种比较松散的"软"合作特征，很容易把成员体之间的共同点汇聚在一起，并抛开分歧和矛盾，来培养和创造相互信任及缓解或消除紧张关系，从而达到通过平等互利的经济合作，共同发展、共同繁荣，同时推动世界经济增长，以实现通过发展促和平的愿望。

3) 开放性

APEC 是一个开放的区域经济组织。APEC 之所以坚持开放性，其中一个重要原因是 APEC 大多数成员在经济发展过程中，采取以加工贸易或出口为导向的经济增长方式及发展战略，这样的发展战略所形成的贸易格局使这一地区对区外经济的依赖程度非常大，而采取开放的政策，不仅可以最大限度地发挥区域内贸易长处，同时也可以避免对区域外的歧视政策而缩小区域外的经济利益。除此之外，APEC 成员的多样性及其实行的单边自由化计划也客观要求它奉行"开放的地区主义"。

4) 自愿性

由于 APEC 成员之间政治经济上的巨大差异，在推动区域经济一体化和投资贸易自由化方面要想取得"协商一致"是非常困难的，APEC 成立之初就决定了其决策程序的软约束力，是一种非制度化的安排，不具有硬性条件，只能在自愿经济合作的前提下，以公开对话为基础。各成员国根据各自经济发展水平、市场开放程度与承受能力对具体产业及部门的贸易和投资自由化进程自行作出灵活、有序的安排，并在符合其国内法规的前提下予以实施。

13.4.4 上海合作组织

1. 上海合作组织的产生

上海合作组织起源于 1989 年，是中国、俄罗斯、哈萨克斯坦、吉尔吉斯斯坦、塔吉克斯坦关于加强边境地区信任和裁军的谈判进程的组织。上海合作组织是第一个以中国城市命名的国际组织，它进一步加强了中国与周边国家的关系。2001 年 6 月 15 日，上海合作组织在上海正式成立。其前身是上海五国会晤机制。2001 年 6 月 14 日至 15 日，五国元首在上海举行第六次会晤，乌兹别克斯坦以完全平等的身份加入"上海五国"。15 日，六国元首举行首次会议，并签署了《上海合作组织成立宣言》，上海合作组织正式成立。上海合作组织国家元首正式签署《关于打击恐怖主义、分裂主义和宗教激进主义公约》。2001 年 9 月，上海合作组织政府首脑在哈萨克斯坦阿拉木图举行首次会谈。上海合作组织政府首脑在会谈中联合决定启动上海合作组织多边经济合作进程，宣布正式建立上海合作组织政府首脑定期会谈机制。

2017年4月21日，上合组织成员国外交部长理事会例行会议在哈萨克斯坦首都阿斯塔纳结束，决定将完成接收印度和巴基斯坦加入上海合作组织程序并给予它们本组织成员国地位的问题提交元首理事会审议，这表明各国外长在这个问题上已达成一致。上海合作组织接收印、巴加入后将实现首次扩员，成为世界上幅员最广、人口最多、潜力最大的地区性国际组织。会议还讨论了伊朗成为正式成员国的进程，但这一建议遭到塔吉克斯坦的反对。

2. 上海合作组织的宗旨和原则

2001年6月15日的《上海合作组织成立宣言》和2002年6月7日的《上海合作组织宪章》，规定了上海合作组织的宗旨和原则。上海合作组织的宗旨和任务主要如下。

(1) 加强成员国的相互信任与睦邻友好。

(2) 维护和加强地区和平、安全与稳定，共同打击恐怖主义、分裂主义和极端主义、毒品走私、非法贩运武器和其他跨国犯罪。

(3) 开展经贸、环保、文化、科技、教育、能源、交通、金融等领域的合作，促进地区经济、社会、文化的全面均衡发展，不断提高成员国人民的生活水平。

(4) 推动建立民主、公正、合理的国际政治经济新秩序。

(5) 上海合作组织遵循的主要原则是：恪守《联合国宪章》的宗旨和原则。

(6) 相互尊重独立、主权和领土完整，互不干涉内政，互不使用或威胁使用武力。

(7) 所有成员国一律平等。

(8) 平等互利，通过相互协商解决所有问题。

(9) 奉行不结盟、不针对其他国家和组织及对外开放原则。

上海合作组织的宗旨和原则，集中体"上海精神"上，即"互信、互利、平等、协商、尊重多样文明、谋求共同发展"。"上海精神"已写入《上海合作组织成立宣言》。

3. 上海合作组织的机构

上海合作组织迄今已基本完成机制建设任务，建立起涵盖不同层次、涉及众多领域的较完善的机构体系，为自身发挥职能和作用奠定了坚实基础。

(1) 已建立国家元首、总理、总检察长、安全会议秘书、外交部长、国防部长、经贸部长、文化部长、交通部长、紧急救灾部门领导人、国家协调员等会议机制。每个会议机制的运作，均有相应的文件予以规范。国家元首理事会是最高领导机构，负责研究、确定上海合作组织合作与活动的战略、优先领域和基本方向，通过重要文件。元首例行会议每年举行一次，通常由成员国按国名俄文字母顺序轮流举办，举行例行会议的国家为本组织主席国。上海合作组织迄今共举行了12次元首会议，分别是：2001年6月在上海、2002年6月在圣彼得堡、2003年5月在莫斯科、2004年6月在塔什干、2005年7月在阿斯塔纳、2006年6月在上海、2007年8月在比什凯克、2008年8月在杜尚别、2009年6月在叶卡捷琳堡、2010年6月在塔什干、2011年6月在阿斯塔纳、2012年6月在北京。

(2) 上海合作组织设有两个常设机构——秘书处和地区反恐怖机构。

上海合作组织秘书处设在北京，2004 年 1 月正式启动。秘书处是组织的常设行政机构，为组织框架内的活动提供行政、技术和信息保障。其主要职能包括：协助举行组织的各种会议；参与制定组织的文件草案；协助落实组织通过的各项决议和文件；保管组织的文件、资料；收集、整理和传播组织活动的信息；编制和执行组织常设机构的预算；代表组织同其他国际组织和国家开展交往。秘书处编制 30 人。秘书长由成员国按国名俄文字母顺序轮流担任，任期 3 年。现任秘书长为来自俄罗斯的梅津采夫。

上海合作组织地区反恐怖机构设在乌兹别克斯坦首都塔什干，是上海合作组织成员国在打击"三股势力"等领域开展安全合作的常设机构。地区反恐怖机构下设理事会和执行委员会。理事会是地区反恐怖机构的协商决策机关，由成员国反恐主管部门负责人或代表组成。执行委员会是常设执行机关，编制 30 人。最高行政官员为执委会主任，任期 3 年。现任执委会主任为卡西莫夫(乌兹别克斯坦籍)。

(3) 计划成立上海合作组织反恐中心。俄罗斯国防部长绍伊古在塔吉克斯坦举行的上合组织防长会议上表示，俄方完全支持中国有关建立上合组织反恐中心的倡议。俄罗斯战略研究所专家库尔托夫认为，成立上合组织反恐中心将有助于提高该组织对新的安全威胁做出相应反应的能力。上合组织国家国防部均强调，将进一步加强各国军队间的合作以及军事领域的相互信任措施。

4. 上海合作组织的成就

历经 13 年的发展，上海合作组织已成为促进成员国发展、维护地区乃至世界和平稳定的有效机制和建设性力量，显现勃勃生机。除防务安全领域外，各成员国还积极推动经济和人文合作，实现"多轮驱动"，进一步增强了组织凝聚力和可持续发展后劲。

维护地区和平稳定是上合组织的首要任务。自成立以来，上合组织始终把打击"三股势力"作为优先合作方向。作为上合组织常设机构之一，位于塔什干的地区反恐机构在协调成员国打击"三股势力"、收集信息、加工情报等方面发挥了重要作用。迄今为止，上合组织已多次举行双边或多边联合反恐军事演习，有力地震慑了"三股势力"，提高了成员国军队执行联合反恐任务的能力。

当前，上合组织发展既面临难得的机遇，也面临严峻的挑战。"三股势力"、贩毒、跨国有组织犯罪威胁着地区安全。随着北约军队撤出阿富汗，阿富汗安全形势存在外溢风险。上合组织正采取措施参与阿富汗民族和解、和平重建进程，充分发挥上合组织——阿富汗联络组作用，推动阿富汗问题朝着符合阿富汗人民及本地区各国人民共同利益的方向发展。

促进经贸合作是上合组织的重要发展方向。目前，各成员国致力于加快道路、通讯、电网等基础设施互联互通，推动贸易投资便利化，加强金融、能源、农业等重点领域合作，实现共同发展，造福成员国人民。

上合组织经济合作已取得显著成绩，但仍有巨大的发展潜力。首先，各成员国都面临调结构、促增长、保民生的紧迫任务，扩大经济合作是各方的共同愿望；其次，当今世界经济形势仍不稳定，这就要求各成员国在经济合作领域共同采取有效行动，促进地区安全稳定与经济可持续发展。为此，上合组织正努力推动实施一批惠及各方的多边合作项目，致力于加快完善项目融资保障机制，从而打破区域经济合作的资金瓶颈。

第 13 章　区域经济一体化

上合组织自成立以来，人文合作成果显著。上合组织大学作为人文合作大项目之一已开始运作，成员国还多次成功举办艺术节、音乐节、青年节、教育周等丰富多彩的人文交流活动。继续推动上合组织人文交流意义重大，有利于增进成员国人民的相互了解与友谊，为上合组织发展打牢民意基础和社会基础。

目前，国际社会高度重视上合组织所发挥的重要作用，一些相关国家表示希望加入上合组织，或与上合组织加强联系、交往和合作。在各成员国的共同努力下，上合组织的务实合作将不断结出新硕果，上合组织的影响力将不断获得提升，而上合组织的稳步发展将为构建持久和平、共同繁荣的和谐地区不断注入新动力。

【知识链接】

作为世界经济领域的一种新现象，区域经济一体化始终与关贸总协定和世界贸易组织所推行的世界经济一体化思潮相伴相生，既矛盾又统一。从矛盾处看，区域经济一体化是对关贸总协定和世界贸易组织所倡导的世界经济一体化的一种倒退，它直接导致世界经济出现一个个排他性的区域经济集团，加剧了世界经济的不稳定性，是贸易保护主义的一种新的综合表现形式。从统一处看，区域经济一体化和世界经济一体化一样，均着眼于开放市场，取消贸易壁垒，提倡自由贸易。而且随着商品、劳务、资金、劳动力统一大市场的出现，生产要素得以自由流动，资源配置得以改善，直接满足了企业对生产链整合和区域市场扩大的要求。因此，区域经济一体化在阻碍世界范围内自由贸易发展的同时，通过拓展地区贸易和经济技术合作，又从另外一个角度补充和推动了自由贸易的发展。

(资料来源：道客巴巴 http://www.doc88.com)

本 章 小 结

本章主要介绍了区域经济一体化的概念和形式，区域经济一体化对国际贸易的影响，关税同盟的效应分析和主要区域一体化组织。区域经济一体化由低级到高级，大致包括优惠贸易安排、自由贸易区、关税同盟、共同市场、经济联盟、完全经济一体化六种组织形式。区域经济一体化组织的出现与发展有着深厚的历史、经济和社会基础。区域经济一体化的理论依据包括关税同盟理论、大市场理论、工业偏好理论和综合发展战略理论等。其中，关税同盟理论最为成熟，关税同盟的效果如何必须考虑静态和动态两个方面的效应。对于经济发展水平相近的成员国来说，关税同盟的静态效应可通过贸易创造和贸易转移来衡量，贸易创造使成员国福利增加，而贸易转移却使成员国福利减少。要想使同盟国的净福利增加，必须使其贸易创造利益大于贸易转移的损失，这要求结盟成员国具备一定的前提条件。在实践中，区域经济一体化典型组织包括欧洲联盟、北美自由贸易区、亚太经济合作组织和上海合作组织。

思 考 题

1. 分析区域经济一体化各阶段的区别。
2. 关税同盟的静态效应有哪些?
3. 关税同盟的动态效应有哪些?
4. 区域经济一体化对国际贸易的影响有哪些?

第 14 章 国际服务贸易

【学习目标】

通过本章的学习，了解国际服务贸易的概念、特征和服务贸易的产生与发展；了解《国际服务贸易总协定》的相关内容；掌握国际服务贸易包含的内容、分类、国际服务贸易统计等；了解技术、技术转让、技术引进以及国际技术贸易的基本概念；熟悉并掌握国际技术贸易的常用方式；了解国际技术贸易合同条款以及国内外有关国际技术贸易的相关规定。

【重点与难点】

重点是掌握服务、国际服务贸易与国际技术贸易的概念、分类和国际服务贸易的统计。了解国际服务贸易总协定的原则、特征和相应条款。难点是掌握技术贸易合同条款。

【导入案例】

美国对华服务贸易方兴未艾

当一些美国人对美国对中国商品贸易存在的逆差提出颇多抱怨的同时，一个不争的事实是，美国从对华服务贸易中获取了巨额顺差和利润，而且这种顺差还呈强劲扩大之势。全球著名的经济研究机构"牛津经济预测"日前发表的一份报告指出，到2016年，美国对华服务贸易顺差达到557亿美元。

根据这份由美中企业家理事会委托进行的调查报告，中国正成为美国服务贸易增长的支撑点。报告估计，2005年，对华服务贸易给美国至少创造了3.7万个高薪就业岗位；到2010年，平均每个美国家庭将从对华服务贸易出口中获得500美元的收益；到2015年，对华服务贸易将给美国服务业新增24万个高薪就业岗位。

在中国加入世界贸易组织五年后的今天，美国对华服务贸易正开始经历一个新的"增长爆发期"。美国哈佛大学肯尼迪政府学院贸易与谈判项目执行主任克雷格·范格拉斯泰克不久前在接受新华社记者采访时表示，随着中国经济的快速发展，新兴的中国"中产阶层"已成为美国服务业最重要的潜在客户。

以美国联合包裹服务公司为例，范格拉斯泰克指出，自1988年进入中国市场后，该公司获得了巨大的利润。而且，联合包裹服务公司的高效运输服务也带动了美国中小企业在中国市场业务的拓展，"使得(美国)中小企业也可以在当今注重及时、低库存、按订单生产的时代得以发展。"

(资料来源：百度文库 https://www.docin.com/p-1918924989.html)

随着经济全球化与国际分工的发展，服务业成为全球第一大产业，服务业发展水平成为衡量一个国家或地区生产社会化程度和市场经济发展水平的重要标志。与服务业快速发展相适应，国际无形贸易，尤其是国际服务贸易的发展十分活跃，正日益成为影响各国经济发展的重要力量。以服务业与服务贸易为主要内容的服务经济的迅速崛起，成为20世纪中叶以后世界经济发展的显著特征。

14.1 服务与服务业

14.1.1 服务

国际无形贸易和国际服务贸易的快速发展是世界各国(地区)服务业、服务经济迅猛发展的必然结果。因此，要理解国际无形贸易和国际服务贸易的内涵及其发展，首先应该从服务、服务业等基本概念入手。

1. 服务的含义

服务是提供者通过直接接触或间接接触的方式为服务接受者提供有益的工作或帮助的行为，这是对服务所作的最一般的定义。服务的生产和消费作为人类经济活动的一部分，在人类有商品交换之日就已存在并缓慢发展，随着服务业的发展在社会经济中逐渐占据重要的位置，对于服务的认识和研究也不断地深入。

萨伊(1767—1832)在《政治经济学概念》中指出："无形产品(服务)同样是人类劳动的果实，是资本的产物。"

巴斯夏(1801—1850)在《和谐经济论》中强调："劳务必须含有转让的意思，因为劳务不被人接受也就不可能提供，而且劳务同样包含努力的意思，但不去判断价值同努力是否成比例。"

20 世纪三四十年代，英国经济学家柯林·克拉克提出了"剩余定义"，他认为服务是除第一产业和第二产业以外的一切活动。服务成为第二产业的外延。

20 世纪 80 年代中叶，加拿大经济学家里德尔对服务下了一个比较严密的定义：在服务为服务接受者带来一种变化时，它是提供时间、地点和形态效用的经济活动。服务是靠生产者对接受者有所动作而产生的，接受者接受一部分劳动，生产者与接受者在互相作用中产生服务。

希尔(1977)指出："服务是指人或隶属于一定经济单位的物在事先合意的前提下由于其他经济单位的活动所发生的变化。服务的生产和消费同时进行，即消费者单位的变化和生产者单位的变化同时发生，这种变化是同一的。服务一旦生产出来必须由消费者获得而不能储存，这与其物理特征无关，而只是逻辑上的不可能。"

M.沙洛特科夫(1980)在《非生产领域经济学》中指出："劳务具有双重定义。第一，劳务可解释为作为活动所耗费的劳动的一种特殊使用价格。第二，如果劳动同收入相交换，劳务可理解为非生产性劳动的形式。"

马克思主义经济理论中同样包含有对服务及服务业的探讨。马克思认为："服务"这个词，一般来说，不过是指这种劳动所提供的特殊使用价值，就像其他一切商品也提供自己特殊的使用价值一样；但是这种劳动的特殊使用价值在这里取得了"服务"这个特殊名称，是因为劳动不是作为物，而是作为活动提供服务的。

关贸总协定秘书处曾使用分类法来确定服务的基本含义：一是以商品形式存在的服务，如电影、书籍、计算机、数据传送装置等服务；二是对商品实物具有补充功能的服务，如运输、仓储、会计、广告等服务；三是对商品实物具有替代功能的服务，如特许经营、租赁和维修等服务；四是与其他商品不发生联系的服务，如通信、数据处理、旅游、旅馆和饭店等服务。

按照 ISO 9000 国际标准，"服务"就是为满足顾客的需要，供方和顾客之间接触的活动以及供方内部活动所产生的结果。它包括以下几方面的含义：第一，服务是产品的一种，也是活动或过程的结果；第二，服务是服务者与被服务者双方接触活动及服务者内部活动(或过程)的结果；第三，服务必须以顾客为核心而展开；第四，服务一般来说是无形产品，有时也会形成一些有形产品。

相对于有形产品而言，服务是"可被区分界定，主要为不可感知，却可使欲望获得满足的活动，而这种活动并不需要与其他产品和服务的出售联系在一起。生产服务时可能会或不会需要利用实物，而且即使需要借助某些实物协助生产服务，这些实物的所有权也不涉及转移的问题"。服务是以无形的方式，在顾客和服务资源，有形资源商品或服务系统之间发生的，可以解决顾客问题的一种或一系列行为。

综合上述观点，可以将服务的定义表述为：服务是对其他经济组织的个人、商品或劳务增加的价值，是非实物形态的特殊形式的劳动产品，并主要以活动形式表现的使用价值或效用。

2. 服务的特征

从服务的定义来看，它的本质就是满足他人的需要，以服务对象作为中心和出发点。与实物产品不同，服务具有以下几种特征。

第一，服务无形性或不可感知性。

服务的特质及组成服务的元素，许多情况下都是无形无质的，让人不能触摸或凭视觉感到它的存在。服务消费者在购买服务之前，往往不能感知服务，在购买之后也只能觉察到服务的结果而不是服务本身。尽管人们可以体会到它的存在、它的效用，但它却不占空间，无形态可言。

随着科学技术的进步，在服务无形化的基础上产生了"物化服务"。物化服务(Embodied Service)即无形服务的有形化。

第二，服务过程与消费的不可分割性。

实物产品的生产和消费往往是可以分割的，即生产在先，消费在后。而服务的生产与消费往往是同时发生的，通常无法将服务进行再生产和套利活动，所以服务的生产和出口过程在一定程度上讲也就是服务的进口和消费过程。在物化服务的情况下，服务的生产和消费可以不同时发生。

第三，服务的不可储存性。

服务需满足一种特定时间内的需要，而由于上述服务提供的无分割性，我们不可能把服务储存起来等待消费(两种除外，时间上存储的例外：保险；空间上存储的例外：物化服务)。服务的不可存储性使得加速服务产品的生产和扩大服务的规模出现困难。

第四，服务的异质性。

服务的异质性是指同种类型的服务提供者在不同的时空条件下所提供的服务不同，使服务消费者的效用或满足程度不同。因为服务的构成成分及其质量水平经常变化，难以统一认定。另外,服务提供者的技术水平和服务态度往往因人、因时、因地而异,服务随之发生差异。服务消费者对服务可能提出特殊要求,服务随之发生差异。服务质量的差异或者弹性,既为服务行业创造优质服务开辟了广阔空间,也给劣质服务留下了活动的余地。

第五,服务的所有权不可转让性。

这是指服务的生产和消费过程中不涉及所有权的转移。服务在交易完后消失,消费者所拥有的对服务消费的权利并未因服务交易的结束而产生像商品交换那样获得实有的东西,服务具有易逝性。这一特征是导致服务风险的根源,由于缺乏所有权的转移,消费者在购买服务时并未获得对某种服务的所有权,因此感受到购买服务的风险性,可能造成消费心理障碍。

14.1.2 服务业

随着技术进步和产业结构的演进,服务产业迅速增长,在国民经济中的地位不断提高,成为国民经济的支柱产业之一。从全球来看,服务业在全球经济中已具有举足轻重的地位。在发达国家,服务业的增加值占 GDP 的比重一般在 60%~80%。并且,服务业中存在大量新兴产业,对经济增长产生较高的贡献率。服务业通过其各种服务功能,有机连接社会生产、分配和消费诸环节,加速人流、物流、信息流和资金流运转,对推进工业化和现代化进程具有重要的作用。

1. 服务业的含义

一般认为,服务业是指专门从事生产服务产品的行业和部门的总称。服务业不但作为中间产业强化农业和工业的结合,而且为工农业和自身提供生产资料和消费资料。服务业的发展一方面围绕着实物产品的生产、流通和消费提供服务;另一方面则为提高人们的综合素质服务。

第一,服务业是一个多层次的概念。

服务业是一个大的产业系统,其门类十分复杂,其中的许多行业在产业性质、功能、生产技术给予经济发展的关系等方面都存在很大差异。

第二,服务业是一个相对的概念。

服务业形成和发展在时间上有相对性,在不同国家和地区,服务业的形成和发展的时间是不同的,与各自的社会生产力和社会文化发展程度有直接关系。在服务业形成和发展的不同阶段,它所包含的范围在质和量上都有很大的区别。

第三,服务业是既抽象又具体的概念。

服务业相对于农业、工业来说,其概念显得抽象。另外,服务业所生产的服务产品能满足人的需要,因而又是具体的社会产品,同样具有实用价值和价值二重属性。

2. 服务业是经济现代化的重要标志

服务业的迅速发展是当前经济发展的主要特点之一。服务业水平高低是一个国家经济发展水平高低的重要标志,经济越发达的国家,服务也越发达。世界经济活动总量中,服务业已经超过了农业和工业之和,取代了物质生产部门而成为最强大、最广泛的经济部门。发展服务贸易的过程,实际上是服务业外向化的过程。

第一,服务业是市场经济的基础产业。

在市场经济中,服务业具有广泛的服务特性。当物质生产达到一定水平的时候,服务业的发展关系到经济以至整个国家的正常运转。市场经济是以需求和供给的结合来实现的,它的核心是交换,它不但包括物质产品的交换,还包括资金、技术、资源、信息的交换,这都需要服务业为各种交换的正常进行提供完善的服务。

第二,服务业是一个国家科技现代化的标志。

发达国家在金融、教育、科学技术、贸易、旅游等方面都有较强的实力,一些西方国家就是凭借这些来称霸或控制世界的。人们在进行综合国力的国际比较时,给服务业确定了相当的权数。一个国家综合国力的强大不但依靠发达的物质生产,还要依靠强大的服务业,发达国家之间的经济差距往往与服务业的发展水平有关。

第三,服务业是社会进步的象征。

服务业是反映一个国家或地区生产社会化程度的重要方面,从社会分工发展变化来看,服务业取代农业和工业成为国民经济的第一大产业是生产力发展以及社会进步的集中体现。

3. 服务业的分类

由于不同服务业在产业性质、功能、生产技术以及与经济发展关系等方面都存在着较大差异,为了明确不同服务业的经济性质、揭示服务业内部结构的变化以及与整体经济增长的关系,客观上要求对服务业进行分类。

1) 以时间序列为基础的分类

传统服务业是指为人们日常生活提供各种服务的行业,如餐饮业、旅店业、商业等。而现代服务业是指在工业比较发达的阶段产生的,主要是依托于信息技术和现代管理理念发展起来的服务业,是信息技术与服务产业结合的产物。

现代服务业具体包括两类:一类是直接由信息化及其他科学技术的发展而产生的新兴服务业形态,如计算机和软件服务、移动通信服务、信息咨询服务、健康产业、生态产业、教育培训、会议展览、国际商务、现代物流等;另一类是通过应用信息技术,从传统服务业改造和衍生而来的服务业形态,如银行、证券、信托、保险、租赁等现代金融业,建筑、装饰、物业等房地产业,会计、审计、评估、法律服务等中介服务业等。

从广义上来看,现代服务业是一种现代化、信息化意义上的服务业,是指在一国或地区的产业结构中基于新型服务业成长壮大和传统服务业改造升级而形成的新型服务业体系,体现为整个服务业在国民经济和就业人口中的重要地位,以及服务业的高度信息化水平等方面,具有高人力资本含量、高技术含量、高附加值的"三高"特色,在发展上呈现新技术、新业态、新方式的"三新"态势,具有资源消耗少、环境污染少的优点,是地区综合竞争力和现代化水平的重要标志。

此外,现代服务业也是一个动态的概念,随着经济社会的不断发展,还会拓展新的领域,增加新的内容,此时为现代服务业,彼时则为传统服务业。

2) 以功能为基础的分类

按照服务业在生产、流通、消费等社会生产环节所起的作用不同,一个经济体系所提供的服务可以分为三类:消费者服务、生产者服务、分配服务。

(1) 消费者服务，即消费者在市场上购买的服务。消费者服务包括个人和家庭生活的各个方面，从产业分类的角度看，消费者服务内容复杂。消费者服务通常包括家庭服务、旅馆和餐饮、修理服务、洗衣服务、理发与美容、娱乐和休闲以及其他个人服务。消费者服务主要来源于最终需求，其在服务业的功能分类方法中居于中心地位，因为商品和服务的消费是所有经济活动的起点和终点，也是经济福利的根本反映。

(2) 生产者服务，即生产者在市场上购买的被企业用作商品与其他服务的进一步生产的中间服务，典型的生产者服务又称为企业服务。生产者服务业是围绕企业生产进行的，其特征是被企业用作商品与其他服务的生产的投入，既包括经营管理、计算机应用、会计、广告等与企业生产经营联系较为密切、往往由企业自身提供的服务，也包括金融业、保险业、房地产业、法律和咨询业等一些相对独立的产业服务。在现代经济中，生产者服务尤其是知识技术密集型服务推动着生产向规模经济和更高效率发展。因此，生产者服务在服务业中被认为是最具经济增长动力的。

(3) 分配服务，即消费者和生产者为获得商品或供应商品而购买的服务。分配服务也是一种连带性或追加性的服务。这类服务的提供和需求都是有对商品的直接需求而派生出来的，主要包括仓储运输业、批发业、零售业等。

3) 服务业的统计分类

服务业的范围取决于三大产业的划分，历史上对服务业的统计多等同于第三产业的数据。目前，对三大产业还没有完全统一的划分标准。国际上较有影响的统计分类方法有两种，一是联合国有关组织在1968年提出的标准产业分类法，二是世界贸易组织在1995年提出的对服务业的分类方法。我国国内主要是2003年国家统计局在《行业划分规定》中提出的统计分类方法。

(1) 联合国标准产业分类法。

1968年联合国《国际标准产业分类》按照服务功能将服务也分为四大类14小类；1990年的第三版以功能为主，同时考虑了技术上的一致性，将服务业划分为商业、酒店旅游业、交通仓储业、通信业、金融中介、房地产租赁和经营活动、教育、医疗及相关社会服务、其他社区服务、家庭雇用服务等。

(2) 世界贸易组织分类法。

随着服务业发展和《服务贸易总协定》的不断完善，对服务业的统计逐渐摆脱了对第三产业数据的依赖。如果从部门的角度看，世界贸易组织在1995年列出的服务行业多达150个，这些服务行业划分为12个部门，每个部门下有行业，每个行业下还有子行业。

(3) 我国服务业的统计分类。

与国外一样，我国迄今为止没有专门的服务业统计分类体系，只用第三产业分类和统计数据。2003年国家统计局在《行业划分规定》的通知中明确提出，"第三产业是指除了第一、第二产业以外的其他行业"，表明了第三产业的范围，主要包括：交通运输、仓储和邮政业，信息传输、计算机服务和软件业，批发和零售业，住宿和餐饮业，金融业，房地产业，租赁和商务服务业，科学研究、技术服务和地质勘查业，水利、环境和公共设施管理业，居民服务和其他服务业，教育、卫生、社会保障和社会福利业，文化、体育和娱乐业，公共管理和社会组织、国际组织。

4. 服务业与第三产业的区别

第三产业是农业、工业以外的包括文教卫生、政府机关、军队警察在内的各行各业的总称。服务业与第三产业无论是在思想方法和理论逻辑上，都存在着差异。

两者界定不同，第三产业的界定采用的是剩余法。A.费希尔于20世纪30年代首次提出第三产业的概念(《安全与进步的冲突》)，鉴于第一产业与第二产业无法将所有的经济活动包括在内，就把这两类产业以外的所有经济活动统称为第三产业。服务业的界定是以是否提供或生产各种类型的服务为标准的。与第三产业相比，根据产业产品即服务来确定服务业的范围更明确(如建筑业的归属)。

第三产业的概念隐含着传统经济思想的逻辑，服务业的概念体现着现代经济思想的理念。三次产业划分思想的出发点是经济体系的供给分类，暗含着高阶层次产业的发展单向地依赖于低阶层次产业的产品的含义(即第二产业依赖于第一产业提供的原料，第三产业又依赖于第二产业和第一产业的产品供应)。服务业同其他经济产业的区分是以经济系统的需求分类为思想基础的，这种观点强调服务业同其他经济产业的相互依赖关系，而不是单向依赖关系。

第三产业概念的经济结构含义主要是相对于国内经济的，服务业概念的经济结构含义是面向国内和国际两个市场的。

14.1.3 国际无形贸易概述

有形贸易(Visible Trade)是指国际贸易中的货物贸易，即通常意义上的商品购销活动。因为货物或商品具有看得见、摸得着的物质属性，故称有形贸易。与有形贸易相对，无形贸易(Invisible Trade)是指不同国家或地区之间进行的以无形商品为交易对象的贸易活动。

由于有形贸易一般可等同于国际货物贸易，所以理解上并不会产生什么歧义。然而，无形贸易则不能简单地等同于某一类贸易活动。从前习惯把无形贸易等同于服务贸易，这是一个误解。严格来说，国际无形贸易比国际服务贸易范围更广，除了包括国际服务贸易中的所有项目外，还包括国际直接投资收支以及捐赠、侨汇、赔款等无偿转移。在整个国际无形贸易中，直接投资项目目前所占的比例最大。有专家指出，国际直接投资中有60%的收支归于国际服务贸易。从统计口径上看，国际服务贸易与国际无形贸易是存在差异的，不可完全等同看待。

由此可见，服务贸易是无形贸易的最重要组成部分，目前，一般来说国际上将国际无形贸易分为国际服务贸易和国际技术贸易两大类。国际服务贸易是一种跨越国境的服务行为，是服务在国际间的输出和输入，实际上是国际间服务的提供与接受。国际技术贸易是国际技术转让的主要形式之一，在实践中形成多种形式。

国际贸易是从有形贸易开始发展的，当时也并没有有形与无形之说，因为贸易往来几乎都是商品的购销及货款的收支活动。随着国际间经济关系的扩大，先是围绕商品购销的各种服务，如运输、保险、金融、通信等大大增加，后来又有旅游服务、专利及技术转让、资本移动及劳务贸易等关系的扩大。基于这些非有形商品交换活动的大大增长，一国在这些方面的支出为无形进口，在这些方面的收入则为无形出口，在这些方面的一切活动便是无形贸易。

从无形商品和有形商品的区别中我们可以看出有形贸易和无形贸易的主要区别主要体现在：第一，商品的进出口经过海关手续，从而表现在海关的贸易统计上，这是国际收支中的重要项目；无形贸易则不经过海关手续，通常不显示在海关的贸易统计上，但它也是国家收支的组成部分。第二，无形商品是一种具有特殊使用价值的活劳动，在交易中不是有形物与货币的交换，而是所提供的活劳动与货币的交换。第三，在交易中无形贸易的价值与使用价值分离，不同时发生转移。第四，无形商品的消费是在生产中同时发生的，而有形商品的消费和生产往往是分离的。

14.2 国际服务贸易

14.2.1 国际服务贸易的概念

1. 国际服务贸易的概念

国际货物贸易(又称国际商品贸易)、国际服务贸易和国际技术贸易是当今国际贸易的三大形式。国际货物贸易是国际贸易最早的形式，也曾经是最主要的形式，然而随着经济全球化的广泛深入和各国服务业的发展，服务贸易已经成为国际贸易中越来越重要的贸易方式。由于世界贸易组织已将服务贸易纳入到多边贸易体系中，充分说明了服务部门在经济发展和经济增长、贸易和投资中的重要作用。

传统的、狭义的国际贸易，只是指国家之间商品进口和出口。一国从他国购进商品用于国内的生产和消费的全部贸易活动称为进口(Import)，而一国向他国输出本国商品的全部贸易活动称为出口(Export)。在现代，广义的国际贸易除了包括实物商品的国际交换外，还包括服务和技术的国际交换，即在国际运输、保险、金融、旅游、技术等方面相互提供的服务。

传统上人们将贸易看作一种物品转移活动。虽然服务业作为一个传统的产业部门已经有数千年的发展史，但是"服务贸易"(trade in services)这一概念的提出相对于古老的货物贸易而言，则是一件并不遥远的事情，而且长期以来服务业被认为只是经济发展的结果，服务部门不能带动经济增长。目前这个思想已经发生重大改变，人们越来越认为在经济发展过程中服务部门的产出是关键性的投入性要素之一。

由于人们现在认识到服务部门对经济增长的重要性，也由于各国政府对这个部门的明显干预，所以这个问题引起了世界各国的广泛重视。在1986年9月发起的乌拉圭回合多边贸易谈判之前，服务贸易只是在发达国家的有限范围内展开，还谈不上作为国际贸易的普遍问题引起人们的高度关注。直至世界贸易组织成立后，服务贸易问题真正引起了全球各国的普遍重视。

1) 国际服务贸易的一般定义

服务贸易是指服务(服务产品)作为商品进行交易，以满足消费者需求的经济行为，包括服务输出和服务输入。服务输出即是向国外其他地方出售服务；而服务输入则是向国外其他地方购入服务。狭义的国际服务贸易是无形的，是指发生在国家之间的符合于严格服务定义的直接服务输出与输入活动。而广义的国际服务贸易既包括有形的劳动力的输出输入，

第14章 国际服务贸易

也包括无形的提供者与使用者在没有实体接触的情况下的交易活动，如卫星传送与传播、专利技术贸易等。各国的服务进出口活动，便构成国际服务贸易。其贸易额为服务总出口额或总进口额。通常人们所指的服务贸易都是广义的国际服务贸易。

2) 国际服务贸易的其他定义

(1) 联合国贸易与发展会议的定义。

这是从过境这一视角来定义国际服务贸易的：国际服务贸易是指货物的加工、装配、维修以及货币、人员、信息等生产要素为非本国居民提供服务并取得收入的活动，是一国与他国进行服务交换的行为。

(2) 美加自由贸易协定中定义。

这是世界上第一个在国家间贸易协议上正式定义服务贸易的法律文件。国际服务贸易是指由代表其他缔约方的一个人，在其境内或进入某一缔约方(境内)提供所指定的一项服务。

对美加自由贸易协定(FTA)中定义的说明：

- "指定的一项服务"包括：生产、分销、销售、营销及传递一项所指定的服务及其进行的采购活动；进入或使用国内的分销系统；以商业存在(并非一项投资)形式为分销、营销、传递或促进一项指定的服务；遵照投资规定，任何为提供指定服务的投资，以及任何为提供指定服务的相关活动。
- 提供服务的"相关活动"包括：公司、分公司、代理机构、代表处和其他商业经营机构的组织、管理、保养和转让活动；各类财产的接受、使用、保护及转让，以及资金的借贷。
- 进入一缔约方(境内)提供服务包括过境提供服务。
- 缔约方的"一个人"指法人或自然人。

这种对服务贸易说明性的、非规范性的定义，说明了服务贸易活动的复杂性。

3) 世界贸易组织服务贸易总协定(GATS)中的定义

服务贸易总协定(GATS)将服务贸易的概念定义为：跨越国界进行服务交易的商业活动，即服务提供者从一国境内向他国境内，通过商业或自然人的商业存在向消费者提供服务并取得外汇报酬的一种交易行为。服务领域是除了政府以履行政府职能为目的所提供的服务外的任何服务。也就是说，所有以盈利为目的的商业服务活动都属于GATS的范围。

按照GATS对服务贸易的定义，服务贸易有四种方式，即跨境供应、境外消费、商业存在和自然人流动。

(1) 跨境供应(Cross-border Supply of Services)：从一成员国境内向另一成员国提供服务。服务本身跨越国境，例如货物运输、电报、电话、传真、网上服务等通过电子邮件提供服务。

(2) 境外消费(Consumption Abroad)：也称消费者移动，是指一成员国居民在另一成员国境内享受服务。例如：消费者在国外旅游、教育、手术、就医所受的待遇。

(3) 商业存在(Commercial Presence)：一成员国的服务者在任何其他成员国境内通过建立、经营和扩大商业实体来提供服务。例如：于其他WTO会员之国内建立分支机构、代理机构。

(4) 自然人的移动或存在(Moverment, Presence of Natural Persons)：一成员国的服务者

进入并暂时留在另一成员国境内以提供服务。自然人流动是国际服务贸易的重要组成部分之一，是指缔约方的自然人(服务提供者)过境移动，在其他缔约方境内提供服务而形成的贸易。它涉及自然人实质性的具有明确商业目的的跨境移动。自然人将其中的部分收入汇回境内，用于境内消费，这部分服务贸易属于自然人移动。

2. 服务贸易概念的产生和发展

"服务贸易"作为经济学领域的一个新课题，国内外经济学界也经历了一个长期探索过程。1972年，经济合作与发展组织(OECD)首次把"服务贸易"作为一个独立的经济学概念在文献中正式提出。1974年，美国贸易法于第301条款中再次提出"世界服务贸易"的概念。1989年，美国、加拿大两国签署的《美加自由贸易协定》(在此基础上，1992年，美国、加拿大和墨西哥正式签署了"北美自由贸易协定，North America Free Trade Agreement)，成为世界上第一个在国家间贸易协议上正式定义服务贸易的法律文件，其定义的"服务贸易"是：由代表其他缔约方的一个人，在其境内或进入一缔约方提供所指定的一项服务。

随着服务业在全球的崛起，1986年9月开始的关贸总协定乌拉圭回合谈判，首次将服务贸易列入谈判议题，从而引发了全球服务贸易研究大热潮。此次谈判的重要结果是在1994年4月15日产生了《服务贸易总协定》(General Agreements on Trade in Services，GATS)。

3. 国际服务贸易与国际服务交流

国际上服务人员的流动大致可分为三类：第一类是政府间为了政治、经济、文化交流的需要，互派各种免费服务。实际上这些免费服务并非免费，而是对等的"不收费"的"收费"，如教育培训、合作医疗、联合研究等，由于不发生商业性收益，故不构成服务贸易。第二类是指一国(地区)的服务人员到另一国(地区)谋取工作，为境外雇主所雇佣，获得工资报酬并只在当地消费(没有汇回母国)，由于未发生支付的过境流动，也不构成服务贸易。第三类是指一国(地区)的法人或自然人对外提供服务并获得服务收入，有收支的过境流动，从而构成服务贸易。总结起来，前两种称为国际服务交流，后一种称为国际服务贸易，当然后者并不构成国际服务贸易的全部。

14.2.2　国际服务贸易的分类

服务贸易指一国居民与他国居民所做的服务交易，也就是通过提供服务来从事进出口贸易活动。由于服务贸易亦可能通过单纯以服务供给者提供服务的方式，或是与商品结合的方式以提供服务，因而服务贸易的交易形态相对较商品交易更为复杂。

目前，国际服务贸易尚未形成一个统一的标准。为了便于研究和统计，许多国际经济组织和经济学家从不同的角度对国际服务贸易做了划分，以下是最具有代表性的几种分类方法。

1. 商业上对服务贸易的分类

1) 以"移动"为标准分类

R.M.斯特恩在1987年所著的《国际贸易》一书中，将国际服务贸易按服务是否在提供者与使用者之间移动分为以下四类。

(1) 分离式服务贸易。

它是指服务提供者与使用者在国与国之间不需要移动而实现的服务。运输服务是分离式服务的典型例子。如民用航空运输服务，一家航空公司可以为另一国家的居民提供服务，但并不需要将这家航空公司搬到国外去，也不必要求顾客到这家航空公司所在国去接受服务。

(2) 需要者所在地服务贸易。

它是指服务的提供者转移后产生的服务，一般要求服务的提供者与服务使用者在地理上毗邻、接近。银行、金融、保险服务是这类服务的典型代表。例如，一外国银行要想开办中国的小额银行业务市场份额，它必须在中国开设分支机构，这就要求国与国之间存在着资本和劳动力的移动，也是一种投资形式。

(3) 提供者所在地服务贸易。

它是指服务的提供者在本国国内为外籍居民和法人提供的服务，一般要求服务消费者跨国界接受服务。国际旅游、教育、医疗就属于这一类服务贸易。例如，外国游客到中国的北京、上海等游览接受中国旅行服务，或者中国游客到法国的巴黎、英国的伦敦接受当地的旅行服务；此时，服务提供者并不跨越国界向服务消费者出口服务，对服务提供者而言，也不存在生产要素的移动。

(4) 流动的服务贸易。

它是指服务的消费者和生产者相互移动所接受和提供的服务，服务的提供者进行对外直接投资，并利用分支机构向第三国的居民或企业提供服务。例如上述的设在意大利的一家法国旅游公司在意大利为德国游客提供服务。流动式服务要求服务的消费者和提供者存在不同程度的资本和劳动力等生产要素的移动。

这种分类方法以"移动"作为划分国际服务贸易类型的核心，其本质涉及资本和劳动力等生产要素在不同国家间的移动问题。由于这种生产要素的跨国界移动往往涉及各国国内立法或地区性法律的限制，并涉及在需求者所在国的开业权问题，因此，研究这类问题用这种分类方法比较合适。不过这种服务分类存在着难以准确、彻底地将服务贸易进行划分的缺陷，如上述在各国间相互开业提供的旅游服务就很难准确地加以划分。

2) 以生产过程为标准分类

生产过程可分为产前、产中和产后三个阶段，因此，根据服务与生产过程之间的内在联系，将服务贸易分为生产前服务、生产中服务和生产后服务。

(1) 生产前服务贸易。

生产前服务贸易主要涉及市场调研和可行性研究等。这类服务在生产过程开始前完成，对生产规模及制造过程均有重要影响。

(2) 生产中服务贸易。

生产中服务贸易主要是指在产品生产或制造过程中为生产过程的顺利进行提供的服务，如企业内部质量管理、软件开发、人力资源管理、生产过程之间的各种服务等。

(3) 生产后服务贸易。

这种服务是联结生产者与消费者之间的服务，如广告、营销服务、包装与运输服务等。通过这种服务，企业与市场进行接触，便于研究产品是否适销、设计是否需要改进、包装是否满足消费者需求等。这种以"生产"为核心划分的国际服务贸易，其本质涉及应用高新技术提高生产力的问题,并为产品的生产者进行生产前和生产后的服务协调提供重要依据。

3) 以行业为标准分类

鉴于国民经济各部门的特点,一些经济学家以服务行业各部门的活动为中心,将服务贸易分为七大类。

(1) 银行和金融服务。

银行和金融服务是服务贸易中较重要的部门,其范围包括:①零售银行业服务,例如储蓄、贷款、银行咨询服务等。②企业金融服务,如金融管理、财务、会计、审计、追加资本与投资管理等。③与保险有关的金融服务。④银行间服务,如货币市场交易、清算和结算业务等。⑤国际金融服务,如外汇贸易等。

第二次世界大战后,尤其是20世纪80年代以来,随着金融服务的国际化,在金融服务贸易中发生了重大的变化。证券市场进一步发展,银行系统外部增加金融中介,国际金融市场的管制逐渐放松,金融机构扩大业务范围,权力越来越大,在金融活动中广泛应用信息技术,外汇管制也逐步放宽,所有这一切都大大推动了金融业的服务贸易。

(2) 保险服务。

保险服务的职能是为保险单持有者提供特定时期内对特定风险的防范及其相关的服务,如风险分析、损害预测咨询和投资程序。保险服务贸易既包括非确定的保险者,也包括常设保险公司的国际交换。目前,保险服务贸易主要体现在常设保险公司的业务。

(3) 国际旅游和旅行服务。

旅游服务贸易为国内外的旅行者提供旅游服务,国际旅游服务贸易主要是指为国外旅行者提供旅游服务。旅游贸易包括个人的旅游活动,也包括旅游企业的活动。其范围涉及旅行社和各种旅游设施及客运、餐饮供应、住宿等,它与建筑工程承包、保险和数据处理等服务有直接联系,它与国际空运的联系极其密切,在国际服务贸易中的比重较大。

(4) 空运和港口运输服务。

空运与港口运输服务是一种古老的服务贸易项目,一般的货物由班轮、集装箱货轮、定程或定期租轮运输,特殊的商品通过航空、邮政、陆上运输。港口服务与空运服务密不可分,它包括港口货物装卸及搬运服务。

(5) 建筑和工程服务。

这类服务包括基础设施、工程项目建设、维修和运营过程的服务,其中还涉及包括农业工程和矿业工程的基础设施和仪器仪表的生产和服务、专业咨询服务和与劳动力移动有关的服务。这类服务贸易一般要受到各国国内开业权的限制,并与经济波动、政策和各国产业政策、投资规划等引起的波动有密切关系。政府部门是这类服务的主要雇主,这类服务一般涉及政府的基础设施与公共部门投资项目。

(6) 专业(职业)服务。

这类服务主要包括律师、医生、会计师、艺术家等自由职业的从业人员提供的服务,以及在工程、咨询和广告业中的专业技术服务,国际专业(职业)服务贸易的层次性较强,在不同层次交易水平不同。目前主要有以下层次:①由个人承担的专业服务;②由国际专业服务企业承担的专业服务;③作为国际多边集团经营的一部分专业服务;④发达国家雇用发展中国家的企业承包工程项目的专业服务。

专业服务形式多种多样，可以通过服务提供者与消费者直接面对面地进行交换，也可通过间接的销售渠道，如电信渠道进行交换，或通过某些机构、联盟或在海外的常驻代表把这种服务提供给消费者。专业服务的发展较迅速。

(7) 信息、计算机与通信服务。

这类服务涉及三种主要方式。

信息服务。这一服务如数据搜集服务、建立数据库和数据接口服务，并通过数据接口在电信网络中进行数据信息的传输等。

计算机服务。这一服务如数据处理服务，服务提供者使用自己的计算机设备满足用户的数据处理要求，并向服务消费者提供通用软件包和专用软件等。

电信服务。这一服务包括基础电信服务，如电报、电话、电传等，以及综合业务数据网提供的智能化的电信服务等。电信服务的质量和水平受电信基础设施的影响。这类服务发达国家占有绝对优势。

上述分类方法以"行业"为核心，其本质涉及输出业务的范围和供求双方业务的深度和广度。各国生产要素在海外活动的收益和范围体现在各国出口的各种服务之中，所以，提供的服务范围越广泛，服务分工越细，供应方的收益也越大。从这种角度分析，采用这类分类方法是比较合适的。这与关税与贸易总协定乌拉圭回合服务贸易谈判小组的划分有类似之处。

4) 以服务对象为标准分类

按服务对象是生产者还是消费者，可将服务分为生产者服务和消费者服务。

生产者服务在其理论内涵上，是指市场化的非最终消费服务，亦即作为其他产品或服务生产的中间投入的服务。在我国，生产者服务又被称为"面向生产的服务"或"生产性服务"。在外延上，生产者服务是指相关的具体生产性服务产业与贸易。

消费者服务在其理论内涵上，是指市场化的最终消费服务，亦即作为最终产品或服务生产的最终消费的服务。对于以服务最终消费反映的消费者服务来说，在外延上，消费者服务是指相关的具体消费性服务产业与贸易。在我国，消费者服务又被称为"面向消费者的服务"。

生产性服务是指直接或间接为生产过程提供中间服务的服务性产业，它涉及信息收集、处理、交换的相互传递、管理等活动，其服务对象主要是商务组织和管理机构，其范围主要包括仓储、物流、中介、广告和市场研究、信息咨询、法律、会展、税务、审计、房地产业、科学研究与综合技术服务、劳动力培训、工程和产品维修及售后服务等。

消费性服务是指直接或间接为消费者提供最终服务的服务性产业，如商贸服务业、旅游业、餐饮业、市政公用事业、社区服务业、房地产等都属于消费性服务业。

5) 以要素密集度为标准分类

根据商品贸易中所密集使用某种生产要素的特点，有的经济学家按照服务贸易中对资本、技术、劳动力投入要求的密集程度，将服务贸易分为以下几种。

(1) 资本密集型服务贸易。这类服务包括空运、通信、工程建设服务等。

(2) 技术与知识密集型服务贸易。这类服务包括银行、金融、法律、会计、审计、信息服务等。

(3) 劳动密集型服务贸易。这类服务包括旅游、建筑、维修、消费服务等。

这种分类以生产要素密集程度为核心，涉及产品或服务竞争中的生产要素，尤其是当代高科技的发展和应用问题。发达国家资本雄厚，科技水平高，研究与开发能力强，它们主要从事资本密集型和技术、知识密集型服务贸易，如金融、银行、保险、信息、工程建设、技术咨询等。这类服务附加值高，产出大。相反，发展中国家资本短缺，技术开发能力差，技术水平低，一般只能从事劳动密集型服务贸易，如旅游、种植业、建筑业及劳务输出等。这类服务附加值低、产出小。

因此，这种服务贸易分类方法从生产要素的充分合理使用以及各国以生产要素为中心的竞争力分析，是有一定价值的。不过，现代科技的发展与资本要素的结合更加密切，在商品和服务中对要素的密集程度的分类并不是十分严格的，也很难加以准确无误地区别，更不可能制定一个划分标准。

6) 以商品为标准分类

关税与贸易总协定乌拉圭回合服务贸易谈判期间，1988年6月谈判小组曾经提出依据服务在商品中的属性进行服务贸易分类，据此服务贸易分为以下几种。

(1) 以商品形式存在的服务。这类服务以商品或实物形式体现，例如：电影、电视、音响、书籍、计算机及专用数据处理与传输装置等。

(2) 对商品实物具有补充作用的服务。这类服务对商品价值的实现具有补充、辅助功能，例如：商品储运、财务管理、广告宣传等。

(3) 对商品实物形态具有替代功能的服务。这类服务伴随有形商品的移动，但又不是一般的商品贸易，不像商品贸易实现了商品所有权的转移，只是向服务消费者提供服务。例如：技术贸易中的特许经营、设备和金融租赁及设备的维修等。

(4) 具有商品属性却与其他商品无关联的服务。这类服务具有商品属性，其销售并不需要其他商品补充才能实现，例如通信、数据处理、旅游、旅馆和饭店服务等。这种分类将服务与商品联系起来加以分析，事实上，从理论上承认"服务"与"商品"一样，既存在使用价值，也存在价值，与商品一样能为社会生产力的进步作出贡献。服务的特殊性就在于它有不同于商品的"无形性"，但是，这种"无形性"也可以在一定形式下以商品形式体现。

7) 以是否伴随有形商品贸易为标准分类

以是否伴随有形商品贸易为标准，服务贸易可分为以下几种。

(1) 国际追加服务贸易。

国际追加服务贸易是指服务是伴随商品实体出口而进行的贸易。对消费者而言，商品实体本身是其购买和消费的核心效用，服务则是提供或满足了某种追加的效用。在科技革命对世界经济的影响不断加深和渗透的情况下，这种追加服务对消费者消费行为的影响，特别是所需核心效用的选择是具有深远影响的。

在追加服务中，相对较为重要的是国际交通、运输和国际邮电通信。它们对于各国社会分工、改善工业布局与产业结构调整、克服静态比较劣势、促进经济发展是一个重要因素。特别是不断地采用现今的科学技术，促使交通运输和邮电通信发生了巨大的变化，缩短了经济活动的时空距离，消除了许多障碍，为全球经济的增长日益发挥着重要作用，也成为国际服务贸易的重要内容。

第 14 章 国际服务贸易

(2) 国际核心服务贸易。

国际核心服务贸易是指与有形商品的生产和贸易无关,作为消费者单独所购买的、能为消费者提供核心效用的一种服务。

国际核心服务贸易根据消费者与服务提供者距离远近可分为以下两种。

面对面型服务贸易。它是指服务供给者与消费者双方实际接触才能实现的服务实际接触方式可以是供给者流向消费者,可以是消费者流向供给者,或是供给者与消费者双方的双向流动。

远距离服务贸易。它不需要服务供给者与消费者实际接触,一般需要通过一定的载体方可实现跨国界服务。例如,通过通信卫星作为载体传递进行的国际视听服务,其中包括国际新闻报道、国际文体活动和传真业务等。

2. 世界贸易组织对服务贸易的分类

跨越国界所进行的服务交易,若依照世界贸易组织(World Trade Organization,WTO)服务部门分类(W/120)方法,将服务贸易分为12大部门和150多个分部门:①商业性服务;②通信服务;③建筑服务;④销售服务;⑤教育服务;⑥环境服务;⑦金融服务;⑧健康及社会服务;⑨旅游及相关服务;⑩文化、娱乐及体育服务;⑪交通运输服务;⑫其他未包括的服务。

这12项服务业又可细分为156项子服务行业(见表14-1)。由于这类分类法被世界贸易组织认可,因而具有权威性,被广泛推广。

表14-1 世界贸易组织的服务部门分类

部 门	涵盖的分部门
1.商业性服务	专业性(包括咨询)服务;计算机及相关服务;研究与开发服务;不动产服务;设备租赁服务
2.通信服务	邮政服务;快件服务;电信服务;视听服务
3.建筑服务	建筑物的一般工作;民用工程的一般建筑工作;安装与装配工作;建筑物的完善与装饰工作等
4.销售服务	代理机构的服务;批发贸易服务;零售服务;特约代理服务;
5.教育服务	初等教育服务;中等教育服务;高等教育服务;成人教育服务;其他教育服务
6.环境服务	污水处理服务;废物处理服务;卫生及其相关服务;其他环境服务
7.金融服务	银行及其他金融服务;保险及有关服务等
8.健康及社会服务	医院服务;其他人类健康服务;社会服务;其他健康与社会服务
9.旅游及相关服务	宾馆与饭店;旅行社及旅游经纪人服务社;导游服务等
10.文化、娱乐及体育服务	娱乐服务;新闻机构服务;图书馆、档案馆、博物馆及其他文化服务;体育及其他娱乐服务
11.交通运输服务	包括海运服务;内河服务;空运服务;空间服务;铁路运输服务;公路运输服务;管道运输,包括燃料运输和其他物资运输服务;所有运输方式的辅助性服务,包括货物处理服务、存储与仓库服务、货运代理服务及其他辅助性服务
12.其他未包括的服务	

以上部门大致可以归纳为 20 个领域：①国际运输，包括卫星发射服务；②跨国银行和国际性融资机构的服务及其他金融服务；③国际保险与再保险；④国际信息处理和传递；⑤国际咨询服务；⑥海外工程承包和劳务输入；⑦国际电讯服务；⑧跨国广告和设计；⑨国际租赁；⑩售后维修、保养和技术指导等服务；⑪国际视听服务；⑫国际间会计师、律师和法律服务；⑬文教卫生和国际交往服务；⑭国际旅游；⑮跨国商业批发和零售服务；⑯专门技术和技能的跨国培训；⑰长期和临时性国际展览与国际会议及会务服务；⑱国际仓储和包装服务；⑲跨国房地产建筑销售和物业管理服务；⑳其他官方或民间提供的服务，如新闻、广告、广播、影视等。

3. 国际货币基金组织对服务贸易的分类

国际货币基金组织按照国际收支统计将服务贸易分为以下四类。

民间服务(或称商业性服务)，是指 1977 年国际货币基金组织编制的《国际收支手册》中的货运，其他运输、客运、港口服务等，旅游；其他民间服务等。进一步分类如下：①货运：运费、货物保险费及其他费用；②客运：旅客运费及有关费用；③港口服务：船公司及其雇员在港口的商品和服务的花费及租用费；④旅游：在境外停留不到一年的旅游者对商品和服务的花费(不包括运费)；⑤劳务收入：本国居民的工资和薪水；⑥所有权收益：版权和许可证收益；⑦其他民间服务：通信、广告、非货物保险、经纪人、管理、租赁、出版、维修、商业、职业和技术服务。

一般我们把劳务收入、所有权收益、其他民间服务统称其他民间服务和收益。

投资收益，是指国与国之间因资本的借贷或投资等所产生的利息、股息、利润的汇出或汇回所产生的收入与支出。

其他政府服务和收益，是指不列入上述各项的涉及政府的服务和收益。

不偿还的转移，是指单方面的(或片面的)、无对等的收支，即意味着资金在国际间移动后，并不产生归还或偿还的问题，因而，又称单方面转移，如单方面的汇款、年金、赠予等。根据单方面转移的不同接受对象，又分为私人转移与政府转移两大类。政府转移主要是指政府间的无偿经济技术或军事援助、战争赔款、外债的自愿减免、政府对国际机构缴纳的行政费用以及赠予等收入与支出。

综上所述，无论国际服务贸易的定义与分类从何种角度出发，国际服务贸易都存在着人员、资本、信息以不同形式的跨国界移动，或在一定形式下存在于商品跨国界移动中。

14.2.3 国际服务贸易的特点

国际服务贸易作为非实物劳动成果的交易，与实物产品贸易进行对比，通常表现出如下特点。

第一，服务商品的不可感知性或贸易标的无形性。

这是服务贸易的最主要特征。由于服务要素所提供的服务产品，很多都是无形的，即服务产品在被购买之前，不可能去品尝、感觉、触摸、观看、听见或嗅到"服务"，所以大部分服务产品属于不可感知性产品，消费者对它们的价值量很难评估，因为即使在消费或享用之后，顾客也无法根据消费经验感受到这种产品所带来的效用，只能是通过服务者提供的介绍和承诺，并期望该服务确实给自己带来好处。另外，由于服务是无形的，是生产

第14章 国际服务贸易

与消费同时完成的过程,没有一个有形的、独立的存在形式,因此,海关人员无法在关境口岸发现服务的进口与出口,服务贸易也就无法正常地被纳入海关统计中。因此,不能利用关税或配额保护本国的服务业。

第二,国际服务贸易的生产和消费过程具有同步性。

实物产品贸易从其生产、流通,最后到消费的过程,一般要经过一系列的中间环节,比如,卖方要将货物交给承运商,承运商要委托船务(海洋运输)公司进行托运,最后由承运商交给买方,这中间存在着一系列复杂的过程(如保险、装运、适用的价格术语及索赔等问题)。而服务贸易与之不同,它具有不可分离的特征,即服务的生产过程与消费过程同时进行(如医生给患者看病)。服务发生交易时间,也就是消费者消费服务的时刻,这两个过程同时存在,不可分割。同时,顾客在消费服务产品的时候,必须或者只有加入到服务的生产过程中,才能最终消费到服务,而且这种服务特征随着科学技术的发展,全球一体化进程的加快,越来越显示出国际化的趋势。这种不可分离性特征是服务贸易的另外一个主要特征。

第三,贸易主体地位的多重性。

服务的卖方就是服务产品的生产者,并以消费过程中的物质要素为载体提供相对应的服务。服务的买方往往就是服务的消费者,并作为服务生产者的劳动对象直接参与服务产品的分享过程。

第四,服务贸易市场的高度垄断性。

国际服务贸易在发达国家和发展中国家表现出较为严重的不平衡性,这当然是与服务市场所提供的服务产品受各个国家的历史特点、区域位置及文化背景等多种因素的影响有关。例如,医疗工程、网络服务、航空运输及教育等直接关系到国家的主权、安全和伦理道德等敏感领域,也许就会受到外界(制度)或自身(内省)的限制。因此,国际服务贸易市场的垄断性较强,表现为少数发达国家对国际服务贸易的垄断优势,与发展中国家的相对劣势。另外,对国际服务贸易的各种壁垒也比商品贸易多 2000 多种,从而严重阻碍了国际服务商品进行正常地交易。

第五,贸易保护方式具有隐蔽性。

由于服务贸易标的物的特点,各国无法通过统一国际标准或关税进行限制,更多地采用国内的政策、法令的改变进行限制,如市场准入制度,对于贸易出口国或进口国进行限制或者是非国民待遇等非关税壁垒形式。

第六,国际服务贸易的约束条例相对灵活。

GATS 条款中规定的义务分为一般性义务和具体承诺义务。一般性义务适用于 GATS 缔约国所有服务部门,不论缔约国这些部门是否对外开放,都有对其的约束力,包括最惠国待遇、透明度和发展中国家更多参与。具体承诺义务是指必须经过双边或多边谈判达成协议之后才承担的义务,包括市场准入和国民待遇,且只适用于缔约方承诺开放的服务部门,不适用于不开放的服务部门。对于市场准入来说,GATS 规定可以采取循序渐进,逐步自由化的办法;允许缔约方初步进行承诺,并提交初步承诺书,然后再进行减让谈判,最后达到自由化。对于国民待遇来说,GATS 规定允许根据缔约方自身的经济发展水平选择承担国民待遇义务。总之,GATS 对于服务贸易的约束是具有一定弹性的。

第七,服务产品的营销管理具有更大的难度和复杂性。

无论从国家宏观方面,还是微观方面,国际服务产品的营销管理与实物产品的营销管理比较具有较大的难度与复杂性。从宏观层面上讲，国家对服务进出口的管理，不仅仅是对服务产品载体的管理，还必须涉及服务的提供者与消费者的管理，包括劳动力服务要素的衣、食、住、行等各项活动的管理，具有复杂性。另外，约束国家对服务形式采取的管理方式主要通过法的形式加以约束，但是立法具有明显的滞后性，很难紧跟形势发展的需要。从微观层面上讲，由于服务本身的特性，使得企业在进行服务产品营销管理过程中经常会受到不确定性因素的干扰，控制难度较大。如前所述，由于服务产品质量水平的不确定性，服务产品不可能做到"三包"。再如，商品贸易可以通过供需关系的协调，使其达到供需平衡，从而使消费者与生产者达到均衡；而服务贸易就不可能通过时间的转换来完成或解决供需矛盾，实现供需平衡。

随着科学技术的发展，全球经济一体化、自由化趋势的到来，国际服务贸易将会呈现出更多的特点，同样也会给服务产品的生产者、消费者带来机遇，同时也带来挑战。

14.2.4 国际服务贸易的统计

国际服务贸易统计是随着服务贸易的产生发展而建立的。但由于服务贸易自身所具有的不同于货物贸易的特点以及各国服务贸易发展水平和统计状况的不同，长期以来一直缺乏统一的服务贸易概念和统计标准，这使得国际服务统计问题始终困扰着理论研究专家和世界贸易组织各国谈判代表。目前在有关领域，一是缺乏统一的服务贸易统计体系，二是对已有的统计数据缺乏系统的收集和整理，使许多研究成果的科学性受到了一定的质疑，也影响了各国政府与企业的正确决策。

按照 GATS 对服务贸易的定义，服务贸易有四种方式，即跨境供应、境外消费、商业存在和自然人流动。一般来说，方式 1、方式 2、方式 4 的贸易额通过 BOP(国际收支平衡表)统计反映出来，而方式 3 通过外国附属机构服务贸易(Foreign Affiliates Trade in Serices，FATS)统计反映出来(见表 14-2)。目前仅有少数国家(美国等 OECD 国家)能够实现 FATS 统计。

表 14-2　四种方式所包含的统计数据

方式	统计范围
方式 1：跨境供应	BPM5：运输(大部分)，通信服务，保险服务，金融服务，特需使用费和许可费组成部分：计算机和信息服务，其他商业服务，个人、文化及娱乐服务
方式 2：境外消费	BPM5：旅行(不包括旅行者购买的货物)，在外国港口修理船只(货物)、部分运输(在外国港口对船只进行支持和辅助服务)
方式 3：商业存在	FATS：FATS ICFA 各类别 BPM5：部分建筑服务
方式 4：自然人移动	BPM5：部分计算机和信息服务，其他商业服务，个人、文化及娱乐服务，建筑服务 FATS(补充信息)：外派到国外附属机构的就业 BPM5(补充信息)：与劳务有关的流量 其他来源：移民、就业的统计

资料来源：UN at al. (2002). Manual on Statistics of International Trade in Services：24.

统计学家从国民收入、国际收支平衡为出发点，将服务出口定义为将服务出售给其他国家的居民；服务进口则是本国居民从其他国家购买服务。"居民"是指按所在国法律，基于居住期、居所、总机构或管理机构所在地等负有纳税义务的自然人、法人和其他在税收上视同法人的团体。各国按照自己的法律对"居民"有不同的定义。从统计的意义看，"居民"通常被定义为在某国生活三个月以上的人，也有的国家认为至少生活五年以上的人才能成为居民。"贸易"是销售具有价值的东西给居住在另一国家的人，"服务"是任何不直接生产制成品的经济活动。

另外，服务可定义为一系列产业、职业、行政机关的产出。空运业、银行业、保险业、旅馆业、餐饮业、理发业、教育、建筑设计与工程设计、研究、娱乐业、按摩院、旅游业与旅游代理、计算机软件业、信息业、通信业、医疗与护理、印刷、广告、租赁、汽车出租服务等。因此，"国际服务贸易"定义为这些行业部门的产出品向其他国家居民的销售。

1. BPM5 所作的服务贸易统计

由于国际服务贸易发展迅速，形式多样、门类繁多，使得国际上对服务贸易统计的技术性问题相对滞后。WTO 秘书处认为，现存唯一的全球性服务贸易信息来源是国际货币基金组织的国际收支平衡表的数据，该数据来自各国中央银行和国内统计机构对国际货币基金组织呈交的报告。该组织从 1993 年开始启用了国际收支平衡表手册第 5 版(Balance of Payments Manual，BPM5)分类统计体系服务贸易进行专门统计。

BPM5 所作的服务贸易分类是目前国际上比较通行的服务贸易统计分类，但不是关于服务业的分类。各国目前的服务贸易统计体系主要就是根据 BPM5 所作的分类设立的，因此它也是唯一可以提供各国间比较研究数据的分类。已列入国际通行统计范围的服务贸易部门包括以下 11 个组成部分：运输服务；旅游服务；通信服务；建筑服务；保险服务；金融服务；计算机和信息服务；特许权使用和许可费用；其他商业服务；个人、文化和娱乐服务；别处未包括的政府服务。但该体系与各国现有统计项目完全吻合的情况很少，这预示着近期内全球性的服务贸易统计信息还会有很多缺陷。这一统计上的缺陷尤其会影响分销服务和金融服务项目。

世界各国虽然对服务贸易有各自的统计方式，但由于经济发展水平不同、服务门类划分等差异，统计方式也千差万别。国际收支统计申报具有自身独有的数据资源优势，为今后进行服务贸易相关分析奠定了坚实的基础。

2. 外国附属机构服务贸易统计(FATS)

随着跨国投资和经济全球化的发展，以"商业存在"方式提供的服务贸易，即外国附属机构服务贸易越来越重要，并且已超过 BOP 口径的服务贸易。由此，外国附属机构服务贸易统计(FAT 统计)在国际服务贸易统计中的作用也越来越重要。

在国际服务贸易统计手册中，外国附属机构的国内销售额包含在国际服务贸易之中。但是由于外国附属机构是东道国中的居民实体，因此外国附属机构在东道国的销售额未被记录在国际收支账户中，这些销售额只与居民和非居民之间的交易有关。设计 FATS 的目的就是要获得这样的信息，以便对全球化的方方面面作出评估。

FATS 统计(外国附属机构贸易统计)，既包括对从事服务贸易企业的统计，也包括对从事货物贸易企业的统计。FATS 统计反映了外国附属机构在东道国发生的全部商品和服务交易情况，包括与投资母国之间的交易，与所有东道国其他居民之间的交易，以及与其他第三国之间的交易，核心是其中的非跨境商品和服务交易。

对任何一国来说，直接投资都是双向的，既有外国在本国的直接投资，也有本国在外国的直接投资。这种投资的双向流动反映在统计上，就形成了 FATS 的内向统计和外向统计。就报告国而言，记录外国附属机构在本国的交易情况的统计，称为内向 FATS 统计；记录本国在国外投资形成的附属机构在投资东道国的交易情况的统计，称为外向 FATS 统计

FATS 统计呈现出的特点主要有：从统计范围看，FATS 统计实际上包括了外国附属机构的全部交易——跨境交易和非跨境交易，但核心是非跨境交易，即企业的国内销售。从统计对象看，只有对方绝对控股并能控制的企业，亦即外方投资比例在 50%以上的企业才列入 FATS 统计范围，这与直接投资统计的对象不同，后者以外资比重达到 10%以上为标准，我国是 25%。从统计内容上看，FATS 统计既包括投资的流量和存量，也包括企业经营状况和财务状况，以及对东道国的影响，但最主要的内容是企业的经营活动状况。从统计作用来看，FATS 统计弥补了国际商品贸易统计、跨境服务贸易统计和外国直接投资统计的不足，将外资企业的生产和服务提供对贸易流动的影响，以及由此产生的利益流动反映出来。

当然，FAT 统计制度也有其自身的缺陷，比如：统计过程中调查回收率低；调查覆盖面不均；统计方法创新性不够等。

中国目前在涉及双边国际服务贸易统计(ITRS)和 FATS 的服务贸易统计上仍然滞后。从我国的国际收支平衡表的项目设置看，一些项目国务院其他部委也进行了统计，如货物贸易有海关统计，外商直接投资有商务部统计，旅游外汇收入有旅游局统计。但是，还有一些项目统计是国际收支统计申报所独有的，特别是在服务贸易统计方面。服务贸易分为运输、旅游、通信服务、建筑服务等具体项目。到目前为止，除旅游收入外，其他各个方面对外收支的完整统计，只有在国际收支统计申报的数据中才能找到。由于我国的服务业整体还不发达，尽管服务贸易收支长期处于逆差状态，但未对国际收支整体形势产生大的影响。因此，服务贸易各具体项目的对外收支状况尚未引起人们的广泛关注。

我国正在积极建立国际服务贸易统计制度，并力图使之具有统计标准国际化、统计范围全面化和统计方法综合化的特点。统计数据来源以国际收支间接申报制度为基础，范围包括运输、保险、旅游、金融服务、通信和邮电、建筑安装和劳务承包、计算机和信息服务、专有权使用费和特许费、咨询、教育医疗保健、广告宣传、电影音像、其他商业服务 13 个大类，涵盖了服务贸易的所有行业，从而能够比较全面地反映我国国际服务贸易的发展状况。

14.2.5 国际服务贸易的发展趋势

1. 国际服务贸易的产生与发展

国际服务贸易是伴随着资本主义生产方式的出现而产生的，并且随着资本主义商品经济的不断发展而发展。最初的国际贸易只限于货物贸易，服务贸易只是作为货物贸易的延伸，如航运业就是较早出现的服务贸易行业，而航运业是在资本主义生产方式准备时期随

着新大陆的发现而兴起的。此后,以大规模的奴隶贩运为特点的殖民扩张并伴随着欧洲向北美大规模的移民,形成了国际间劳动力要素移动的第一个高潮,出现了带有殖民色彩的国际劳务贸易。在资本主义自由竞争时期,除航运业等传统服务行业外,铁路运输、金融、保险、通信等服务行业也随着货物贸易的迅速发展而有了长足的进步。第二次世界大战以后,特别是20世纪60年代以来,国际服务贸易迅速发展,尤其到了90年代,国际服务贸易迅猛增长,不仅表现在市场规模的扩大,同时也表现在国际服务贸易市场的透明度、自由度、开放度不断增加,市场规则日趋完善。

2. 国际服务贸易的发展趋势

服务贸易作为世界贸易的组成部分,发展尤为迅速。进入20世纪90年代后,服务贸易由原来作为货物贸易的补充一跃成为独立、重要的贸易方式,并成为各国贸易竞争的新领域。目前,发达国家在世界服务贸易中占绝对优势,尤其是在金融、电信、设计咨询、软件开发等知识密集型领域更是胜出一筹,未来世界服务贸易将会如火如荼地发展。

第一,国际服务贸易自由化与贸易壁垒并存。

国际服务贸易自由化进程不断加快,领域也日益扩展。为顺应近年来波及全球化的潮流,世界贸易组织在成立后的几年中继续努力推动有关服务贸易自由化的进程。经过乌拉圭回合的艰苦谈判和各方的反复磋商,1994年终于达成并签订了《服务贸易总协定》,第一次为服务贸易的自由化提供了体制上的安排与保障。今天,服务贸易自由化的趋势遍及各个传统服务部门和新兴服务行业,从商业、贸易、旅游、运输、工程承包和劳务输出,到信息、金融、保险、法律、咨询、经纪、通信等各种专业服务,都成为各国谈判和扩大市场准入的对象。

与此同时,随着服务贸易的迅速发展,该领域的竞争加剧,保护主义盛行。为了保护本国的服务业,各国纷纷采取诸如入境限制、技术标准、外汇管制等非关税壁垒措施。一些敏感性领域,如金融、保险、通信以及航空运输等,往往关系到服务贸易输入国的主权和安全,各国尤其对其进口进行限制。

第二,跨国公司成为国际服务贸易的主体。

和货物领域一样,跨国公司在资金、技术和信息上的巨大优势以及在全球范围内配置资源的经营规模,使其在服务贸易领域占据主导地位。由于新兴服务业的知识化和信息化特征,服务业跨国公司比制造业跨国公司的资本密集度更高,技术优势更强,也更易形成世界市场的垄断局面。目前,与跨国公司经营有关的只是产权交易额和国际性经营服务(包括教育、人才培训、金融、保险服务、通信服务、计算机数据加工处理、信息服务等)的出口额已占世界出口额的一半左右,跨国公司垄断了国际技术创新的70%～80%和国际技术贸易的90%。在未来的服务贸易中,跨国公司的主体地位将进一步加强。

第三,世界贸易格局逐渐变化,区域内服务贸易日益活跃。

由于WTO的推动作用和各国经济相互依赖的加强,未来区域内服务贸易的自由化将与多边贸易体系下的服务贸易自由化并行发展。当今蓬勃兴起的自由贸易区就是如此。

第四,以知识经济为特征的新的服务贸易方式和新产品方兴未艾。

以科学技术为基础的知识经济正深刻地改变着世界,信息和通信技术在知识经济的发展过程中处于中心地位。以知识经济为核心的新的服务贸易方式和贸易产品方兴未艾,将成为未来贸易的重要内容。不仅如此，现代农业和制造业也呈现了"业务服务化"趋势。

当代信息技术的发展使电子商务成为新的贸易方式。这种方式不受地域和时间的限制，并且可以全天候地进行，节省了大量的贸易成本。电子商务不仅能加快信息的反馈速度，降低成本，提高服务贸易运作效率，而且在激烈的市场竞争中还可以提供更有利于企业的服务贸易机会和条件。信息技术和信息化手段已成为世界服务和货物贸易分工发展的加速器、提高贸易效益的裂变器。进入21世纪，通过无纸贸易达成的交易额已达数千亿美元。以知识经济为特征，包括信息、金融、技术和专业能力等在内的知识性服务业和服务贸易将逐渐成为贸易的主要内容，在未来贸易中的比重将会越来越大。知识经济的发展使服务贸易的发展如虎添翼，在全球贸易中的地位越来越重要。

第五，服务业成为全球对外直接投资最主要的行业。

在贸易和投资的自由化趋势下，服务业成为全球对外直接投资最主要的行业，市场竞争日趋激烈，WTO经济全球化迅速发展，并体现为贸易、投资和金融的自由化。这同时也是WTO的宗旨和努力方向。在未来若干年内，WTO在监督实施乌拉圭回合协议的基础上将继续进行有关服务贸易领域的后续谈判，还将对投资、竞争、环境、政府采购、贸易促进及劳工标准等新议题进行谈判，并制定出相应的规则。

第六，全球服务外包发展趋势日益明显。

服务外包，又称离岸服务外包，是指跨国公司将本来自身执行的非核心服务生产职能，通过建立可控制的离岸中心或国外分公司，包给境外第三方服务供应商去完成。全球服务外包发展趋势日益明显，并呈现出交易规模扩大、业务范围拓宽、离岸方式强化的特点。

服务外包具有以下特点。

- 外包的金额越来越大，外包的职位越来越多。目前白领工作流向较低劳动力成本国家的数量急剧增加。波士顿一家咨询公司估计，在过去3年里，美国有40多万个白领服务业工作岗位被转移到海外。
- 信息技术及网络技术的发展使服务外包所需的技术知识水平提高。全球知识型服务外包兴起，许多公司不仅将数据输入、文件管理等低端服务转移，而且还将风险管理、金融分析、研发等技术含量高、附加值大的业务外包出去。
- 参与的国家、企业等群体增多。目前服务外包不仅局限于发达国家和一些大公司，许多发展中国家和一些中小企业甚至个人，为了降低成本也将部分业务外包出去，外包的客户范围不断延伸。与此同时，外包的承接国家也越来越多，一些发展中国家纷纷参与到承接国际服务外包的行列中来，如印度、中国、俄罗斯、韩国、菲律宾、泰国、越南、柬埔寨、马来西亚、委内瑞拉、孟加拉国等。
- 由于一些发展中国家教育水平较高，而工资水平较低，致使越来越多的外包以离岸的方式进行。如通用公司(GE)提出公司外包业务的70%采用离岸模式。著名的管理咨询公司麦肯锡预测，今后5年内，美国白领工作的离岸外包将增长30%。

国际服务外包的兴起与发展，是市场竞争和高新科技推动的结果，也与发展中国家投资条件改善有关。原因在于：其一，生产的国际化带动了服务的国际化。其二，以IT为主的高新技术的发展使服务外包成为可能。服务贸易的电子化使得协调外包日益便宜和便利，且原来非贸易的服务变得可以交易，这意味着服务生产可根据各地区的比较优势和竞争力在远离公司母国的其他地区实现国际布局，国际外包大幅增长成为可能。其三，全球服务贸易自由化不断加深，为服务业转移提供了前提条件。其四，服务业国际竞争日益激烈推动的结果。其五，低成本和高核心竞争力是服务外包发展的内部动力。为应对日益激烈的国际竞争，发达国家的企业通过服务外包在全球范围寻求成本最小化和利润最大化。据美国麦肯锡全球研究所估计，同质同量的服务，外包到发展中国家平均可降低成本60%～75%。其六，发展中国家创造了吸引国际服务外包的有利条件，主要包括：拥有大量低工资、受过高等教育或专业训练又熟悉外国客户语言和文化的熟练劳动力；建立了可靠快速的信息网络基础设施；有较健全的法律体系，特别是保护知识产权的法律体系；政府对承接服务外包的公司提供优惠政策等。其七，跨国公司成为国际服务外包的主要实施者和推动者。

3. 国际服务贸易对各国经济发展起到了推动作用

第一，通过国际服务贸易，各国可以充分发挥国际分工的作用，利用国际资源发展经济。国际分工促进国际服务贸易的发展，国际服务贸易的发展反过来又促进国际垂直分工和水平分工的深化和扩大。通过按比较成本的法则进行国际服务贸易，使各国的服务优势能够互补，扬长避短，两优取其更优，两劣取其次劣，使各国的资源在世界范围内得到有效的配置，节约社会劳动，取得国际分工的利益。

第二，世界服务贸易成为国民经济发展的重要调节手段。服务贸易发展至今，已经不是传统意义上的服务交换，它已经成为国际生产要素如资本和劳动力流动的渠道，并且具有信息、技术、金融再分配功能，它可以吸收、反馈信息，是技术转让的重要渠道。正因为如此，它对国民经济起着调节器的作用。从一个国家的角度看，要取得经济的发展，一方面要利用国内一切条件，另一方面要积极参与世界经济流通，利用国际的一切有利因素。通过国际范围的服务交换，调节国内供需不足或过剩，满足人民提高物质生活水平的需要，改进国内扩大再生产时国民经济各方面的比例关系。

第三，通过国际服务贸易，各国可以实现本国生产商品和服务的价值和增值，扩大积累和增加外汇收入。同时国家对进出口贸易征收关税和其他各种有关费用，也是财政收入的一个重要来源。利用补偿、租赁、信贷等贸易形式也是筹集资金的一种可行途径。

第四，通过国际服务贸易，各国可以利用国际技术转移、扩散的好处，吸引先进技术，提高劳动生产率，同时，由于生产部门和非生产部门都参与国际竞争，从而产生提高技术、改进管理的紧迫感。

第五，通过国际服务贸易可以促进国内产业结构和经济结构的完善和升级，从而可以扩大市场范围和生产规模，获得经济规模效益。

14.2.6 国际服务贸易总协定

1.《服务贸易总协定》的产生

《服务贸易总协定》的产生是世界经济一体化和贸易自由化的必然结果。第二次世界大战后，第三次科技革命成果的技术应用极大地推动了生产力的发展。发达国家的产业结构不断优化，第三产业在整个国民经济中的比重日益提高，在国际贸易中处于领导地位，客观上要求排除服务贸易市场准入的障碍，制定适用于服务贸易的基本原则和主要规则，并逐步进行服务贸易自由化的市场准入的谈判。

1962年,经济合作与发展组织制定了"经常项目下的非贸易自由化守则"与"资本转移自由化守则",开始讨论服务贸易自由化问题。随后,经济合作与发展组织开始系统地研究服务贸易自由化的有关问题。

在1978年经济合作与发展组织的贸易委员会上,应美国要求进行了消除服务贸易壁垒的谈判。1979年开始建筑工程咨询、银行、保险和海运的谈判,谈判于1984年结束,明确了货物贸易最惠国待遇、国民待遇、透明度、市场准入原则,投资和设立等概念同服务贸易的关系。

1987年,经济合作与发展组织公布了"服务贸易概念框架的提要",强调适用于货物贸易的关贸总协定的一般原则和规则也同样适用于服务贸易。

1986年9月开始的"乌拉圭回合"部长级会议首次就服务贸易进行谈判,直至1993年12月5日达成《服务贸易总协定》(GATS)。1994年4月15日,117个国家和地区的代表在摩洛哥正式签署了这个协定,该协定于1995年1月生效,国际服务贸易规范体系正式建立。

2. 《服务贸易总协定》的基本内容

《服务贸易总协定》由三大部分组成:协定条款;部门协定,即附录;各国市场准入承诺清单,如表14-3所示。

表14-3 《服务贸易总协定》的主要组成部分

分 类	主要内容
第一部分	服务贸易总协定条款(共29条具体条款)
第二部分	附件(共8个) 包括:豁免附件;根据本协议自然人移动提供服务的附件;空运服务的附件;金融服务附件一;金融服务附件二;海运服务谈判附件;电信服务的附件;基础电信谈判附件。
第三部分	各国提交的具体承诺表(共94个)

其他有关文件有:关于体制安排和某些解决争端程序的部长决定;关于第十四条(六)款、关于基础电信、金融服务和专业服务的谈判;关于人员移动和海运服务的承诺谅解书。

3. 《服务贸易总协定》的部门协议

由于各国服务贸易的差异性,《服务贸易总协定》还对各服务部门做了专门的追加规定。

1) 关于提供服务的自然人的移动协议

根据《关于自然人移动谈判的部长会议决定》的安排,1995年各方就自然人跨国移动在提高开放承诺方面达成协议。该协议适用于各缔约方提供服务的自然人以及受雇于服务提供者的自然人,但不适用于寻找工作的自然人。它与公民权、居留和受雇等措施无关,就是说自然人的移动必须跟随提供服务,它有别于移民权。

2) 关于航空运输服务协议

关于航空运输服务协议规定了飞机的修理和保养服务、航空运输服务的推销、计算机储存系统服务的范围,同时,航空运输服务可以不遵守《服务贸易总协定》关于最惠国待

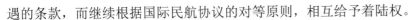

遇的条款，而继续根据国际民航协议的对等原则，相互给予着陆权。

3) 关于金融(含保险)服务协议

《金融服务承诺的谅解》有两个附件：第一个附件允许各缔约方政府根据谨慎的原则采取保护国内金融服务的措施，附件还对银行和保险的服务范围作出了规定；第二附件允许各参加方在《服务贸易总协定》生效4个月后的60天内列出其最惠国待遇的例外清单，并可改进、修改或撤销其减让表中的有关金融服务的承诺。

4) 关于电信服务协议

关于电信服务协议定义了电信服务的含义，承认这个部门的双重作用，它一方面是一个独特的经济部门，另一方面又是一种提供其他经济活动的基本方式。协议要求缔约方政府非歧视地给予外国服务提供者进入公共电信网的机会。

5) 关于海运服务协议

《关于海运服务谈判的决议》规定了海运服务的内涵，各方表示同意在《服务贸易总协定》生效后，再就海运服务部门进行谈判。在此之前，各参加方可以随意撤销其在该部门的承诺，无须给予补偿。

6) 减让表

各国在谈判初期作出了市场准入保证及国民待遇的约束，包括追加的约束。谈判结果记载在各国的减让表上，作为服务贸易协定的附录。1994年4月马拉喀什会议签署协议时，100多个国家提交了服务贸易减让表。

此外，乌拉圭回合及以后的谈判还达成了一些多边的国际服务贸易部门协议，如全球金融服务贸易协议、基础电信协议、关于海运业的国际服务协议、国际银行监管的巴塞尔协议、关于知识产权的国际协议、关于国际租赁的国际协议等。

4.《服务贸易总协定》的基本原则

1) 最惠国待遇原则

这是多边贸易体制的基础，也是多边服务贸易的基础。条款规定："关于本协定涵盖的任何措施，每一成员给予任何其他成员的服务和服务提供者的待遇，应立即和无条件地不低于它给予其他成员相同服务和服务提供者的待遇。"最惠国待遇原则上是无条件的，但关于最惠国待遇豁免的附件规定了例外处理，如GATS规定该待遇不适用于有关税收、投资保护和司法或管理协助的国际协议，也暂时不适用于《服务贸易总协定》附件中没有列入，而由其他国际协议管辖的具体部门。

2) 透明度原则

条款规定："除紧急情况外，每一成员应迅速公布有关或影响本协定运用的所有普遍适用的措施，最迟应在此类措施生效之时。一成员为签署方的有关或影响服务贸易的国际协定也应予以公布。"此条还规定应至少一年一度地对本国新法规或现存法规的修改作出说明介绍，并要求各成员建立一个或多个咨询点，以便尽快地回答其他成员的询问；任何成员都可以向他方通知另一成员所采取的影响《服务贸易总协定》执行的任何措施，绝对信息可以不透露。

3) 市场准入原则

这也是协定中的关键条款。条款规定在服务提供方式的市场准入方面："每一成员对任何其他成员的服务和服务提供者给予的待遇，不得低于其在具体承诺减让表中同意和列明的条款、限制和条件。"条款还明文规定"在作出市场准入承诺的部门，除非在其减让表中另有列明，否则一成员不得在其一地区或在其全部领土内维持或采取按如下定义的措施：①无论是以数量配额、垄断和专营服务提供者的形式，还是以经济需求测试要求的形式，限制服务提供者的数量；②以数量配额或经济需求测试要求的形式限制服务交易或资产总值；③以配额或经济需求测试要求的形式，限制服务业务总数或以指定数量单位表示的服务产出总量；④以数量配额或经济需求测试要求的形式，限制特定服务部门或服务提供者可雇用的、提供具体服务所必需且直接有关的自然人总数；⑤限制或要求服务提供者通过特定类型法律实体或合营企业提供服务的措施；⑥以限制外国股权最高百分比或限制单个或外国投资总额的方式限制外国资本的参与。"各成员应将与上述限制有关的各项措施列入承诺单，否则不能予以实施。条款中所列限制以外的任何其他限制，只要不是歧视性的，均不在协定所管辖范围之内。

4) 国民待遇原则

这也是协定中的主要条款之一。条款规定："对于列入减让表的部门，在遵守其中所列任何条件和资格的前提下，每一成员在影响服务提供的所有措施方面给予任何其他成员的服务和服务提供者的待遇，不得低于其给予本国同类服务和服务提供者的待遇。"

5) 发展中国家的更多参与

条款规定各成员应"通过谈判达成有关以下内容的具体承诺，以便利发展中国家成员更多地参与世界贸易：增强其国内服务能力、效率和竞争力，特别是通过在商业基础上获得技术；改善其进入分销渠道和利用信息网络的机会；以及在对其有出口利益的部门和服务提供方式实现市场准入自由化"。该条款包括三方面含义。

有关成员应作出一些具体承诺以促进发展中国家国内服务能力、效率和竞争力的增强；增加产品市场准入方面的自由度。

发达国家成员和在可能的限度内的其他成员，应在《服务贸易总协定》生效之日起两年内设立联络点，以便利发展中国家成员的服务提供者获取有关服务供给的商业和技术方面的信息。

发达国家给予特别优先，鉴于最不发达国家的特殊经济状况及其发展、贸易和财政需要，对于它们在接受谈判达成的具体承诺方面存在的严重困难应予特殊考虑。

这一条款对发展中国家具有积极意义。发展中国家可利用这一条原则要求发达国家更多地开放市场，特别是发展中国家占优势的劳动密集型产业，同时发展中国家可以合法地使用一些增强其服务能力的措施，如要求外国的服务提供者转让技术、协助管理等。

5. 《服务贸易总协定》的主要特点

《服务贸易总协定》是关贸总协定第八次谈判"乌拉圭回合"多边贸易谈判的新成果。GATS 将世界范围内的服务贸易置于一个多边的协议之内，对国际服务贸易和世界经济的发展产生了深远的影响。现阶段，还只是基本的、初级的贸易自由化框架，并具有自身的特色。

第一，一般性义务和具体承诺义务相结合。

《服务贸易总协定》规定了一般性义务和具体承诺义务两种形式的义务。一般性义务适用于各种服务部门，而不论成员方是否开放这些部门，包括最惠国待遇、透明度、发展中国家更多参与等条款；具体承诺义务时必须经过双边或多边谈判达成协议之后才承担的义务，这些义务只适用于承诺开放的服务部门而不适用于不承诺开放的部门，包括市场准入和国民待遇。但由于一般性义务要通过具体承诺的部门才能体现出来，而承诺开放的部门和开放的程度要由各缔约方经过谈判和磋商决定，这就使得《服务贸易总协定》的约束力相对较弱，促进服务贸易自由化的力度也相对较小。

第二，分部门、分交易方式进行谈判和承诺。

由于各国家、各部门的发展极不平衡，《服务贸易总协定》在结构上采用了分部门谈判的方法，以部门为单位进行谈判，逐步开放市场。这样使各国在开放市场的过程中可以先在那些分歧较小的部门中实现自由化，而将那些分歧较大的部门留待进一步谈判。

在承诺开放部门的细目表中，各成员国还可以选择特定形式的服务贸易进行自由化，也就是说，一个国家在其承诺开放的服务部门中，可以选择跨境交付、境外消费、商业存在和自然人移动这四种方式提供的服务全部开放，也可以选择只开放其中一种或几种，而对以其他方式提供的服务拒绝开放或附加某种条件。这样使各国能选择对本国最有利的服务贸易方式进行自由化，在谈判中能有更大的回旋空间，从而推动多边谈判的进展。

第三，正面列举开放部门和交易方式的减让细目表。

各成员国承诺开放的服务业部门和服务贸易方式是以细目表的方式正面列举的，也就是说，只有那些在减让表上承诺自由化的服务业部门和服务贸易方式时向国外的服务和服务提供者开放的，而除此之外的所有服务部门都是不开放的。这使得那些相对较容易开放的部门和交易方式首先实现自由化，而在此之后的服务贸易自由化进程将越来越难。许多国家对以商业存在形式提供的服务和服务提供者给予了最为宽松的政策，因为这种形式在最大程度上提供了当地化成分和国内附加值。

14.3 国际技术贸易

14.3.1 技术的含义、种类和特点

1. 技术的含义

联合国知识产权组织对技术(Technology)的定义如下："技术是指制造一种产品的系统知识，所采用的一种工艺，或提供的一项服务，不论这种知识是否反映在一项发明、一项外观设计、一项实用新型或者一种植物新品种，或者反映在技术情报或技能中，或者反映在专家为设计、安装、开办或维修一个工厂，或为管理一个工商企业或其活动而提供的服务或协助等方面。"由此可以看出，技术指的是：产品的制造方法，采用的工艺或提供的服务或技能；技术情报，又称为信息技术；设计、安装、开办、维修或管理工厂或工商企业的专门知识或服务等。

2. 技术的种类

技术常见的存在形式是在书面上，也存在于人的头脑中。技术的分类主要有以下几种。

1) 按技术的功能划分

(1) 产品技术。这是指技术被用于改变一项产品的特性，既可能是一个全新产品的发

明，也可能是局部产品设计上的改进。

(2) 生产技术。这是指技术被用于产品的制造过程。

(3) 管理技术。这是指整个研究、开发、生产、销售和服务活动的组织。

2) 按技术的表现形态划分

(1) 硬件技术。这种技术反映在产品中，具体体现为机器、设备或仪器，作为软件技术的实施手段。

(2) 软件技术。这是以书面形式记述，存在于各种载体之中，体现为计算机程序、设计图纸、工艺和方法等。

3) 按技术的产权特征划分

(1) 知识产权技术。这是指受专利法、版权法保护的具有法定专有权的专利技术、计算机软件技术等。

(2) 专有技术。这是指通常不受知识产权法保护，仅依靠其秘密性维持其专有权，但受到合同法、刑法或反不正当竞争法等法律的间接保护。

(3) 普通技术。这是指处于专利技术和专有技术之间的技术，包括超过时效的专利和专有技术之间的技术，包括超过时效的专利和已公开的技术。

4) 按技术的发展阶段划分

(1) 尖端技术或高技术。这是指在一定时期处于科学技术研究的前沿，代表该时期科学技术发展水平和发展方向的技术。

(2) 先进技术。这是指在一定时期内，国民经济生产部门尤其是新兴工业部门应用的技术。

(3) 传统技术或标准化技术。这是指在一定时期内，传统工业部门所广泛采用的垄断程度不高的技术。

3. 技术的特点

1) 技术是无形的知识

技术相对于物质产品而言，它是一种无形的、非物质性的知识，与物质产品有着本质的不同。技术只有当与一定的物质条件结合，才能转化为生产力。但是，从技术贸易的范畴来看，不应把技术同实现技术的手段相混淆。

2) 技术是整套的系统知识

技术是人们在长期生产实践中不断积累起来的一整套系统化知识，它包括从构思到具体生产实施乃至销售的各个阶段的全部知识，如原理、结构、设计、生产、操作、安装、维修、服务、管理、销售等各个环节的知识、经验、方法和技艺。

3) 技术具有商品的属性

技术是人类智慧的产物，它既可以供发明技术的所有者使用，也可以通过传授、转让、出售，供其他人使用，并获得相应的报酬。因此，技术既有使用价值，又有交换价值。

4. 技术转让

《联合国国际技术转让行动守则(草案)》明确指出："技术转让(Technology Transfer)是指转让关于制造一项产品、应用一项工艺或提供一项服务的系统知识，但不包括只涉及货物出售或只涉及货物出租的交易。"一般来说，物品转让是所有权的转让，一般只是技术使用权的转让。

技术转让是技术转移的一种特殊形式。技术转让是其中有特定双方的,以援助、赠送或出售为方式的一类技术转移形式;而技术转移(Shift of Technology)则是指技术地理位置的变化,既可以是技术在一个国家内不同地区的移动,也可以是技术在世界范围内不同国家间的移动。

技术转让的类型,按其是否跨越国界可分为国内技术转让和国际技术转让;按其有偿性可分为商业性技术转让和非商业性技术转让;按其方向可分为横向技术转让(即企业之间的技术转让)和纵向技术转让(即大公司向其子公司或科研机构的技术转让)。

5. 技术引进

技术引进(Technology Introduction)是指一个国家或企业引入国外的技术知识和经验,以及所必需附带的设备、仪器和器材,用以发展本国经济和推动科技进步的做法。

技术引进是一种跨国行为,它与设备进口有着原则区别。人们常将"技术"广义化,把技术分为软件技术和硬件技术。软件技术就是前面提到的技术知识、经验和技艺,属纯技术;硬件技术是指机器设备之类的物化技术。只从国外购入机器设备而没有购入软件技术,一般称之为设备进口。若只从国外购入软件技术或与此同时又附带购进一些设备,这种行为才能称为技术引进。技术引进的目的是为提高引进国或企业的制造能力、技术水平和管理水平。要达到此目的,只有通过将引进的软件技术自我消化吸收才能实现。

14.3.2 国际技术贸易及其特点

1. 国际技术贸易的含义

国际技术贸易(International Technology Trade)是指不同国家的法人或自然人之间,通过贸易方式,按照一定的商业条件,向对方出售或从对方购买软件技术使用权的一种国际贸易行为。它由技术出口和技术引进这两方面组成。简言之,国际技术贸易是一种国际间的以纯技术的使用权为主要交易标的的商业行为。

一般来说,纳入技术贸易的技术大致可以分为三类。

工业产权技术,主要包括发明专利、实用新型专利、外观设计专利和商标权等内容。

非工业产权技术,主要指专有技术或技术诀窍,包括设计方案、设计图纸、技术说明书、技术示范和具体指导等内容。

与上述两类技术有关的专门服务,包括咨询、信息和管理服务等内容。

2. 国际技术贸易的特点

国际技术贸易与国际商品贸易有着明显的区别,国际技术贸易与国际商品贸易均为有关国家间的法人或自然人,通过商业途径进行的交易活动,是国际贸易的两个重要组成部分,在实际交易中有时是结合进行的,但是,两者又有很大的区别,主要有以下七个方面的区别。

第一,交易的标的不同。

技术贸易的标的是无形的知识,它不像商品贸易的标的具有固定的形状和可用一定的标准和描述表示其质量,可以不经过再生产而多次出售或转让;商品贸易中的标的是有形的物质,既可以看得见、摸得着,又可以检验其质量的优劣或好坏,且标的一经售出,卖方再无权继续支配和使用。

第二,交易双方当事人关系不同。

技术贸易的当事人一般都是同行,因为只有双方是同行,技术接受方才会对用转让的技术制造和销售产品感兴趣,同时也才有能力使用这项技术。而商品贸易的买卖双方则不一定是同行。在一般的货物买卖中,交货付款完毕后,买卖双方关系结束,所以时间较短。而技术贸易是一种长期的合作关系,因为技术无法凭简单的买卖关系实现,要通过技术的传递、传授和引进方的消化掌握,才能完成一项交易。

第三,研制技术和生产商品的目的不同。

技术贸易供方即技术发明者,开发技术的目的一般不是为了转让,通常他们本身就是这项技术的开发者和使用者,即技术在绝大多数情况下是技术供方在自己的生产活动中开发出来和使用的,只有在某些特定情况下才转让给别人。而商品贸易的卖方一般是专为制造、销售某产品的厂家或其代理商,他们始终是以销售商品为目的才制造商品的。

第四,所有权的转移不同。

技术贸易在一定条件下,供方将技术贸易标的的使用权转让给接受方使用,而不是转让技术的所有权,因此技术贸易是所有权与使用权相分离的贸易。而在货物贸易中,商品从卖方手中转移到买方手中,商品的所有权和使用权完全由卖方转移到买方,买方有权处理这一商品。

第五,贸易条件不同。

一般商品贸易的交易条件相对简单,主要涉及商品价格、品质、数量、买卖双方权利义务等。而技术贸易的交易条件较复杂,谈判条款多,涉及内容广,所需时间长,风险也大。

第六,运用的法律不同。

技术贸易除了适用国外货物购买法和合同法外,还受到工业产权法、专利权法、商标法等法律的制约。而商品贸易合同主要适用国内外的买卖法和合同法。

第七,进出口限制不同。

一般商品贸易往往是奖出限入。而技术贸易则是控制进口,一些发达国家对高精尖技术的出口实行严格的管制,以保持其技术优势。

3. 国际技术贸易的作用

1) 对技术引进方(国)的作用

第一,通过技术贸易引进他国的现有技术,可以赢得时间,节省研究经费,在短时期内赶上或超过经济技术较发达国家。

第二,能及时引进新技术,形成生产能力,生产出新产品,打入国际市场,赚取外汇。

第三,通过国际技术贸易,引进先进或适用技术以及经济管理经验,有利于本国产业结构的调整,促进产品更新换代,充分发挥自己的优势,减少对外依赖。

2) 对技术许可方(国)的作用

第一,通过国际技术贸易,转让已掌握或发明的技术,可以获得利润,补偿研制这项技术的投资。

第二，当某项更新的技术研制成功时，通过国际技术贸易转让"即将过时"的技术，既可以保持该领域技术的领先地位，同时又可充分利用"旧技术"取得更多的收入。

第三，在商品出售遇到他国关税壁垒和非关税壁垒时，通过国际技术贸易以技术出口替代商品出口，可以突破障碍，进入他国市场。

14.3.3 国际技术贸易的基本内容

国际技术贸易的基本内容是知识产权。知识产权就是法律规定人们对于自己智力劳动成果所享有的权利。知识产权包括两类，一是工业产权，如专利权、商标权；二是著作权，如计算机软件等。此外，还包括专有技术、商业秘密等。所以国际技术贸易的内容包括专利、商标、专有技术、计算机软件和商业秘密的使用权许可。

1. 专利

世界知识产权组织给"专利"下的定义是：专利(Patent)是"由政府机构或代表几个国家的地区机构根据申请而发给的一种文件，文件中说明一项发明并给予它一种法律上的地位，即此项得到专利的发明通常只能在专利持有人的授权下，才能予以利用，如制造、使用、出售、进口，对专利保护的时间限制，一般为15年至20年"。在这里，"专利"有三层意思，一是指专利证书这种专利文件；二是指专利机关给发明本身授予的特定法律地位，技术发明获得了这种法律地位就成了专利发明或专利技术；三是指专利权。

专利权，即获得法律地位的发明的发明人所获得的使用专利发明的独占权利，它包括专有所有权、实施权(包括制造权和使用权)、许可权、转让权、标记权、放弃权和请求保护权。简言之，专利权就是专利持有人对专利发明的支配权。在我国，专利权以申请在先原则授予，并受到专门法律《专利法》的保护。

1) 专利权的特点

专利权的特点体现在以下几个方面。

第一，专利权是一种法定的权力。发明人通过申请，专利机关经过审查批准，使他的发明获得了法律地位而成为专利发明，而他自己同时也因此获得了专利权。

第二，专利权是一种区域性的所有权。专利发明内容在世界范围内公开，但专利权只在个别国家内有效，发明创造在哪个国家提出专利申请，就由哪个国家的专利机构授予专利权，有效区域以外的任何人均可利用。

第三，专利权是一种排他性的权力。国家专利机关对相同内容的技术发明只授予一个专利权，其他任何做出相同发明的人均被排除在外，而且，只有专利权人才能利用这项专利发明，他人未经专利权人的许可，不能使用该专利发明。

第四，专利权是一种有时间性的权利。各国专利法都明确规定了专利权受保护的期限，有效期一般为：发明专利保护期为20年，实用新型外观设计专利为10年。超过这个时间，专利权即失去效力。

2) 专利的类型

根据专利技术的创造性程度的高低和其他特点，一般把专利分为三种类型。

发明专利(Invention Patent)。发明专利是以发明为保护对象的专利。发明可分为两类,一类是产品发明,即制造的各种新产品,如设备、机器、合金等;另一类是方法发明,即使一种物质在质量上发生变化成为一种新物质的发明,为制造某种产品的机械方法、化学方法、生物方法等。

实用新型专利(Utility Model Patent)。实用新型是对物品的形状、构造或者其组合所提出的改进和革新。实用新型与发明专利的不同之处在于,它是一种仅适于产品的、创造性水平较低,能够直接应用的发明。在实践中,实用新型专利为数众多,所以包括中国在内的世界上少数国家把它从发明中划分出来,单独加以保护。实用新型专利条件低,审批程序简单,收费也少,有利于鼓励众多的小发明者。

外观设计专利(Industrial Design Patent)。外观设计是指对工业产品的外形、图案、色彩或其组合所作出的富有美感并适于工业上应用的新设计。它与实用新型不同。外观设计对产品形状的设计主要是追求美感,而实用新型对产品形状的设计主要是为了增加产品的使用价值,使其有新功能,工业品外观设计与纯美术作品不同,造型、图案和色彩只有体现在有独立用途的制成品上,才是专利中的外观设计。

3) 取得专利权的条件

我国和大多数国家专利法规定,一项发明要取得专利权,必须具备三个条件。

第一,新颖性。新颖性是指所申请的专利在此以前,从未公开发表、公开使用,也未曾以其他方式为公众所知,即大家闻所未闻、见所未见的首创发明。

不同的国家对新颖性的要求标准不同,但基本上有三种情况:世界新颖性标准,是指一项发明在世界范围内都是首创的,在任何一个国家都未公开;本国新颖性标准,其发明在申请国内未曾公开;相对世界新颖性标准。

第二,创造性。创造性又称先进性,是指一项发明比现有技术先进。

第三,实用性。实用性是指一项发明必须能够实际应用于产业部门,并能取得显著的效果。根据各国专利法的规定,实用性应具备三个特征:可实施性、再现性、有益性。

2. 商标

1) 商标的定义和种类

商标(Trade Mark)是商品生产者或经营者在其生产和销售的商品上,或者服务业者为了宣传其服务的质量所使用的,用以区分同类产品或服务的不同来源的特定标记。商标是反映产品质量、信誉的标志,属产品重要的有形特征之一。

常见的商标的种类如下。

第一,按商标的构成划分,可分为文字商标、图形商标和组合商标。

文字商标是指用特定的文字构成的商标,如"555""全聚德""TOYO-TA"。

图形商标是指由图形构成的商标。图形商标形象鲜明易于识别,但不易上口,无法称叫。

组合商标是指由文字与图形组合而成的商标。组合商标集合了文字商标和图形商标的长处,既形象鲜明,又方便上口,使用较广泛。

第二,按商标的使用者划分,可分为制造商标、商业商标和服务商标。

制造商标是指生产者在其生产制造的产品上所使用的商标,又称生产商标,用以表明产品的生产者和产品的质量，同时扩大生产企业的影响，提高企业知名度。

商业商标是指销售者或销售商品而使用的商标，亦称销售商标，常用在制造商生产薄弱，或销售商实力雄厚，享有盛誉时使用，也可与制造商合伙使用，如外贸公司自己出口包装的"龙牌"茶叶，日本三越百货公司的"三越"牌商标。

服务商标是指服务行业对其提供的服务所使用的一种标记，以区别不同企业所提供的服务，如"CAAC"是中国民航，"COSCO"是中国远洋运输总公司等。

第三，按商标的用途划分，可分为营业商标、商品商标、等级商标。

营业商标是指以生产或经营企业的名称、标识作为商标，如"同仁堂"药店、"盛锡福"帽店。

商品商标是指用于商品上的商标，其目的是将同类商品区别开来，便于消费者选购。

等级商标是指同一企业、同一类产品因不同规格、质量而使用的系列商标，目的在于与相同产品的不同规格、质量、品种相区别。

第四，按商标的性质划分，可分为未注册商标、注册商标、驰名商标。

未注册商标是指所有未经法律规定程序获得专用权的商标。

注册商标是指商标所有人向国家主管部门申请商标登记注册，按照法律程序，经核准注册的商标为注册商标。

驰名商标是指享有极高商业信誉的商标，其知名度高，覆盖面广，消费者群体大，如奔驰汽车、可口可乐、麦当劳等。

2) 商标的作用

商标有多种作用，除其原始作用外，在当今市场经济条件下，其商业和财产价值更被越来越多的人所重视。商标的主要作用包括以下几方面。

第一，对生产经营者来说，商标的作用在于：利用商标注册的方式取得法律保护，避免他人假冒，保持产品的质量特征；有商标的产品便于企业接受订货、分类管理，尤其有助于市场追踪调查；商标为企业带来了吸引消费者的机会。因为商标总是受到质量和销售措施的支撑，同时商标也是广告宣传的基础。

第二，对消费者而言，商标的作用在于：商标代表着产品的质量性能，便于选择购买；商标可以提高购物效率，若商品没有商标，顾客选择物品就会十分困难；商品能吸引消费者对新产品的注意。

3) 商标权

商标权是指商标所有人对其依法申请并经商标主管机关核准注册的商标所享有的专用权利。商标权具有专用性、地域性和时间性。商标权是一种无形的财产权，一般把它与专利权、实用新型权和工业品外观设计权等并列，受工业产权法保护。商标权是一种排他性权利，商标注册人获得商标权后，其他人未经商标权人的许可，不得在同种类商品上使用与该注册商标相同或近似的商标，否则就构成侵犯商标权。因此，商标权是重要的工业产权之一。

商标权是一种工业产权，受有关法律的保护。商标权人依法享有的权利主要包括：独占使用权、禁止权、转让权、许可使用权。

商标权的取得：必须由商标使用人提出书面申请，并缴纳申请费用，经主管部门批准登记注册，授予商标权。各国对商标权的确立，大致有三种原则：第一种是先使用原则，即商标的最先使用人有权取得商标权。第二种是先注册原则,即商标的最先注册人有权取得商标专用权。第三种是无异议注册原则,即商标专用权原则上授予先注册人,但先使用人可以在规定期限内提出异议,如异议成立,已经授予先注册人的商标专用权即被撤销,而授予先使用人;如果超过规定期限无人提出异议,则商标专用权仍属于先注册人。目前大多数国家采用先注册原则,我国商标法也采用这一原则。

商标权的转让:在国际技术贸易中,商标作为贸易对象有两种:一是商标使用权许可,是指商标权人与他人签订许可合同,允许该人在指定的商品上及规定的地域内使用其注册商标。二是商标权转让,是指商标权人放弃其拥有的权利,将商标权转让给他人。具体做法包括:单纯转让,即只转让商标专用权;商标连同企业或与商标有关的那一部分业务一起转让。

3. 专有技术

所谓专有技术(Know-how),是指在实践中已经使用过了的,不享有专门法律保护的,具有秘密性质的技术知识和经验。专有技术可以是产品的构思,也可以是方法的构思。它具有非物质性、经济上的实用性、商业上的秘密性,它既具有相对稳定性但又富于变化,并且是可以传授的。专有技术也是一种无形的知识财产,它除需用保密手段得到保护以外,也需要法律的保护。在实际中,专有技术是援引合同法、防止侵权行为法、反不正当竞争法和刑法取得保护的。但专有技术受法律保护的力度远比专利技术受到专利法保护的力度小。

专有技术的特点如下。

① 知识性。专有技术是一种不受专利法保护的技术知识,是人类智力劳动的产物,具有非物质属性。

② 实用性。实用性又称经济性,是可应用于生产实践并能够产生经济利益的技术知识。

③ 保密性。专有技术必须是没有公开的、保密的技术。

④ 可转让性。专有技术必须能以言传身教或以图纸、配方、资料等形式传授给他人;专业人员通过传授,应用同一技术能产生同样的效果。

专有技术与专利都含有技术知识的成分,都是人类智力活动的成果,但两者在法律上有一定区别。

① 专利是一种工业产权,受到国家专利法的保护。而专有技术则是没有取得专利权的技术知识,主要受民法、刑法、不公平竞争法以及有关工商秘密立法的保护;专有技术是事实上的占有,而不是法定的占有。

② 专利是公开的,而专有技术则是保密的。发明人在申请专利时,需在其专利申请书中公开发明内容,并由专利主管部门在官方的专利公告上发表,公之于众。而专有技术,则靠保密来加以保护,一旦丧失秘密就不受法律保护。

③ 专利有一定的法律保护期限,而专有技术则没有期限,只要专有技术所有人能够保密,就可以专有。

4. 计算机软件

计算机软件(Computer Software)是指计算机程序及其文档。计算机程序是指为了得到某种结果而可以由计算机等具有信息处理能力的装置执行的代码化指令序列，或者可被自动转换成代码化指令序列的符号化指令序列或符号化语句序列。计算机程序包括源程序和目标程序。

文档是指用自然语言或者形式化语言所编写的文字资料和图表，用来描述程序的内容、组成、设计、功能规格、开发情况、测试结果及使用方法，如程序设计说明书、流程图、用户手册等。文档属于文字作品，并且，计算机程序也是可以用数字、文字或符号表现的，并固定在纸、磁带、磁盘或存储器中。

涉及计算机软件的国际技术贸易是指软件使用许可，即在软件著作权保护期内，根据有关法规，与被许可方签订书面合同，允许被许可方在合同规定的方式、条件、范围和时间内行使软件著作权人成其受让者拥有的使用权。

软件使用许可与软件使用权转让不同，后者是指软件著作权人和使用许可权的享有者，可以把使用权和使用许可权转让给他人。转让之后，著作权人和使用许可权的享有者不再享有软件的使用权。软件使用权转让这种贸易形式属于买卖的范畴。

计算机软件的侵权：依据我国《计算机软件保护条例》第23条的规定，下列行为属侵权行为：未经软件著作权人许可，发表或者登记其软件的；将他人的软件作为自己的软件发表或者登记的；未经合作者许可，将与他人合作开发的软件作为自己单独完成的软件上署名或者更改他人软件上署名的；在他人软件上署名或者更改他人软件上的署名的；未经软件著作权人许可，修改、翻译其软件的；其他侵犯软件著作权的行为。

法律责任：根据《计算机软件保护条例》的规定，侵犯软件版权的行为，视其侵权程度，可能承担的法律责任包括民事责任、行政责任和刑事责任三种。需承担的民事责任有：停止侵害、消除影响、赔礼道歉、赔偿损失等。行政处罚有：没收违法所得，没收、销毁侵权复制品，可以并处罚款；情节严重的，著作权行政管理部门并可以没收主要用于制作侵权复制品的材料、工具、设备等。触犯刑律的，依照刑法关于侵犯著作权罪、销售侵权复制品罪的规定，依法追究刑事责任等。

5. 商业秘密

商业秘密(Trade Secret)是指不为公众所知悉、能为权利人带来经济利益、具有实用性并经权利人采取保密措施的技术信息和经营信息。商业秘密包括技术信息和经营信息，前者主要是指公式、配方、工艺、产品制造等用于生产领域的信息和技术等；后者包括组织机构和公司的计划策略、财务状况、人事安排、经营谋略等方面的信息。

商业秘密属于人类智力劳动成果，具有财产价值和商业价值。它具有秘密性(Secrecy)、新颖性(Novelty)、实用性(Utility)和可复性(Duplication)。其中，秘密性是构成商业秘密的重要条件之一，秘密性是其财产价值和商业价值的保证，否则其财产价值和商业价值将不复存在。但秘密性并不是绝对的，一般情况下，商业秘密可在一定范围内向企业的雇员披露，以便雇员据以实施。

侵犯商业秘密的行为。侵犯商业秘密的行为形式多样，可概括为泄露商业秘密行为、非法获取商业秘密行为和非法使用商业秘密行为。

对商业秘密的法律保护。目前对商业秘密的法律保护还不完善，很多国家还未制定专门法律，但多数国家认为，商业秘密是一种有价值的财产权利，应该给予有效的保护。目前的法律保护有：反不正当竞争法保护、民法保护、刑法保护、合同法保护。

14.3.4 国际技术贸易的主要方式

国际技术贸易采用的主要方式有许可贸易、技术服务与咨询、特许经营以及含有知识产权和专有技术许可的设备买卖等。

1. 许可贸易

1) 许可贸易的含义和特点

许可贸易(Licensing)有时称为许可证贸易，是指商标所有人或专有技术所有人作为许可方(Licensor)向被许可方(Licensee)授予某项权力，允许其按许可方拥有的技术实施、制造、销售该技术项下的产品，并由被许可方支付一定的报酬。许可贸易的特点就是许可方允许被许可方使用其技术，而不转让其技术的所有权。这是国际技术贸易中最基本的一种方式。因此，许可贸易实际上是一种许可方用授权的形式向被许可方转让技术使用权同时也让渡一定市场的贸易行为。

2) 许可贸易的形式

根据其授权范围和程度大小，许可贸易可分为如下五种形式。

独占许可(Exclusive License)，是指在合同规定的期限和地域内，被许可方对转让的技术享有独占的使用权，即许可方自己和任何第三方都不得使用该项技术和销售该技术项下的产品。所以这种许可的技术使用费是最高的。

排他许可(Sole License)，是指在合同规定的期限和地域内，被许可方和许可方自己都可使用该许可项下的技术和销售该技术项下的产品，但许可方不得再将该项技术转让给第三方。排他许可是仅排除第三方而不排除许可方。

普通许可(Simple License)，是指在合同规定的期限和地域内，除允许被许可方使用该转让的技术和许可方仍保留对该项技术的使用权之外，许可方还有权再向第三方转让该项技术。普通许可是许可方授予被许可方权限最小的一种授权，其技术使用费也是最低的。

可转让许可(Sub License)，是指被许可方经许可方允许，在合同规定的地域内，将其被许可所获得的技术使用权全部或部分地转售给第三方。通常只有独占许可或排他许可的被许可方才获得这种可转让许可的授权。

互换许可(Cross License)，是指交易双方或各方以其所拥有的知识产权或专有技术，按各方都同意的条件互惠交换技术的使用权，供对方使用。这种许可多适用于原发明的专利权人与派生发明的专利权人之间。

2. 特许经营

特许经营(Franchising)是近二三十年以来迅速发展起来的一种新型商业技术转让方式，它是指由一家已经取得成功经验的企业，将其商标、商号名称、服务标志、专利、专有技术以及经营管理的方式或经验等全盘地转让给另一家企业使用，由后一企业(受许人)向该企业(特许人)支付一定金额的特许费的技术贸易行为。

特许经营的受许人与特许人经营的行业，生产和出售的产品，提供的服务，使用的商号名称和商标(或服务标志)都完全相同，甚至商店的门面装潢、用具、职工的工作服、产品的制作方法、提供服务的方式也都完全一样。例如，肯德基和麦当劳在世界各地几乎都有连锁店，他们所提供的服务同美国一样，所生产和销售的汉堡包的味道也完全一样。

特许经营类似许可，但它的特许人和一般的许可方相比要更多地涉及受许人的业务活动，从而使其符合特许方的要求。因为全盘转让，特别是商号、商标(服务标志)的转让关系到它自己的声誉。

特许经营的受许人与特许人之间是一种买卖关系。各个特许经营企业并不是由一个企业经营的，受许人的企业不是特许人企业的分支机构或子公司，也不是各个独立企业的自由联合。它们都是独立经营、自负盈亏的企业。特许人并不保证受许人的企业一定能盈利，对其盈亏也不负责任。

特许经营合同是一种长期合同，它可以适用于商业和服务业，也可以适用于工业。特许经营是发达国家的厂商进入发展中国家的一种非常有用的形式。由于风险小，发展中国家的厂商也乐于接受。

3. 技术咨询服务

1) 技术服务和咨询的含义

技术服务和咨询(Technical Service and Consulting)是指独立的专家或专家小组或咨询机构作为服务方应委托方的要求，就某一个具体的技术课题向委托方提供高知识性服务，并由委托方支付一定数额的技术服务费的活动。

技术服务和咨询的范围和内容相当广泛，包括产品开发、成果推广、技术改造、工程建设、科技管理等方面，大到大型工程项目的工程设计、可行性研究，小到对某个设备的改进和产品质量的控制等。企业利用"外脑"或外部智囊机构，帮助解决企业发展中的重要技术问题，可弥补自身技术力量的不足，减少失误，加速发展自己。

2) 技术服务和咨询的特点

技术服务与咨询是以知识为社会服务，作为技术贸易的方式之一，其特点主要表现在以下几方面。

第一，技术服务和咨询所运用的知识是现有的、成熟的知识，甚至是咨询公司自己的经验协助需求方解决技术课题。

第二，技术服务和咨询所提供的是对技术课题的咨询结论、评估意见、设计建议，而不负责所提出结论、意见、建议的实施。方案的实施要由需求方自己来决定。

第三，技术服务和咨询是高知识性而非纯理论知识性的服务。

第四，技术服务和咨询的价值在于它的科学性和可靠性，排除外界利害关系的干扰，凭借高度的专业知识和职业标准进行工作，从而获得正确、客观的咨询结论。

4. 与其他贸易方式及投资相结合

技术转让除了上述主要方式外，国际上还常常通过补偿贸易、加工贸易、租赁贸易等多种贸易方式以及通过合资经营、合作经营等投资方式来进行。上述的贸易方式和投资方式有一个共同的特点，即一方除了供应设备、材料等以外，一般都伴随技术转让。前一种情况是商品贸易和技术贸易相结合。当一国向他国技术拥有方购买或租赁先进的机器设备时，其目的不仅在于引进这些仪器设备的生产能力，更主要的是引进其中的先进技术。后一种情况是国际投资活动和技术贸易相结合。发达国家的海外投资，通常的做法是把先进的技术折成股份参与合资企业。不少发展中国家，如印度，作出严格的规定，任何外国投资者都必须要以转让先进技术为必要条件。因而越来越多的发展中国家通过上述种种办法吸引外国的技术。

14.3.5 国际技术贸易合同

国际技术贸易合同是不同国家的双方当事人就实现技术转让这一目的而缔结的规定双方权利义务关系的法律文件。技术贸易合同与一般贸易合同相比有共同之处，也具有一些自己的特点：一是合同主体的宽泛性，即政府机关、企业、事业单位、社会团体、科研机构、高等院校，以及公民个人都有权签订技术合同。二是合同内容的复杂性，即技术商品的无形性导致技术成果作为商品进行交换的过程比较复杂，操作难度较大，因而技术合同涉及面广、经济责任和社会责任比较重大，执行周期比较长。因此，为了保证技术交易的顺利进行，技术交易双方必须重视技术合同，非常认真地研究、起草和签订技术合同，作为日后指导和约束双方交易行为的基本依据。

国际技术贸易合同的形式往往是与国际技术贸易的方式相对应的，如许可合同、技术服务和咨询合同、设备买卖合同等。其中许可合同是最基本、最典型、最普遍的一种形式。技术服务和咨询合同也比较典型和广为采用，因此，这里仅介绍这两种合同形式。

1. 许可合同

许可合同(Licensing Contract)是指许可贸易的技术供方为允许(许可)技术的受方有偿使用其知识产权或专有技术而与对方签订的一种授权协议，并明确双方权利和义务的法律文件。根据授权程度的不同，它有独占许可合同、排他许可合同、普通许可合同、可转让许可合同、交叉许可合同等类型；根据其合同标的的不同，又有专利许可合同、商标许可合同和专有技术许可合同等类型。

各类许可合同的条款及其内容有相同的部分，但由于类型不同，也有各自特殊的部分。下面以专有技术转让合同为例，介绍其基本条款和内容。专有技术合同并非是专有技术所有权的出让，而是授予类似于专利实施的权利(使用权、制造权和销售权)，真正出让所有权的，在实践中是极少见的。专有技术转让合同的基本条款的内容如下。

1) 合同的前言

合同名称和编号。合同名称应确切反映引进技术、进口设备的内容及合作方式。合同名称要言简意明，不能笼统命名为"合同""软件合同""技术与设备合同"等。合同应有特定编号，它反映出许可方的国别、被许可方的名称和部门及签约年份等。

合同签字时间和地点。应明确写清合同正式签字时间，不能与草签时间混淆。合同签字地点与适用法律的选择密切相关，当合同没有规定适用法律时，签字地是确定适用法律的重要因素之一。为避免适用外国法律，签字地原则上应在中国。

当事人法定名称和地址。双方通讯联系信息必须在合同中注明，该信息也是双方发生争议确定法院管辖权和适用法的依据之一。

叙述性条款，常用"鉴于……"语句陈述，是用以说明当事人双方的背景、立约意愿和目的，其中要特别讲明许可方对技术拥有的合法性及被许可方接受技术的经验和能力。

权利与意愿。应明确阐述供方拥有本合同中规定的工业产权或专有技术,有权并愿意向受方提供该项技术,受方愿从供方获得该项技术。

定义条款。为使合同内容清楚、言简意赅,合同中反复使用、容易混淆或关键性的名词、术语均应在合同正文中作出具体而明确的定义,以便双方统一认识,避免引起前后用语矛盾。下列名词、术语一般应作出定义:合同工厂、专有技术、专利、商标、合同产品、技术资料、考核产品、技术指导、技术培训、净销售额等。

2) 转让技术的内容和范围

这是整个合同的核心部分,是确认双方权利和义务的基础,应包括以下内容。

第一,供方提供的技术的具体内容。

这些内容包括:提供什么技术;生产什么产品;提供技术的使用范围和性质;受方的权利、义务等。

对供方提供专利技术和商标使用权,应注意以下三个方面:其一,专利技术:若供方在中国专利局取得专利权,或已在外国取得专利并向中国专利局提出专利申请的,则可作为专利技术,但供方应出具专利证明文件;在外国取得专利权的技术,应作为普通技术。其二,商标:受方在合同产品上使用的商标一般有如下三种情况:即供方商标;联合商标;受方商标下标注"根据××国××公司技术许可制造"等字样。在使用商标方式上,供受双方应视具体情况协商确定。其三,供方提供技术的使用范围和性质,直接影响合同的价格和引进项目的效益:供方允许受方使用其技术的性质是独占使用权、排他性使用权或一般使用权等。技术的使用范围和性质,应根据实际情况合理商定。

第二,供方提供的技术资料。

应明确陈述供方提供资料的范围和内容,如有关设计计算资料、工艺资料、质量检验标准、投料试车的技术资料、合同产品和设备的技术标准、图纸及使用和维修资料、设备安装技术资料、环保技术标准等。

第三,供方提供的设备。

明确陈述设备名称、制造厂商名称、型号、规格、数量、技术性能指标等,如包括原材料、元器件、零配件,也须陈述清楚。

第四,合同产品的外销权。

这是供受双方限制与反限制的焦点之一。对供方提出的合同产品出口地区的不合理限制,应按我国有关法规规定予以拒绝。在供受双方就销售地域达不成妥协意见时,可以争取利用供方的销售渠道,但应注意合同产品价格的合理性。以上各项内容,用语必须明确、具体。如附件有详尽的规定,正文文字可以简略,但不能根本没有提及或过于简略。

3) 价格条款

供受双方确定了合同内容和范围后,合同的价格条款就成为谈判最重要的内容之一。合同价格应公平合理。技术的价格通常由技术本身的价值,即技术产品的市场及供方对技术的垄断程度等诸多因素决定,而不仅仅取决于开发该项技术的成本。技术的价格应按利润分享的原则确定,一般不应超过合同产品净利润的一定比例(20%以下);设备的价格应依照国际市场价或参照有关价格资料合理确定。

合同应列明分项价格。分项价格一般包括:设备费(也可以包括主机以外的附件、仪器类、工装具等)、试车材料费、备品备件费;专有技术使用费、专利技术使用费、商标使用费、技术服务费、技术培训费、技术资料费等。详细的价格构成应列附件。

合同中的技术费可以采取以下不同的计算与支付方式。

一次总付：即一次列明全部技术费用，并根据技术资料交付、产品考核进度等分期支付。一次总付计价方式，未与受方产品的销售相联系，因而有一定的风险。

入门费加提成：入门费为供方用作提供技术的初始费用。受方应力争降低入门费、增加提成比例。入门费应为固定价格。入门费一般不得一笔付清，应与技术资料交付、产品考核等进度相对应。

提成支付：一般采用提成基数乘以提成率的计算方式。提成基数多按合同产品净销售价计算。净销售价是指市场销售价扣除包装费、保险费、仓储费、运输费、商业折扣、设备安装以及各种税收等费用；或为合同产品的生产成本加企业利润。

4) 技术改进和发展的交换

在合同期限内，供受双方都有可能对原转让的技术做出某种新的改进或发展，双方均应承担不断交换这种改进和发展了的技术的义务。对这种改进或发展了的技术的交换办法应在合同中加以明确规定。

5) 保证条款

双方在订立合同时应明确供方对其提供的技术、设备等做出相应履约保证的条款。当供方达不到其保证时，合同应有供方赔偿受方经济损失的规定。

供方应对其提供的技术的实用性、可靠性做出保证。对某些技术用于生产安全指标要求较高的设备或产品时，此条款尤为重要。

供方应保证向受方提供的合同项下的技术文件、图纸、技术标准等技术资料是完整的、全套的、正确的、清晰的，保证是供方生产合同产品所实际使用或经双方修改确认后的全部资料，并能满足受方生产合同产品的要求。如供方提供的技术资料不符合上述规定，供方应在××天内免费尽快将所缺的、不符合要求的技术资料补齐、更换。

供方保证向受方提供的合同项下的设备、材料等均符合合同规定的各项具体标准。在合同设备开箱检验、安装试车、投料试运行及考核验收期间，如供方提供的设备、材料与合同规定不符，安装试车技术资料有错误或供方人员指导上的失误而造成合同设备的损坏，供方应在××天以内对短缺或损坏的设备或有关零部件无偿更换。更换后的设备或零部件应满足合同规定的标准。由此发生的一切费用应由供方负责。

在保证期内，由于供方责任，需更换、修理有缺陷的合作设备，从而使合同设备停机，则保证期应根据实际停机时间作相应延长，而新更换或修复的设备，其质量保证期为重新考核验收后的××月。

6) 侵权和保密

由于专有技术和秘密情报是技术出让方进行市场竞争的法宝，所以，要求技术受让方承担保密责任，也是合乎情理的。

供方应保证按合同规定向受方提供的专利、商标、专有技术为供方合法所有或有权转让或许可。为实施这项保证，合同应对发生侵权指控的供受双方的责任做出规定。

受方根据合同进行生产、销售合同产品，如果发生第三方指控侵权，受方应及时通知供方；供方应立即应诉，并承担由此引起的法律和经济上的全部责任。如第三方指控成立，受方有权要求供方采取措施并与第三方协商善后事宜；或由供方与第三方达成受方继续使用技术、生产、销售合同产品的协议；或由供方向受方提供相应水平的其他技术，以确保受方维持正常的生产经营活动。受方有权要求供方赔偿受方因解决争议造成的直接经济损失或终止合同。

在合同有效期内，双方对合同技术、合同产品获得新的改进和发展，并按合同规定相互提供给对方时，在合同期满后，对其中仍需保密的部分，可按双方商定的期限，继续相互承担保密义务。保密期限从提供改进的技术之日起算。受方使用供方改进的技术，其保密期限不应长于合同原规定的保密期限。

7) 其他条款

除上述条款外，许可合同中还有索赔、不可抗力、税费、法律适用和争议解决、合同期限、文字及签字，合同附件等条款和内容。

2. 技术服务和咨询合同

一般来说，技术服务和咨询合同主要包括以下几个方面的内容。

合同的标的。主要订明合同项目名称、服务内容和最终要解决的问题或要达到的技术要求。

技术服务合同的标的是为解决特定技术问题，提高经济效益和社会效益的专业服务项目，应载明服务项目的内容、工作成果和实施效果。技术服务包括：设计技术服务、工艺编制服务、测试分析服务、计算机技术应用服务、新型和复杂生产线调试服务、科技信息服务、农业技术服务、标准技术服务、重大和复杂事故分析处理技术服务、为重大和复杂技术成果实施作鉴定、评价等技术服务、就特定技术项目进行的分析、论证、评价、预测和调查等项服务等。

技术咨询合同的标的是对特定技术项目进行分析、论证、评价、预测和调查等决策服务项目，应载明咨询项目的内容、咨询报告和意见的要求。技术咨询合同的标的，特指运用科学知识和技术手段对特定技术项目提供咨询服务。作为技术咨询合同标的的技术项目分为：宏观科技决策项目、科技管理和重大技术工程项目、专题技术项目、专业咨询项目等。技术交易的双方应当区分项目类别，确定咨询内容，明确咨询方式，规定成果的提交方式。

技术服务。技术服务应规定以下内容：供方应派遣有经验的、技术熟练的、称职的、健康的技术人员到受方进行技术服务；服务范围；技术服务费；受方应采取措施保障供方所派技术人员的人身安全。

技术培训。技术培训应包括以下主要内容：培训内容及目标；接受培训的人员条件、数量、期限；培训场所。供方应保证接受方人员到正在使用合同技术和制造产品的供方企业或有关企业进行培训，全面传授合同规定的技术与管理方面的知识，并为此拟定行之有效的培训计划、实习操作、安全措施、技术培训费，应与价格、支付条款相呼应。

验收和处理。若属咨询性服务，则在咨询报告期限结束以后一定时间内，服务方要提供咨询报告，双方举行答辩会，由服务方解答委托方提出的问题或质疑。若发现报告中有数据差错或其他问题，应规定纠正的期限，并确定验收报告的最终期限。

税费。合同中必须订有税费条款，明确划分中国境内境外的各种税费由哪一方负担，以防止偷税漏税或在执行合同中双方对税费问题发生争执。

合同应规定，根据中华人民共和国现行税法，中国政府向供方和供方人员课征的有关执行本合同的一切税费，由供方和供方人员负担。

根据《中华人民共和国个人所得税法》，供方人员在中国境内进行技术服务等工作，其来源于中国的收入应依法纳税。此外，合同还应规定，在中国境外发生的有关执行本合同的一切税费，由供方支付。

国际双重征税是指一个纳税人的同一笔所得，由两个以上的国家同时征收同一种或类似税种的税。国际双重征税主要是由税收管辖权的重叠引起的。国际双重征税不仅加重了纳税人的负担，而且影响了国际技术贸易的发展。

国际双重征税主要通过两种方式解决：一是通过国内立法，对同一笔所得，收入来源国可先行征收，而后居住国考虑到纳税人已在来源国纳税这一事实，采取免税、抵免或扣除三种措施，减轻纳税人的负担；二是通过居住国与来源国签订条约或协议的方式，对来源国的征税权的行使，规定一定的限制。我国已与日本、美国、法国、英国、比利时等30多个国家签订了避免双重征税协定。

在合同中拟定税费条款时应注意的问题：在合同中规定税费条款，明确规定何方负担国内外税收；在合同中，不得规定违反我国税法的条款，特别是"包税条款"；对外商在我国境内的所得给予减免税优惠，必须履行法定手续。引进企业不得自行决定给予税收减免；应了解对方国家的税法规定，包括两国间税收协定的规定。

风险责任条款。载明合同的风险责任由谁负担，约定由双方分担的，载明各方负担的份额或者比例。任何技术交易都有一定的风险，不同的交易内容，风险程度也不同。一般来讲，技术开发风险大于技术转让，而技术服务和技术咨询业务的风险较小。在合同中可以约定由委托方、研究开发方或合作方的任何一方承担，也可以约定由几方共同承担。合同中没有事先约定的，一旦发生风险，其损失由当事人合理分担，分担办法协商解决或按合同争议处理。

其他条款。其他如技术服务和咨询的计价和支付；违约及其处理；关于工程设计、产品开发等技术服务合同的保证和担保等都要在合同中订明。合同中还应明确未尽事宜或修改条款的协商方式和条件；合同签订地点、时间及合同有效期限；当事各方单位名称、法定代表人、通讯地址、联系人、电话、邮政编码、开户银行及账号等。

3. 国际技术贸易合同的履行

国际技术贸易合同经当事人双方授权代表签字后，并经各自国家主管当局审查批准，即开始正式生效，也进入了履行合同阶段。国际技术贸易合同涉及面广，延续的时间长，大量工作需要在履行过程中逐步地实施。

国际技术贸易是一个长期的业务过程，在这个过程中，当事人双方须通力合作，才能完成技术的传授，才能完成一笔技术转让的交易，这就使技术贸易合同的履行不是在供方所在地，而是在受方所在地来实施。因此，受方在履行合同中的责任是很重要的。

国际技术贸易合同的履行不仅仅是技术受方一个企业或单位的责任，往往必须开展横向的联合和协作，利用其他企业或科研单位部门的技术力量，进行引进技术的本国化，才能最终实现合同规定的目标。

技术引进在我国对外技术贸易中占有重要地位，引进技术要十分注意对引进技术的消

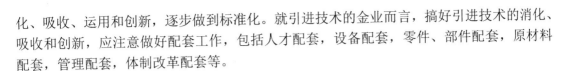

化、吸收、运用和创新，逐步做到标准化。就引进技术的企业而言，搞好引进技术的消化、吸收和创新，应注意做好配套工作，包括人才配套，设备配套，零件、部件配套，原材料配套，管理配套，体制改革配套等。

4. 国际技术贸易中的限制性商业惯例

1) 限制性商业惯例

限制性商业惯例是指个人、企业或经济组织，利用其垄断技术和对市场的支配优势，限制其他个人、企业或组织进入市场和自由竞争以及条件不对等的歧视性做法。限制性条款的实质是以保护行使专利、商标合法独占权为借口，以最大限度地获取高额利润为目的，不合理地利用自己在谈判中的优越地位，向其潜在的竞争对手提出的一种单向的权利限制。

2) 我国在技术引进中对限制性商业惯例的对策

第一，据理力争，尽量迫使供方放弃或放松限制性条款。

我们承认技术供方的合理要求，但不能接受它们不合理甚至是歧视性的要求。要充分利用那些有利于引进方的有关联合国决议、有关国际决议以及供方国家的有关法律作为理论依据，在谈判中争取主动，通过摆事实、讲道理，对供方提出的不合理要求进行批驳，据理力争，迫使供方放弃或放松限制性条款。

第二，具体分析，区别对待。

对供方提出的限制性条款，我们绝不能全盘接受，但也不能一概拒绝：全盘接受，会损害我国的根本利益；一概拒绝，就无法获得我国所需要的技术。因此，对于有些限制性条款，应该进行具体分析，区别对待，定出恰当的对策。

一般来说，限制性条款按其性质可归为两类：一类是直接有损于受让方国家的主权和经济利益的。对于这类限制性条款，受让方国家的法律往往有强制性的规定，禁止任何企业接受，这类条款又称为强制性条款或刚性条款。另一类是受方国家的法律没有强制性的规定，这种技术引进后，对受让方有利有弊。如果弊大于利，就不应接受；反之则同意接受。这类条款又称为非强制性条款或弹性条款。

1985年5月24日，国务院颁布的《中华人民共和国技术引进合同管理条例》第九条中列举了9条不合理的限制性条款。

(1) 要求受方接受同技术引进无关的附带条件，包括购买不需要的技术、技术服务、原材料、设备或产品。

(2) 限制受方自由选择从不同来源购买原材料、零部件或设备。

(3) 限制受方发展和改进所引进的技术。

(4) 限制受方从其他来源获得类似技术或与之竞争的同类技术。

(5) 双方交换改进技术的条件不对等。

(6) 限制受方利用引进的技术生产产品的数量、品种或销售价格。

(7) 不合理地限制受方的销售渠道或出口市场。

(8) 禁止受方在合同期满后，继续使用引进的技术。

(9) 要求受方为不使用的或失效的专利支付报酬或承担义务。

上述限制性条款，有强制性的，也有非强制性的。根据《中华人民共和国技术引进合同管理条例》第九条的规定："供方不得强迫受方接受不合理的限制性要求。"对于个别条款，如果受方经分析和比较认为接受后，对受方利大弊小，经国家有关机构的特殊批准后方可写入合同。

14.4 国际工程承包与劳务合作

14.4.1 国际工程承包

1. 国际工程承包的概念

工程承包是指工程承包人向工程发包人(业主)承诺负责按规定的条件包干完成一项工程任务。承包人按合同规定按时、按质、按量完成工程，并承担全部责任。工程承包的内容范围很广，包括勘察和工程设计、设备器材、厂房、建筑和技术使用许可等项目，有时还包括生产、管理、产品销售、培训技术人员等服务项目。而发包人则提供施工的必要条件，按时验收工程，并按买卖关系支付承包价款。

国际工程承包是一项综合性的国际经济合作方式。它是指从事国际工程承包的公司或联合体通过招标与投标的方式，与业主签订承包合同，取得某项工程的实施权利，并按合同规定，完成整个工程项目的合作方式。通过国际承包工程，可以实现技术、劳务、设备及商品等多方面的出口，不仅能多创外汇，而且具有一定的政治影响。

2. 国际工程承包的种类

1) 按承担责任划分

分项工程承包合同：发包人将总的工程项目分为若干部分，发包人分别与若干承包人签订合同，由他们分别承包一部分项目，每个承包人只对自己承包的项目负责，整个工程项目的协调工作由发包人负责。

"交钥匙"工程承包：交钥匙工程是指跨国公司为东道国建造工厂或其他工程项目，一旦设计与建造工程完成，包括设备安装、试车及初步操作顺利运转后，即将该工厂或项目所有权和管理权的"钥匙"依合同完整地"交"给对方，由对方开始经营。因而，交钥匙工程也可以看成是一种特殊形式的管理合同。要完成交钥匙工程，不等于组织大而全的集团公司，而是按市场经济规律，本着互惠互利、相互促进及相互支持的原则。要承担交钥匙工程，服务单位没有一定的经济实力是不行的。

"半交钥匙"工程承包：承包人负责项目从勘察一直到竣工后试车正常运转符合合同规定标准，即可将项目移交给发包人。它与"交钥匙"工程承包合同的主要区别是不负责一段时间的正式生产。

"产品到手"工程承包：承包人不仅负责项目从勘察一直到正式生产，还必须在正常生产后的一定时间(一般为两三年)内进行技术指导和培训、设备维修等，确保产品符合合同规定标准。

2) 按计价方式划分

固定价格合同，或称总包价格合同：固定价格合同是指在约定的风险范围内价款不再调整的合同。双方需在专用条款内约定合同价款包含的风险范围、风险费用的计算方法以及承包风险范围以外的合同价款调整方法。

"成本加费用"合同：是指承包人垫付项目所需费用，并将实际支出费用向发包方报销，项目完成后，由发包人向承包人支付约定的报酬。

3. 国际工程承包的特点

国际工程承包的特点：第一，内容比较复杂，范围广泛，往往带有技术转让；第二，承包人和发包人之间往往不只是一种技术转让或设备交易的关系，而是一种较长期的合作关系，甚至在项目完成后一个较长的时间内，承包人仍然继续为项目提供技术或服务；第三，工程承包合同的签订往往是通过国际竞争性投标方式，尤其是世界银行贷款的项目，在大多数情况下都鼓励借款国通过国际竞争性投标签订合同，以获得成本最低的商品、技术和劳务。

14.4.2 国际劳务合作

1. 国际劳务合作的概念

国际劳务合作是指一国的自然人或法人通过某种形式向另一国的自然人、法人或政府机构提供劳务以获取经济利益的一种国际经济合作方式。提供劳务的一方称为劳务输出方，也叫受聘方；接受劳务的一方称为劳务输入方，也叫聘请方。其方式主要有两类：一类是单纯派出劳务人员为聘请方服务；另一类是通过承包对方工程项目的形式向聘请方提供劳务。

国际劳务合作的益处：提供劳务的一方能解决人员就业、带动产品出口、增加外汇收入。接受国际劳务的一方能解决劳动力短缺问题，获得某些技术、设备和管理经验。

国际劳务合作的方式主要有两类：一类是单纯派出劳务人员为聘请方服务，这种形式输出方除提供劳务外，不投入任何费用，不承担任何风险；另一类是通过承包对方工程项目的形式向聘请方提供劳务，输出方要对工程的部分费用和工程负责，承担风险。

2. 国际劳务合作的作用

作为一种互惠互利的国际经济合作形式，国际劳务合作的作用在于：加深了生产的国际化；促进了国际贸易的发展；加速了先进的科学技术在国际间的变化；促进了劳务输出国与劳务输入国的经济发展，劳动力在国际间的迁移对世界经济的发展产生了积极而深远的影响。

3. 国际劳务合作的特征

当代国际劳务合作是主权国家间的经济协作行为，相互尊重主权、坚持平等互利是开展国际劳务合作的必要前提和基本原理。所以在主权国家间进行劳务合作是当代国际劳务合作的根本特征，也是判断是否是真正国际劳务合作的主要标志。从时间上讲，当代国际劳务合作始于第二次世界大战以来，它同历史上的劳动力国际流动相比，呈现出以下三个特征。

第一，当代国际劳务合作，以实现合作双方自身的经济目的为动力，即通过双方生产要素的重新组合配置、优势互补，以获取最佳的经济效益。

具有自主性的国际劳务合作，是建立在国与国之间平等互利的基础上，是派出国劳动力自觉自愿又自主的行为。这种合作对劳务人员本人而言，或者为外出就业谋生，以求生活得更好；或为学到管理技术知识，提高自身素质；或为更好地实现自身的价值等。而"二战"前的劳动力国际流动套着殖民主义"枷锁"，流动的目的服从于资本榨取剩余价值和殖民统治的需要。流动的方向、规模、方式等完全由资本殖民主义者支配和控制，而作为流动主体的劳动力，却始终处于被强制的服从地位，这是一种建立在残酷剥削与掠夺基础上的不平等的劳动力国际流动。

第二，当代国际劳务合作，双方以短期雇佣或提供劳动力为主。

"二战"前的劳动力国际流动主要以移民定居为主要形式，如17、18世纪英国到北美的劳动力，被贩卖到北美的黑人奴隶，以及19世纪中叶后流落至南洋群岛、美洲、澳洲的中国劳动力等，大部分定居下来。但也有短期滞留的，如17、18世纪，在美国与墨西哥接壤的漫长边境线上，每逢农忙生产季节，大批墨西哥人跨越边境到美国农场做临时工，待农忙季节结束，就自动返回国内。战后近三四十年，以移民形式而进行的劳动力国际流动从未停止过，一般是从发展中国家、较发达国家向发达国家移民。但是，随着世界经济形势的变化和科学技术的进步，许多国家对外来移民的政策也在变化。例如美国"移民国籍法案"规定，在"配额制度"的前提下，不能像过去那样让移民来选择美国，而是由美国来选择所需要的移民。其移民政策主要是吸收外国受高等教育的知识分子和专门人才。因此，在美国移民总数中，各种专业人才、科学家、技术人员占了90%。这样一来，移民定居在许多国家受到了很大限制，数额减少。与此同时，由于世界经济全球化及经济合作形式的发展，短期滞留提供劳动服务的形式盛行，即劳动者通过办理有关手续临时出国数月，一般为2~3年，工作期满后返回祖国。全世界该部分劳动力总数达4000万人之多，远远超过移民定居者数量，成为当代劳动力国际流动的主要形式。

第三，当代国际劳务合作呈多侧面、多方位、多层次。

历史上的劳动力国际流动，伴随着新大陆的发现和殖民主义扩张，其流向较为单一，基本是从非洲、亚洲和欧洲流向美洲、大洋洲。而当代国际劳务合作已涉足世界大多数国家和地区，特别是进入21世纪后，在跨国公司扩大投资和全球服务贸易快速增长的带动下，全球范围内的人员跨国流动更频繁，国际劳务市场需求和规模不断扩大，劳动力流动的方向也日趋多元化，由过去劳务输出国向输入国的单向流动，发展到双向流动，许多国家既有劳务流出也有流入。劳务合作由低向高与由高向低多种走向并存，呈多层次交叉流动。但在当代各国经济发展不平衡、贫富差异悬殊的情况下，劳动力人口在国际间的流动，仍然遵循趋利避害、人往高处走的原则，主流由低至高。国际劳务流向的多元化，更有利于人才在更大的范围内实现优势互补，实现生产要素的优化配置，从而促进生产力的发展，但同时也加剧了国际劳务市场的竞争。

4. 国际劳务合作的发展趋势

世界劳务市场是世界经济活动的一个重要组成部分，它是世界经济资源分布和需求变化所导致的国际间人力资源的流动。在经济全球化加速的背景下，随着科技的发展及人民生活水平的提高和产业结构的调整，劳务需求行业也不断发生变化，信息产业、生物工程、环保工程、计算机软件和硬件、电信、金融、保险、旅游业等朝阳产业对劳动力的需求日

第14章 国际服务贸易

益增加,并逐步取代了传统的建筑、纺织、土木工程等产业。另外,医务人员、律师、教师、农技人员的需求也在不断增多,当代国际劳务市场出现了新的发展趋势。

第一,普通劳务需求呈下降趋势,高技术劳务需求普遍提高。

"二战"以后,西方发达国家经过几十年的经济复苏和发展,以劳动密集型为主的基础设施工程的建设业已完成,产业结构也发生了深刻的变化,劳动密集型项目已被技术密集型和资本密集型项目所取代。20世纪80年代以来,世界劳务市场陷入不景气。实际上国际劳务需求的减少主要是对普通劳务需求的下降,大批被裁减下来的外籍劳务人员主要是从事普通劳务的非熟练工人。在一些国家和地区所奉行的保护主义政策主要也是针对普通劳务人员流入的限制,从发展趋势看,这种状况不会有大的改变,而智力和技术劳务市场的繁荣发展趋势是当代世界劳务市场发展的主导力量。由于现代科技发展日新月异,对劳动力素质的要求越来越高,全球范围内各类技术人才和管理人才普遍短缺,尤其是一专多能的复合型人才短缺的现象更为严重。普通劳务比重下降,技术劳务比重上升,这种趋势已经和正在促进国际劳务市场结构的变化,逐步形成以高层次劳务为重点的多层次、多行业的劳务市场结构。

第二,脏、累、险岗位缺口日趋增加,服务型劳务呈明显增长之势。

随着经济的发展和人民生活水平的提高以及科技的巨大进步,一方面推动劳务市场向高层次方向发展,同时又带来了脏、累、险岗位的大量空缺和第三产业服务型劳务的迅速增长。发达国家和一些比较发达的发展中国家,脏、累、险的工作由于无人问津,而呈现供给不足现象,只好雇佣外籍劳务去填补,如清洁工、搬运工、矿工、渔工、钢铁厂和化工厂的一些工种等。

在经济发展和人民生活提高的同时,发达国家和比较发达的发展中国家的产业结构也随之发生了很大的变化,服务业在国民生产总值和就业人口中的比重日益上升,服务业劳务市场发展前景广阔。例如,社区及公共事务服务行业在很多国家存在短缺,韩国短缺50%的公共交通服务人员,英国缺乏家政服务人员、厨师等。另外,在金融、保险、广告、旅游和咨询服务等行业也存在着一定的劳务需求。因此,今后外籍劳务在服务业中的就业范围将越来越广,就业率也将越来越高。

第三,人口自然增长缓慢,老龄化严重,导致发达国家劳动力短缺。

全球经济和人口发展不平衡性决定了劳动力的流向呈不平衡发展的态势。像美国、欧洲、日本等发达国家,一方面经济规模巨大,对劳务的需求强劲;另一方面由于这些国家人口自然增长缓慢,老龄化严重,使得劳动力供不应求的状况得不到改善。今后随着一些发达国家人口老龄化问题的加剧,为老人服务的医疗保健事业会得到进一步的发展,外籍保姆、医生和护士在这方面的就业机会也将越来越多。

第四,对外籍劳务特别是智力型和技术劳务的限制将逐渐趋于松动。

当今世界上大多数国家普遍存在着普通劳工尤其是智力型和技术型劳务短缺的状况。西方发达国家和比较发达的发展中国家和地区,许多社会地位低、工资少、耗体力的工作常常无人问津。发达国家人口下降和老龄化的发展趋势,加剧了劳动力短缺同发展经济之间的矛盾,尤其是专业技术性劳务的短缺更为突出。同时由于国内劳动成本的不断上升又影响了产品在国际市场上的竞争力。在这种压力下,一些国家和地区不得不放宽移民管制。另外,东南亚一些新兴的工业国家和地区在经济高速增长中出现结构性劳务短缺的情况下,也相继放松了对外籍人员入境的限制。

总的来说，尽管国际劳务市场还存在对外籍劳务这样或那样的限制，对劳务的工种需求不尽相同，发展的潜力各不一样，劳务竞争十分激烈，但国际劳务市场的总体趋势仍在继续稳定地发展，前景广阔。

14.4.3 国际合作生产与 BOT 投资方式

1. 国际合作生产

国际合作生产是指合作双方或多方各自承担某种产品的某些部件，共同生产该种产品的合作方式。国际合作生产可以是长期的合作，也可以是短期的甚至是一次性的合作，对双方来说使用较灵活。

国际合作生产的主要方式：合作双方各自生产某种产品的不同零部件，然后由一方或双方组装成品；或由一方提供全部零部件或主要部件，由另一方组装商品；或由一方提供设备和技术，由另一方制造零部件，然后交由对方组装成产品；或按双方约定各自生产对方所需的零部件，相互交换，然后各自组装成产品等。总之合作形式是多种多样的，往往还包括销售合作。

国际合作生产可以是双方，也可以是多方。它的特点如下。

第一，合作当事人之间的关系，既不是单纯的设备或部件的买卖关系，也不是单纯的技术转让关系，而是兼而有之的技贸结合、生产合作的关系。合作双方(或多方)为共同完成合同所规定的产品各自承担义务，并共同对用户负责。

第二，合作生产方式项下的技术转让，是在生产合作过程中由技术供应方转让给技术引进方的，也可能是通过共同研究、共同设计、相互交流技术而达到相互转让技术的目的。

国际合作生产的作用体现在以下几方面。

对技术转让方的作用有：合作生产可利用技术引进方的廉价劳动力；可以降低成本，提高产品竞争力，扩大产品销售；可以冲破贸易保护政策的关税壁垒，并减少运费和进口税。

对技术引进方的作用有：合作生产可引进新技术，提高本国的设备制造能力并发挥原有设备的生产潜力；通过生产合作，可迅速提高技术水平，并增加劳动就业机会；由于合作生产往往与产品销售联结在一起，可扩大产品出口，增加国家外汇收入。

签订国际合作生产合同时应注意的问题：第一，应根据实际情况签订合同。根据实际情况，国际合作生产可以签订一个合同，也可以签订两个合同。第二，对于合作生产的项目必须全面、明确、具体地加以规定，如关于机器设备的说明，需包括规格、质量、数量等。第三，应明确规定价格和支付方式。对于各项实物、技术资料、劳务都要明确价格或作价的方法；支付方式由双方商定，并在合同中具体写明。第四，应订立好保密条款。在保密条款中要明确规定保密的对象、范围、期限以及失密的责任等。

2. BOT 投资方式

BOT 是 build-operate-transfer 的英文缩写，即建设—经营—转让，是由外国投资者与东道国政府签订特许协议，承建某个项目并在该项目竣工后经营一定时期，期满后将该项目

第 14 章 国际服务贸易

无偿转让给东道国政府。BOT 方式的期限一般为 15~20 年。这是一种集投资、建设、经营于一体的投资方式，包含了大量的技术转让内容。BOT 方式具有融资、建设、经营和转让的功能。

BOT 方式的特点：BOT 方式一方为东道国政府，另一方是外国私营部门； BOT 方式具有引进技术和利用外资相结合的特点；BOT 方的建设方按照自己的经营管理模式对 BOT 项目进行经营管理；BOT 方式期满后，建设方把项目移交给东道国政府；BOT 合同期长，牵涉到多方关系，如项目投资者、项目公司、股东、政府、借贷者、用户、保险公司等；BOT 方式一般采用国际招标方式选择外国建设方。

本 章 小 结

马克思认为："服务这个词，一般来说，不过是指这种劳动所提供的特殊使用价值，就像其他一切商品也提供自己特殊的使用价值一样；但是这种劳动的特殊使用价值在这里取得了"服务"这个特殊名称，是因为劳动不是作为物，而是作为活动提供服务的。

一般认为，服务业是指专门从事生产服务产品的行业和部门的总称。服务业不但作为中间产业强化农业和工业的结合，而且为工农业和自身提供生产资料和消费资料。

国际货物贸易(又称国际商品贸易)、国际服务贸易和国际技术贸易是当今国际贸易的三大形式。随着经济全球化的广泛深入和各国服务业的发展，服务贸易已经成为国际贸易中越来越重要的贸易方式。

服务贸易是指服务(服务产品)作为商品进行交易，以满足消费者需求的经济行为，包括服务输出和服务输入。狭义的国际服务贸易是无形的，是指发生在国家之间的符合于严格服务定义的直接服务输出与输入活动。而广义的国际服务贸易既包括有形的劳动力的输出输入，也包括无形的提供者与使用者在没有实体接触的情况下的交易活动，各国的服务进出口活动，便构成国际服务贸易。其贸易额为服务总出口额或总进口额。通常人们所指的服务贸易都是广义的国际服务贸易。

世界贸易组织服务贸易协定(GATS)将服务贸易的概念定义为：跨越国界进行服务交易的商业活动，即服务提供者从一国境内向他国境内，通过商业或自然人的商业存在向消费者提供服务并取得外汇报酬的一种交易行为。服务领域是除了政府以履行政府职能为目的所提供的服务外的任何服务。也就是说，所有以盈利为目的的商业服务活动都属于 GATS 的范围。按照 GATS 对服务贸易的定义，服务贸易有四种方式，即跨境供应、境外消费、商业存在和自然人流动。

国际技术贸易是一种国际间的以纯技术的使用权为主要交易标的的商业行为。国际技术贸易采用的方式主要有许可贸易、技术服务与咨询、特许经营、合作生产，以及含有知识产权和专有技术许可的设备买卖等。

国际技术贸易合同是不同国家的双方当事人就实现技术转让这一目的而缔结的规定双方权利义务关系的法律文件。

思 考 题

1. 什么是国际无形贸易？
2. 什么是国际服务贸易？国际服务贸易包括哪些内容？
3. 谈谈服务产品和服务贸易的特征。
4. 国际服务贸易与国际货物贸易有什么联系和区别？
5. 国际技术贸易的概念是什么？它与国际商品贸易有何区别？
6. 国际技术贸易方式主要包括哪几种？
7. 许可贸易的主要形式包括哪几种？各自的特点是什么？
8. 什么是专利？专利权有哪些特点？
9. 什么是专有技术？专有技术与专利有何区别？
10. 许可贸易的含义是什么？它是指哪些范围的贸易？有哪些类型？
11. 许可合同主要包括哪些条款？各条款主要内容是什么？

参 考 文 献

1. 周学明. 国际贸易[M]. 北京：中国金融出版社，2013.
2. 黎孝先. 国际贸易实务[M]. 4版. 北京：对外经济贸易大学出版社，2007.
3. 冯宗宪，郭根龙. 国际服务贸易[M]. 西安：西安交通大学出版社，2008.
4. 薛荣久. 国际贸易[M]. 北京：对外贸易大学出版社，2016.
5. 卜伟，刘似臣. 国际贸易[M]. 北京：清华大学出版社，2008.
6. 董瑾. 国际贸易理论与实务[M]. 3版. 北京：北京理工大学出版社，2007.
7. 解俊贤，张瑛. 世界贸易组织概论[M]. 北京：中国经济出版社，2006.
8. 刘军，李自杰. 世界贸易组织概论[M]. 北京：首都经济贸易大学出版社，2006.
9. 盛洪昌. 国际贸易[M]. 北京：中国人民大学出版社，2008.
10. 汪素芹. 国际服务贸易[M]. 北京：机械工业出版社，2011.
11. 刘东升. 国际服务贸易[M]. 北京：北京大学出版社，2009.
12. 崔日明，徐春祥. 跨国公司经营与管理[M]. 北京：机械工业出版社，2014.
13. 王秋红. 国际贸易学[M]. 北京：清华大学出版社，2009.
14. 赵春明. 国际贸易[M]. 北京：高等教育出版社，2013.
15. 金泽虎. 国际贸易学[M]. 北京：中国人民大学出版社，2013.
16. 张鸿. 国际贸易[M]. 上海：华东师范大学出版社，2015.